성인학습 및 상담

성인학습 및 상담

FOR
NEW NOMAL
FLATFORM

ADULT LEARNING AND COUNSELING

한국평생교육박사연구회

| 양원영·배철우·이석진·김정희·김미자 |

dm 동문사

머리말

공부도 때가 있다는 소리를 듣던 시기가 있었다. 그러나 지금은 인간의 생애 전반에 걸쳐 평생학습을 해야 하는 평생학습시대이다. 준토나 라이시움, 사토쿠아와 같은 성인들의 토론과 학습을 겸한 여름캠프는 물론이고 정규과정과 비정규과정, 학습동아리 등 다양한 형태의 성인들을 위한 학습이 사회적으로, 개인적으로 요구되고 필요로 하는 시대이다. 주변을 둘러보면 나이를 불문하고 누구나 무언가를 배우고 학습하며 새로운 지식과 기술에 대한 적응을 위해 시간과 돈을 투자하며 살고 있다. 학습과 함께 상담 역시 현대 사회에서는 삶의 한가운데 들어와 있는 또 하나의 삶의 도구이고 지원 분야이다.

본 성인학습 및 상담은 평생교육사 자격증 선택과목의 실천영역으로 앞서 발간된 노인교육론 공저자들이 다시 한번 뭉쳐서 각자의 전문 영역을 담당하였다. 총 4부로 구성되어 있으며, Ⅰ부 성인학습과 성인학습자의 이해(1장부터 4장), Ⅱ부 성인학습 상담의 이해(5장부터 8장), Ⅲ부 성인학습상담 이론과 실제(9장부터 13장), Ⅳ부 성인학습 상담의 이해와 전망으로 각각의 장을 살펴보면 다음과 같다.

Ⅰ부 성인학습과 성인학습자의 이해 분야 1장에서는 성인학습의 이해라는 주제로 우리에게 성인학습이 어떤 의미와 역할을 하는가에 대한 질문에 답을 찾아가는 장이다. 성인학습의 기본 개념과 관련 이론 모델에 대한 개괄적 정리와 함께 성인학습을 언제 시작해야 하는가? 현대사회에서 성인학습이 필요한 이유와 학습하는 인간(호모 에루디티오)으로의 삶속으로 우리를 초대한다.

2장 성인학습의 역사와 철학에서는 미국과 영국의 성인교육 시작과 흐름을 통해 성인학습의 역사적 배경을 이해하고 우리나라 성인교육의 시작과 전개과정을 살펴보며 진행 중인 성인학습 현황을 정책을 통해 알아본다. 철학적 기초 부분에서는 Elias와 Merrim의 여섯가지 철학적 관점을 중심으로 소개하고 성인학습에서 많이 다루어지는 성인학습 모형을 통해 자신에게 맞는 성인학습방법을 찾을 수 있도록 돕고 있다.

3장 성인학습의 실제에서는 성인학습자의 학습동기, 학습전략 및 학습 스타일에 대해 살펴보고, 학습 환경 분석, 학습자의 강·약점 분석, 학습목표의 설정 및 분석과 학습 참여 요인 분석 등 실제 성인학습에 있어서 필요한 내용들에 대해 살펴보았다.

4장 성인학습자의 이해에서는 성인학습자의 개념 및 유형, 성인기 발달이론, 성인학습자의 심리. 사회적 특성, 성인 학습원리에 대해 살펴보았다.

Ⅱ부 성인학습 상담의 이해를 구성하는

5장 성인학습상담의 기초에서는 성인학습 상담의 개념 및 특성, 성인학습 상담의 기본원리, 성인학습상담의 유형, 상담자의 상담기법에 대해 살펴보았다.

6장에서는 성인학습상담에 대한 이해를 위해 특별히 상담의 일반적인 내용과 실제적인 내용으로 구분하여 일반적인 내용에는 학습정보의 제공, 학습의욕 저해 요인의 극복 및 자기 주도적 학습의 진작 등 성인학습 상담의 내용에서 반드시 다루어야 할 내용을 제시하였으며, 아울러 성인학습 상담의 일반적 절차, 성인학습 상담 시 고려해야 할 점 등에 대해서도 다루었다. 한편 실제적인 성인학습 상담의 내용으로는 평생교육정책상담, 성인학습제도상담, 성인진로상담, 성인학습 상담의 실제 내용 및 학업 방해 요인에 대한 학습자 대처 전략 등에 대해 살펴보았다.

7장 성인학습상담자의 태도와 자질에 대해서는 성인학습 상담자의 태도, 성인학습 상담자의 자질, 성인학습상담의 윤리적 책무에 대해 살펴보았으며,

8장의 성인학습 상담과 심리에서는 성인학습 상담과 심리, 성인학습상담과 심리의 동향과 전망에 대해 살펴보았다.

Ⅰ부와 Ⅱ부가 성인학습에 대한 이해와 상담의 기본적 이론을 다루었다면 Ⅲ부에서는 실제적인 성인학습 상담 기법과 사례를 다룸으로써 학습자들의 상담에 대한 이해를 기반으로 삶속의 적용을 돕도록 구성하였다.

성인학습 및 상담에 있어 다양한 상담 이론을 이해하는 것은 빠르게 변화하는 현대 사회에서 성인들이 지속적으로 학습하고 성장할 수 있도록 돕는 데 있어 중요하다. 왜냐하면 성인학습과 상담이론을 이해하고 적용하는 것이 성인 학습자의 경험을 최대한 활용하고, 학습의 효율성을 높이며, 개인적인 성장을 지원하는 데 필수적이기 때문이다. 2010년 ACA(American Counseling Association) 연례회의에서 발표된 상담에 대한 통합된 정의에 따르면, 상담은 다양한 개인, 가족, 집단에게 그들의 정신건강, 안녕, 교육 그리고 직업적 목표를 성취할 수 있도록 힘을 실어 주는 전문적인 관계이다.

Ⅲ부 성인학습 상담이론과 실제에서는 성인학습에 있어 대표적인 다섯 가지

상담이론을 중심으로 각각의 이론에 따른 구체적인 상담기법과 그에 따른 사례의 실제를 다루었다. 각 이론은 정신분석 상담, 인간중심 상담, 인지 상담, 게슈탈트 상담, 실존적 상담이다.

9장 정신분석 상담은 지그문트 프로이트(Sigmund Freud)의 이론을 기반으로 하는 상담접근법으로, 정신분석 이론의 발전 과정, 프로이트가 바라본 인간관과 정신구조 개념, 심리성적 발달에 따른 성격 구조의 형성, 무의식적 불안을 견디기 위한 다양한 방어기제 그리고 실제 상담을 진행하기 위한 과정적 절차, 정신분석적 사례개념화 구성, 정신분석 상담기법 과정, 그리고 상담 사례의 축어록을 다루었다.

10장 인간중심 상담은 내담자의 주체성과 자아 존중을 중심으로 하는 칼 로저스(Carl Rogers)에 의해 발전된 상담접근법으로, 로저스의 인간 중심이론의 발전 과정, 로저스가 바라본 인간관, 인간존재 자체의 성장에 초점을 둔 자기 실현화의 중요성, 심리적 문제가 발생하는 원인, 그 원인을 해결하는 데 핵심인 상담자의 자질, 상담과정과 기법, 실제 사례의 축어록을 다루었다.

11장 인지 상담은 아론 벡(Aaron Beck)의 인지 이론을 기반으로 개인의 사고방식과 감정, 행동 사이의 관계를 중점적으로 다루는 상담접근법으로, 벡의 인지 상담 이론의 주요개념, 인지체계, 구체적 인지 왜곡에 따른 심리적 유형, 상담과정과 기법 그리고 자기 대화법 중심의 실제 사례를 다루었다.

12장 게슈탈트 상담은 프리츠 펄스(Fritz Perls)에 의해 발전된 이론으로, 지금-여기의 주관적 경험을 전체적으로 통합한 자기인식, 그리고 인간의 주체적 삶에 초점을 맞춘 상담이다. 게슈탈트 철학적 배경을 간략히 다루고 게슈탈트의 핵심인 알아차림과 지금-여기의 접촉 혼란으로 발생하는 미해결 과제와 심리적 현상, 상담과정과 다양한 기법, 상담기법 중 빈의자 기법의 사례를 다루었다.

13장 실존적 상담은 실존주의 철학을 바탕으로 한 상담접근법으로, 죽음, 자유, 고독, 무의미와 같은 삶의 궁극적인 문제들을 다루면서 자신의 존재를 인식하고, 삶의 의미와 목적을 찾으며, 그 속에서 직면하는 심리적 갈등에서 벗어나는 것이 핵심이다. 먼저 실존철학자들의 실존적 개념을 간략히 다루고, 실존적 네 가지 조건, 실존주의적 사례개념화와 그에 따른 상담과정과 기법, 상담기법 중 직면기법 사례 그리고 무엇보다도 중요한 실존적 접근의 상담자의 역할을 다루었다.

마지막 Ⅳ부는 성인학습 상담의 이해와 전망을 통해 성인학습 상담의 개념,

태도와 자질, 주요 원칙 및 역할과 성인학습상담의 한계, 그리고 이를 극복하기 위한 발전방향에 대해 살펴보았다.

이번 성인학습 및 상담은 대학교재로서뿐 아니라 일반성인들 모두가 자신의 삶의 질을 높이고 현재의 삶을 보다 행복하게 살기 위해 교양서처럼 읽고 적용할 수 있는 내용으로 구성하였다.

본서로 공부하는 대학생 독자뿐 아니라 100세 시대 학습하는 즐거움을 만끽하며 행복한 성인학습자로 변화하는 사회를 살아가는 우리 모두를 위한 책이 되기를 간절히 바라며 본서를 출판하기 위해 애써주신 동문사 가족 분들께 감사의 말씀을 드린다.

혹시라도 내용 속에 부족하거나 인용 부분(그림 등)의 출처가 정확히 밝혀지지 못하거나 오류 부분이 있다면 너그러이 이해를 바라며 가장 바쁜 시기에 함께 힘을 합쳐 또 한권의 소중한 책을 발간하게 된 것에 감사를 드린다.

2025년 2월

저자 일동

차례

▍머리말 / 5

PART I 성인학습과 성인학습자의 이해

Chapter 01 성인학습의 이해 _ 김정희 박사 15

- 제1절 현대사회와 성인학습의 필요성 17
- 제2절 성인학습의 개념과 이론 27
- 제3절 성인학습으로의 초대 34

Chapter 02 성인학습의 역사와 철학적 기초 _ 김정희 박사 41

- 제1절 성인학습의 역사적 배경 43
- 제2절 성인학습의 철학적 기초와 전통적 학습이론 50
- 제3절 성인학습 및 성인학습자 모형 60

Chapter 03 성인학습의 실제 _ 배철우 박사 79

- 제1절 학습동기 81
- 제2절 학습전략 82
- 제3절 학습 스타일 88
- 제4절 기타 분석 97

Chapter 04 성인학습자의 이해 _ 김미자 박사 105

- 제1절 성인학습자의 개념 및 유형 107
- 제2절 성인기 발달이론 117
- 제3절 성인학습자의 심리 · 사회적 특성 119
- 제4절 성인학습의 원리 121

PART II 성인학습 상담의 이해

Chapter 05 **성인학습 상담의 기초** _ 김미자 박사 **129**

제1절 성인학습 상담의 개념 및 특성 131
제2절 성인학습 상담의 기본원리 134
제3절 성인학습 상담의 유형 138
제4절 상담자의 상담기법 140

Chapter 06 **성인학습 상담의 내용** _ 배철우 박사 **149**

제1절 성인학습 상담의 일반적 내용 151
제2절 성인학습 상담의 주요내용 159

Chapter 07 **성인학습 상담자의 태도와 자질** _ 이석진 박사 **173**

제1절 성인학습 상담자의 태도 175
제2절 성인학습 상담자의 자질 182
제3절 성인학습 상담의 윤리적 책무 190

Chapter 08 **성인학습 상담과 심리** _ 이석진 박사 **205**

제1절 성인학습 상담과 심리 207
제2절 성인학습 상담과 심리이론 214
제3절 성인학습 상담과 심리의 동향과 전망 224

PART Ⅲ 성인학습 상담 이론과 실제

Chapter 09 정신분석 상담 _ 양원영 박사 243

제1절 정신분석 이론의 발전 과정 245
제2절 주요개념 249
제3절 상담 구성 260

Chapter 10 인간중심 상담 _ 양원영 박사 271

제1절 인간중심 이론의 발전 과정 273
제2절 주요개념 275
제3절 상담 구성 279
제4절 상담 과정과 실제 285

Chapter 11 인지 상담 _ 양원영 박사 293

제1절 인지상담 개요 295
제2절 주요개념 296
제3절 상담 구성 300
제4절 상담 과정과 실제 303

Chapter 12 게슈탈트 상담 _ 양원영 박사 307

제1절 게슈탈트 개요 309
제2절 주요개념 310
제3절 상담 구성 316
제4절 상담 과정과 실제 320

Chapter 13 실존주의 상담 _ 양원영 박사 329

제1절 실존주의 331
제2절 주요개념 335
제3절 상담 구성 340
제4절 상담 과정과 실제 345

PART Ⅳ 성인학습상담의 이해와 전망

Chapter 14 성인학습상담의 이해와 전망 _ 이석진 박사 **357**

제1절 상담관점에서의 성인학습 359
제2절 성인학습 상담의 한계 365
제3절 외국의 성인학습 상담 372

PART Ⅰ

성인학습과 성인학습자의 이해

Chapter 01

성인학습의 이해

김정희 박사

개요

행복이라는 인생의 목적을 달성하기 위해 우리는 어떤 삶을 살아야 할까? 학습이 답이 될 수 있을까? 현 사회를 살아가는 우리 모두에게 요구되는 성인학습의 필요성을 도시인구학적, 사회문화적, 제4차 산업혁명과 연관지어 분석하고 설명하였다. 성인학습의 개념과 안드라고지를 비롯하여 성인학습과 관련된 이론과 모델들을 개괄적으로 살펴보며 학습하는 인간(호모 에루디티오)으로서의 삶을 살아가도록 성인학습의 장으로 우리를 초대한다.

학습목표

1. 현대사회를 살아가기 위한 성인 학습의 필요성을 이해할 수 있다.
2. 성인학습의 개념을 이해하고 관련 이론과 모델을 설명할 수 있다.
3. 성인학습을 위한 자신의 상황을 돌아보고 삶속에 실천할 수 있다.

주요단어

현대사회의 특징, 안드라고지와 성인학습원리, 호모 에루디티오(학습하는 인간)

제1절 현대사회와 성인학습의 필요성

우리는 지금 인생의 여정에서 어디쯤 와 있을까?

평균수명의 연장으로 100세 시대를 살아가야 한다면 우리는 무엇을 추구하며 이 시간들을 살아가야 할까? 행복한 인생을 사는 것이 목적이라면, 행복을 위해 어떤 삶을 살아야 하는가 고민해 보는 시간이 한 번쯤은 있었을 것이다. 맥마흔(Darrin, M. McMahon)은 행복을 적극적으로 추구해야 할 목표라고 했다. 사전적 정의로서 행복은 ① 우연히 찾아오는 복으로 우연히 발생한다는 단어 happen을 어원으로 하는 happiness, ② 주관적 안녕감으로 생활의 만족과 삶의 보람을 느끼는 흐뭇한 상태, 유쾌하고 만족스러운 상태로 설명된다. 흔히 이야기하는 건강하고, 가족이 화목하고 돈 많이 버는 것이 행복이라고 정의하기에는 행복이 주는 고귀함을 충분히 담지 못한 느낌이 든다. 행복측정에 사용하는 PANA(positive and negative affect schedule) 감정 목록을 살펴보면 관심 있는, 신나는, 열정적인, 자랑스러운, 영감 받은, 정신이 맑게 깨어있는, 활기찬, 집중하는 등의 감정을 통해 긍정적인 정서를 경험할 때 행복하다고 느낀다. 즉 행복한 상태에는 미술작품을 보고 영감을 받거나(inspired), 어떤 대상에 관심을 갖거나(interested), 지금 하고 있는 일에 마음을 집중하는 것(attentive)을 행복한 상태로 볼 수 있는 것이다.

그렇다면 행복이라는 인생의 목적을 달성하기 위해 우리는 어떤 삶을 살아야 할까?

여기에 대한 답을 "학습"으로 찾을 수 있다. 삶을 학습으로 채우는 것, 평생학습시대를 살아가는 성인학습자가 행복해질 수 있는 방법이다. 학습을 통해 우리는 행복을 경험하는 감정들을 느끼며 자신이 주도하는 삶을 살 수 있다. 학습은 행복하기 위해서와 함께 변화하는 사회 속에서 생존을 위해 필요하다. 성인학습은 급변하는 현대사회에 적응할 수 있는 힘과 방법들을 가져다주는 도구이다.

1. 현대사회의 특징

우리는 지금 지식과 정보가 결합되어 사회 전반에 영향을 미치는 초연결 사회, 제4차 산업혁명의 한가운데에 있다. 전에 없는 코로나로 인한 비대면 사회를 겪으면서 개인뿐 아니라 사회 전체가 삶 자체에 대한 고민을 다시 해 본 세대이다. 이에 앞서 현대사회를 진단한 사회학적 이론들[비대칭사회(제임스 콜멘, 1982), 위험사회(울리히 벡, 1986), 체험사회(게르하르트 슐체, 1992), 다원선택사회(페터 그로쓰, 1994)]을 통해 사회를 이해하고 설명하려는 노력들이 있었다. 현대사회를 설명하는 데 있어서 너무나 많은 특징과 시각이 존재하기에 어떤 하나의 용어나 현상만으로는 다 설명할 수도, 담을 수도 없다. 본 장에서는 도시 인구학적, 사회 문화적, 제4차 산업혁명의 측면에서 3개의 카테고리로 묶어 그 특징과 현상을 분석하고자 한다.

1) 도시 인구학적 특성

(1) 다문화 사회

다문화는 두 가지 이상의 여러 문화권이 함께하는 것을 말한다. 다문화 사회(multi-cultural/inter-cultural/cross-cultural society)는 성별, 종교, 직업, 계층, 인종 등에서 비롯되는 각 사회집단들의 고유한 문화적 특성이 다양하게 존재하는 사회를 말한다.

우리사회를 다문화 사회로 보는 데 가장 큰 역할을 한 것은 이주민의 증가다(2021년 11월 기준 행정안전부 자료에 따르면 한국에 살고 있는 외국인은 213만 명이다). 코로나 시기 잠시 주춤했지만, 다시금 밀려드는 외국인 근로자와 글로벌 사회를 대변하는 결혼이민자, 유학생, 외국 국적 동포 등 한국사회는 다양한 국적을 갖고 문화적 배경이 다른 사람들이 함께 어울려 살아가는 다문화 사회이다.

(2) 저출산 고령사회

2021년 우리나라 출생아 수는 261천 명으로 2012년 485천 명에 비하면 약 53.8%까지 떨어졌고 가임여성 1명당 출산율은 0.81%이다. 이에 반해 전체 인구 대비 65세 이상 고령인구 비율은 2022년 18%로 고령사회를 넘어 전체인구 대비 고령인구가 20% 이상인 초고령사회를 눈앞에 두고 있다(장인수 외, 2023년도 저출산 고령사회 시행계획수립 및 핵심성과지표 활용방안 연구).

(3) 세계화 사회(Globalization)

교육부는 세계화에 대한 정의를 사람들이 상호작용할 수 있는 범위가 마을이나 나라에 한정되어 있던 것에서 전 세계로 확대되는 것이라고 하였다. 정치, 경제, 사회, 문화 등 각 부문에서 국경이 없어지고 국가 간 사람과 문자, 기술, 문화, 서비스 등이 자유롭게 이동하면서 세계가 하나의 거대한 마을처럼 통합되는 현상을 뜻한다. 정치의 경우 유럽연합이나 유엔(UN) 산하 기구들을 통해 세계화가 더욱 확대되고 있고, 경제적으로 생산이나 기술, 산업 분야에서 시장의 요구에 따라, 자본의 출처와 국제표준에 대한 각국의 의무가 세계화의 진행을 보여준다.

인터넷과 SNS를 비롯 문화에 대한 세계화는 음악, 영화, 종교, 스포츠 모든 면에서 체감되고 있다. 이제는 어느 한 나라만을 대상으로 하는 영화나 상품이 아닌 전 세계인이 함께 공감할 수 있는가를 중요시하며 영화, 음악, 문학 등이 성공과 실패의 중요한 지표로 세계화를 꼽는다. 세계화에 대한 찬반여론이 국가별로 다소 차이가 있지만, 세계화로 인해 발생하는 문제에 대한 국가 간 협력과 의사소통의 중요성에는 한목소리가 나오고 있다. 지구 온난화로 인한 환경문제나 코로나19와 같은 전염병 발생은 세계화로 인해 모두가 영향을 받을 수밖에 없음을 확인하는 예로 전 지구의 모든 나라가 영향을 주고받는 상호의존 관계임을 보이는 것이다. 세계화는 과학기술과 교통의 발전, 삶의 터전에 대한 인식과 타문화에 대한 수용성 등이 확대되며 앞으로도 빠르게 진행될 것이다.

2) 사회 문화적 특성

(1) 청년 실업과 1인 가구

2023년 청년층(15~29세)을 대상으로 한 청년고용동향(2023년 11월 기준)에 따르면 현재 우리나라 청년실업자 수는 21.4만 명에 이른다. 구직과 실업을 반복하며 안정적 일자리를 찾는 청년들이 증가하며 N잡러라는 말이 나올 만큼 단기 아르바이트와 여러 개의 직업을 갖고 특수고용형태의 비정형일자리에 근무하는 새로운 직업형태도 보이고 있다. 사회적 문제로 노동시장의 구조적 미스매치가 가장 큰 청년실업의 원인이겠지만, 청년들 스스로가 불안정한 고용에 대한 부정적 인식으로 노동시장 진입 자체에 소극적이고 N포 세대라는 말에서 볼 수 있듯 일반적인 경제활동이나 사회활동을 추구하지 않고 있는 것도 청년실업과 무관하지 않다(김정은 외, 2019).

더불어 경제적 빈곤, 미혼, 이별, 사별 등 비자발적 요인에 의해 구성된 1인가구의 증가도 현대 사회의 큰 특징 중에 하나이다. 2023년 국가지표체계에 의하면 우리나라 1인가구는 전체인구의 1/3에 달하며 노인층보다 20~30대 청년층에서 1인 가구 비중이 큰 것으로 나타났다.

(2) 집단지성과 1인 크리에이터

집단지성은 사전적으로 "다수의 개체들이 서로 협력 혹은 경쟁을 통해 얻게 되는 결과"라고 정의된다. 집단지성은 다양성과 통합이라는 면에서 어떤 사회적 문제에 대한 다양한 의견들이 통합될 때 그 힘을 발휘할 수 있지만 소수의 강한 영향력이 집단을 장악하거나 정보조작 등을 통해 그 영향력이 변질될 수 있는 문제점도 있다. 현대 사회는 구글, 네이버와 같은 형태로 집단지성이 표출되고 크라우드소싱 제안제도, 리빙랩, 커뮤니티 맵핑 등 사회 곳곳에서 집단지성의 결과들을 활용하는 시대이다. 빅데이터나 인공지능의 발전도 궁극적으로는 이러한 집단지성의 원리를 기반으로 한다.[1)]

---

1) 리빙랩(Living Lab): "생활실험실"과 같이 우리가 살아가는 삶의 현장 곳곳을 실험실로 삼아 다양한 사회문제 해법을 찾아보려는 시도(윤찬영, 2018)
   커뮤니티 맵핑(Community mapping): 커뮤니티와 매핑의 합성어로 집단지성에 기반한 참여

집단지성과 함께 과거에는 상상도 못 했던 1인 미디어-크리에이터가 사회 전반으로 확장되며 하나의 직업으로 자리매김한 것도 현대사회의 중요한 특징이다. 스마트폰의 대중화와 1인 미디어를 위한 플랫폼들을 통해 개인의 관심사와 주제를 다수의 대중을 상대로 자유롭게 표현하며 이를 통해 수익을 얻는 시대이다.

(3) 지속가능성과 환경오염

환경오염으로 인한 부작용이 향후 환경뿐 아니라 사회 전반에 악영향을 미치는 것이 피부로 체감되는 시대이다. 지속가능성은 1987년 브룬틀란드보고서(Brundtland Report)가 UN에서 처음 제시되면서 미래세대의 수요를 충족할 수 있는 능력을 손상시키지 않는 한도에서 현재의 수요와 필요를 충족하는 것으로 정의된다. 현대사회는 환경오염이 아닌 환경보존을 위해 경제, 사회를 비롯하여 전 분야에서 지속가능성을 염두에 두고 결정을 내려야 하는 시대이다.

제한된 지구환경, 자원을 가지고 현시대를 살아가는 우리만을 생각하는 것이 아닌 미래 세대의 경제, 사회, 환경에 미칠 영향을 고려하여 이러한 자원을 저해하고 오염시키고 낭비하지 않도록 국제적 협력이 필요하고 이는 인류의 공존이라는 전제로 사회 전 분야로 확산되어 적용이 요구되는 시대이다. 따라서 지속가능성은 개인적인 차원, 기업, 사회, 국가를 넘어 전 인류적, 지구적 차원에서 추구되고 고려되어야 한다. 기후변화, 생물다양성, 사막화 방지와 같은 환경 영역뿐 아니라 경제와 사회 분야에도 지속가능성은 그 중요성이 더해가는 시대에 우리는 살고 있다.

3) 제4차 산업혁명

2016년 세계경제포럼 이후 현 시대는 제4차 산업혁명의 시대로 명명되고

형 지도제작개념(위키백과)

크라우드 소싱(crowd sourcing): 온라인 플랫폼을 기반으로 기업의 생산, 서비스, 문제 해결 등에 대중의 아이디어와 기술을 활용하여 저비용 고효율의 상품 및 서비스를 만들고 발생한 수익을 공유하는 비즈니스 모델(김용국, 2019)

있다.

디지털 혁명으로 불리는 인터넷과 정보기술이 중심이 되는 3차 산업혁명에서 더 나아가 빅데이터 분석, 인공지능, 로봇공학, 사물인터넷, 무인운송수단, 3차원 기술, 나노기술의 혁신으로 설명되는 것이 제4차 산업혁명 시대이다. 제4차 산업혁명시대를 살아가기 위한 현대사회의 특징에 대한 이해가 필요하다.

(1) 지식정보사회

앨빈 토플러(Alvin Toffler)가 『제3의 물결(The Third Wave)』에서 주창한 지식정보사회는 대량으로 생산된 지식과 정보가 사회 전반에 영향을 미치는 사회로 네트워크화된 정보를 활용한 기술이 제공하는 다양한 서비스가 발달된 사회이다.

지식정보사회에서는 부의 창출 수단으로 지식과 정보가 활용되며, 인터넷과 SNS를 활용해 물리적, 자연적 시·공간에서 사이버 공간으로 확장된 사회이다(김규태, 2020).

(2) 데이터 기반사회

데이터 기반사회와 관련 가장 많이 언급되는 말이 빅데이터이다. 소셜미디어, 사물인터넷, 모바일 등을 이용한 정보의 축적이 거대한 데이터로 쌓이면서 이들 데이터를 기본으로 새로운 정보들이 축적됨과 동시에 사용 가능한 시공간 압축 저장고가 빅데이터이다. 데이터 기반사회는 빅데이터를 활용한 데이터에 대한 지식과 분석기법을 바탕으로 기업 및 국가의 과학적 의사결정과 생산성을 증진하는 사회이다(김규태, 2020).

빅데이터를 활용하는 사회에서 개인은 자신이 결정해야 할 여러 가지 상황 속에서 추천이나 성향에 맞는 정보라는 이름으로 반복적으로 노출되고 검색되는 것들을 경험하고 직·간접적 영향을 받게 된다. 편리함이 더해지는 한편 빅데이터에 의해 편향되거나 궁극적으로 통제될 수 있다는 우려도 제기될 수 있다. 국가적으로는 데이터에 기반을 둔 정책 수립과 빅데이터를 활용한 사회문제의 접근이 보다 활성화되는 사회이다.

(3) 융합과학사회

2016년 등장한 창의·융합형 인재는 융합형 과학기술인재를 육성하여 제4차 산업혁명시대의 미래사회를 이끌어 나갈 국가 차원의 인재육성계획에 언급된 인재상이다. 위키백과에서의 정의를 살펴보면 융합과학(integrated science, converging science)은 인문학, 사회과학, 예술, 공학, 과학 및 문화의 여러 영역을 동일한 창조, 융합의 원리로 탐구하여 인간의 삶뿐 아니라 인간성의 향상을 목적으로 통합적 탐구를 위해 만들어진 과학분야이다.

미래인재상에서 볼 수 있듯이 현 사회는 융합과학사회로 나아가고 있다. 융합과학사회는 IT, BT, NT, ET, ST, CT 등으로 구성된 융합과학기술이 상호 연결, 결합되어 사회 전반의 지식과 정보의 확대를 통한 학문적 교류가 일어나는 사회이다.[2] 미래사회에서 요구되는 혁신기술이 전문분야에서 만나 하나의 주제(사회문제)를 해결하기 위해 각각의 분야에서 나온 연구 결과물을 융합하여 나온 대표적 결과물이 스마트폰이다. 과학기술적 원리와 디자인이 융합된 현대사회의 필수품이다. 이러한 사회는 과학기술창조력과 인문학적 상상력을 겸비한 창의 융합형 인재를 요구한다.

2. 성인학습의 필요성

2019년 유네스코 평생학습연구소가 발표한 제4차 유네스코 성인학습 및 교육에 관한 글로벌 보고서는 누구도 소외되지 않는 세상(Leave No One Behind)을 위해서는 전 생애에 걸쳐 배움의 기회를 제공하는 평생학습 시스템이 국가 차원에서 제공되어야 함을 제시하였다.

전 생애에 걸친 평생학습은 성인이 되어서도 학습이 가능한 사회를 통해서 실천될 수 있다.

교육을 이야기할 때 학습권에 대한 정의가 학령기 청소년들(9세~24세)에게만

2) IT(정보기술, Information Technology), BT(생명공학기술, Bio Technology), NT(나노기술, Nano Technology), ET(환경공학기술, Environmental Technology), ST(우주항공기술, Space Technology), CT(문화콘텐츠기술, Cultural Technology)

적용된다는 생각을 하기 쉽다. 학습권은 모든 국민(여성, 중장년, 노인 등), 즉 성인들에게도 적용되는 기본권리이다. 기본적 인권으로서의 학습권뿐 아니라 성인도 교육복지 차원에서 성인학습을 받을 권리가 있다. 누구나 인정하듯 빠르게 변화하는 사회 환경 속에서 생존과 자기발전을 위한 성인학습의 필요성은 사회와 국가 차원에서 인적자원을 통한 선진사회 조성과 국가 발전에도 강조성이 부족하지 않다.

1) 학습권으로서의 성인학습

학습권은 사회구성원으로서 인간다운 삶을 살 수 있는 교육받을 권리로서 기본적 인권이다. 우리나라는 헌법 제10조 인간으로서의 존엄과 행복을 추구할 권리, 제22조 학문의 자유, 제31조에 교육을 받을 권리를 명시하고 있다. 인간은 학습을 통해 성장 발달할 수 있고, 행복을 추구할 수 있다. UNESCO(1985)는 학습권을 ① 읽고 쓸 수 있는 권리, ② 질문하고 분석할 수 있는 권리, ③ 상상하고 창조할 수 있는 권리, ④ 자신의 세계를 이해할 수 있고 역사를 기록할 수 있는 권리, ⑤ 모든 교육자원을 이용할 수 있는 권리, ⑥ 개인적, 집단적 기술을 발전시킬 수 있는 권리라고 하였다. 학습권이 갖는 의의는 성인이 되어서도, 인간의 평생에 걸친 성장과 발달권을 적극 보장하는 것이다. 학습권은 생래적이고 천부적 자연권이며 청구권적 사회권이다.

성인학습은 한 사람의 시민으로, 주민으로서, 노동자로서 개인의 성장과 사회의 발전의 중요한 도구이며 방법이다. 학습은 인간적 성장과 발전을 이루며 인격을 형성하고, 경제적 능력을 키울 수 있도록 도우며 시민으로서 스스로의 자질과 정치적 안목, 식견을 함양하여 선진 민주주의 사회를 형성하며, 지역발전을 이루는 구성원이 되도록 돕는다. 후쿠자와는 "어리석은 국민 위에 무지한 정부가 있듯이 훌륭한 국민이 있는 곳에는 훌륭한 정부가 있다"라고 하였다.[3)]

3) 후쿠자와 유키치(1835~1901). 일본 개화기 계몽사상가. 교육가. 저술가. 대표저서로 "학문의 권장"이 있다.

2) 교육복지로서의 성인학습

교육복지는 일반적으로 학교교육과 연관되어 설명되는 경우가 많다. 학교교육현장에서 저소득층 대상 경제적 혜택과 서비스를 제공하거나 교육취약계층에 대한 교육기회의 확대 측면에서 장애학생 편의시설확충, 학습부진학생 맞춤 학습반 운영이나 부적응학생들을 위한 적응 프로그램 등 맞춤식교육지원으로 이해되고 있다. 그러나 교육복지는 학교현장뿐 아니라 학교교육을 벗어나 대상별, 계층별 삶의 질을 개선하는 교육활동도 포함하고 있다.

교육복지는 학생, 청소년을 넘어 여성, 노인, 청장년 등 모든 연령을 포함하여 교육적 요구가 있는 다양한 계층을 대상으로 한다.

성인학습기관에서 이루어지는 다양한 교육도 교육복지 차원에서 설명될 수 있다. 여성인력개발센터의 다양한 여성들의 자기계발프로그램 참여와 50+ 재단 등의 시니어 교육프로그램에 노인들이 참여하는 것도 교육복지 차원에서 정부가 제공하는 프로그램으로 이해할 수 있다.

특정 지역과 집단의 권리신장, 발전전략, 기술의 습득과 인식개선으로 청년들을 위한 고용취업훈련이나 임신, 육아 관련 부모교육도 있으며 농촌주민들을 위한 리더교육, 마을 공동체의 주민활동가 대상교육, 노동인권교육 등이 교육복지로서 성인학습의 예라고 할 수 있다.

교육복지를 통해 삶의 질을 개선할 수 있는 다양한 교육을 받을 수 있다.

3) 사회변화 적응과 삶의 질 향상을 위한 개인 차원의 성인학습

21세기 사회는 지식근로자 시대(피터 드러커), 기술이 주도하는 사회(폴케네디), 열린사회(조지 소로스), 범세계화 시대(앤서니 기든스) 등으로 설명된다. 사회가 개방화되고 국제화된 사회로 나아가면서 개인은 무한 경쟁 사회에 놓였다. 지식기반 경쟁시대이며, 이러한 경쟁이 한 나라 안에서가 아닌 글로벌 사회 속에서 생존을 위한 경쟁 속에 살아가야 한다. 지구 온난화와 같은 국제적 문제와 함께 개개인이 속한 지역의 특성과 문제를 넘어서야 하는 도전과 변화의 시대이다. 성인학습은 개인이 이러한 변화에 적응하고 발전적인 삶을 주체적으로 살아가기 위해 필요하다.

개인의 생애를 놓고 볼 때 성인학습은 새로운 지식과 변화에 대한 적응을 위해, 또 개인의 경력을 개발할 수 있을 뿐 아니라 삶의 질을 높이기 위한 방법임을 보여준다. 성인들에게 학습은 삶의 의욕과 용기를 주고 이를 통해 육체적·정신적 건강의 향상도 가져온다(최은실, 2005).

뿐만 아니라 학습하는 자체에서 얻는 즐거움과 지적인 성취감을 통해 삶의 위기상황을 극복하고 대처하며 정신적, 육체적 아픔과 고통을 치유하는 힘을 얻는다는 연구도 있다(윤나래, 2010).

특별히 개인이 인생의 어려운 고비를 겪고 있을 때 성인학습을 통해 심리적으로 치료와 회복을 경험한다는 실증연구도 있다(김정희, 2016). 100세 시대를 살아가야 하는 우리는 학령기 학습을 넘어 성인기에도 개인의 삶의 질과 행복을 위해 학습을 해야 하는 평생학습시대를 살고 있다.

4) 사회 발전과 변화에 따른 사회적 차원에서 성인학습의 필요성

학교교육이 그동안 많은 한계를 보여주면서 학교교육에 대한 보완재와 대체재로서 학교 이외의 장소에서 학령기를 넘어선 생애 전체를 통한 교육과 학습이 사회적으로 필요하게 되었다.

일과 학습이 병행되는 시대이고, 언제, 어디서나 학습이 가능한 사회 속에서 사회가 필요로 하는 지식을 공급하기 위해 다양한 방식과 방법의 학습이 요구된다. 노인인구의 증가와 최첨단 과학기술의 발전은 사회의 존속과 국가 간 경쟁에서 승리하기 위해 사회공동체의 학습이 요구된다. 지역사회의 문제를 해결하고, 사회적 갈등을 해결하기 위한 지역사회 구성원에 대한 교육과 집단 지성을 통한 사회적 갈등의 민주적 해결을 위해서도 성인학습은 그 역할을 한다. 시민의식의 향상을 통해 전 지구적 문제에 대처하는 능력을 키우고 글로벌 경쟁력을 향상시키는 것도 성인학습을 통해 가능하다. 4차 산업혁명으로 인해 새로운 직업이 생겨나고 수많은 기존의 일자리가 사라지며 로봇으로 대체되는 사회 속에서 성인학습자들을 위한 교육은 사회의 존속을 위한 국가·사회적 책무가 되었다.

제2절 성인학습의 개념과 이론

1. 성인학습의 개념과 출현 배경

성인학습은 아동기·학령기 청소년들의 학습과 구분하여 성인을 대상으로 하는 학습이다. 학습의 사전적 의미가 연습이나 경험의 결과로 일어나는 행동의 지속적 변화임을 고려하면 100세 시대를 살아가야 하는 성인 누구에게나 변화되는 사회에 적응하기 위해 필수적이다. 메이어(Mayer)는 성인학습을 "경험의 결과로 인하여 사회에서 성인으로 간주되는 사람들의 지식, 태도, 행동이 비교적 지속적으로 변화되는 과정"으로 보았다(Mayer, 1992).

학습을 통해 변화가 이루어지고 그 변화가 오래도록 지속적이어야 진정한 의미의 학습이 이루어졌다고 볼 수 있는데 이때 변화는 단순히 행동의 변화만 의미하는 것이 아닌 가치나, 신념, 태도, 사회적 행동 전반에 대한 변화를 의미한다. 성인학습의 출현은 아동·학령기 교육을 지칭하는 페다고지(pedagogy)가 지식과 기술의 전달에 치중한 것에 반해 성인들의 학습을 도와주는 기술과 과학이라는 의미의 안드라고지(andragogy)는 페다고지로 설명되기 힘든 성인학습자들의 학습방법과 특성에 대한 시도와 사색을 통해 체계화되었다. 1967년 유고슬라비아 성인교육가인 두산 새비세빅(Dusan Savicevic)에 의해 소개되었고, 1968년 말콤 놀스(Malcolm Knowles)가 『Adult Leadership』 학술지 기고를 통해 전 세계에 등장하였다. 안드라고지는 성인학습이론의 전통적 개념으로 성인교육의 개념과 원리 및 실천과정을 포함하는 개념(신용주, 2004)이며 놀스의 언어로 성인의 학습을 돕는 과학과 기술이다.

2. 안드라고지의 가정과 성인학습 원리

성인학습을 촉진하기 위해서는 성인학습자에 대한 이해를 바탕으로 성인학습의 특성을 잘 반영해야 한다. 안드라고지는 이러한 성인학습을 위해 여섯 가지의 가정을 제시하였다.

1) 학습자의 알고자 하는 욕구(The Need to Know)

성인학습자는 학습을 왜 해야 하는지 이유를 알고자 한다. 성인학습을 촉진시키기 위해서는 이러한 성인학습자가 학습에 대한 필요성을 인식할 수 있도록 도와야 한다.

2) 학습자의 자아개념(The Learner's Self-Concept)

성인학습자는 자신에 대한 책임을 지는 존재로서 자율적이고 독립적이며 자기주도성이 강하다. 놀스는 성인학습자의 자기주도성이 발휘되는 학습환경은 학습자가 자신의 학습평가에 참여하고 지원받고 존중되는 감정을 느끼는 곳이라고 했다(Knowles, 1975).

3) 학습자의 경험의 역할(The Role of the Learner's Experience)

성인이 되기까지 성인학습자는 다양한 경험을 하는데 이러한 경험은 학습에 큰 자원이 되며 중요한 의미와 가치를 갖게 된다. 자신의 삶의 경험이 학습에 연결되고 학습을 통한 지식의 통합이 문제를 해결할 수 있게 되기에 학습자의 선행경험은 성인학습에서 중요한 역할을 한다.

4) 학습준비도(Readiness to Learn)

성인들은 각자의 학습에 대한 중요성과 필요에 따라 학습에 대한 준비도가 다르다. 또한 학습준비에 대한 지속적 필요는 하나의 발달단계로부터 다음 단계로 옮겨가는 것과 관련된 발달과업이기도 하다 성인학습을 조직화할 때는 학습준비도에 따라 정리되고 현실적용을 고려해야 한다(Knowles, 1980, 2005).

5) 학습지향점(Orientation to Learning)

성인들은 학습을 통해 삶은 직면한 문제를 해결하며 즉시적으로 활용하기 위해 학습을 하는 성향이 있다. 성인들은 자신들의 삶에 즉시 적용할 수 있는 상황일 때 새로운 지식, 스킬, 가치와 태도를 가장 효과적으로 학습한다. 아동·학령기 학습인 페다고지가 미래의 삶을 준비하기 위한 것으로 교과중심인 반면에 성인들은 과업중심, 문제 중심의 학습으로 현재 즉시 적용할 수 있는 학습을 지향한다.

6) 학습동기(Motivation)

성인학습의 동기는 승진이나 급여 인상 등 외적요소도 있지만 내적 동기에 해당하는 자아 존중감, 인정, 학습에 대한 호기심과 선천적 사랑, 자아실현에 대한 기대가 더 크게 작용을 한다. 성인학습자들에게는 타인에 의해 부과되는 외적 동기보다 내적인 동기부여를 이끌어내는 데 중심을 두어야 한다.

성인들은 스스로의 학습에 자기주도적이며 목표 지향적이다. 학습과 자신의 관계성을 따지고 배움에 합당한 이유를 알기 원한다. 성인들은 학습과 연계된 광범위한 삶의 경험을 갖고 있으며 실제 삶에서 부딪히는 문제를 풀기 위한 학습에 관심을 갖고 있다. 성인들은 실천 지향적이며 삶에 응용될 학습을 필요로 한다. 성인들은 외부적 동기보다 내적 동기에 더 반응한다.

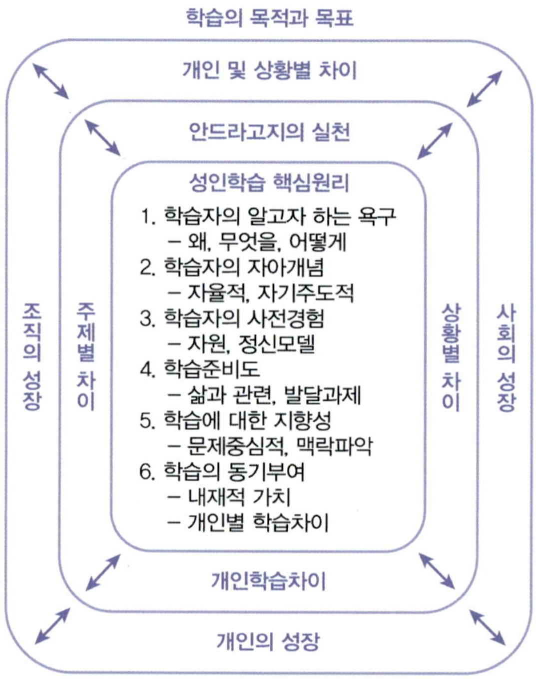

[그림 1-1] 안드라고지의 실천

출처: Knowles, Holton & Swanson(1998).

3. 성인학습과 관련된 주요 이론과 모델

위에서 살펴본 안드라고지 외에도 성인학습이론으로 자기주도학습(Norm, 1999), 경험학습(Kolb, 1984), 전환학습(Mezirow, 1995) 등이 대표적이다. 메리엄(Merriam)은 전통적인 성인학습이론으로 안드라고지, 자기주도학습, 인식전환학습과 함께 인간의 감정과 신체적 영역에서의 앎, 실천공동체(community of practice)와 영성(spirituality)과 학습을 언급했다(이성회, 2020).

다양한 성인학습 이론 중 테일러와 핸디(Taylor & Handy, 2013)가 구분한 도구적 학습이론, 인본주의이론, 전환학습이론, 사회적 학습이론과 함께 구성주의 이론 및 포스트모더니즘과 후기구조주의 이론을 소개한다.

1) 도구적 학습이론

개인의 경험에 초점을 둔 성인학습이론으로 행동주의와 인지주의학습이론, 경험학습이 있다.

(1) 행동주의

왓슨(Watson)이 20세기 초 시작한 행동주의는 환경으로부터 나온 외부의 자극이 행동의 변화를 가져오는데, 강화를 통해 긍정적 결과와 학습신장을 이끌어내는 반면 부정적인 결과와 체벌이 주어지면 학습도 약화된다고 보는 이론이다. 교수자가 학습환경을 통제하며 학습자의 반응을 이끌어내는 대표적인 교수자 중심 이론이다.

행동주의 학자들은 손다이크(Thorndike), 스키너(Skinner), 톨만(Tolman), 파블로프(Pavlov) 등이 있다.

(2) 인지학습이론

학습자의 기억 속에서 학습사태에서 일어난 여러 가지 사상에 관한 정보를 보존하고 조직하는 인지구조를 형성함으로써 일어난다는 주장이 인지학습이론이다. 외적환경보다는 학습자의 정신, 심리적 과정에 학습의 초점을 두고 있으며 통찰, 정보처리, 인지, 성찰, 메타인지, 기억 등 사건에 의미를 부여함으로써 학습을 촉진시키기 위한 정신적, 심리적 과정에 관심을 둔다. 대표적 학자로는 피아제(Piaget), 브루너(Bruner), 가네(Gagne) 등이 있다.

행동주의에 반하여 인지주의는 학습이 정신구조의 변화로 기억에 관한 인지구조를 형성할 때 학습이 일어난다고 보았다. 외부의 자극이 함축하는 의미를 밝히는 과정을 통해 사고를 형성하며 이러한 사고에 의해 특정 행동이 유발되는 것을 기본가정으로 한다. 인지주의에서는 외현적인 행동상의 변화가 관찰되지 않아도 학습이 일어날 수 있다고 본다.

(3) 경험학습

대표적인 경험학습이론을 주장한 콜브(Kolb)는 학습과 지식의 구성이 경험을 통해 촉진된다고 생각하였다. 콜브는 학습을 '과정'으로 개념화하였다. 구체적 경험(느끼기)-관찰과 성찰-추상적 개념의 형성-일반화-새로운 상황에서의 개념의 함의 실험(행동하기)이 주기적으로 반복되는 것을 학습으로 보았다.

이러한 경험학습이론에 대하여 개인의 지식 개발에 치중하여 사회적 맥락을 간과할 뿐 아니라 지나친 학습과정의 단순화라는 비판과 함께 보다 확장적인 이론을 제시한 사람이 자비스(Jarvis)이다. 자비스는 학습이란 '전인(whole person)이 몸(유전적, 신체적, 생물학적)과 마음(지식, 기술, 태도, 가치, 감정, 신념, 감각)이 사회적 상황 속에 있으면서 경험을 구성한 후에, 인지적·정서적, 혹은 실천적 측면에서 변화되고 통합되어 계속 변화하는 사람이 되어가는 과정의 조합'으로 정의했다(이성회, 2020).

2) 인본주의 이론

인본주의이론에는 위에서 설명한 안드라고지와 자기주도학습이 대표적이다. 인본주의 심리학의 창시자인 매슬로우는 인간의 동기이론에서 가장 높은 단계는 자아실현의 욕구인데 학습의 목적도 자아실현이라고 보았다. 인본주의 이론의 가장 큰 특징은 학생중심의 학습을 중시하기 때문에 교수자의 역할이 촉진자라고 생각하는 것이다.

▌자기주도학습

자기주도학습의 특징은 학습자가 스스로 계획하고, 수행하며, 자신의 학습에 대한 평가에 참여하는 것이다. 놀스(Knowles)는 자기주도적 학습을 계획하고 자신의 교육적 요구를 진단하고 평가하며 그 과정에서 주도적으로 수행하는 것을 자기주도적 학습으로 정의하며, 학습자와 교수자의 학습계약(learning contract)을 통한 교육요구 확인, 교육목표설정, 학습전략과 성취수준 평가가 자기주도학습을 촉진할 수 있다고 보았다.

3) 전환학습이론

전환학습은 인간이 갖고 있는 신념이나 태도의 전환, 마음속 습관화된 관점의 전환이 학습을 가져온다는 이론으로 대표적인 학자는 메지로우(Mezirow)이다. 메지로우(1996)는 인간이 삶에서 발생한 커다란 사건(위기, 딜레마 등)이나 경험이 비판적 성찰, 담화를 거쳐 행동지침으로 증명될 믿음과 의견을 생성하게 된다고 주장한다. 이러한 전환학습이 일어나기 위해서는 학습자 개인뿐 아니라 사회적 맥락도 고려한 학습자의 자기성찰과 비판적 담화가 중요하다.

4) 사회적 학습이론

사회적 학습이론의 교육목표는 새로운 역할과 행동의 모방이다. 따라서 맥락과 공동체가 중요한 요소이며 사회적 학습이론을 주장한 반두라(Bandura)는 모방학습, 대리학습, 관찰학습으로 학습유형을 설명하였다. 모방학습은 인지적 요인의 개입 없이 자동적으로 이루어지는 가장 단순한 형태의 학습유형이며, 대리학습은 타인의 행동과 그에 따른 결과를 관찰하고 자신의 상황을 대비시켜 자신의 행동에 대한 결과를 예상하는 학습유형이다. 관찰학습은 타인의 행동을 관찰해서 비슷한 상황에서 학습한 행동을 표현하는 유형이다.

5) 구성주의이론

구성주의(Constructivism)는 인간이 자신의 경험으로부터 지식과 의미를 구성해 낸다는 이론으로 피아제(Piaget)의 인지적구성주의 이론과 비고츠키(Vygotsky)의 사회문화적 구성주의가 있다.

인지적 구성주의는 학습자의 인지적 발달에 초점을 두고 개인의 능동성이 중요하며 능동적으로 문제에 접근하고 해결하면서 인지구조를 변화시키고 지식을 습득한다. 즉 외부세계를 수동적으로 받아들이는 것이 아닌 능동적으로 구성하고 조직해 나가는 지속적 자기구성의 과정이 학습이라고 본다. 사회문화적 구성주의는 사회역사적, 상황적 측면을 학습에서 중요시한다. 인간은 사회환경과 상호작용하면서 발달하기에 사회적 활동으로부터의 사회적 상호작용을 통해서 습득한 기술과 지식 사이의 상호작용이 새로운 지식을 구성한다고 보고 개인의 발달을 사회적 관계 속에서 이해한다.

6) 포스트모더니즘과 후기 구조주의 이론

포스트모더니즘은 모더니즘의 이성주의와 휴머니즘에 반하여 나타났고, 구조주의의 인간을 경시하고 우리 사회의 언어, 사회구조, 제도와 같은 구조에만 집중하는 것에 대항한 사조가 후기구조주의이다. 후기구조주의는 틀(구조주의에서 주장하는)은 절대적인 것이 아니며 또다른 해석이 존재할 수 있다고 본 사상인데, 비판적 관점에서 성인교육의 목적이 해방에 있다고 주장한 프리에리(Freire)가 대표적 학자이다. 프리에리는 학습을 '역사와 사회적 맥락에서 기존의 억압적 경험의 부당성을 깨닫는 과정'이라고 보았다(김희선, 2005).

학습자의 비판적 인식촉진이 해당된 사회건설의 시작이라고 생각하고 기존의 지식을 해체하는 회의적, 상대주의적 입장을 갖고 있다.

제3절 성인학습으로의 초대

성인은 신체적으로는 발육을 마치고 재생산의 능력을 가지면서 사회적으로는 자신의 사회적 역할을 감당하고 책임질 수 있는 성숙한 사람이다. 성인은 스스로 선택하여 학습의 장으로 나아온다. 성인을 위한 평생교육이 급변하는 사회에 적응하며 변화와 성장을 위해 누구에게나 필요한 평생학습시대에 우리는 살고 있다.

자비스(Jarvis, 2007)는 평생학습은 '모든 시민이 각자의 보다 나은 미래를 위해 지식기반 사회에 적응하도록 하고 사회 및 경제적 삶의 모든 영역에 능동적으로 참여하여 지식과 능력을 개발하는 행위'라고 하였다.

평생학습은 성인학습의 다른 이름이다. 자기주도적 성장의 행위와 실천으로서 성인학습은 삶의 문제들을 풀어가는 열쇠이기도 하다.

특별히 갑자기 찾아오는 삶의 어려움에 직면한 성인들이 학습을 통해 심리적 치료의 과정을 경험하고 궁극적으로 심리적 안정과 자신감 회복이라는 직접적 심리치료 효과와 함께 간접적으로 학습을 통해 행동과 가치관이 변함으로써 미래에 대한 발전과 기대를 갖게 되는 심리적 활력도 갖게 된다는 연구(김정희, 2016)를 통해 성인학습이 주는 긍정적 변화는 학습과정에서 느끼는 즐거움과 만족감을 넘어 삶을 다시 조정하고 주도적으로 살아갈 힘을 줄 수 있음을 보여준다. 성인학습의 학습효과와 성과에 대한 많은 연구들은 지식과 기술의 획득이나 현실적인 필요에 대한 충족을 넘어 학습을 통해 성인들은 삶의 의욕과 용기를 얻을 뿐 아니라 자신이 경험한 삶의 아픔을 치유할 수 있음을 보여준다(최은실, 2005: 양은미, 2010: 윤나래, 2010).

성인학습의 대표적 이론이며 방법인 경험학습과 전환학습, 자기주도학습은 심리치료와 심리적 변화에 영향을 주며, 성인학습과정에서 만나는 학습조직과 소속감은 학습공동체의식과 사회적 지지를 경험하면서 스트레스 완충에도 영향을 준다(Coleman & Iso-Ahola, 1993).

성인학습은 언제, 어떻게 시작해야 할까?

성인학습의 심리적 치료효과라는 주제의 논문을 썼을 때, 참여자들의 나이는 47세, 58세, 63세였다. 참여자들은 석사과정과 박사과정에 있는 성인학습자들로 학습을 통해 갑자기 찾아온 인생의 어려움과 심리적 고통으로부터 출구를 찾는 과정에서 학습을 선택하였고 자신의 변화를 경험할 수 있었다. 학습이 진행되면서 사회와 타인을 향한 자신의 변화를 과거와 비교했을 때 스스로도 대견하다고 인정할 만큼 느낀다고 했다. 학습은 변화를 가져온다. 학습을 시작하는 때는 나이나 상황이 결정하는 것이 아니다. 삶의 변화를 원할 때, 더 이상의 내 모습은 발전이 없어서 한발이라도 앞으로 나아가야 한다고 느낄 때, 새로운 어떤 것을 찾아야 할 때, 그때가 학습을 시작할 때이다.

▌ 자신 안에서 발견되는 변화는

과거의 삶과 비교했을 때 자신의 가치를 스스로 인정함에서 오는 자신감과 학습이 주는 즐거움을 통해 삶에 만족을 느끼고 그로 인해 자존감이 회복되는 변화를 찾아볼 수 있었다. 또 목표를 갖고 앞으로의 삶에 대한 기대감으로 열정을 쏟아부을 수 있는 무엇인가를 찾았다는 행복감이 삶 전체에서 여유로움을 갖게 해 주었으며 자신의 문제들을 학습을 통해 스스로 풀어가려는 적극적 모습도 예전과 달라진 큰 변화였다(김정희, 2016).

◎ 학습이 주는 심리적 변화

1) 심리적 안정과 자존감 회복

성인이 되어서 시작한 학습은 스스로의 선택과 변화에 대한 갈망을 품고 시작된다. 자기주도적 배움의 길을 걸으며 미래에 대한 기대를 갖게 되고 스스로를 대견하게 여기면서 자존감의 회복을 느끼며 학습에 대한 집중과 몰입을 통해 심리적 불안감이 삶의 방향과 목표를 갖게 되면서 오는 안정감으로 바뀐다.

2) 행동과 가치관의 변화와 그로 인한 당당함

예전과 달리 학습의 과정을 통해 주체적으로 자신의 삶을 설계하고 노력하는 것에 대한 당당함을 보이게 된다.

3) 심리적·정신적 수용력의 확장

학습조직과 학습과정에서 만나는 다양한 사람들 속에서 삶에 대한 긍정적 시각이 타인에게도 너그러움을 갖게 되고 사회를 바라보는 시각이 좀 더 확장되면서 궁극적으로 심리적, 정신적 수용력의 확장을 가져온다.

◎ 성인학습을 시작하는 나의 좌표

랑그랑은 평생교육의 개념을 설명하면서 수직적 차원과 수평적 차원의 통합이 모두 이루어져야 한다고 주장하였다. 이는 출생 이후 학교교육을 포함 사망까지 수직적 차원의 교육이 있다면, 성인 이후 직업교육, 일반교육, 형식·비형식교육을 아우르는 앎과 삶을 통한 수평적 차원의 교육 통합을 뜻한다.

이러한 랑그랑의 통합성은 전 생애 중 어떤 시기든 자신이 원하는 적당한 시기에 학습의 기회를 선택할 수 있도록 하는 교육 시기 개방, 성인학습자들을 위한 '학습의 장'이 학교에 한정되지 않는 생활공간 전체를 의미하는 학습 장소에 대한 개방, 청년기를 넘어 중·노년기까지 생애 발달에 맞는 스스로의 인생을 개척할 수 있는 개개인의 의사결정이 있을 때 완성된다.

"학습사회"를 주장한 허친스는 모든 사람이 언제, 어느 시기든 교육받을 수 있는 사회를 학습사회로 정의하며 평생학습을 통한 자아실현이 가능한 사회를 목표로 하였다.

1996년 유네스코 21세기 세계교육위원회를 통해 발표된 들로(Delors) 보고서는 평생학습의 네 가지 기둥을 ① 알기 위한 학습(Learning to know), ② 행하기 위한 학습(Learning to do), ③ 더불어 살기 위한 학습(Learning to live together), ④ 존재를 위한 학습(Learning to be)이라고 하였다. 학습은 우리 안의 숨겨진 보물을 캐내는 작업이고 이러한 과정이 우리가 살고 있는 세계를 이해하는데 필요한 방법들을 습득(알기 위한 학습)하고, 이렇게 습득한 기술과 지식을 삶속에 적용(행하기 위한 학습)하며, 타인과의 소통과 협력을 통해 사회적 책임을 인식하고 자기 자신이 사회적 발전에 기여할 수 있는 것(더불어 살기 위한 학습), 궁극적으로 개인의 자아실현을 이루는(존재를 위한 학습) 치열하지만 전 생애를 통해 이루어가는 의미 있는 삶의 방식이다.

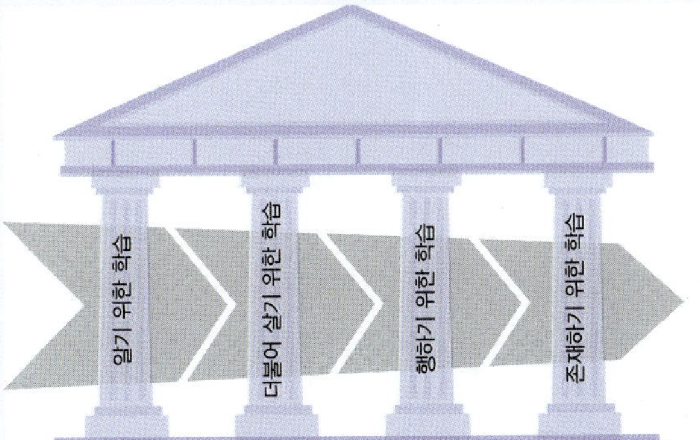

(평생학습의 4 기둥)

◎ 호모 에루디티오(Homo Eruditio)

호모 에루디티오(학습하는 인간)는 인간의 본성을 표현하는 그간의 용어(호모 사피엔스, 호모 루덴스, 호모 파베르, 호모 에코노미쿠스)들을 아우르는 또 하나의 표현이다.

가르치는 사회에서 생각하며 배우는 사회로의 전환을 호모 에루디티오의 학습인간과 학습사회 건설이라고 주장한 한준상 교수(제18차 평생교육심포지움)는 자기의 삶을 배움을 통해 개조해 나가는 사람이 호모 에루디티오라고 정의하였다.

> 자기 본성에 내재되어 있는 학습의 본능을 확인하는 것은 물론 그것을 사회적으로 환원해 내는 일까지를 완성해 나가는 사람을 말한다. 자기 스스로 배우며 사회 변화에 적극적으로 참여하며, 자기 삶의 질을 향상하는 노력은 학습인간의 삶 속에서 하나로 통합될 때 비로소 호모 에루디티오로서의 의미가 확실해지는 것이다

100세 시대, 평생학습사회에서 인간의 생애 발달이 노년에도 지속된다는 전제는 우리가 학습을 통해 자아실현을 이루는 성인학습자의 삶을 요구하고 있다. 더 이상 학습이 정해진 교육 공간에서 일정한 형태를 이루고 교수자의 지도아래 이루어지는 것을 의미하지 않는다는 것을 우리는 알고 있다. 자기주도 학습과 삶의 경험, 성찰을 통해 성인학습은 모든 일상과 삶의 순간 속에서 이루어지고 있다. 그리고 이렇게 이루어지는 학습은 우리의 삶을 변화시키며 자신과 사회를 완성시켜 나간다. 무한한 자신의 잠재력을 끌어내며 자기 주도적 삶을 이끌고 풍성한 삶의 열매를 만들어 가는 것, 우리 삶의 질을 높이고 사회를 변화시킬 수 있는 지금 내가 할 수 있는, 아니 즐길 수 있는 방법이며 도구가 학습이다.

참고문헌

교육부 공식블로그, http://if-blog.tistory.com

김규태(2020). 평생학습을 위한 창업과 기업가 정신. 양성원.

김용국(2019). 도시재생사업의 주민참여 활성화를 위한 크라우드 소싱 적용 방안. 건축도시공간 연구소.

김정은, 박정윤, 문의정(2019). 청년기 발달과업 달성이 청년 웰빙에 미치는 영향. 한국가족복지학, 24(2). 171-193.

김정희(2016). 성인학습의 심리적 치료효과. *Andragogy Today*, *19*(4), 67-90.

김희선(2005). 성인교육이론에 있어 경험과 학습의 의미. 교육문제연구, 22, 71-93.

곽미선, 곽영순, 이수영(2019). 미래융합형 과학기술인재(STEAM)를 위한 미래학교특성 탐색. *Journal of the Korean Association for Science Education*, *39*(4), 479-488.

나항진, 강갑원, 권희완, 김경미, 박성희, 송선희(2012). 성인학습 및 상담. 양서원

박경실, 전기선, 진규동, 한우섭, 최영준, 김대식, 김주섭, 송민열, 신재홍, 최용범(2014). 평생교육론. 학지사.

우베 쉬만크. 우테 폴크만 저. 김기범 외 15인 역(2011). 현대사회를 진단한다. 논형.

이석철(2007). 안드라고지 이론에 근거한 성인들의 학습자적 특징에 따른 교회교육. 기독교교육논총, 14, 155-187.

이성회(2020). 성인학습이론의 범주와 향후 연구과제. 성인계속교육연구, 11(3), 1-19.

이영민, 박철우, 정동열(2019). 청년실업 발생의 원인과 해소 방안에 관한 소고. *Asia-pacific Journal of Multimedia Service Convergent with Art, Humanities, and Sociology*, *9*(6), 793-801.

임주원, 김서현(2023). 1인가구 청년의 온·오프라인 사회적 관계망과 삶의 만족도의 잠재계층 간 전이관계. *Korean Journal of Social Welfare Studies*, *54*(4), 5-41.

윤나래(2010). 주부들의 여성주의 '실천인문학' 공부와 풀뿌리 여성운동의

가능성. 이화여자대학교. 석사학위논문.

윤찬영(2018). "리빙랩이란 무엇인가".(현장브리핑) 새로운 사회를 여는 연구원.

장인수, 이지혜, 이선희, 이소영, 박종서(2023). 2023년도 저출산 고령사회 시행계획 수립 및 핵심성과지표 활용방안 연구. 한국보건사회연구원.

최운실(2005). 성인학습자의 평생학습 참여성과 분석-HRD 자본, 사회문화 자본, 개인적 자본 측면의 성과 인식을 중심으로. **직업교육연구**, 24(3), 381-419.

Malcom S. Knowles(1980). *The Adult Learner: A Neglected Species*, 3rd ed. Chicago: Follet Publishing Company

Chapter 02

성인학습의 역사와 철학적 기초

김정희 박사

개요

성인학습의 역사적 배경에 대한 기본적 이해를 통해 우리나라 성인학습의 흐름을 파악한다. 미국과 영국의 평생교육의 시작과 전개를 비교해 보고 우리나라의 성인학습을 이끌어오고 있는 평생교육 정책을 조명해본다. 이와 함께 본 장에서는 성인학습의 철학적 기초를 바탕으로 성인교육의 학습이론 및 성인학습 모형에 대한 이해와 실질적인 학습 방법 전반에 대한 학습으로 구성된다.

학습목표

1. 우리나라 성인학습의 흐름을 영국, 미국의 역사적 배경과 함께 학습하고 한국 성인교육의 전개와 정책에 대하여 이해할 수 있다.
2. 성인교육의 철학적 기초에 근거한 성인교육의 방법들에 대한 비판과 성찰을 할 수 있다
3. 실천 가능한 성인학습 및 성인학습 모형의 학습을 통해 삶속에 적용할 수 있다.

주요단어

성인학습의 역사, 성인교육의 철학, 성인학습이론과 모형

제1절 성인학습의 역사적 배경

교육과 학습을 어떻게 구분할 수 있을까? 교육은 교수자의 관점인 반면에 학습은 학습자 관점을 더 강조한다고 볼 수 있겠다. 성인교육(Adult Education)은 계속교육(Continuing Education), 추가교육(Further Education), 순환교육(Recurrent Education)과 같은 용어로 쓰이는 평생교육(Lifelong Education)의 또 다른 이름이다. 평생교육은 지식정보 사회의 맥락 속에서 평생학습을 위해 효과적인 체계를 구성하는 과정과 체제이며, 평생교육의 목적은 평생학습을 실현하는 것이다. 따라서 학습은 교육보다 포괄적이고 광의적 의미를 담고 있다. 평생학습을 실현하는 성인들을 위한 학습이 성인학습이다. 성인들을 위한 학습으로써 평생교육의 역사를 서구(미국과 영국 중심)의 발생과 성장 및 성숙기를 중심으로 살펴보고 우리나라의 평생교육의 발전과정을 시기별로, 평생학습(성인학습)의 특징과 주요정책을 중심으로 살펴보고자 한다.

1. 서구 평생교육의 시작과 흐름

1) 영국

영국에서 성인기초교육이 처음 시작된 것은 1650년대 퀘이커교도들을 통해 전역으로 확산된 문해교육이다. 이후 1669년 성경지식진흥협회(Society for Promoting Christian Knowledge)의 '자유학교'와 1780년대 주일학교(Sunday School), 성인학교(Adult School)로 이어졌고, 산업혁명 이후 1854년에 노동자대학(Working Man's College)의 설립으로 직업훈련교육이 실시되었다(Peers, 1988).

영국 케임브리지대학교의 일반인 대상 대학확장 강좌가 전국으로 확산되면서 더불어 20세기에는 노동자중심의 노동자교육협회(Worker's Education Association)가 창설되어 노동자교육을 확대하였다.

1917년에는 성인교육위원회(Adult Education Committee)가 설립되어 대학에 교외교육부 설치 및 평생교육을 위한 교양교육이 강조되었다(김도수, 1994).

제2차 세계대전을 지나면서 본격적으로 시행된 성인교육제도의 발달, 교육방송체제의 확립, 교육기회의 평등을 지지하는 정책을 배경으로 성인들이 학력과 상관없이 참여하여 학위를 얻을 수 있는 개방대학이 등장하였다(Perry, 1976).

2) 미국

미국은 1680년 시작된 준토(Junto)와 1861년 시작된 라이시움(Lyceum), 1866년의 샤토쿠아(Chautauqua)가 평생교육의 발생과 전개의 시작이라고 볼 수 있다. 준토는 자연철학이나 정치, 도덕과 같은 그 당시 문제를 정기적 모임을 통해 토론과 논의를 하는 클럽으로 1741년에는 독립적 성인교육기관이 되었다. 라이시움은 이름 자체가 고대 아리스토텔레스가 제자들을 가르쳤던 신정 마당의 숲 이름으로 일종의 문화강좌 성격을 갖고 있었으며 지역 단위의 강연과 토론이 시간이 흐르면서 전국적 연합체로 발전하였다. 샤토쿠아는 농민교육의 한 부분으로 샤토쿠아 호수에서 여름캠프 프로그램을 운영하며 교육과 오락을 겸한 여름학교라는 의미의 샤토쿠아가 1978년에는 샤토쿠아 문학·과학 서클창립으로 발전하였다(Houl, 1992).

1888년 듀이(Dewey)가 뉴욕주립대학교의 재정지원을 받아 성인교육프로그램을 발전시킨 이후 1891년 미국 대학들의 대학확장 사업 활성화를 위한 대학확장연합회(University Extension Division)를 결성하였고, 1926년 미국성인교육협회(American Association for Adult Education)의 창립을 통해 성인교육저널(Adult Education Journal)이 발간되었다. 1970년대에는 미국대학의 교외학위과정(External Degree Program)과 교외학급과정(Off-Campus Class)이 설치되어 지금의 대학성인교육의 틀이 형성되었다.

2. 역사 속 한국 평생교육의 전개와 정책의 발전

한국 역사 속 평생교육의 자취는 조선시대 지역사회학교의 성격을 갖는 '계'와 '두레'와 같은 활동에서 찾을 수 있다. 개화기를 거치면서 독립협회와 같은 시민단체의 활동과 일제 강점기 야학과 민족학교의 설립을 통한 교육활동이 한국 평생교육 일환으로 볼 수 있다.

1950년대까지 이루어진 평생교육의 전개는 대학생들의 향토계몽대 활동과 농어촌 주민대상 문맹퇴치교육, 기초교양교육, 정신계몽교육을 통해 시행되었으며, YWCA나 YMCA 활동으로 이어졌다.

1) 1970년대부터 평생교육법 제정 이전까지의 평생교육

1970년대의 대표적인 평생교육의 사례는 1972년 시작된 새마을 교육(운동)이다. 국민정신 개조, 소득증대를 목적으로 경제개발 5개년 추진계획의 진행과 함께 전국적으로 실시된 지역사회개발운동의 토대를 형성하였다(홍기형 외, 2006). 또한 1970년대에는 최초의 대학평생교육이 시작되었는데, 대구 계명대학교의 여성을 위한 시민강좌의 개최가 그것이다. 노인들을 위한 노인교육프로그램 역시 1972년 서울평생교육원에서 시작되면서 성인학습이 다방면으로 시작되는 시기가 1970년대이다. 1980년대 들어서면서 국가 차원에서 평생교육진흥에 대한 헌법 조항 삽입과 함께 방송통신대학의 4년제 대학 승격과 1982년 사회교육법의 제정을 통해 현재 성인학습자들을 위한 법적 제도가 시행되었다. 독학사제도와 사내대학운영을 통해 학령기 교육 기회를 얻지 못한 성인들이 스스로 공부하여 학사학위를 받을 수 있는 독학사제도 및 직장을 통해 대학과정을 공부할 수 있는 사내대학은 평생학습의 중요한 정책으로 현재까지 자리 잡고 있다. 여성과 노인들을 위한 교육프로그램들이 여성단체 및 노인복지관, 노인대학을 통해 여가선용과 건강 관련 프로그램 중심으로 시행되었으며 방송국과 신문사(동아일보, 중앙일보, 한국일보 등)에서도 부설 문화센터를 설치하여 교양, 문화, 건강, 예술, 어학, 취미 등의 성인대상 프로그램을 운영하였다.

1990년대는 문민정부가 들어서면서 누구나, 언제, 어디서나 원하는 교육을 받을 수 있는 “열린교육사회, 평생학습사회” 건설을 신교육체제의 비전과 목표로 제시하였고 1995년 5월 31일 단행된 교육개혁은 시간제등록, 학점은행제, 원격교육 방안의 제시 등 본격적인 평생학습사회의 틀이 법적으로 정립된 시기이다. 시간제등록이나 학점은행제를 통해 성인학습자들은 언제든 본인이 원하는 시기에 공부를 할 수 있는 평생학습시대를 살게 되었다. 1996년 2차 교육개혁과 1996년 3차 교육개혁방안을 통해 사회교육법이 평생학습법으로 확대·개편되는 방안을 제시하였으며 1997년 4차 교육개혁방안 제시를 통해 평생학습법을 평생교육법으로 변경하고 사회교육법을 전문 개정하여 평생교육법의 국회 심의를 거쳐 1999년 8월 31일 평생교육법이 제정되어 2000년 3월 1일 시행되었다.

2) 2000년대 이후의 우리나라 평생학습 정책

앨빈 토플러는 21세기의 문맹은 배우고(learn), 배운 것을 버리고(unlearn), 다시 배우기(relearn)를 못하는 것이라고 했다. 학습, 폐기학습, 재학습을 통해 새로운 지식을 채우며 평생학습자로 살아가야 함을 뜻하는 것이다. 2020년 세계경제포럼에 의하면 모든 근로자의 50%는 5년 내 재교육(re-skilling)이 필요하다. 삶과 학습이 하나가 되어야 하는 미래사회, 100세 시대를 살아가기 위해서 성인학습은 필수가 되었다. 2002년 제1차 평생교육계획이 5년 단위로 수립되어 2023년 5차 평생교육진흥계획이 시행되고 있다. 5차 진흥계획에 따르면 1992년 시작된 독학사제도와 1999년 시행된 학점은행제를 통해 2022년 기준 독학학위는 22,685명이(1992년 시행 당시 147명), 학점은행제는 946,892명(1999년 34명)으로 증가하였다. 2000년대에 들어서면서 더욱 확장된 평생학습 정책들을 통해 국가적인 평생교육진흥이 활발히 진행되어왔다.

(1) 평생학습도시

평생학습도시는 지역사회의 평생교육활성화를 위해 교육부가 2001년부터 시작한 정책으로 2001년 당시 대전 유성구, 전북 진안군, 경기 광명시가 최초의 우리나라 평생학습도시로 선정되었으며 1도시 1특성화 프로그램, 다양한 평생학습동아리 활동 등 지역의 특성에 맞는 평생학습프로그램을 통해 언제, 어디서나, 누구나 원하는 학습을 즐길 수 있는 학습공동체 건설을 도모하는 도시 재구조화 운동이다. 2022년 기준 188개의 도시가 평생학습도시로 선정되었다.

(2) 성인문해교육

평생교육법 제39조(문해교육실시 등)에 따르면 국가 및 지방자치단체는 성인의 사회생활에 필요한 문자해득 능력 등 기초 능력을 높이기 위하여 노력해야 한다고 명시하고 있다. 문해교육(문자해득교육)은 일상생활을 영위하는 데 필요한 문자해득 능력을 포함한 사회적, 문화적으로 요청되는 기초생활능력을 갖출 수 있도록 조직화된 교육프로그램(평생교육법 제2조)으로 2006년 시행 당시 성인 문해교육 수혜자가 14,668명이었던 것이 2021년에는 562,936명으로 늘어났다.

(3) 평생학습계좌제

평생교육법 제23조에 근거한 평생학습계좌제는 개인의 학습경험을 학습계좌에 누적, 관리하고 그 결과를 학력, 자격 등 사회적으로 활용하는 제도로 학습계좌제에 등록할 수 있는 이력은 정규 초·중·고 학력 및 대안학력, 해외학위와 근무경력, 강의 경력 등 개인의 경력과 자격사항이 있으며, 평생학습이수(평가인정 학습과정, 연계기관 학습과정)을 비롯하여 기타 수상이나 해외경험, 어학연수, 논문, 기고, 독서, 자원봉사활동, 취미 및 동아리활동 등 개인의 전반적 학습이력을 계좌 개설을 통해 등록하고 관리할 수 있다. 2010년 시행당시 977개의 계좌가 2022년 41,032개로 증가하였다.

(4) K-MOOC(Kora Massive Open Online Course)

2015년 시작한 한국형 온라인 공개강좌이다. 국가평생교육진흥원에서 운영하며 강좌는 인문, 사회, 교육, 공학, 자연, 의학, 예체능에서부터 시작된 다양한 강좌가 진행되고 있다. 2019년부터 학점은행제 강좌로도 수강이 가능하다. 2022년에는 2,553,369건의 수강신청이 기록되었다.

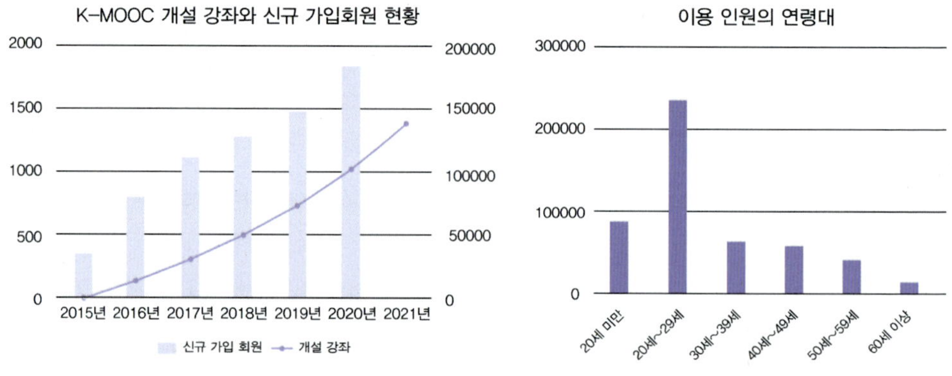

[그림 2-1] K-Mooc 최근 10년간 강좌 및 연령대별 이용자 현황

출처: 국회입법조사처 전문가 간담회 자료(2020).

(5) 평생교육바우처

2018년부터 시행된 평생교육바우처는 만 19세 이상의 저소득층, 장애인, 고령자 등 일정기준 이하의 성인들을 대상으로 개인에게는 자기개발 및 학습기회를 제공하며 사회적으로는 평생학습 문화를 조성하고자 지급되는 일정 금액의 교육바우처로 학위과정, 비학위과정, 취미, 여가, 자격증 취득 등의 다양한 교육과정에 사용 가능하다. 2022년에는 38,674명이 이용하였다.

(6) 매치업

매치업은 기업과 대학 등이 공동 개발, 운영하는 신산업분야 단기직무역량향상 프로그램으로 신산업분야를 선도하는 교육 플랫폼이다. 신산업분야 직무능력 향상을 원하는 대학생, 구직자, 재직자를 대상으로 한 산업맞춤 단기 직무인증 과정이다. 온라인으로 진행되므로 편하고, 6개월 미만의 교육 기간으로 빠르게 신산업분야 직무능력 향상을 기대할 수 있다. 현대자동차(인공지능형), 한국마이크로소프트, 네이버(스마트시티), SK 네트워크(블록체인) 등의 대표적인 기업들이 참여하고 있다. 학습자는 매치업프로그램의 신산업분야 직무능력 향상, 직무능력인증평가를 통한 기업들의 직무능력인증서를 취득할 수 있고 이것을 학점은행제의 학점인증이나 취업연계에 활용할 수 있다. 2018년 12개의 교육과정에서 2022년에는 64개로 교육과정이 늘어났다.

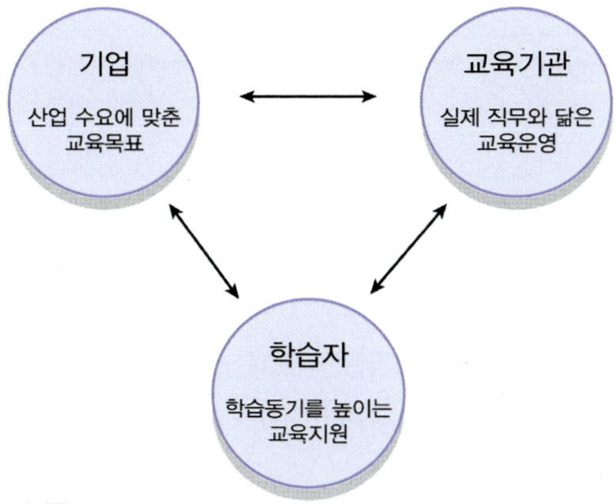

[그림 2-2] 매치업 흐름

◎ 평생교육사제도

1. 평생교육사란?

평생교육의 기획, 진행, 분석, 평가 및 교수 업무 등 평생학습 관련 업무의 전반을 담당하는 현장 전문가

2. 평생교육사 자격 취득 방법

대학(원), 학점은행기관, 시간제 등록대학 등 양성기관에서 운영하는 관련 과목 이수 후 일정 학점 이상 취득

3. 평생교육사 자격 취득과목

- 필수과목 : 평생교육론, 평생교육방법론, 평생교육경영론, 평생교육프로그램개발론, 평생교육실습(4주, 160시간 현장실습포함)
- 선택과목 : 아래의 실천영역과 방법영역에서 각각 1과목 이상 포함해서 평생교육사 2급의 경우 5과목, 3급은 2과목 이수

【실천영역】

노인교육론, 문자해득교육론, 성인학습 및 상담, 시민교육론, 아동교육론, 청소년교육론, 특수교육론

【방법영역】

교수설계, 교육공학, 교육복지론, 교육사회학, 교육조사방법론, 기업교육, 문화예술교육, 상담심리학, 원격(이러닝, 사이버)교육론, 인적자원개발론, 지역사회교육론, 직업·진로설계, 환경교육론

출처 : 국가평생교육원 홈페이지 (www.nile.or.kr)

제2절 성인학습의 철학적 기초와 전통적 학습이론

철학에 대한 정의를 말할 때 어느 하나로 단정하긴 매우 어렵지만, 철학에는 삶이나 앎에 대한 고민과 문제를 담고 있고 이러한 주제를 연구하는 학문이라고 할 수 있을 것이다. 철학에는 목적, 목표, 신념체계와 같은 삶과 인생, 삶의 지식에 대한 것들이 담겨 있어야 한다. 따라서 교육철학을 논할 때는 교육이 나아가야 할 방향을 제시하고 추구하는 방향이 어떠한지 어떤 철학적 관점을 갖고 있느냐에 따라 교육의 방법이나 목적도 달라질 수 있다는 것을 전제로 한다. 교육에 대한 철학적 접근은 고대 그리스 시대의 철학까지 거슬러 올라간다. 소크라테스, 플라톤, 아리스토텔레스 등이 교육에 대한 철학적 탐구의 초기 학자들이다(허작, 2005).

버거빈(Paul Bergevin, 1967)은 신념, 이상, 태도, 실천에의 통합적 관점 및 공통적인 관심사를 형성하기 위해 기본적 철학이 필요하다고 하였다.

성인학습의 철학은 성찰과 반성을 통해 성인교육의 실천적 방향을 제시해 왔고 교육철학 사조의 흐름에 따른 기존의 사상적 기반에 따라 성인교육철학도 전개되어 왔다. 성인교육의 철학 체계 수립에 대한 연구와 논의는 앱스(Apps, 1979), 엘리아스, 메리엄(Elias & Merriam, 1980) 등에 의해 체계화가 시도되었다. 저자는 본 과목(성인학습 및 상담)을 대학에서 강의할 때 학생들에게 성인교육철학을 소개한 후 학생들 본인이 지지하는 성인교육철학이 어떤 것이며 그 이유가 무엇인지에 대한 토론을 빠지지 않고 해왔다. 성인의 발달단계의 특징과 학습동기를 고려하면서 동시에 학습목표와 학습방법의 선택에 있어서 자신이 추구하는 철학은 매우 중요하며 학습효과에도 영향을 줄 수 있기 때문이다. 다양한 성인교육철학과 사조들이 있지만 엘리아스와 메리엄(기영화 역, 2002)의 여섯 가지 철학적 관점을 중심으로 소개한다.

1. 인문주의 성인교육

고대 그리스 철학자인 소크라테스, 플라톤, 아리스토텔레스에서 중세 기독교 학파로 이어진 인문주의 성인교육은 아들러(Mortimer Adler), 허친스(Robert Hutchins), 루소 같은 학자들이 대표적이다.

이들은 자유로운 학습, 지식의 조직화, 지적능력개발에 중점을 둔다.

인문주의는 인간의 자발성을 과소평가하고 교사의 절대적 위치와 영향력을 강조한다는 비판이 있으나(허작, 2005) 고전 읽기와 같은 프로그램을 통해 인문주의 전통을 구현하려는 수단으로 하여 고전과의 대면 속에서 조사, 발견, 비평, 의사소통의 기술을 자연스럽게 습득하고자 하였다(반도렌, 1943).

인문주의 성인교육은 인간해방과 신사양성을 목표로 지적능력개발, 도덕적이고 지적이며 영적·심미적 인간 형성을 목적으로 한다. 따라서 기본원리는 인간은 이성적이고 도덕적이며 정신적 존재라는 것과 인간의 지적인 본성을 강조한다. 인문·예술 학습 자체를 강조하며 이성적·지적 교육과 일반적 종합적 교육 및 지식전달이 주요개념이다. 고전서를 중심으로 한 교육과정이기에 개인차나 개인의 요구를 무시하는 경향을 보인다.

인문주의 성인교육철학에서 학습자는 문명화된 인간이며 지식 개념과 이론적 이해를 추구하는 교양 있는 학습자이지만 교사에 의존적이며 수동적인 학습을 요구받는다. 반면에 교수자는 권위자, 지식의 원천, 학습을 계획하는 사람으로서 가르치는 전문가이며 지식의 전달자로서 학습과정을 통제한다.

인문주의 성인교육의 교수법은 강의법, 대화기법, 명상, 비판적 읽기 및 토의 등으로 교사중심의 방법을 선호한다. 대표적인 프로그램은 고전읽기 프로그램, 자유교양교육, 엘더호스텔, 쇼토카운동을 꼽을 수 있다. 인문주의는 엘리트주의 교육이며 비자유주의적 방법이라는 비판과 함께 직업교육에 대한 반감도 한계로 볼 수 있다.

2. 진보주의 성인교육

루소, 페스탈로치, 스펜서, 다윈, 코메니우스의 영향을 받은 진보주의는 스펜서, 듀이, 버거빈, 브라멜드, 린드만 등이 대표적인 진보주의 성인교육을 지지한 인물들이다. 진보주의에서는 인문주의가 교사 중심적이고 자유교양교육과 같은 이성적·지적 교육을 중시하는 데 반하여 직업교육을 중시하고 실용적이며 시민교육과 같은 사회적 책무에 대한 교육의 역할을 추구한 철학사조이다. 1926년 린드만은 '성인교육의 의미(The Meaning of Adult Education)'를 통해 교육의 기본 목표에 진보주의 측면을 반영하여 사회개혁에 대한 생각을 담아 우리가 사는 세계에 대한 이해를 명시했다.

진보주의 성인교육의 기본 원리로는 교육개념의 확대, 교육에 대한 새로운 관점, 새로운 교육방법의 적용, 교사와 학습자 간 관계의 변화를 찾을 수 있다. 교육개념의 확대에서 무엇보다도 교육에 사회화(socialization), 문명화(inculturation)를 포함하였으며 학교교육의 범위를 벗어나 사회가 인정하는 가치, 태도, 지식, 기술 등을 습득하는 우연적이고 의도적인 행위를 교육으로 봄으로써 교육개념을 확장시켰다. 두 번째로는 교육을 사회화로 보았고, 세 번째로는 교육과정에 현실주의, 실용주의, 공리주의 도입을 옹호한 것, 네 번째로는 경험의 중심성을 강조하여 교육을 후속 경험 과정의 증가를 위한 재구축과 재구조하는 것이 경험이라고 하였으며 무엇보다도 경험은 환경에 대한 개인의 상호작용이라고 보았다(듀이, 1938). 교육이 학교교육을 넘어 평생의 과정으로 누구나 학습과 배움이 가능하다는 것이 진보주의 철학에서 받은 진보주의 성인교육의 관점인 것이다. 이외 학습자를 교육적 관심의 중심에 두고 학습자의 충동, 흥미, 목적에 관심을 가지며 성인교육의 프로그램개발 과정에 수업목적을 위한 요구조사를 하는 것이 진보주의 영향 중 하나이다. 진보주의에서 적용한 새로운 교육방법은 문제해결방법(problem-solving method), 프로젝트방법(project method)과 가치 과학적 방법이었다. 이들 진보주의자들은 '성인교육이 문제 중심, 상황중심이어야 한다(Bergevin, 1967), 교과중심 접근법은 불필요한 절차이다(Broudy, 1960).'라고 까지 하였다. 린드만(1956)은 지식의 축적에 목표가 있는 것이 아니라 문제해결에 있기 때문에 달라진 형태의 지식으로부터 얻은 사실과 정보는 유용하다고도 했다. 교사와 학습자 간의 변화된 관계는 교육이 환경과의 상호작용 과정을 통해 경험을 재구축하는 것인데 교사는 이러한 경험 구축을 위한 환경을 제공하는 책임을 가진 존재로 보는 것이다. 따라서 교사와 학습자는 상호협력하며 상황에 따라 교수자와 학습자의 위치가 변하기도 하며 서로에게 배울 수 있다고 본다. 진보주의자들은 교육을 사회변화의 도구로써 생각하며 사회의 변화를 위해 교육과 참여가 필수적이라고 보았다.

1) 교육과정 및 교수방법

학습자의 경험과 관련된 문제 중심의 교육과정과 자유주의적이고 실천적인 교육과정을 운영하였으며 과학적이고 문제해결을 위한 방법을 교수법으로 사용하였다. 인간은 교육을 통해 스스로를 개발할 수 있는 무한한 잠재력을 갖고 있다고 보았고 교수자의 역할은 조력자·협력자로 교육적 경험을 통한 학습의 안내와 학습과정의 자극을 촉진하고 평가하는 것으로 보았다.

2) 교육프로그램 및 사례

진보주의 교육의 사례는 성인기초교육, 지역사회학교, 대학확장교육, 가족과 부모교육 및 외국출생자교육이나 시민권 취득교육을 들 수 있다. 진보주의의 교육 목표는 개인의 성장과 사회의 발전이며 이를 위해 사회복지증진, 개인의 효율성 증진, 실제적인 지식과 문제해결 능력 제공을 교육의 목적으로 하였다.

3) 비판 및 한계

학습자의 경험을 지나치게 중시하여 다른 교과목을 경시하였고 교사의 역할에 대한 정의가 정확하지 않으며 지식과 교양을 중요시하였던 인문주의에 비교했을 때 반지성주의라는 비판을 받고 있다.

3. 행동주의 성인교육

왓슨, 스키너, 손다이크(Thorndike), 타일러, 내들러 등이 대표적인 행동주의 성인교육을 지지한 학자들이다. 학습효과를 높이기 위해 자극과 강화를 의도적으로 적시에 제공함을 통해 교육목적을 달성할 수 있다고 본 행동주의의 영향은 교육목표의 사용, 교육의 책무성 강조, 능력 위주 교육과 같은 특징을 보인다. 행동주의에서 주로 나타나는 개념인 능력개발중심, 완전학습, 표준 지향적 행동목표 중 능력 위주 교육은 성인교육에서 아주 적절하게 받아들여지는데, 그 이유로 첫째, 교육시작점에서 개인차를 인정하며, 둘째, 능력을 습득하는 데 소요되는 시간 역시 개인의 능력에 따라 달라질 수 있다는 것, 셋째, 능력을 구체화시키는 학습방법이 다양하다는 것이다. 이외에도 능력위주교육은 절대평가가 비위협적이며 자기주도적 개인학습경험을 위한 중요한 수단이라고 보았고 실질적으로 성인직업교육과 계속교육, 문해교육에 잘 적용되는 개념이다.

행동주의 성인교육 지지자인 타일러(1949)는 '교육과정과 수업의 기본원칙'에서 교육이 인간 행동유형의 기본 변화라는 가정을 세우고 교육활동설계의 일반모델을 제시하였다. 타일러의 모델을 소개하면 프로그램설계에서 첫 번째가 학습목적의 정의이다. 다음이 학습경험을 지도하는 데 사용될 수 있는 학습목표를 서술하는 것인데 이때 목표는 교사중심의 어떤 활동 수행이 아니라 학생의 행동유형을 변화시키는 것으로 학생에게 일어날 변화를 진술해야 한다. 타일러의 학습경험은 학생과 그를 반응시키는 환경의 외적 조건 간의 상호작용으로 교사는 이러한 상호작용을 이끌어낼 수 있는 환경을 만드는 것이라고 보았다.

타일러의 학습경험 조직화를 위한 세 가지 기준(기영화 역, 2002)

- 경험은 계속적이어야 한다.
  특별한 요소를 경험토록 계속적 경험이 주어져야 한다.
- 순차적(Sequential)이어야 한다.
  계속적인 경험이 학습자의 이해 깊이와 범위를 넓히도록 형성되어야 한다.
- 통합적이어야 한다.

학습경험은 학습자 행동에 통합될 수 있도록 배열되어야 한다.
- 평가는 반드시 외부로 드러난 행동에 바탕을 두어야 한다.
평가는 행동변화가 어느 정도 실현되었는가를 결정하는 과정이다.

1) 교육과정 및 교수방법

행동주의 성인교육철학의 교육과정은 광범위한 내용을 포함하고 있다. 능력위주교육과 절대평가, 프로그램화된 수업, 컴퓨터보조수업(CAI), 완전학습, 계약학습, 개인지도교육, 개별화된 수업을 추구하며 교사는 관리자와 통제자로 학습경과를 예측하고 지시하는 역할을 한다. 행동주의는 조직의 효율성을 목표로 하며 기능개발과 행동변화의 촉진, 표준지향적인 인간개발 및 사회적 기대 충족을 목적으로 한다.

2) 교육프로그램 및 사례

능력 위주의 교육으로 개인차를 인정하고 시간의 유연성도 허용한다. 프로그램화된 학습을 추구하기에 직업훈련이나 교사자격, 군대교육과 같은 엄격한 교화교육에 그 사례를 찾을 수 있다.

3) 비판 및 한계

행동주의적 목표로 전환될 수 없는 교육과정은 배제하고 수단과 외적 행동에 관심을 갖고 측정 가능한 결과에만 관심을 갖는다는 비판을 받는다.

4. 인본주의 성인교육

인본주의 성인교육을 대표하는 철학자는 로저스, 매슬로우, 놀스, 토프, 맥킨지(McKinsey) 등이 있다. 인간의 존엄성과 자율성을 중시하는 인본주의 철학은 이

탈리아의 르네상스 시대에 처음 표현되었다고 전해진다. 18세기 계몽주의 사상과 유사성이 있는데 인간지성과 이성에 대한 확신, 학습에 대한 욕구, 고대작품에 대한 관심 등에서 그 유사성을 찾을 수 있다. 19세기의 인본주의는 르네상스와 함께 부와 물질을 추구하는 산업혁명이나 자연과학의 진보, 무신론주의와 물질주의를 진보시킨 사회주의에 대한 저항으로 발전되었고 20세기 행동주의 심리학과 원자력이 비인간화의 잠재성에 저항한다고 보인다. 개인의 발전을 목표로 하는 인본주의 교육은 두 가지 측면이 있다(패터슨, 1973). 첫째는 좀 더 인간적인 방법으로 과목을 가르치는 것(학생에 의해 교과학습이 조장되는 것)이다. 둘째는 학생의 비지성적 혹은 감성적 측면을 교육하는 것으로 자신을 이해하고 타인을 이해하며 타인과 함께할 수 있는 인간을 개발하도록 하는 것이다.

특별히 매슬로우와 로저스는 교육을 자아실현과 전 기능적 개인을 육성하는 도구로 생각하였기에 학습자 중심의 교육을 추구하였다. 인본주의 성인교육에서 학습자는 학습에 대하여 고도로 동기화되어 있고 자기주도적 존재이며 책임감 있는 존재라고 가정한다. 교사의 역할은 촉진자, 조성자, 동반자로 촉진은 하지만 학습에 대한 지시는 하지 않는다. 인본주의적 성인교육을 대표하는 말콤 놀스는 아동학습과 구분되는 성인학습방법을 위해 안드라고지라는 용어를 사용하여 아동교육인 페다고지와 대비시키고 성인학습을 돕는 기술과 과학으로 안드라고지를 정의하였다.

1) 교육과정 및 교수방법

개인의 발전을 목표로 하고 개인의 성장 및 발달의 증진, 자아실현의 촉진을 목적으로 하는 인본주의 성인교육은 학습자의 요구와 흥미를 교육과정에 반영하였으며 경험학습, 발견학습, 개별성, 자기주도성, 상호작용, 개방성, 신빙성, 임파워먼트와 같은 교수방법을 추구한다.

집단토의, 팀티칭, 탐구학습도 대표적인 교수방법이다.

2) 프로그램 및 사례

자기주도학습, 집단역동성, 집단관계훈련, 인카운터 집단의 프로그램이 있고 인간관계훈련에 주로 사용된다.

5. 급진주의 성인교육

비판적 교육사상으로 사회개혁과 변화를 이끌고자 한 사상이다. 무정부주의, 마르크스주의 사회주의 등에서 출발하여 18세기, 19세기와 20세기까지 지속되었으며 교육철학사상의 주류로부터 벗어난 사상으로 프로이트 좌파 사상가인 라이히, 닐의 영향을 받았다. 대표적인 인물은 홀트, 코졸, 프레이리, 굿맨, 올리거, 일리치 등이 있다.

이들의 교육사상은 공립학교제도에 대한 비난과 인간소외 극복을 위한 의식화로 요약할 수 있는데, 급진주의 교육사상이 성인교육에 적용될 수 있는 부분을 중심으로 세 가지 전통과 대표적 급진주의 성인교육학자로 꼽히는 파울로 프레이리와 학교 폐지를 주장한 이반 일리치를 중심으로 설명한다.

첫 번째는 무정부주의 전통으로 학교교육이 획일화되고 순종적인 학생을 만든다는 비판과 함께 1960년대, 1970년대의 교육개혁운동에 영향을 주었으며 이로부터 자유학교(free school), 학교폐지운동으로 이어졌다. 두 번째는 마르크스적 사회주의자 전통으로 1960~1970년대 교육학자, 사회비평가들에 의한 미국 교육체제 분석에도 사용되었다. 세 번째는 프로이트 좌파의 전통으로 이들은 성적 자유, 가족구조의 변화, 자유로운 육아방식과 교육방법을 주장하였다. 이러한 사상에서 영국의 자유학교인 서머힐(Summerhill)이 닐에 의해 창시되었으며 서머힐은 학생들에 의해 운영되는 학교로 도덕교육이나 종교교육이 없이 수업참여 여부도 학생들 스스로 결정하는 학교이다.

경제공황 시기와 사회적, 정치적 불안정한 시기에 강하게 나타난 급진주의는 교육을 통해 사회·정치·경제적 변화를 도모하고 의식함양과 비강제적 학습, 탈학교화 등을 주창하였다.

▌성인문해교육과 프레이리

브라질 빈민가 변호사였던 프레이리는 문해교육에 관심을 갖고 '비판적 의식화를 위한 교육', '억압받는 자의 교육학', '자유를 위한 문화 행위'와 같은 저서를 출간하여 억압받는 자, 사회소외계층들에게 문해와 정치의식을 일으키는 것이 프레이리의 철학방법으로 설명된다.

프레이리의 철학과 방법론은 교육이 비중립적이며 가치 내재적이라는 가정과 교육이 행동이나 태도의 교화를 위해 사용되기에 교사에 의해 학생이 통제되고 권력이 행사되지 않기 위해서는 스스로 생각하고 결정하며 변화를 가져오는 의식화가 되어야 하며 교사와 학생 간 평등의 확보를 통해 해방될 수 있다고 보았다.

▌이반 일리치와 탈 학교론(Deschooling Society)

멕시코 쿠에르나바카에 국제문화자료센타(CIDOC: The Center for Intercultural Documentation) 설립자로 오스트리아 출신인 이반 일리치는 탈학교론에서 네 가지 학습망을 제시하였다.

첫째, 책, 라디오, 현미경, TV 등 교육적 자료의 제시

둘째, 전문가(master)와의 접촉을 통해 학습자가 원하는 기술을 배우는 기술의 교환

셋째, 컴퓨터로 실행되는 공동 관심사를 갖는 동료들 간 결속

넷째, 결정된 과업을 추구하는 독립적 교육자 체제

1) 교육과정 및 교수방법

대화식 교육에 의한 자유화를 기본원리로 문제중심 교육과정과 대화식 교육, 비판적 성찰, 상호작용의 강화, 실제상황에서 매체와 인간을 중시하는 방법을 주로 사용한다.

2) 교육프로그램 및 사례

자유학교, 프레이리의 문해교육

3) 비판 및 한계

사회적 변화보다는 개인의 변화에 더 깊은 관심을 갖는 성인학습자 특성에 비추어 성인교육에 직접적인 역할을 미치지 못하였다. 또한 문화의 다원주의적인 특성을 고려하지 않고 획일적이고 유토피아적 교육철학으로 일부 성인교육의 이론화에 기여는 하였지만 주류로 채택하기에는 부적절하다는 평가를 받는다.

6. 분석철학

과학적 사실주의, 논리분석, 논리적 실증주의, 일상언어, 개념분석으로 분류되는 분석철학은 철학을 탐구하는 방법이나 태도로 형이상학적 전제를 배제하고 논리적 분석을 통해 문제를 해결하며 사상을 전달하는 수단으로 언어분석을 중요시한다(박경실 외, 2010).

대표적인 성인교육 분석철학자로는 패터슨, 로우슨, 모네트가 있다.

패터슨은 성인교육과 관련 인문주의적일 경우만 성인교육활동으로 받아들이고 직업교육이나 역할교육, 여가교육은 인문주의적이지 않아 성인교육으로 분류될 수 없다고 보았다. 로우슨 역시 성인교육(adult education)과 성인들의 교육(education of adults)을 구별하여 성인이 하는 모든 학습활동을 성인교육으로 보는 것에 반대하였다.

패터슨은 성인교육의 목표를 이성의 힘 개발과 도덕적 가치학습으로 제시하며 인간에게 정신적 자율성을 가져오는 것이 이성의 힘이고 가치학습을 통해 도덕적 자율성을 주어 성인들의 정신적, 도덕적 성숙을 실현시킬 수 있다고 보았다.

1) 교육과정 및 교수방법

학습은 무엇인가 알게 되는 것이며 교수는 의사소통을 목적으로 하는 의도적 활동으로 교육과정을 결정하는 패터슨의 기준은 의식(wittingness), '자발성(voluntariness)', 의식적 통제(conscious control), '개인 간의 만남과 교육자에 의한 능동적 참여'이다.

로우스은 학생중심 접근법에 대하여 가치판단을 교사가 학생에게 전이시키는 무책임한 시도로 보았고 따라서 교사의 책임은 교육적으로 가치 있는 것들을 선택하는 것이라고 주장하였다. 분석주의 성인교육철학의 목표는 인문성인교육에 의한 완전한 인간계발로 인문주의교육을 강조하고 행동주의를 거부하며 개념과 논쟁의 명료화를 요구하는 지식과 기술개발의 교육과정을 추구한다.

2) 비판 및 성인교육 분석철학에 대한 평가

실용주의적 교육을 지나치게 평가절하하고 가치중립적인 방법론을 제공하지 못했다는 비판과 한계를 갖고 있지만, 성인교육자들이 사용하는 부정확한 언어(loose language)와 슬로건을 비판하며 분석철학에서 사용하는 논의의 명료성과 질은 성인교육자들에게 도전으로 비판과 분석을 통해 성인교육자들의 사상을 다듬고 명확히 하는 데 기여하였다고 볼 수 있다.

제3절 성인학습 및 성인학습자 모형

본 장의 학습목적 중 하나는 성인학습자들이 자신에게 맞는 학습방법을 찾는 데 도움을 주는 것이다. 진보주의적 인본주의를 추구하는 저자 역시 성인학습자로서 시간의 흐름에 따라 학습유형이나 학습방법의 선호가 변화됨을 경험하였기에 가능한 성인학습에 대한 이해를 바탕으로 다양한 학습모형 중 적용할 수 있는 주요 성인학습모형을 소개하고자 한다. 성인학습이 아동들을 위한 교육을 의미하는 페다고지와 구분되어 성인들을 위한 학습원리, 학습이론과 모형으로 연구되고 체계화된 것은 1970년대 이후다. 놀스(Knowles)의 안드라고지가 성인들의 학습을 돕기 위한 기술과 과학으로 페다고지와 대비 되는 특성을 1장에서 소개하였다. 안드라고지와 함께 개괄적으로 소개된 성인학습 이론 중 가장 중요하고 실천적인 학습이론(경험학습, 전환학습, 자기주도학습)에 대한 자세한 설명과 함께 기존 '성인학습 및 상담' 저술서에 주로 다루어져 왔고 학습자들의 이해가 필요하다고 판단되는 모형을 중심으로 설명하고자 한다.

1. 경험학습(Experiential Learning)

듀이(Dewey), 레빈(Lewin), 피아제(Piaget)의 교육학과 구조주의이론에 근거한 경험학습은 학습과 변화를 가져오는 중요한 요인이 경험이라고 보았다.

듀이(Dewey, 1938)는 경험학습이 발생하는 조건으로 경험의 계속성과 상호작용을 들었으며 현재는 물론 과거·미래의 경험이 서로 연결되어야 하고 환경과 사람의 상호작용을 통해 발생하는 경험이 학습으로 이어질 수 있다고 주장하였다.

콜브(Kolb, 1984)는 학습을 경험의 변화를 통해 창출되는 과정으로 설명하였고, 경험에 기초한 끊임없는 과정이며 학습자의 경험에서 연속적으로 얻어지고 시행되는 것이 지식이라고 보았다.

콜브의 경험학습은 4단계의 순환과정을 통해 경험이 학습으로 전환된다고 보았다. 콜브가 제안한 4단계 순환과정은 경험의 이해와 경험의 변형이라는 두 가지 차원으로 구성되는데, 경험의 이해는 구체적 경험과 추상적 개념화를 기반으로 하고 경험의 변형은 반성적 관찰과 적극적 실험을 기반으로 한다. 경험이 효과적 학습이 되기 위해서는 경험, 반성, 사고, 행위의 4단계를 모두 거쳐야 한다(박보람, 2019).

1) 콜브의 4단계 순환과정

- 1단계: 구체적 경험단계(concrete experience)
  학습자가 겪은 새로운 경험이 구체적으로 구축되는 단계

- 2단계: 반성적 관찰 단계(reflective observation)
  다양한 관점의 관찰과 성찰을 통해 경험을 해석하고 반성하는 단계

- 3단계: 추상적 개념화 단계(abstract conceptualization)
  관찰과 성찰을 통해 자신의 경험을 추상적으로 개념화하는 단계

- 4단계: 능동적 실험 단계(active experimentation)
  추상적 개념화를 통해 배운 원리들을 적극적으로 활용하고 실험하며 더 진전된 행동으로 나아가는 단계

콜브의 경험학습은 4단계가 순환하며 다른 경험을 구축하고 새로운 학습을 끌어낸다. 경험학습은 학습이 이루어지는 순환적 측면은 잘 설명되었지만 경험의 본질에 대한 설명은 부족하다. 또한 성찰단계에서 발생하는 추상적 개념에는 의식세계의 내면에서 형성되는 간섭, 상황과의 상호작용, 경험에 대한 자신의 비판적 사고도 충분히 관여될 수 있다는 부분은 설명되지 않고 있다. 그러나 성인학습자들에게 경험학습은 매우 중요한 학습이론이며 경험으로부터의 인지 과정이 학습이며 성인학습에 영향을 주는 것이 경험이라는 것에서 큰 의미를 가진다.

2) 콜브의 학습유형

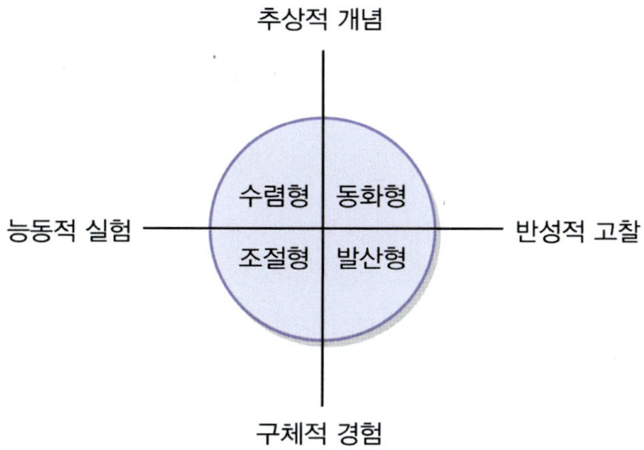

[그림 2-3] 콜브의 학습양식과 학습자 유형

콜브의 위 네 가지 학습양식(구체적 경험, 반성적 관찰, 추상적 개념, 능동적 실험)을 포함하는 학습유형 진단검사의 반응 결과를 통해 네 가지 학습유형이 도출되었다(성창환, 2022).

(1) 수렴형 학습자(converger)

새로운 학습정보를 추상적으로 지각하고 정보를 활동적으로 변화시키거나 처리하며 아이디어를 실제적으로 적용한다. 해답이 존재하며 코칭이나 직접적 실험을 통해 경험하는 학습에 강하다. 문제가 생활 속에서 어떤 역할을 하는지에 관심을 갖고 자신이 도출한 추론을 통해 학습하는 경향을 보인다. 문제해결 능력과 의사결정 능력이 뛰어나지만 흥미를 보이는 부분이 좁고 상상력이 부족한 약점이 있다.

(2) 동화형 학습자(assimilator)

새로운 정보를 추상적으로 지각하고 정보처리는 반성적으로 한다. 귀납적 추리를 잘 하고 이론과 개념형성도 잘한다. 개념과 정보처리를 통해 보는 것과 사고하는 것을 병합함으로써 학습한다. 일반적인 강의와 읽기, 전통적 교실수업에 잘 맞는다. 비판적 정보 분석과 자료수집을 하며 타인에 대한 영향력을 최소화하려는 경향을 보인다.

(3) 조절형 학습자(accommodator)

정보를 구체적으로 지각하고 활동적으로 변환시키거나 처리하며 변화를 수용하고 학습의 다양성을 좋아한다. 자신의 직관을 사용하거나 구체적이고 즉각적 상황에 적응하는 능력이 뛰어나다. 시행착오와 자기발견을 통해 가장 잘 학습한다. 행동하고 계획을 수행하는 방식으로 접근하며 학습이 용이하다. 약점은 정보를 얻기 위해 타인에게 의존하고 개인적 분석능력에 대한 확신 부족 및 이론보다 통제를 통한 지각을 하는 것이다.

(4) 발산형 학습자(diverger)

정보를 반성적으로 처리하며 새로운 경험을 통합하고 열중하기를 원한다. 상상력과 아이디어 생성에 강하다. 다양한 관점에서 구체적인 상황을 체크할 수 있는 사고가 발달되어 토론과 같은 상호작용이 활발한 학습에 잘 맞는다. 창조적 능력이 뛰어나고 의미나 가치에 대한 인식력이 좋으나 조직적 사고 과정이나 이론 사용 부분에 약하다.

2. 전환학습(Transformational Learning)

전환학습을 처음 주창한 사람은 메지로우(Mezirow)이다. 1978년에 제시된 메지로우의 전환학습은 도구적 지식, 의사소통지식, 해방적 지식을 강조한 하버마스의 관점에 기초한다. 전환학습은 학습 전과 학습 후가 자신은 물론 세계에 대한 근본적인 변화를 가져오며 새로운 인간으로 구분되는 것이 학습이라고 본다. 전환학습자는 경험에 대한 비판적 성찰을 하고 이성적인 담화를 통해 자신의 의미를 만들어가며 관점 전환을 가져오게 됨으로써 개인의 발달을 이끌어낸다. 전환학습은 보다 개방적이고 경험에 대한 통합을 이루어 새로운 의미관점을 만든다.

전환학습에 대한 메지로우의 개념은 '자신의 경험을 포괄적이고 차별적, 통합적으로 만드는 의미구조의 재구성과정으로 비판적 성찰을 통한 학습의 과정'(1990)으로, '고정된 가정과 기대체계와 같이 문제가 되는 준거의 틀을 변형시켜 더욱 포용적이며 차별적이고 개방적으로 변환할 수 있도록 해주는 학습'(2003)으로 확장되었다.

1) 전환학습 이론의 핵심 개념

전환학습이론은 학습자의 경험을 통해 학습이 시작된다고 보았으며 경험에 대한 비판적 반성을 통해 차별화된 새로운 관점을 달성하면서 개인의 발달로 나아간다.

(1) 경험

성인학습에서 경험은 중요한 학습자원이다. 자비스(Jarvis)는 학습이 될 수 있는 경험은 생활 속에서 해답이나 반응을 알고 있는 경험이 아닌 이전의 경험과 다른 새로운 경험에 대응할 수 없는 불일치의 상태를 만났을 때 그것의 의미에 대한 반성을 하고 이것이 학습의 시작이며 핵심이라고 보았다. 따라서 경험에 대한 학습의 연관성은 사람에 따라 다르다.

(2) 비판적 성찰

1991년 메지로우가 주장한 비판적 성찰은 자신의 학습을 되돌아보는 것에서 나아가 자신의 가치관과 신념과 같은 보다 근본적인 문제의 성찰을 포함한다. 당연하게 생각했던 지식과 문화에 도전하고 지배적인 합의에 대한 도전을 통해 자신의 삶에 대한 통제력을 제한하는 힘과 요소들로부터 자유로워지는 것(신기왕, 안병환, 2022)이다.

(3) 개인의 발달

개인의 발달은 전환학습을 통해 한 차원 높은 의미관점(meaning perspective)을 획득함으로 성취할 수 있다고 보았다. 개인의 발달은 삶에 대해 새롭게 형성된 시각을 기반으로 새로운 삶으로 나아갈 수 있도록 한다.

2) 전환학습의 조건과 메지로우의 이론에서의 학습

전환학습이 일어나기 위해서는 맥락이 중요한데, 학습자의 살아온 경험에 기반을 둔 학습과정이 맥락을 이루어야 한다. 또한 학습자는 다른 학습자의 맥락을 통해 자신의 삶과 그 삶의 가치를 돌아볼 수 있는 자기성찰을 해야 하며, 비판적 담화에 참여하여 경험과 비판적 성찰에 대한 자신이 얻은 결과를 토론을 통해 발표할 수 있을 때 전환학습의 조건을 충족한다고 볼 수 있다.

메지로우는 학습을 하나의 의미부여 활동(a meaning making activity)으로 규정하였고, 자신의 경험의 의미를 새롭게 하거나 재구성하기 위해 이전의 해석을 활용함으로써 새로운 행동지침을 획득하는 과정이라고 보았다(권두승·조아미, 2001).

의미구조가 근본적으로 변화되는 것이 전환인데 이러한 의미구조는 ① 사회언어적 기호인 규범, 이데올로기, 말장난, 이론에서 찾을 수 있는 것과 개인적 기질, 부모의 양육으로부터 느끼고 행동하는 것을 계속해서 억압하는 상태에서 나오는, ② 심리언어적 기호, ③ 인식기호인 학습유형, 감각학습선호도, 장독립과 장의존, 구체적 대 추상적 등을 의미하는 의미관점(meaning perspective)과 개념이나, 신념, 판단, 느낌과 같이 자신이 경험을 해석해 나가는 방법인 의미체계(meaning scheme)로 구분하였다.

3) 메지로우의 전환학습 단계

① 삶에서 직면한 문제로 인해 혼란스러운 딜레마 발생
② 두려움과 분노, 죄의식, 수치심과 같은 감정에 대한 자기점검
③ 자신이 살아온 삶의 과정에 대한 비판적 평가
④ 타인이 겪었던 자신과 비슷한 고통이나 전환의 과정을 공유하며 타인의 변화과정을 자신과 비교하며 인식

⑤ 새로운 역할이나 관계, 행동과 관련된 대안을 선택하기 위한 탐색
⑥ 구체적으로 행동할 과정에 대한 계획
⑦ 계획 실행에 필요한 지식과 기술의 습득
⑧ 새로운 역할을 시험적으로 시도
⑨ 기존의 관계를 재조정하며 새로운 역할과 관계에 대한 역량을 키우며 자신감 형성
⑩ 새로운 관점에 기반을 둔 새로운 삶을 재창출

4) 전환학습에 대한 의의와 한계

메지로우 외의 전환학습이론가는 의식화 교육론을 주장하며 대화법과 참여교육을 지향하고 기존의 가정들을 의식화를 통해 새로운 관점으로 변화시킬 수 있도록 하는 것이 사회 변혁으로 이끌 수 있다는 해방철학의 프레이리(Freire)와 학습이 이전의 무비판적으로 동화되었던 가정이나 믿음, 가치와 관점에 의문을 갖고 개방적이며 침투가 가능하고 더 잘 검증될 수 있는 과정이라고 주장한 크란톤(Cranton)이 있다.

전환학습은 그동안 성인교육에서 주로 사용된 도구적 학습에 대한 새로운 도전으로 반성(reflection)을 중요시하며 비판적 반성이 의미구조의 확대를 가져온다는 부분을 성인교육에서 중요시했다는 것에서 평가될 수 있을 것이다.

그러나 지나치게 개인의 관점 전환에 초점을 맞춤으로써 사회문화적, 역사적 맥락으로부터 오는 인간의 사회적 삶의 전환과 사회에 대한 비판적 분석이 부족하다는 문제점의 제시에 답을 해야 한다는 한계를 갖고 있다. 그럼에도 불구하고 성인학습에서 전환학습은 학습자의 미래를 변화시킬 수 있고 이를 통해 다른 후속 학습자에게도 중요한 영향을 미치며 일상 활에서 발생하는 개인의 경험과 삶이 발달을 성취할 수 있다는 것에서 중요한 의의를 가진다.

3. 자기주도적 학습(Self-directed Learning)

성인학습에서 자기주도적 학습은 가장 중요한 학습이론 중 하나이며 자기주도적 학습자는 자율성을 갖고 주도적인 학습이 가능하다는 의미로 성인학습자에게 적절한 학습이론이며 실천방법이 될 수 있다.

터프(1971)의 '자기계획학습'이란 이름의 학습형태가 소개되면서 자기주도학습에 대한 관심과 정의가 학자들로부터 제기되었다.

1) 자기주도학습의 개념 이해

자기주도학습은 성인학습자의 특성인 자율성과 자기주도성을 기반으로한 학습이론이다. 놀스(Knowles, 1975)는 자기주도학습을 위해서는 학습자가 스스로 학습요구의 진단, 학습목표 설정, 학습자원 선택과 같은 행위를 통해 학습전략 수립에 참여하며 학습 실행 후의 평가 과정에서 타인의 도움을 받거나 스스로 진행해 나가는 것이라고 정의하였다.

펜랜드(Penland, 1979)는 자기주도학습이 학습자가 학습요구를 결정하고 학습정보를 수집하며 필요한 학습자원을 활용하여 학습방법을 결정하는 것에 책임을 지는 것이고 이를 위해 학습자가 기대하는 수준에 도달할 수 있도록 도와주는 계획자와 학습방향을 설정하고 행동하도록 하는 방향을 제시하는 관계집단의 역할이 존재하며 학습평가에 학습자가 협력하는 학습이라고 설명하였다.

자기주도학습이 성공하기 위해서는 자율성과 자기주도성이 갖는 의미와 한계를 알고 이해할 필요가 있는데 자율성을 지닌 학습자에 대하여 첸(Chen)은 독립성, 선택능력, 학습사회의 규준과 한계를 분명히 말할 수 있는 능력을 갖고 있을 때 자율적 학습자라고 보았다. 즉 자율성과 함께 성인학습의 성공을 주도하는 자기주도성은 학습에 대한 자기 책임과 주도성은 갖지만 학습목표 달성을 위해 교수자의 도움을 적절히 활용하고 자신의 한계를 인식하여 교수자와 학습정보의 안내를 이끌어낼 수 있는 상황파악을 할 수 있다는 것을 포함한다.

2) 자기주도학습의 필요성

① 성인학습자들이 자기주도적 학습을 기반으로 긍정적 자아상을 세우고 이를 통해 학습 효과를 높일 수 있다.

② 스스로 문제를 발견하고 필요한 주제를 탐구하며 문제를 해결할 수 있기 때문에 지식정보화시대, 4차 산업혁명의 시대를 살아가는 데 있어서 가장 중요한 학습방법이다.

③ 학습의 내적 동기를 이끌어낼 수 있으며 성인 발달단계에 맞는 학습방법으로 심리적이고 자연적인 발달과정으로 자기주도학습을 해야 한다.

④ 적극적 참여와 메타인지를 활용하여 새로운 학습법을 익히고 생존하기 위해서 꼭 필요한 학습법이며 자신의 동기와 행동, 인지 조절을 통해 성숙한 인간의 삶을 살아갈 수 있게 해준다.

3) 자기주도학습 모델

(1) 놀스의 선형 모델

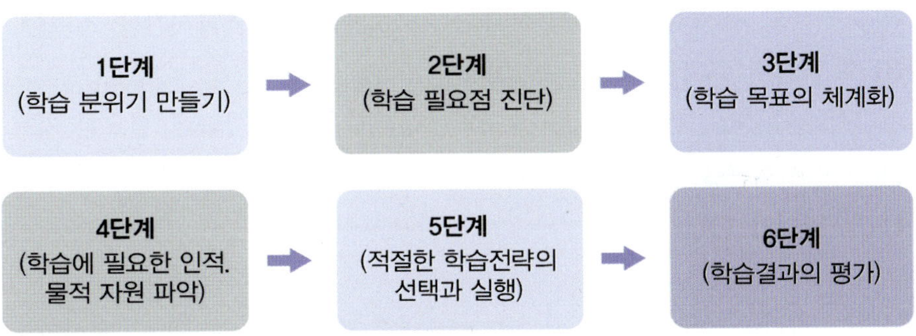

[그림 2-4] 놀즈의 자기주도학습 선형모델

출처: Knowles(1975).

(2) 그로우(Grow, 1991)의 자율성 단계별 자기주도학습 모델

학습자를 자율성에 따라 4단계로 구분하여 교수자의 역할과 전략, 방법을 맞추는 모델이다.

- 1단계(의존적 학습자): 교사가 권위자와 코치의 역할을 하며 즉각적인 피드백과 정보 및 자료를 제시하며 약점과 저항을 극복하는 가장 낮은 자율성 단계이다.
- 2단계(흥미를 가진 학습자): 교사가 동기를 부여하며 안내자 역할을 함으로써 자신감을 갖지만 학습해야 할 내용은 잘 모르기 때문에 교수자의 강의와 토론을 통해 목표를 적절히 세우는 교수-학습전략이 필요한 단계이다.
- 3단계(참여적인 학습자): 중간수준의 자기주도성을 갖고 있는 학습자로 교사는 학습을 촉진하는 역할을 하며 기본적인 지식과 기술도 있어서 교수자와 함께 참여와 토론을 통해 학습을 탐색할 수 있다. 토론을 통한 세미나와 프로젝트가 가능하다.
- 4단계(자기주도적 학습자): 자기주도성이 매우 높아 교수자는 상담자 또는 위임자 정도의 역할만 하며 스스로 학습을 계획, 실행, 평가를 할 수 있다. 인턴십, 논문, 개별연구가 가능하다.

자기주도학습은 성인학습자에게 있어서 교사에게 의존하기보다 다양한 학습자료를 스스로 찾아보고 활용하며 자신에게 효과적인 학습전략을 세울 수 있는 능력을 키우고 자신의 학습능력에 대한 자신감을 갖고 학습시간을 조절할 수 있을 때 학습의 효과를 높일 수 있다.

따라서 능동적인 학습 자세가 요구되는데 이와 함께 학습에 필요한 자료를 찾거나 정보 접근을 위한 시간이 필요하며 학습자 자신의 요구가 무엇인지 파악할 수 있어야 한다.

놀스는 자기주도적 학습(self-directed learning)과 반대되는 개념으로 교사주도적 학습(teacher-directed learning)을 이야기하였다. 이것은 자기주도적 학습의 주요개념이 교수자와 같은 타자의 통제로부터 독립성을 갖고 자신의 학습요구 진단과 목표설정, 학습자원과 학습전략의 선택 및 학습 성과를 포함하는 학습과정에 주도성을 보이며 이 모든 과정에서 자율성을 갖는 것을 의미한다.

해먼드와 콜린스(Hammond & Collins, 1992)는 자기주도학습을 하는 학습자들은 협력적 학습 분위기를 구축하고, 자신뿐 아니라 자신을 둘러싼 환경의 사회적,

경제적, 정치적 상황을 분석, 비판, 성찰하며 자신의 능력 프로파일을 만들고, 모든 상황을 고려한 자신의 학습요구 진단, 학습계약 체결을 위한 학습목표 설정을 비롯하여 자신들이 학습한 것을 실행하고 관리하며 성찰과 평가까지도 주도한다고 하였다.

〈표 2-1〉 성인학습이론에서의 성찰의 의미

구분	성찰의 의미
경험학습	학습자가 경험을 한 후 새로운 역량, 새로운 태도나 방식을 개발하고 진작시키는 것
전환학습	자신의 확립된 준거 틀에 영향을 미칠 가능성이 있는 성인학습의 독특한 형태. 성찰의 핵심은 자신이 획득한 믿음이 여전히 가능한지 여부를 결정하는 것
자기주도학습	학습자가 학습 과정을 분석하고 보완하여 과제를 완료하는 데 필요한 전략

출처: 신기왕·안병환(2022). 성인학습이론에서의 성찰개념분석.

4) 켈러(Keller)의 동기이론과 ARCS모형

성인을 학습의 장으로 나아오게 하는데 있어서 동기는 매우 중요하다. 학습의 흥미와 관심을 지속시켜 학습을 이어갈 수 있도록 하는 것이 학습동기인데 이러한 동기를 부여하기 위해 켈러(Keller)는 주의집중(Attention), 관련성(Relevance), 자신감(Confidence), 만족감(Satisfaction)의 네 가지 요인을 통한 전략을 제시하였다.

이들 4요소의 상호작용을 통해 동기를 부여하는 전략으로 동기유발을 위한 수업설계 모형을 제시하였다(켈러, 1983; 1987).

이 모형 중 흥미는 주의집중으로, 기대감을 자신감으로 변경한 ARCS모형이 수업설계를 위한 동기유발 모형으로 제시되었으며 만족감은 동기유발 전략을 통한 결과로 볼 수 있다. 이후 학자들의 동기모형에 대한 적용을 통해 ARC-V 모형(자발성, volition), 이러닝 적용을 위한 ARCS+AT모형(보조, 도구, assistance/tool)이 개발되어 제시되었다(Nakajima et al., 2011).

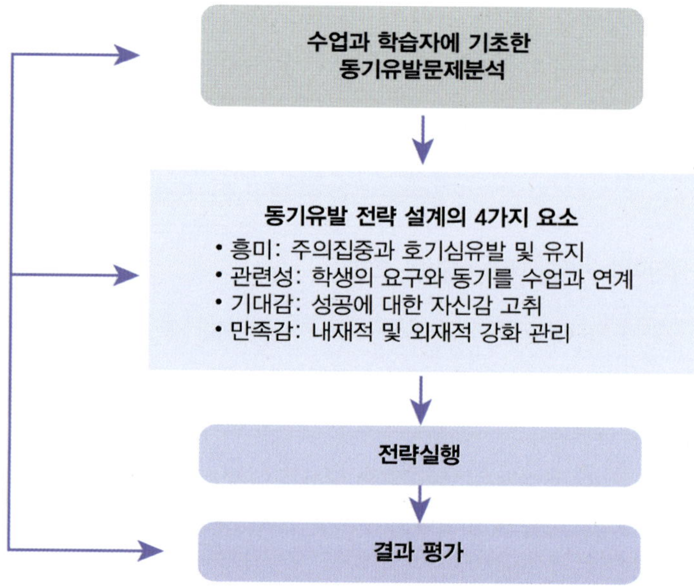

[그림 2-5] 동기유발 설계 모형

출처: 조영남(2022). 재인용.

5) 맥클루스키(McClusky)의 마진모형

1963년 맥클루스키(McClusky, H.Y)가 발표한 마진(margin)이론은 성공을 예측할 수 있는 변수를 삶의 부하(Load of life)와 삶의 힘(Power of life)의 비율로 본 이론이다. 이 두 요소의 비율이 삶의 마진을 만들고 삶의 힘이 많을 때 성인들이 학습에 참여할 수 있는 마진이 많이 있다는 이론이다. 맥클루스키는 마진으로서의 힘은 육체적, 사회적, 정신적, 경제적 등 모든 요소가 상호 작용하는 그물망으로 구성된다고 보았다. 맥클루스키에 따르면 한사람이 느끼는 부하와 힘의 마진비율이 50%에서 80%가 적절하며, 부하가 50% 이하는 지루함(boredom)으로, 80% 이상은 탈진(exhaustion)으로 느껴진다고 언급하였다(맥클루스키 외, 1963).

부하와 힘 모두 내·외적 요인을 갖고 있는데 부하의 외적요인은 가족, 직장, 일, 지역사회의 책임감과 같은 것이며 내적요인은 개인의 야망, 희망, 앞으로의 발전을 기대하는 욕구 등으로 구성된다. 힘의 외적요인은 가족의 지원, 사회, 경제적 능력이 될 수 있고 내적요인은 탄력성, 명랑함, 협동기술 등 성인이 살아오면서 획득하고 쌓아온 경험과 능력, 기술과 같은 것들이 될 수 있다. 마진이론이 성인학습에 대한 설명보다는 인생의 발달적 변화와 특성을 설명하며 발달과 학습의 연결을 이해하는 데 도움이 될 수 있다. 따라서 학습 자체에 대한 언급보다는 언제 학습이 일어날 것인지에 대한 설명을 하고 있지만 학습 자체가 개인의 힘을 증가시키는 잠재력을 가진다는 사실은 간과되고 있다(권두승·조아미, 2020).

6) 기타 성인학습 모형(모델)과 이론

그동안 성인학습에 대한 다양한 학자들의 이론과 모델이 소개되었고 이들 이론에서 볼 수 있는 공통점은 성인학습자의 특성을 고려한 것과 성인이 처한 상황 속에서의 경험과 성찰을 통한 학습과정을 설명하고 있다는 것이다. 시중에 소개된 성인학습관련 저서들을 통해 가장 많이 알려지고 실질적으로 성인학습자들에게 적용 가능한 모델들을 중심으로 소개하고자 한다.

① 크로스의 성인학습자특성 모형(Characteristics of Adults as Learners: CAL)

아동과 비교하여 성인이 갖고 있는 특성을 개인특성(personal characteristics)과 상황특성(situational characteristics)으로 하는 두 개의 변인으로 구성한 모형이다.

성인에 대한 이해(무슨 학습을 어떻게 하는가)를 바탕으로 성인학습자의 사고의 틀을 보여주는 모형으로 개인특성에는 신체적, 심리적, 사회·문화적 차원이 포함되어 있고 상황특성은 시간제 학습과 자발적 참여가 전일제 학습, 강제적 참여와 대조하여 구성되어 있다. 변인에 대한 너무나 광범위한 정의로 개인특성과 상황특성의 연결과 학습과정 결과를 설명하는 데에는 한계가 있다.

② 어셔, 브라이언트, 존스턴의 모델

경험을 통해 학습이 일어나고 경험은 상황적, 맥락적 환경에 따라 재해석 되는데, 경험과 학습은 상호작용 한다고 보았다. 어셔, 브라이언트, 존스턴 모델은 학습유형에 따라 네 개의 상한을 구성하고 각각의 상한은 자율(autonomy), 적응

(adaptation)과 적용(application), 표현(expression)의 연속선이 교차하며 라이프 스타일형, 직업형, 고백형, 비판형의 학습유형으로 구분하였다.

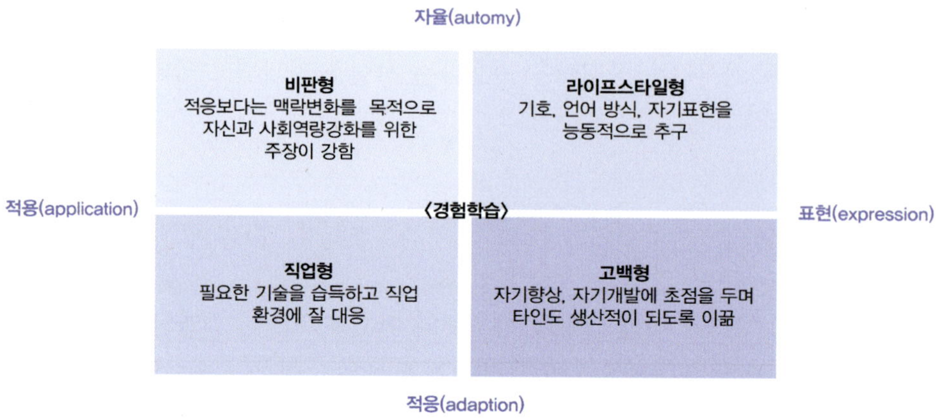

[그림 2-6] 어셔·브라이언트·존스턴 모델 학습유형

③ 녹스의 숙련이론(proficiency theory)

녹스는 숙련이 성인의 학습활동이나 인생에 필요한 역할을 수행하는 데 있어서 필요한 동기나 성취에 도움이 된다고 보았다. 숙련은 자신이 갖고 있는 태도, 지식, 기술을 조화시켜 어떤 것을 성공적으로 수행할 수 있는 능력을 갖는 것을 의미하기에 능숙하게 인생의 역할을 수행할 것을 기대하며 일반적 환경, 과거와 현재의 특성, 개인의 야망, 특정 환경과 학습 활동 외에도 교수자의 역할 등이 상호작용하는 요소로 구성된다. 녹스가 설명한 숙련에 대한 개념은 성인이 인생의 역할과 관련해서 최적의 숙련 수준 성취를 의미하는데 이것은 교육과정의 수행을 위한 최소한의 기준에 도달하는 것에 중점을 두는 능력 중심의 학습(competency-based learning)과는 차이를 보인다(권두승 외, 2020).

④ 자비스의 학습과정 모델

성인의 모든 경험은 학습을 이끈다는 것을 전제로 한 모델이다. 경험이 사회적 맥락으로 형성되기에 학습은 사회적 상황(social situation)에 의해 결정된다고 보았다. 성인은 자신이 대처할 수 없는 상황에 직면할 때 새로운 것을 생각하고 계획하며 학습의식이 일어나는데 학습은 소리, 시각, 냄새, 맛, 접촉의 5대 감각으로 시작된다고 주장하였다. 즉 성인이 생물적으로 느끼는 감각의 기능으로 학습이 일어나며 변화하는 개인의 세계 안에서 경험이 일어나고 이러한 경험에 대한 반응으로 학습이 일어난다. 자비스의 학습과정 모델은 경험이 풍부한 인간이 되는 것은 학습의 결과라고 보았다. 이때 학습경험 결과로 자아의 상처를 받을 수도 있는데, 성인이 아동과 다른 것은 풍부한 경험의 유무이지만 그것이 단순히 연령과 관련짓는 것을 의미하는 것은 아니라고 보았다.

참고문헌

권두승, 조아미(2001). **평생학습사회실현을 위한 성인학습 및 상담**. 서울: 교육과학사.

김도수(1994). **평생교육**. 서울: 양서원.

김주섭(2012). 멘토링과 코칭과정에서 안드라고지이 원리와 주요 성인학습 이론과의 연계. *Andragogy Today, Interdisciplinary Journal of Adult & Continung Education. 15*(4), 55-91.

김진한(2020). 콜브의 경험학습 이론에 대한 해석학적 연구-. 서울대학교 대학원 석사학위논문.

김철상(2003). David Aspin의 편저 'Handbook of Lifelong Learning'의 번역을 통해서 본 평생교육. 경성대 교육대학원 석사학위논문.

박경실, 전기선, 진규동, 한우섭, 최영준, 김대식, 김주섭, 송민열, 신재홍, 최용범(2014). **평생교육론**. 서울: 학지사.

박윤희(2014). 코칭과정에서 Knowles의 성인학습 원리들의 적용 가능성에 대한 이론적 고찰. **코칭능력개발지**, 16(1), 75-86.

박지영(2021). John M Keller의 ARCS 동기모형을 활용한 국내연구의 체계적 문헌 고찰. **교육방법연구**, 33(2), 391-431.

성창환(2022). 학습자 유형에 따른 개인 학습의 차이 연구. *Technology, 8*(3), 377-384.

신기왕, 안병환(2022). 성인학습이론에서의 성찰개념 분석. **플라스틱융합교육연구**, 26(4), 49-71.

이석철(2007). 안드라고지 이론에 근거한 성인들의 학습자적 특징에 따른 교회교육. **기독교교육논총**, 14, 155-187.

이성회(2020). 성인학습 이론의 범주와 향후 연구과제. **성인계속교육연구**, 11(3), 1-19.

이채현(2022). 전환학습. 2022년 제2차 한국여가 복지경영학회 학술포럼 발표자료. 한국여가복지경영학회.

홍기형, 이화정, 변종임(2006). **학습사회 구현을 위한 평생교육의 이해**. 서울: 교육과학사.

허작(2005). 성인교육의 철학적 기초 탐색. 서원대 교육대학원교육논총. *Educational Research Journal, 10*, 243-256.

Broudy, H.S.(1960). Democracy and Education As A Pedagogical Problem. *Education Theory*, *10*(1). 40-49.

Cross, K.P(1981). *Adult as learners: Increasing participation and facilitating learning*. San Francisco: Jossey-Bass.

Dewey, J.(1938). *Education and experience*. NY: Simon and Schuster

Keller, J.M(1983). Motivation desigin of instruction. In C. M. Reigeluth(Ed). *Instruvtional-design theories and model: An overview of their current ststus*. Hillsdale, NJ: Lawrence Erlbaum Associates.

Keller, J.M(1999). Development and use of the ARCS model of motivation design. *Journal of Instruction development*, *10*(3), 2-10.

Knox, A.B(1986). *Helping adults learn : A guide planning, implementing and conducting program*. San Francisco: Jossey-Bass.

Kolb, D.A(1984). *Experiential learning: Experience as the source of learning and development.* NJ: Prentice-Hall

Lindeman, E.C.(1961). *The meaning of adult education in the United States*. NW: Harvest House.

Lorge, I., McClusky, H.Y., Jensen, G.E., & Hallenbeck, W.C.(1963). *Psychology of adults*. Adult Education of the USA.

Nakajima, K., Nakano, H., Watanabe, A., & Suzuki, K.(2011). The effectiveness of campus-wide e-learning support design by an extended ARCS model. *International Journal for Education Media and Technology*, *5*(1), 150-161.

Perry, W.(1976). Open University. Milton Keynes: open university,

Usher, R., Bryant, I., Johnston, R.(1997). *Adult education and the postmodern challenge: Learning beyond the limits*. New York: Roatledge.

Chapter 03

성인학습의 실제

배철우 박사

개요

성인학습자가 왜 학습이 필요한지의 동기와 성인학습자 개개인의 다양한 학습전략과 학습 스타일을 이해하는 것이 성인학습에 있어서 실질적인 콘텐츠가 될 것이다. 따라서 본 장에서는 성인학습자의 학습동기, 학습전략 및 학습 스타일에 대해 살펴보고, 학습환경 분석, 학습자의 강·약점 분석, 학습목표의 설정 및 분석 및 학습 참여요인 분석 등 실제 성인학습에 있어서 필요한 내용에 대해 살펴본다.

학습목표

1. 성인학습에 있어 성인학습자의 학습동기를 이해하고 설명할 수 있다.
2. 성인학습에 있어 학습전략을 이해하고 실천할 수 있다.
3. 성인학습자의 학습스타일을 분석하고 평가할 수 있다.

주요단어

학습동기, 학습전략, 학습스타일

성인학습자는 지식정보 사회 속에서 삶의 가치와 목적실현을 위하여 스스로 학습경로를 탐색하고 실천하는 평생학습을 생활화하는 자로서, 자기주도적 성장의 주체로 볼 수 있으며, 다양한 지식과 정보를 관리하는 지식관리자인 동시에 새로운 가치를 창출하는 자기 창조자(self-creator)의 속성을 가진 존재로 정의된다(최정연, 2020).

앞으로 우리가 몸담고 있는 사회는 교양, 취미, 취업, 진로 등 평생교육의 범주 안에서 보다 성인학습에 대한 필요성이 증대할 것이며, 성인학습자들이 요구하는 실제적인 사항에 대해 이해하고 프로그램개발 등 적극적인 대비가 이루어져야 한다. 성인학습자가 왜 학습이 필요한지의 동기와 성인학습자 개개인의 다양한 학습전략과 학습 스타일을 이해하는 것이 성인학습에 있어서 실질적인 콘텐츠가 될 것이다. 따라서 본 장에서는 성인학습자의 학습동기, 학습전략 및 학습 스타일에 대해 살펴보고, 학습환경 분석, 학습자의 강·약점 분석, 학습목표의 설정 및 분석 및 학습 참여요인 분석 등 실제 성인학습에 있어서 필요한 내용들을 제시하였다.

제1절 학습동기

1. 학습동기의 의의

인간의 행동은 어떤 동기(motive)가 있어야 발생한다. 가령 버스를 타는 행동은 이미 어떤 목적지에 가야겠다는 동기가 발생했기 때문에 버스를 타려는 행동이 이루어지는 것이며, 앞치마를 두르는 행동은 요리를 하겠다는 동기가 선행해서 발생하기 때문이다.

이와 같은 동기는 행동을 일으키는 인간 내부의 심리적 요인의 총칭이며, 특히 학습과 관련한 학습동기는 학습을 할 수 있게 하는 심리적 요인의 총칭을 의미한다.

학습동기는 행동을 일으킨 행위가 그 목적이 되는 학습성취와 같은 내적 동기와 행동을 일으킨 행위가 다른 외적 결과물을 얻기 위한 수단이 되는 취업과 같은 외적 동기 등이 존재하기 때문에 학습이 이루어진다.

필자의 경우를 예를 들면 대학을 졸업하고 취업을 해서 일을 해야 하므로 학습동기는 발생하지 않았지만 시간이 어느 정도 지나고 주어진 일보다는 누군가를 가르치고 이와 관련한 학습에 동기가 발생함에 따라 회사를 퇴직하고 교육학 관련 석사, 박사학위를 늦은 나이에 취득하였고, 나아가 어릴 적부터 버킷리스트로 담아두었던 그림공부, 영어·일본어와 같은 외국어 학습에도 학습동기가 발생하므로 지금도 2~3시간씩 학습에 매진하고 있다. 누가 강제로 학습을 하게 하여 이루어지는 것이 아닌 성인학습자들은 스스로 동기를 부여하여 학습에 나서게 되는 것이며 내적이든 외적이든 발생한 동기로 인해 성인학습자는 학습에 참여하게 되는 것이다.

따라서 성인학습자가 평생학습에 참여하고자 하는 동기는 주목해야 할 요소이다. 학습은 학령기에만 이루어진다는 잘못된 고정관념에서 벗어나 성인이 되어서는 어떠한 동기로 학습에 대한 참여로 이어질 수 있는지에 대해 관심을 가져야 하며, 이는 곧 평생교육의 사활이 걸린 문제이기도 하다. 이와 같은 학습 참여동기를 파악하고 분석하게 된다면 성인학습자의 평생학습 참여 확대 및 평생교육의 활성화를 가져올 수 있기에 이에 대해 자세히 살펴보고자 하며 학습동기에 대한 구체적인 내용은 4장에서 다루고 있으니 이를 참조하길 바란다.

제2절 학습전략

1. 학습전략의 개념

전략(strategy)은 본래 군사 분야에서 쓰이는 말로 그리스어 strategia에서 유래하였다. 전쟁에서 승리하기 위해 여러 전투를 계획·조직·수행하기 위한 행동

계획을 말하며 교전의 수행에 관련한 전술(military tactics)과는 구별된다. 다시 말해서 전략은 본래 적이나 경쟁자 등과 대립하여 이를 이기기 위한 인원, 시간, 물자 등 자원의 효율적 배분에 대한 개념을 담고 있으나, 근래에는 목표를 달성하기 위한 자원의 활용 계획과 실천 방법을 계획, 실행, 통제하는 일련의 활동이라는 의미로 사용되고 있다.

학습전략(learning strategy)은 학습자가 학습목표를 달성하기 위해 수립하는 계획 및 실천방안이다. 학습자가 스스로 문제를 해결하고 과제를 완수하는 데 도구적 역할을 함으로써 학습자의 자율성을 길러주는 학습전략은 성인학습자에게 효과적인 교수 방법이라 할 수 있다. 학습전략은 학습자가 자신의 학습을 위해 행하는 모든 행위 및 일반적인 기술을 말하며, 학습자가 자기주도적으로 학습하기 위해 선택하는 특별한 행동을 이야기한다(Oxford, 1990).

브라운(Brown, 1994)은 학습전략을 '문제와 과업에 접근하는 특정한 방법이며, 특별한 목적을 달성하기 위해, 특정한 정보의 조정과 조직을 계획하고 성취하는 방식'이라고 정의한다. 즉 학습전략은 학습자가 새로운 정보를 조직화하고, 조직화된 정보를 유의미한 방식으로 변형하여, 자신이 가지고 있는 배경지식과 연계시켜 학습에 적극적으로 참여할 수 있게 하며, 학습자들이 자신의 학습에 대한 책임감을 가지고, 학습을 강화시키기 위해 사용하는 기술이라고 하였다.

와인스타인과 메이어(Weinstein & Mayer, 1986)의 연구에 의하면 학습전략이란 학습의 활성화를 목표로 학습자의 편에서 의도적으로 사용되는 것으로, 학교 학습에서 학생들이 학습력을 향상시키기 위하여 사용하는 인지 전략의 일종이며, 학습자가 학습하는 동안 작동되어 학습자의 학습 과정에서 영향을 미치는 행동과 사고라고 정의하였다.

댄서로우(Dansereau, 1985)는 정보의 습득, 저장, 활용을 촉진하는 일련의 과정을 학습전략이라고 정의하였다. 샤모트(Chamot, 1987)는 학습자가 자신의 학습을 촉진시키며 정보의 언어학적인 점과 내용적인 점 모두를 회상하기 위하여 취하는 기술, 접근 또는 의식적인 행위들을 학습전략이라고 말한다. 오말리와 샤모트(O'Malley & Chamot, 1990)는 학습자 개개인이 새로운 정보를 이해하고 배우고 기억하도록 돕기 위해 특별한 사고나 행동을 학습전략이라고 설명하고 있다. 리그니(Rigney, 1978)는 전략이란 정보를 습득, 저장, 재생하는 데 도움을 주기 위해 학습자가 취하는 수단이라고 정의하였다.

2. 학습전략의 특성

웬덴(Wenden, 1987)은 학습전략의 특성을 다음과 같이 요약하였다.

첫째, 학습전략은 학습자가 스스로 자신이 사용하는 학습전략을 서술할 수 있어 의식적으로 사용되는 것을 말한다. 즉, 의식적으로 학습전략이 계속 반복 사용하여 결국 무의식적으로 자동화되어 사용하게 된다면 그 전략은 더 이상 학습전략에 포함될 수 없게 되는 것이다.

둘째, 학습전략은 의식적으로 사용되어 학습자 스스로 자신이 사용하는 학습전략을 서술할 수 있다. 의식적 학습전략이 자동화되어 무의식적으로 사용되면 그 전략은 더 이상 학습전략에 포함될 수 없다는 것이다.

셋째, 학습전략은 학습자의 구체적인 행동과 사고 과정을 포함한다. 관찰될 수 있는 전략과 그렇지 않은 전략이 있다. 즉 학습전략은 학습자들이 목표어를 배우고 또한 목표어로 의사소통하기 위해 사용하는 정신적 과정과 행동을 말하므로 학습전략 안에 의사소통 전략이 포함되는 것으로 볼 수 있다.

옥스퍼드(Oxford, 1990)는 학습전략의 특성을 다음과 같이 기술하고 있다.

첫째, 학습전략은 의사소통 능력 함양에 공헌한다.

둘째, 학습자로 하여금 보다 더 자기주도적(self-directed) 태도를 갖게 한다.

셋째, 교사의 역할을 새롭게 한다.

넷째, 과제 지향적(problem-oriented)이다.

다섯째, 학습자가 취하는 특별한 행동이다.

여섯째, 인지적인 측면뿐만 아니라 학습자의 다양한 측면을 포함한다.

일곱째, 학습을 직접적으로뿐만 아니라 간접적으로 도와준다.

여덟째, 항상 관찰 가능한 것은 아니다.

아홉째, 종종 의식적이다.

열째, 학습될 수 있다.

열한째, 융통적(flexible)이다.

열두째, 다양한 요인의 영향을 받는다.

3. 학습전략의 분류

효과적인 학습을 학습자 외의 요소에서 찾던 시대에서, 성공적인 학습자들을 연구한 결과, 개인이 가지는 학습전략의 중요성이 대두되면서, 많은 학자들이 학습전략을 분류하려는 노력에 정성을 쏟았다. 70년대에 이루어졌던 초기 학습전략 연구들의 대부분은 학습자들이 사용하고 있는 학습전략의 목록을 만들어 내는 데 그 초점이 맞추어져 있었다(박영예, 1999). 그러나 대부분의 학습전략 연구들이 연구자의 관심, 연구목적, 또는 연구에 참여하였던 학습자들의 특성만을 반영하는 경향을 보여주고 있어서 일반적인 학습전략의 분류가 이루어지지는 못했다(Ellis, 1994).

1980년대 말, 학습전략들보다 광범위하게 조사되면서 학습전략들이 체계적으로 분류되기 시작하였는데, 특히 오말리와 샤모트(O'Malley & Chamot, 1990), 옥스퍼드(Oxford, 1990)의 분류 연구가 학습전략을 광범위하고 체계적으로 분류한 것으로 평가받고 있다(정용주, 2013).

1) 오말리와 샤모트의 학습전략 분류

오말리와 샤모트(O'Malley & Chamot, 1990)는 학습전략(learning strategy)은 새로운 언어의 학습과 내재화를 의도한다는 점에서 의미의 즉각적인 타협을 목적으로 하는 의사소통전략(communication strategy)과는 구별된다고 보고, 주로 학습전략에 초점을 두고 전략들을 분류하였다. 오말리와 샤모트의 분류는 인지이론에 이론적인 바탕을 두고 있는데, 그 기본원칙을 보면 첫째, 행동은 각 개인이 자신의 경험들을 어떻게 인지하고 해석하느냐에 관련해서 가장 잘 설명될 수 있다는 것이고 둘째, 각 개인이 사고하고 추론하는 방식은 컴퓨터가 정보를 처리하는 방식과 유사하다는 것이다(Shuell, 1986). 이들은 학습전략을 상위인지

전략(metacognitive strategy), 인지전략(cognitive strategy), 사회정의적 전략(socioaffective strategy)으로 크게 구분하고 그 하위 항목으로 자기관리, 자기 평가, 반복, 번역, 협력 등 26가지를 제시하였다(박은화, 2001).

이 세 가지 큰 범주에 의한 전략 내용을 살펴보면, 첫 번째는 학습자가 자신의 학습을 의식하고 자신의 경험과 관련하여 학습계획을 세우며 자신의 발화와 이해를 모니터하여 스스로 학습 과정을 평가하는 전략인 초인지 전략(metacognitive strategies)이다.

두 번째는 학습자가 사고하고 추론하는 과정을 통해 정보를 이해하고 기억하도록 하는 정보처리 방식과 관련된 인지적 전략(cognitive strategies)이다. 인지적 전략으로 학습자는 추론, 반복, 유추, 메모 등의 학습 사고 과정을 거친다.

세 번째는 의미 전달을 위해 타인과의 상호작용으로 이해 활동을 돕고 정보를 공유하는 사회 정의적 전략(socioaffective strategies)이다. 이러한 학습전략에 관한 연구들은 결국 학습자 스스로 자신에게 적합한 학습전략을 찾을 수 있게 한다는 점에서 의의가 있다고 볼 수 있다(박지숙, 2015).

오말리와 샤모트의 이러한 분류방법의 약점은 인지이론에서 학습전략을 설명하면서 상위인지적 전략과 인지적 전략을 너무 강조한 결과, 사회정의적 전략들을 소홀히 다루고 있다는 점이다(채미정, 2001).

2) 옥스퍼드의 학습전략 분류

옥스퍼드(Oxford, 1990)는 의사소통(communication)과 학습(learning)이 따로 떨어진 것이 아니라 상호작용하는 것으로 보고 이 둘을 분리하기보다는 큰 체제인 '학습전략' 안으로 의사소통 전략을 끌어들이는 새로운 전략 분류 체계를 제시하였다. 옥스퍼드가 확장한 분류 조직은 제2언어 습득에서 학습전략 사용을 평가하기 위해 고안된 질문표 항목을 일반화하는 데 기초를 제공했으며(O'Malley & Chamot, 1990), 매우 종합적이고 실용적이라는 평가를 받고 있다(Brown, 1994).

옥스퍼드(1990)는 예를 들어 외국어 학습에 있어서 이와 관련한 학습전략에 대해 다음과 같이 서술하고 있다.

목표언어와 직접적으로 관련되어 있고, 학습에도 직접적으로 영향을 끼치는 직접적인 전략(direct strategies)과 목표 언어와 직접적인 관련은 없으나 효율적인 학습에 있어서 필수적인 간접적인 전략(indirect strategies)으로 크게 두 범주로 나눈다.

학습해야 할 목표 언어를 직접적으로 포함하는 직접적 전략은 학습 자체의 구체적인 활동에 한계를 둔 과정으로 기억, 이해, 자료 요약과 같은 학습 과업의 직접적인 수행을 말한다. 목표어를 직접적으로 포함하는 언어의 정신적 과정(mental processing)을 요구하는 전략으로 기억전략, 인지전략, 보상전략의 세 가지 하위 전략이 있다.

기억 전략(Memory strategies)이란 학습자가 새로운 정보를 저장하거나 기억하는 것을 도와주는 전략들로, 단어를 암기하기 위해서 단어카드를 만들거나 배운 것을 복습하는 전략들이 포함된다. 또 집단화, 정교화하기, 연관 짓기, 새 단어를 문맥 속에 부여하기 등 마음속으로 관련성을 창조하는 전략, 몸 움직이기, 구조화된 복습하기 전략, 소리를 기억 속에 형상화하기 등 형상과 소리를 적용하는 전략 등이 포함된다.

인지 전략(Cognitive strategies)이란 학습자가 새로운 언어를 이해하고 사용하는 것을 가능하게 해주는 전략으로, 반복 학습, 음성과 문자 구조 연습하기, 공식과 유형을 인식하기, 추론이나 분석, 메모하기, 요약하기 등과 같은 입력과 출력의 구조를 창조하는 전략 등이 포함된다.

보상 전략(Compensatory strategies)이란 학습자가 목표 언어에 대한 지식이 결핍되어 있음에도 불구하고 이를 극복하고 표현하거나 이해하려는 전략이다. 어떤 실마리를 이용해서 추측하거나, 몸짓을 사용하거나, 비슷한 단어를 사용하는 전략을 말한다.

간접적 전략은 언어학습에 간접적으로 관여하지만, 학습행동을 돕기 위해 필수적인 행위나 단계를 말한다. 학습계획, 발생하고 있는 학습 과정에 대한 생각, 행위가 완결된 뒤에 학습을 여과하고 감시하는 것 등이 포함된다. 간접전략은 언어학습을 도와주는 전략으로 상위인지 전략, 정의적 전략, 사회적 전략의 세 가지 하위 전략이 있다.

상위인지 전략(Metacognitive strategies)이란 학습자가 여러 가지 기능을 활용해서 학습 과정을 조정하는 것으로 학습을 조직화하고 평가하는 전략이다. 조직하고 목표 세우기, 언어 과제에 대해서 목적과 계획을 세우기, 연습할 기회를 찾기 등 학습을 관리하고 계획하는 전략, 자기 감시, 스스로 평가하기, 학습평가전략 등이 포함된다.

정의적 전략(Affective strategies)이란 학습자가 자신의 감정이나, 학습 동기 및 학습 태도를 통제할 수 있도록 도와주는 전략이다. 걱정 해소, 자기 격려 및 감정 상태 점검 등을 포함한다.

사회적 전략(Social strategies)은 학습자가 타인과 상호작용을 통해서 학습하는 것을 배우도록 도와주는 전략이다. 원어민에게 도움을 요청하거나, 실제상황에서 다른 사람과 목표 언어를 연습하거나, 목표 언어권의 문화를 이해하려는 전략들을 포함한다.

제3절 학습 스타일

1. 학습 스타일의 개념

학습 스타일(learning styles)이란 학습자가 어떻게 배우는가에 관한 것으로, 학습자가 정보를 지각, 수집, 해석, 조직 및 사고할 때 선호하는 방법을 말한다. 어떤 학습자는 읽기를 통해 정보를 흡수하는 것을 좋아하는 반면, 다른 학습자는 실제적 실험을 통해 배우는 것을 좋아한다. 어떤 학습 스타일이 다른 것보다 더 효과적이라고 하기는 어렵다. 또 이론가와 실천가를 동시에 만족시키는 학습 스타일 모형도 없다. 그러나 학습자가 자신이 선호하는 학습 스타일에 대해 잘 아는 것은 학습의 성취도를 높이는 데 도움이 된다. 또한 평생교육 교수자에게도 학습자의 주요 학습 스타일 및 그 특성에 대한 이해는 매우 중요하다. 이는 학습 스타일을 잘 파악함으로써 더욱 효과적인 평생교육을 전개할 수 있기 때문이다.

2. 학습 스타일의 분류

학습 스타일에 대한 분류는 학자들에 따라 다르지만 대개 3~4개의 유형으로 분류한다는 점에서는 거의 유사하다. 여기에서는 일반적으로 가장 많이 사용되는 콜브(Kolb)의 학습 스타일과 함께 노규식(2016) 등 여러 학자의 학습 스타일을 살펴보고자 한다.

1) 콜브의 학습 스타일

콜브에 의하면 학습이란 경험의 변형을 통한 지식의 창조과정이다. 콜브의 학습 스타일 분류는 그가 경험학습 이론에서 제시한 '구체적 경험 → 반성적 성찰 → 추상적 개념화 → 능동적 실험'으로 구성된 4단계의 학습주기 중에 학습자가 선호하는 유형이 있다는 가정에서 출발한다(Kolb, 1984).

콜브의 학습 스타일은 도구를 통해 측정 가능하며 상황별 과제별로 달라질 수 있다. 콜브가 제시한 네 가지 학습 스타일 및 그 특성을 살펴보면 **[그림 3-1]**과 같다.

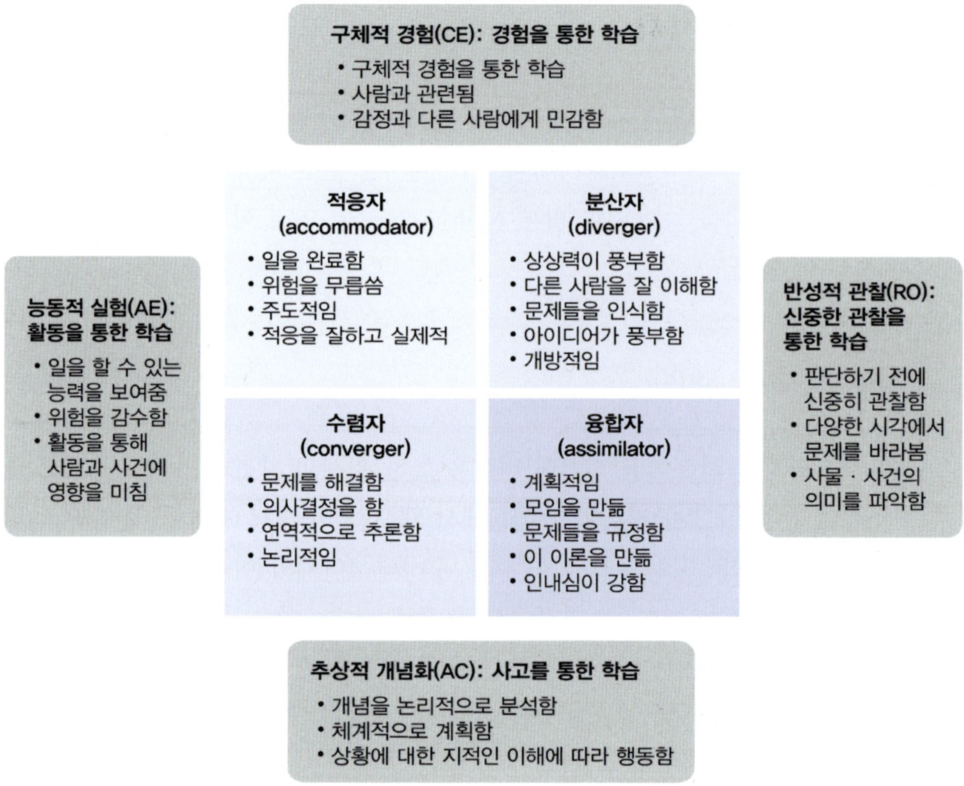

[그림 3-1] **콜브의 학습 스타일 및 특성**

출처: Kolb(1999), 신용주(2012)의 내용을 재구성함.

① 수렴자(converger)

추상적 개념화와 능동적 실험에 의존하여 확실한 답을 얻으려 하며, 문제의 해답을 얻기 위해 빠르게 움직인다. 이 유형의 학습자는 문제를 정의하고 결론을 내리는 데 익숙하다.

② 분산자(diverger)

구체적 경험과 반성적 관찰을 이용해 무수한 아이디어를 도출해 낸다. 이 유형의 학습자는 브레인스토밍과 대안을 생각해 내는 것에 뛰어나다.

③ 융합자(assimilator)

추상적 개념화와 반성적 관찰에 의존한다. 이 유형의 학습자는 광범위한 정보를 이해하고 그것을 간결한 이론으로 바꾸는 것을 좋아한다. 또한 계획하여 이론을 발전시키고 모델을 만들어 내는 데 능숙하다.

④ 적응자(accommodator)

이 유형의 학습자는 구체적 경험과 능동적 실험에 가장 뛰어난 사람들이다. 이들은 문제해결을 위해 위험을 무릅쓰고 적극적으로 뛰어들기 때문에 자주 시행착오를 경험한다.

콜브는 개인의 인지적 성장과 학습을 위해 정보의 인식(perceive)과 처리(process)의 두 가지 차원이 함께 고려되어야 한다고 믿고, 각 개별 학습자에게 적용될 수 있는 학습 스타일의 개발을 위해서 순환적으로 일어나는 4단계의 경험적인 학습의 순환을 제시하였다. 또 이 네 가지 유형을 지각과 정보처리 영역으로 분류하였다. 지각 영역은 구체적 경험과 추상적 개념화이며, 정보처리 영역은 능동적 실험과 반성적 관찰이라는 두 양극적인 형태로 각각 구성되어 있다.

콜브의 학습 사이클은 각 단계 중 어느 특정한 단계가 더 좋거나 나쁜 것이 아니며 각 단계의 독특한 특징이 있다. 효과적인 학습자의 경우 이 단계를 모두 진행하는 경향이 있지만 대개의 학습자들은 특정 영역이 지배적으로 발전할 수 있다. 콜브의 학습 사이클의 단계별 특성은 〈표 3-1〉과 같다.

〈표 3-1〉 콜브의 학습 사이클의 단계별 특성

학습 방식	특징	학습 성향
구체적 경험(CE) Concrete Experience	• 느끼면서 배운다. • 구체적인 경험으로부터 학습함을 중시하고 대인 지향적이며 감정적이다. • 새로운 경험에 개방적이며 어떤 문제를 직면했을 때 체계적인 접근보다는 느낌에 의존하는 경향이 강하다.	• 실제적인 상황이 포함된 학습이나 상세한 예문에 효과적이다. • 동료학습자들과 상호작용에서 혜택을 본다.
반성적 관찰(RO) Reflective Observation	• 관찰하면서 배운다. • 의사결정 이전에 다양한 관점에서 신중한 관찰을 중시하고, 객관성과 신중한 판단력을 가지고 학습에 임한다. • 세심한 관찰을 통해서 지식의 의미를 이해하고 관찰결과로부터 모종의 의미를 도출한다.	• 강의유형의 형식적 학습상황을 선호한다. • 내향적인 경향을 보인다. • 주시와 경청을 잘한다.
능동적 실험(AE) Active Experience	• 실제 행하면서 배운다. • 직접 일을 추진하면서 학습한다. • 문제상황에서 실제적인 접근을 하여 문제를 해결한다.	• 실험을 지향한다. • 프로젝트, 숙제, 소집단 토론 등에 참여할 때 가장 잘 학습한다.
추상적 개념화(AC) Abstract Conceptualization	• 생각하면서 배운다. • 문제를 해결하기 위해 느낌이나 감상보다는 논리성과 지식에 의존한다. • 체계적인 계획을 수립하고 지적인 상황판단을 중시한다.	• 교사 중심의 이론과 체계적 분석을 강조하는 비개인적인 환경에서 가장 잘 학습한다.

출처: Kolb(1999).

2) 기타 여러 학자의 학습 스타일

노규식(2016)은 메시지나 정보, 지식을 받아들이는 두뇌유형으로 학습자의 학습 스타일을 분류하기도 한다. 여기에는 시각형 학습자, 청각형 학습자, 운동형 학습자 세 가지로 나누어 볼 수 있다. 교수자가 전하는 방법 중에서 듣고 수용하는 사람을 '청각적 학습자'라 할 수 있고, 동영상이나 글을 읽거나 남이 하는 것을 보고 수용하는 사람을 '시각적 학습자'라 할 수 있으며, 일단 몸으로 직접 경험해보고 나서야 수용하는 사람을 '운동형 학습자'라고 할 수 있다. 이들의 주요 특징은 다음과 같다.

〈표 3-2〉 학습자의 유형과 특징

유형	주요 특징
청각형 학습자	• 상대방의 목소리, 억양 등에 집중 • 음악, 리듬 있는 언어에 반응
시각형 학습자	• 파워포인트, 그림 등 시각적인 것에 집중 • 외형적인 것에 관심이 많고, 이미지화에 능함
체험형 학습자	• 감각적이고 예민하며 질문, 역할극에 반응 • 분위기에 민감

피셔(Fischer, 1979)는 학습자의 학습 스타일을 다음과 같이 분류하고 있다.

① 증가적 학습자: 학습자는 광범위한 이해를 하기 위하여 세부적인 것들로부터 단계적으로 학습해 나간다. 벽돌을 쌓는 것과 같이 일반화에 이르기 위해 단편적인 사실을 하나하나 학습해 가는 유형의 프로그램으로 된 자료 학습이 효과적이다.

② 직관적 학습자: 학습자는 전통적 놀이나 단계적인 절차를 따르지 않고 여러 가지 방향이나 즉흥적 통찰 또는 비체계적인 방법으로 얻는 경험이나 정보를 통해 의미 있고 정확한 일반화로 전진하게 된다.

③ 감각적 학습자: 학습자는 정서적으로 충만된 교실 분위기에서 가장 잘 기능을 발휘한다. 교사가 정서적으로 다채롭고 생생한 학습 분위기를 조성하는 상황이거나 학습자 간의 상호작용하는 수업을 좋아한다.

④ 정서중립적 학습자: 학습자는 정서적인 분위기가 가감되어 중립적인 교실

에서 기능을 가장 잘 발휘한다.

⑤ 구조적 학습자: 학습자는 교수가 명백한 학습체계를 명시할 때 가장 잘 학습한다. 한계와 목표 등이 잘 규정된 구조 속에서 안정되고, 안전하다고 느낄 때 가장 잘 기능을 발휘한다. 한계가 없고 느슨한 학습 분위기는 이런 학습자에게 방해가 되며 학습을 감소시킨다.

⑥ 개방적 학습자: 학습자는 개방된 학습환경 속에서 편안하게 느끼며 공부를 아주 잘 한다. 사전에 계획되지 않은 현상에 대한 탐구를 하기 때문에 전반적인 학습구조에서 이탈하려는 경향이 있으며 느슨한 분위기에서 개방적인 활동을 한다.

⑦ 손상된 학습자: 육체적으로는 정상이지만 자아개념, 사회성, 지적, 미적인 감수성에 상처받은 학습자들이다. 체계적인 학습을 피하고 거절하여 자율적이지 못하다.

그라샤와 리치맨(Grasha & Riechmann, 1974)은 학습자의 학습 스타일을 다음과 같이 분류하고 있다.

① 독립적 학습자: 혼자 힘으로 공부하길 원하는 학생의 특징으로 필요한 경우에는 다른 학습자의 아이디어에도 귀를 기울일 줄 안다. 중요하다고 느끼는 내용을 배우며, 또한 자신의 학습능력에 대하여 자신감을 가지고 있다. 그들은 교사중심보다는 학습자중심 수업방법을 좋아한다.

② 의존적 학습자: 지적 호기심이 거의 없거나 또 교사가 요구하는 것만을 배우려는 학습자의 특징으로 교사나 동료 학습자들의 권위 있는 지침을 기대하며, 무엇을 해야 하는가에 관해 듣기를 원한다. 교사가 개요나 요점을 제공하는 교사중심의 수업을 좋아한다.

③ 협동적 학습자: 각자가 갖고 있는 지식이나 재능, 그리고 창의성 등을 서로 교환함으로써 가장 많은 것을 배울 수 있다고 느낀다. 교사나 동료학습자와 협력하며 서로서로 어울려 공부하기를 원한다. 소그룹 형식의 토의에 협력적이고 개별적인 것보다는 그룹으로 하며, 교사들과의 상호작용을 잘 한다.

④ 경쟁적 학습자: 학습에서 다른 학습자보다 더 잘하려는 학습자들이다. 좋은 성적을 얻거나 혹은 교사의 관심을 받기 위해서는 다른 학습자들과 경쟁을 해야 한다고 생각한다. 그들은 경쟁적인 교실 상황을 좋아하며 강연회나 세미나 같은 것도 보통 수업 못지않게 좋아한다.

⑤ 참가적 학습자: 교과 내용을 배우길 원하며 수업에 참가하기를 원하는 학습자들로, 수업에 관련된 활동에는 가능한 한 많은 참여를 해야 한다고 생각한다. 과제를 논의하는 토론을 좋아하며 수업에서 과제의 분석과 통합에 능한 교사를 좋아한다.

⑥ 회피적 학습자: 교과학습의 수업내용에 별로 흥미가 없는 학습자들로 이들은 교실에서 교사나 동료들과 함께 어울리지 않으며 교실 내에서 일어나고 있는 일에 흥미가 없거나 질려 있는 형이다. 시험에 흥미도 없고 열광적으로 수업하는 교사를 싫어하며, 계획적이고 조직적인 강의를 싫어하거나 개인적 접촉을 하려는 교사를 싫어한다.

호울(Houle, 1961)은 성인학습자의 학습 스타일을 학습참여동기를 기준으로 유형화하여 다음과 같이 제시하였다.

① 목표 지향적 학습자(goal-oriented learner)

목표 지향적 학습자는 생활 가운데 직면하는 다양한 필요나 문제에 대한 대응을 위해서 학습하려는 동기를 가진 사람이다. 이들은 학습활동이 가지는 수단적 가치에 주목한다. 예를 들면, 대학을 졸업하고 취업을 준비하는 성인이 취업에 필요한 기술이나 소양을 익히기 위해서, 청중 앞에서 발표를 잘하기 위해서나 승진을 위해서, 또는 특수한 문제해결을 위해서 학습에 참여한다.

② 활동 지향적 학습자(activity-oriented learner)

활동 지향적 학습자는 학습활동을 통해서 함께하게 되는 동료들과의 사회적 상호작용에 관심을 가지고 참여하는 사람이다. 이들은 어떤 지식이나 기술 습득을 위한 학습이 아니라, 학습활동 그 자체와 비슷한 관심사를 가지고 있는 사람들과의 교류를 통해 만족감을 획득하는 데 관심을 둔다. 예를 들어, 외로움이나 지루함을 탈피하기 위해서, 배우자를 찾기 위해서, 교육활동에 참여하는 학습자들과의 인적 네트워크 형성 등에 가치를 두는 유형이다.

③ 학습 지향적 학습자(learning-oriented learner)

학습 지향적 학습자는 학습내용의 활용 가능성이나 학습에 참여하면서 기대할 수 있는 다양한 활동보다 학습 그 자체를 통해 얻는 기쁨과 성취감을 추구하는 사람들이다. 예를 들면, 문해교육에 참여한 학습자가 한글을 깨우쳐 가면서 즐거움을 느끼고 지속적으로 학습에 참여하며 만족감을 얻는 경우이다.

3) 학습 스타일의 파악 및 적용

학습 스타일은 앞서 살펴본 바와 같이 매우 다양하다. 이 말은 학습자마다 다른 학습 스타일을 갖고 있다는 것을 의미한다. 인간이 좋아하는 취미나 선호도가 다른 것처럼 학습 스타일도 다르다는 것을 전제로 한다면 교수자는 학습자가 갖는 학습 스타일을 파악하고 이에 대한 교수방법을 선택하여 학습을 진행해야 한다. 이것은 곧 학습목표를 달성하는 것과 함께 수업의 성공여부, 그리고 학습자의 만족도가 높아지게 되는 것을 의미한다.

이러한 학습자의 학습 스타일을 파악하기 위해서는 설문조사나 면담, 성격분석프로그램의 활용, 테스트 등 다양한 방법을 활용하는 것이 효과적이다. 또한 교수자는 다양한 교수방법을 제시하고 활용하면서 학습자 스스로 자신에게 맞는 학습 스타일을 취득하거나 활용할 수 있도록 제공하여야 한다. 학습자들은 한 가지의 학습 스타일을 갖는 것이 아니라 학습 내용이나 상황에 따라 한 가지 학습 스타일이 아닌 여러 가지 학습 스타일을 사용하기도 한다는 것을 염두에 두어야 한다.

제4절 기타 분석

1. 학습환경 분석

성인학습자가 직면하는 학습환경은 법적·정치적 환경, 경제적 환경 및 사회문화적 환경 등이 있다.

법적·정치적 환경 분석은 평생교육법, 평생교육진흥원 등이 학습자들의 학습활동을 촉진하기 위해서 어떻게 구성되고 적용되는지에 대한 분석을 하는 것을 의미한다.

경제적 환경 분석은 학습자의 경제적 상황에 대한 분석으로 학습에 참여하기 위한 경제적 환경이 구비되어있는지를 살펴봄으로써 적절한 학습참여로 이끌 수 있다. 이와 함께 사회문화적 환경분석은 학습이 가능한 사회 분위기 조성이나 문화적 배경 등에 의해서도 학습참여는 여러 가지 영향을 주기에 이와 같은 분석이 우선시 된다.

2. 학습자의 강·약점 분석

학습자의 강·약점의 분석에서 중요한 요인은 학습자의 의지와 가용 자원 등이다. 의지는 성격과 가치관 및 태도, 자신의 학습 스타일, 건강 정도 및 두뇌 활성화에 따라 차이를 보일 것이며, 자원은 가용시간과 학습비용 및 생활비용의 부담 능력으로 분석할 수 있다.

1) 성격과 가치관

사전적 의미로 '성격(性格)은 환경에 대하여 특정한 행동 형태를 나타내고, 그 것을 유지하고 발전시킨 개인의 독특한 심리적 체계이다'로 정의하며, 가치관이란『심리』가치에 대한 관점, 인간이 자기를 포함한 세계나 그 속의 사상(事象)에 대하여 가지는 평가의 근본적 태도이다(표준국어대사전).

2) 학습 태도

어떤 일이나 상황 따위를 대하는 마음가짐 또는 그 마음가짐이 드러난 자세를 의미한다(표준국어대사전). 학습태도는 학습대상에 대한 인지, 감정, 행동의 세 요소로 구성되어 학습행동에 직접 영향을 미치므로, 학습자의 학습 태도에 대하여 분석을 하는 것은 매우 필요하다. 특히 우호적인 감정, 긍정적인 인지 및 적극적인 행동의 태도는 학습효과를 배가시킨다.

3) 건강관리

건강생활은 건강을 유지하고 향상시키는 데에 필요한 생활환경, 생활양식의 총칭으로, 건강에 적합한 의식주에 있어서의 방법을 의미한다. 성인학습자들은 일상생활과 직무활동에서뿐만 아니라 학습활동 중 시험이나 과제수행으로 스트레스를 받을 수 있기 때문이다. 스트레스는 환경의 요구에 부응하지 못하면 개인에게 부정적인 영향을 미치는 유해 스트레스(distress)로 작용하지만, 적당한 스트레스는 긍정적 결과를 미치는 유익 스트레스(eustress)로 작용하기도 한다. 다시 말해서 심리적 성장, 창의적 활동, 새로운 기술의 습득에는 적당한 스트레스가 필요하므로, 스트레스 관리는 스트레스를 완전히 없애는 것이 아니라 그것이 지나쳐 부작용이 생기지 않도록 통제 가능한 일정 범위 내로 유지하는 것이 중요하다(추헌, 1994).

지나친 스트레스를 해소하기 위해서는 심호흡, 목욕, 체조·스트레칭 및 햇빛 산책을 통한 신체의 이완이나, 명상, 음악 및 예술, 휴식 및 수면, 웃음 등을 통한 정신적 이완 등의 활동적 해소 방식과 학습에 대한 가치나 인식의 재조명, 학습방법 개선과 문제해결 등의 긍정적 행위를 통해 해소하는 방식이 있다.

4) 두뇌 활성화

성인학습자들은 긍정적이고 우호적인 태도와 적극적인 행동을 할 수 있도록 두뇌를 더 활성화시킬 수 있다. 기억은 지각으로부터 시작되는데, 생리적으로 정보의 저장과 인출은 신경전달물질이 뇌의 해마(hippocampus)에 작동되는 것으로, 신경전달물질의 분비와 작용은 긍정적 태도에 영향을 받으며, 반복학습, 연상학습, 공감각활동을 통해 기억력은 증대될 수 있다.

5) 시간 관리와 지원제도 활용

성인학습자는 빠르고 쉽게 학습활동에 집중하는 연습을 통해서 효율적인 학습습관과 시간관리 능력을 향상시킬 수 있다. 학습휴가제(學習休暇制)를 계속교육 및 재교육을 위해 잘 활용하는 지혜도 필요하다.

6) 학습비용과 지원제도 활용

학습비용의 부담은 학습자의 학습기회를 억제하거나 지연시킨다. 이에 국가 및 지방자치단체가 자격증 취득 등을 실비 또는 무료로 제공하고 있다. 대표적으로 내일배움카드제는 실업자나 취업예정자가 필요한 훈련과정과 훈련기관을 선택하고 정부의 재정적 지원을 받으며 수강할 수 있도록 한 제도로서 적극적으로 홍보하여 활용할 필요가 있다.

3. 학습목표의 설정 및 분석

학습목표는 일련의 교수·학습과정을 통해 학습자가 도달할 것으로 기대되는 학습자의 인지적, 행동적, 정의적 결과를 의미한다. 학습목표는 학습자에게 자신이 도달되어야 할 행위상태에 대한 기대를 형성시켜 줌으로써 학습동기를 유발시키고 행위의 방향을 정해준다. 보다 효과적으로 학습목표를 정하기 위해서는 막연하고 일반적인 목표보다는 구체적인 행동으로 진술된 목표, 학습자의 능력과 비교하여 지나치게 쉽거나 어려운 목표보다는 현재 능력보다 약간 어려운 목표, 시간적으로 너무 동떨어진 목표보다는 단기적으로 성취 가능한 목표, 교수자가 일방적으로 제시해 준 목표보다는 학습자의 공동참여를 통해 설정된 목표를 설정해야 한다(한국기업교육학회, 2010).

메이거(Mager, 1983)는 학습목표의 구성에 있어서 학습자들이 학습 후에 나타나는 학습 결과가 객관적으로 관찰하고 측정할 수 있는 행동용어(behavioral term)의 기술, 학습자가 그 성취행동의 실행에 관한 어떤 상황 또는 조건(conditions) 및 학습이 목표를 달성했는지의 여부를 판정하기 위한 기준(criterion) 등 세 가지 요건을 주장한다.

학습목표의 기술은 학습자의 학습단원이나 학습시간이 끝났을 때 나타나는 학습자의 변화된 행동과 관련지어 서술하는 것이 바람직하다. 즉, 학습 뒤의 변화된 행위를 나타내는 구체적이고 명확한 동사의 형태로 기술 한다. 예를 들어, '~을 안다', '~을 이해한다', '~을 체험한다' 등의 암시적 동사의 사용보다는 '~을 설명한다', '~을 해결한다', '~을 표현한다' 등의 명시적인 동사를 사용하여 서술한다.

4. 학습 참여요인 분석

성인의 학습 욕구는 적극적인 학습 참여로 이어질 것으로 보이지만 실상은 그렇지 않다. 한국교육개발원(2022)의 [2022 한국 성인의 평생학습 실태]에 따르면 우리나라의 성인평균 학습참여율은 28.5%에 달하는 것으로 나타났다.

우리나라 성인 10명 중 1명 정도는 학습에 참여하고 싶었지만 참여하지 못하였다고 응답(16.9%)하였다. 학습불참요인으로는 '직장업무로 인한 시간 부족'이 43.8%로 가장 많았으며, 그 다음으로 '코로나 영향'이 27.3%, '가까운 거리에 교육훈련기관이 없어서'가 18.9%, '동기, 자신감 부족'이 11.5%, '교육에 대한 정보가 부족해서'가 11.3%, '가족부양에 따른 시간 부족'이 9.8%로 나타났다(그림 3-2 참조).

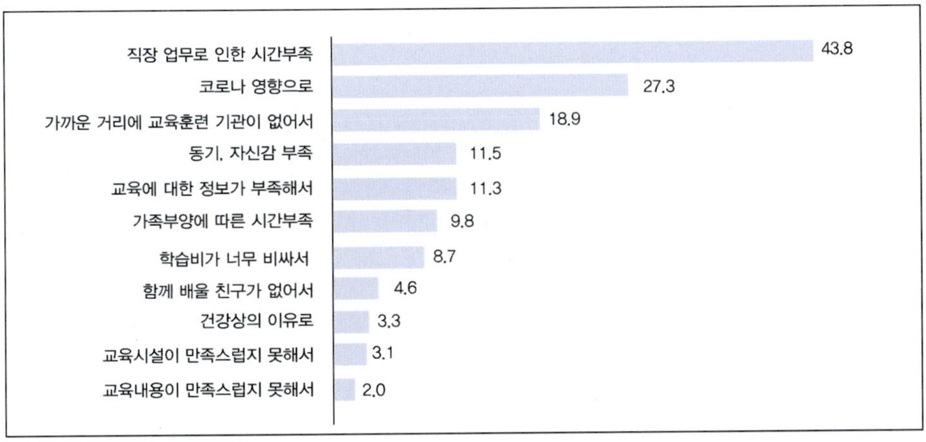

주: 1) 평생학습에 참여할 의사가 있었으나 참여하지 못한 응답자(만 25~79세)에 대한 현황이며, 중복응답 문항임

2) 기타의 경우 사례수가 작아 공표하지 않음

[그림 3-2] 평생학습 불참요인

출처 : 한국교육개발원(2022). 2022 한국성인의 평생학습실태.

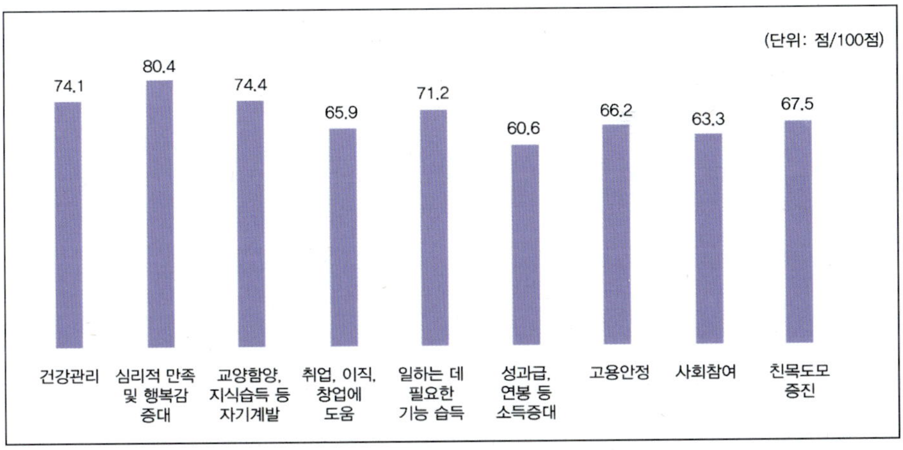

주: 1) 평생학습에 개인실태조사 응답자(만 25~79세) 중 평생학습 참여자에 대한 현황임

2) 5점 척도(1점: 전혀 도움이 안 됨~5점: 매우 도움이 됨)를 100점으로 환산하여 산출함

[그림 3-3] 평생학습 성과

출처 : 한국교육개발원(2022). 2022 한국성인의 평생학습실태.

우리나라 성인은 평생학습 참여를 통해 '심리적 만족 및 행복감증대'(80.4점)와 '교양함양, 지식습득 등 자기계발'(74.4점)에 이어 '건강관리'(74.1점)에 가장 많은 성과를 거두었다(그림 3-3 참조).

참고문헌

권두승, 조아미(2016). 성인학습 및 상담. 서울: 교육과학사.

노규식(2016). 현대인들은 어떻게 공부해야 하는가. 서울: 알투스.

박영예(1999). 초등영어수업에서의 학습전략 지도 방향과 방법. *Primary English Education, 5*(1), 81-104.

박은화(2001). 초등영어교육에서 학습전략훈련의 효과. 인천교육대학교 대학원 석사학위논문.

박지숙(2015). 성인학습자의 영어 학습전략 및 학습동기에 관한 연구. 아주대학교 교육대학원 석사학위논문.

신용주(2012). 평생교육방법론. 서울: 학지사.

정용주(2013). 초등학생의 영어 학습전략 사용과 학습유형 및 성취도와의 관계. 진주교육대학교 대학원 석사학위논문.

채미정(2001). 초등영어학습자의 학습전략 분석 및 지도. 서울교육대학교 대학원 석사학위논문.

최정연(2020). 평생교육환경에 대한 성인학습자의 인식 연구. 동의대학교 대학원 석사학위논문.

추헌(1994). 조직행동론. 서울: 형설출판사.

하동석, 유종해(2010). 이해하기 쉽게 쓴 행정학용어사전. 서울: 새정보미디어.

한국교육개발원(2020). 2020 한국 성인의 평생학습 실태.

한국기업교육학회(2010). HRD 용어사전.

Brown, H.D. (1994). *Principles of language learning and teaching* (3rd ed). Englewood Cliffs, NJ: Prentice Hall Regents.

Chamot, A. U. (1987). The learning strategies of ESL students. In A. Wenden & J. Rubin (Eds.), *Learner strategies in language learning* (pp. 71-83). Eaglewood Cliffs, NJ: Prentice-Hall.

Dansereau, D. F. (1985). Learning strategy research. In J. W. Segal, S. F. Chipman, & R. Glaser (Eds.). *Thinking and learning skills, volume 1: Relating instruction to research*. pp. 208-209. Hillside, NJ: Lawrence Erlbaum Associates.

Ellis, R. (1994). *The study of second language acquisition*. Oxford: Oxford university press.

Fischer, B. B.(1979). Style in Teaching and Learning. *Educational Leadership, 36*, 245-250.

Grasha, A. F., & Riechmann, R. E.(1974). A rational approach to develㄸoping and assessing the construct validity of a student learning style scales instrument. *Journal of Psychology, 87*, 231-223.

Houle, C. D.(1961). *The inquiring mind.* Madison, Wl: University of Wisconsin press.

Johnston, J., & Rivera, R.(1965). Volunteers for learning: A studdy of A study of a homogeneous group between the ages of 10 and 60. *Genetic Psychology Monographs, 13*, 223-298.

Keller, J. M.(1983). Motivational design of instruction. In C. M. Reigeluth(Ed.). *Instructional design theories and models: An overview of their current status*. Hillsdale, NJ: Lawrence Erlbaum Associates.

Kolb, D. A.(1984). *Experiential Learning: Experience as the Source of Learning and Development*. Englewood Cliffs, NJ: Printice-Hall.

Kolb, D. A.(1999). *Learning style inventory*(version 3). Boston: Hay/McBer Training Resources Group.

Mager, R. F.(1983) 정우현 역, 학습지도를 위한 행동적 수업목표의 설정. 서울: 교육과학출판사.

Oxford, R. L. (1990). *Language learning strategies: What every teacher should know?*. New York, NY: Newbury House/Harper & Row.

Oxford, R. L. (1992). The story of the SILL: Evolution, use, reliability, and validity of the Strategy Inventory for language learning. A Technical Report(private collection of Y. M. Kim)

O'Malley, J. M., Chomot, A. U., Stewner-Mansamares, G., Russo, R. P., & Küpper, L. (1985). Learning strategies used by beginning and intermediate ESL students. *Language Learning. 35*, 21-46.

O'Malley, J. M. (1987). The effect of training in the use of language strategies on learning English as a second language. In Wenden, A. & Rubin, J., *Learner strategies in language learning* (pp. 133-144). Prentice Hall Regents.

O'Malley, J. M., & Chamot, A. U. (1990). *Learning strategies in second language acquisition*. Cambridge: University Press.

Rigney, J. W. (1978). Learning strategies: A theoretical perspective. In H.G. O'Neil, Jr.(Eds.). *Learning strategies* (pp. 165-205). New York, NY: Academic.

Shuell, T. J. (1986). Cognitive conceptions of learning. *Review of Educational Research, 56*, 411-436.

Weinstein, C., & Mayer, R. (1986). The teaching of learning strategies. In M. C. Wittrock (Ed.), *Handbook of research on teaching* (pp. 315-327). New York, NY: Palgrave Macmillan.

Wenden, A. (1987). Incorporating learner training in the classroom. In A. Wenden & J. Rubin(Eds.). *Learner strategies in language learning* (pp. 159-168). Englewood cliffs, NJ.: Prentice Hall.

Wlodkowski, R. J.(1999). *Enhancing Adult Motivation to Learn: a Comprehensive Guide for Teaching All Adults*. San Francisco, CA: John Wiley and Sons.

Chapter 04

성인학습자의 이해

김미자 박사

개요

성인학습은 형식교육인 학교 교육과정에서 아동과 청소년 학습자를 대상으로 한 이론들이 다양한 삶과 학습의 경험이 있는 성인들의 학습 과정을 이해하고 그들의 학습을 촉진하는 데 그대로 적용할 수 있을 것인가에 대한 의문으로부터 출발하고 있다. 학습에 있어서 성인은 아동과는 다른 생활 경험, 직업 경험, 학습경험 등을 가지고 있다. 또한 생애 주기별 단계에서도 아동이나 청소년과는 다른 발달과업을 갖는다. 또한 우리 사회는 경제성장과 의료기술의 발달로 인간의 수명이 급속하게 증가하게 되어, 100세 시대를 살아가는 세상이 되었다. 인구의 고령화와 100세 시대를 살아가는 오늘날 새로운 지식과 기술 발전에 대응하고 적응하기 위해서는 지속적으로 학습이 필요한 평생교육의 시대가 되었다. 현대 사회가 처한 환경은 성인학습자들이 학습을 통해 당면한 생활 문제를 해결하고 자기실현을 가능하게 한다.

본 장에서는 성인학습자의 개념 및 유형, 성인기 발달이론, 성인학습자의 심리 · 사회적 특성, 성인학습 원리에 대해 알아본다.

학습목표

1. 성인학습자의 개념 및 유형을 이해하고 설명할 수 있다.
2. 성인기 발달이론을 이해하고 설명할 수 있다.
3. 성인학습자의 심리 · 사회적 특성을 이해한다.
4. 성인학습 원리에 대해 이해한다.

주요단어

성인학습자, 성인기, 발달이론

제1절 성인학습자의 개념 및 유형

오늘날 우리 사회와 삶은 끊임없이 급격하게 변하고 있다. 이러한 사회의 변화와 저성장, 저출산·고령화, 일자리 부족 등의 사회적 위기는 현대인에게 지속적인 자기개발과 변화를 요구한다(이영아, 2012).

생애 전반에 걸친 학습은 이제 선택이 아니라 필수가 되었다. 유엔은 1990년 '만인을 위한 교육(Education for All)' 프로젝트를 비롯하여 최근에는 새천년을 위한 개발목표(Millennium Development Goals)와 '지속발전 가능한 교육(Education for Sustainable Development)'을 통해 평생교육의 중요성을 강조하고 있다(이영아, 2012).

학습은 생애 주기적으로 학령기에서 청년기에 이르기까지 지식의 도야와 인격적 성장, 사회화 과정 등을 배우고 익히는 과정이라고 할 수 있다. 급변하는 사회변화에 적응하고, 삶의 질 향상을 위해 지속적인 학습이 요구되고 필요하게 되었다. 과거에 성인은 학습이 마무리된 이미지가 강하였다. 현대에는 연령의 구분 없이 계속학습으로 성장·발전하고자 하는 모습이 지식기반사회의 성인으로서의 갖추어야 할 자세가 될 정도로 더 이상 낯설지 않은 풍경이 되었다(배나래, 2020). 학습하는 인간이라는 신조어가 나올 정도로 앎과 배움의 시대적 개념은 변화하기 시작하였다(배나래, 2020). 특히 우리 사회는 급속한 인구의 고령화로 성인 인구의 증가와 그에 따른 학습의 요구도 증대되고 있는데, 학습은 결코 진공상태에서 일어나지 않는다. 우리가 학습을 요구하거나 필요로 하는 것은 우리가 살고 있는 사회적 환경과 밀접한 관련이 있다(권두승, 조아미, 2013).

성인 인구의 증가, 과학기술의 발전, 급속한 사회구조의 변화 등 현대 사회가 처한 환경은 성인학습의 필요성을 증가시키고 있다.

일반적으로 성인학습자는 스스로의 성장과 발전을 목적으로 의미 있고 깊이 있는 학습욕구의 만족감을 얻기 위해 구조화된 교육활동에 자기주도적으로 참여하는 학습자이다(배나래, 2020).

본 장에서는 성인학습자의 개념 및 유형, 성인기의 발달이론, 성인학습자의 심리·사회적 특성, 성인학습 원리에 대해 구체적으로 살펴본다.

1. 성인학습자의 개념

성인기를 정의하는 데 대부분의 교육자들은 나이나 심리적 특성보다는 사회적 역할에 중심을 두고 있는데, 이 관점에서 보면 성인은 학생으로서의 역할보다는 직업인, 배우자, 부모로서의 역할이 부각되는 존재다(이현림, 김지혜, 2014).

일반적으로 성인학습자는 스스로의 성장과 발전을 목적으로 의미 있고 깊이 있는 학습욕구의 만족감을 얻기 위해 구조화된 교육활동에 자기주도적으로 참여하는 학습자이다(배나래, 2020).

놀스(Knowles, 1980)는 성인의 역할을 수행하는 사람이나 자신을 성인으로 인식하는 사람 모두가 성인에 포함된다고 포괄적으로 정의를 내린 후 성인의 개념을 다음과 같이 요약하였다(이현림, 김지혜, 2014).

첫째, 신체적 나이 혹은 연대기적 나이(chronological age)가 있다. 이는 출생 후 지나간 기간만 계산하는 것으로, 일반적으로 신체적 나이는 성인의 단순한 구분 기준이 되어 법률 및 행정절차 그리고 관습의 중요한 기준이 된다.

둘째, 생물학적 나이(biological age)는 개인의 생물학적·생리적 성숙의 수준과 신체적 건강 수준을 나타내는 것이다.

셋째, 법적인 정의로 투표할 수 있고 운전면허를 취득할 수 있으며 부모의 동의 없이 결혼할 수 있는 등 법이 정하는 일정한 연령에 도달했을 때 성인이 된다.

넷째, 사회적 정의로 전일제 노동, 결혼, 부모됨, 참정권과 같은 성인으로서의 역할을 수행하기 시작할 때 성인이 된다.

다섯째, 심리학적 정의로 자기 자신의 삶에 대해 책임질 수 있고 자기주도적인 자아개념에 도달했을 때 성인이 된다.

메리엄과 브로킷(Merriam & Brockitt)은 성인학습을 교수-학습의 대응관계에 있어서 교육자가 수행하는 일에 대응하는 측면으로서 학습자의 내부에서 일어나는 인지적 과정을 의미하는 것으로 정의한 바 있다(권두승, 조아미, 2013).

성인교육이 성인학습과 성인교육자가 의도적이고 계획적으로 조직화하고 체계화된 교수-학습 과정에 참여하는 활동을 말한다면, 성인학습은 성인학습자가 자발적으로 계획하여 실천하거나 우연적으로 경험하는 학습활동을 말한다(조성연, 박미진, 문미란, 2011).

권두승, 조아미(2013)는 성인학습을 전체 평생학습 구조하에서 생애 주기별로는 성인으로 간주되는 자에 의한 학습활동이고, 그 의도성과 조직성을 기본 전제로 일반 사회의 다양한 장소에서 이루어지는 학습활동이며, 실생활 중심의 다양한 프로그램을 통해 이루어지는 학습활동으로써 사회적 적응은 물론 자아실현을 이루기 위한 차원에서 전개되는 학습활동으로 정의하였다.

2. 성인학습자의 유형

인간은 목적 지향적이고 끊임없이 학습하는 존재로 특히 어떤 과업이나 업무에 직면했을 때 학습하기 위해 동기화된다(Wlodkowski, 1999; 이영아, 2012 재인용).

동기(motivation)란 "움직이다"를 뜻하는 라틴어 "Movere"에서 유래되었는데(Schunk, Pintrich & Meece, 2010), 어원으로부터 동기의 뜻을 유추해보면 동기란 사람이 무엇인가를 시작하고, 계속하도록 움직이게 하는 동력(動力)을 뜻한다. 동기는 인간의 모든 활동에 영향을 미친다. 누가 교육에 참여하고, 왜 참여하며, 꾸준히 참여하는지는 '동기'의 개념을 통해서 이해할 수 있다(권정은, 2012; 권정은, 2012 재인용).

동기는 개인의 어떤 목표나 목적을 향해 행동을 일으키고 그 방향을 결정짓는 원동력이라 할 수 있다. 동기가 학습에 대해 갖는 기능은 세 가지로 구분해 볼 수 있다(김영석, 2012; 임규혁, 2007; 이영아, 2012 재인용). 첫째, 동기는 어떠한 행동을 시작하게 하는 '발생적 기능'을 갖고 있다. 둘째 동기는 시작된 행동이 어느 방향으로 진행되어야 할지를 결정하는 '방향적 기능'을 갖고 있다. 개인이 어떠한 동기를 갖고 있는지에 따라 어떠한 인지 및 행동적 전략, 노력 등을 사용할지가 결정된다. 마지막으로 동기로 시작하고 진행되고 있는 행동이 꾸준히 진행되도록 행동을 유도하는 '강화의 기능'을 갖고 있다. 학습 참여동기는 프로그램 참여에 긍정적인 영향을 미치는 요인으로 학습자가 자발적으로 참여하고자 하는 학습자의 내면적 상태를 의미한다.

학습 동기는 학습활동을 의미 있고 가치 있는 것으로 보고 학습활동으로부터 학습의 이득을 얻기 위해 노력하는 경향성이라고 하였다(이영, 2010; 정종진, 1996). 학습 참여동기는 평생학습을 선택한 이유와 일정한 방향이나 목적 그리고 학습을 지속적으로 수행할 것인지를 예측할 수 있다(한승진, 2005). 따라서 평생학습 참여율을 높이고 활성화하기 위해서는 먼저 성인학습자의 학습 참여동기를 파악하고 그 동기를 충족시킬 수 있는 방향으로 목표가 설정되어야 한다.

1) 성인의 학습참여 동기

평생교육 분야에 있어서 성인의 교육 참여동기에 관한 연구는 호울(Houle) 등의 성인교육 연구자들에 의하여 광범위하게 연구되어 왔다. 학습 참여동기는 평생교육에 있어서 성인학습 현상의 이면에 존재하는 요인들을 이해하기 위해 매우 중요한 탐구 분석의 대상이 되며, 특히 성인의 평생교육 참여는 자발적으로 이루어지는 것이기에 더더욱 중요한 문제가 된다(권두승 외, 1999).

호울(Houle, 1961)은 평생교육에 참여하는 학습자들이 무엇인가 보상받고자 하는 학습의 목적을 지니고 있으며 각자의 참여동기 유형은 다를 것이라 전제하고, 교육에 참여하는 성인들의 동기를 근본적으로 밝히기 위해 22명을 대상으로 학습경력, 계속 학습을 유도하는 요인, 학습자로서 자신을 보내는 관점 등과 관련해 심층 면담을 실시하였다. 그 결과 성인이 학습에 참여하는 동기를 활동지향형(activity-oriented), 목표지향형(goal-oriented), 학습지향형(learning-oriented)으로 구분하였다(권정은, 2012; 권두승, 조아미, 2013).

인간은 목적지향적이고 끊임없이 학습하는 존재로 특히 어떤 과업이나 업무에 직면했을 때 학습하기 위해 동기화된다(전형구, 2009).

성인학습자의 학습 참여동기에 대해서 학자들마다 다양하게 주장하고 있다. 놀스(Knowles, 1999)는 내재적 동기가, 사간트(Sargant, 2001)는 자기발전 또는 내재적 흥미뿐만 아니라 취업, 업무수행 향상 및 자격증 취득 등과 같은 외재적 동기가, 터프(Tough, 1979)는 '어떤 즐거움이나 만족을 위하여', '자긍심을 높이기 위하여', '타인을 기쁘게 하고 그들에게 인상을 주기 위해서' 등과 같은 동기가 성인학습자의 중요한 학습참여 동기임을 주장하고 있다(이숙원, 2003; 한상훈, 2003; 이영아, 2012 재인용).

성인들의 평생교육 참여동기를 체계적으로 유형화하고 그 구조적 특성을 규명하려는 시도는 호울(Houle, 1961)의 연구를 기점으로 하여 지속적으로 수행되어 왔다. 호울(1961)은 참여 동기를 목적지향적, 활동지향적, 학습지향적 참여동기로 구분하였다(이영아, 2012; 권두승, 조아미, 2013).

〈표 4-1〉 성인학습의 참여동기 유형 비교

Houle(1961)	Morstrain & Smart(1974)		최운실(1986)
목적지향형	외부적 기대	• 다른 사람의 지시를 따르기 위해 • 형식적 권위를 지닌 사람의 기대사항을 충족시키기 위해 • 다른 권위자가 추천하는 것을 수행하기 위해	외적 기대 충족
	직무의 전문성 향상	• 직장에서 더 높은 지위를 얻기 위해 • 승진 및 발전을 보장하기 위해 • 경쟁에서 뒤떨어지지 않기 위해	직업적 성취 및 전문성 함양
활동지향형	사회적 관계	• 개인적 교제와 친교에 관한 욕구를 충족시키기 위해 • 새로운 친구를 사귀기 위해	사회적 관계 형성
	도피/자극	• 지루함으로부터 벗어나기 위해 • 가정이나 일로부터 휴식을 취하기 위해 • 남은 생애에서 보다 나은 성과를 얻기 위해	현상으로부터 도피와 변화
	사회적 복지	• 인류에 봉사할 수 있는 능력향상을 위해 • 공동체에 대한 봉사를 준비하기 위해 • 공동체 직무에 참여할 수 있는 능력향상을 위해	사회적 봉사 및 참여
학습지향형	인지적 흥미	• 단지 학습 자체를 위해 • 지식추구를 위해 • 알고 싶은 욕구를 충족시키기 위해	지적 호기심

출처: 하영자(2005). p. 46; 권정은(2012). p. 9 재인용.

호울이 말하고 있는 각각의 학습참여동기 유형을 자세하게 살펴보면 다음과 같다(권정은, 2012; 이영아, 2012; 권두승, 조아미, 2013).

첫째, 활동지향형(activity-oriented)은 학습 참여 동기가 특정 목표를 획득하거나 어떤 과목을 배우기보다는 오히려 우선적으로 활동 그 자체를 위해 참가한다. 즉, 학습 그 자체나 학습 내용에 목적이 있는 것이 아니라 학습에 참여하는 행위나 활동 그 자체에 의미나 만족을 둔다. 이들은 학습에 큰 의미를 두지 않으며 사회적 인간관계를 유지, 개선, 확대하려는 데 의미를 둔다. 어떤 특정의 내용을 배우거나 특정의 기술을 익히기 위해서라기보다는 주로 사회적 접촉이나 사회 활동에의 참여, 대인관계 증진 등에 참여의 목적을 둔다. 이러한 유형에 속하는 학습자들은, 교육적 활동의 선정기준으로써 참여를 통해 얻게 되는 인간관계의 양과 유형을 중시한다. 그들은 대부분이 반복적인 일상생활의 단조로움이나 지루함, 고독함, 그로 인한 소외의식 등으로부터 벗어나 조화를 추구하기 위하여 또는 가정이나 직장 생활에서 당면하게 되는 현실의 어려운 상황들로부터 잠시라도 도피하고자 성인교육에 참여한다.

둘째, 목표지향형(goal-oriented)은 교육을 상당히 명백한 목표 달성의 수단으로써 사용한다. 학습 참여동기가 개인적으로 전문적인 지식, 기술의 습득, 직업상의 향상 등을 목적으로 참여하는 유형으로 구체적이고 명확한 목표를 지니는 경우이다. 따라서 교육을 즉각적 실제적인 문제해결의 수단으로 간주하며 지식은 사용을 위해 존재하는 것으로 생각한다. 결과적으로 목적지향형 학습자들은 조직적인 강의나 코스에 관심을 갖고 기술자격증이나 졸업장 획득 등의 의도적인 목적을 지닌 학습자들이다. 이러한 유형의 학습자는 현실적인 이익이나 필요 등 이해관계에 의해 이를 충족시키려는 욕구로 학습에 참여한다. 이들은 지속적으로 꾸준한 참여를 하는 것이 아니라 일단 교육에 참여한 목표에 달성할 경우 학습을 쉽게 중단하는 경향이 강하다(정상택, 나승일, 2005).

목표지향형 학습자는 학습 참여동기가 가장 명백하게 외부에 노출되는 유형으로써 구체적이고도 명백한 목표를 지니는 경우이다. 평생교육적 측면에서 목적지향형 학습자들은 학교 교육을 받는 목표와 유사한 이유로 계속적인 교육에 참여한다. 즉 실용주의적 기능주의적 목표를 지닌 학습자 유형이라고 생각할 수 있는 데, 그들은 교육을 즉각적·실제적인 문제해결의 수단으로 활용하기 때문에, 목적 달성에 도움이 되는 교육기관이나 방법을 선택하여 참여한다(이아림, 2011).

셋째, 학습지향형(learning-oriented) 학습자는 지식이나 배움 그 자체를 좋아하며 지적 호기심이나 근본적으로 알고자 하는 욕구를 충족하기 위해 교육에 참여한다. 학습자들에게 있어서의 교육은 매우 일상적인 일 중의 하나이다. 그들은 학습을 통하여 알고 성장하려는 근본적인 바람을 지니고 있으며, 그들의 활동은 지속적이고 평생을 간다. 이들은 목표지향형이나 활동 지향형의 경우와 현저하게 다른 특성을 보인다. 학습지향형에 속하는 학습자는 배운다는 그 자체가 좋아서 또는 근본적으로 알고자 하는 욕구나 지적 호기심을 충족시키기 위하여 참여한다. 그들에게 있어서는 모든 학습 활동들이 그 자체의 목적과 의미를 지니며 하나하나의 학습활동이 지니는 의미의 총체가 참여동기를 형성한다. 학습지향형 학습자는 자신에 대한 분명한 자아개념을 지녀 자신을 학습에 몰두하는 사람으로 여긴다. 그들에게 있어서의 교육은 특별활동이라기보다는 매우 일상적인 일 중의 하나이다.

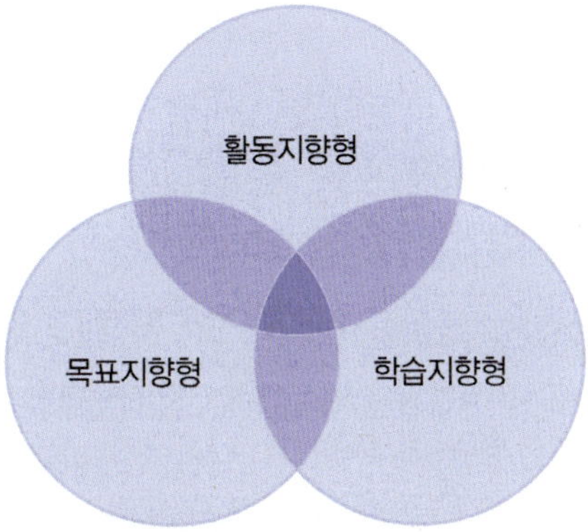

[그림 4-1] 호울(Houle)의 학습유형 모형

출처: 최운실(1986). p. 45; 권정은(2012). p. 11 재인용.

호울은 이 세 가지 학습 동기 유형들 중에서 어느 한 가지가 학습활동에서 가장 먼저 중요시된다고 제시하였다. 그리고 그중의 두세 가지는 간혹 상호작용한다고 한다. 다시 말해서 목표지향형 개인이 어떤 활동에 활동지향적으로 참여하거나 학습지향적으로 참여할 수도 있다. 극소수의 성인만이 호울이 발견한 학습동기 유형들 중에서 한 가지로 표현되는 것이 가능하다(한상훈, 2004; 권정은, 2012 재인용).

학습자의 학습 참여동기의 문제는 학습을 일어나게 하는 원동력으로서는 학습자로 하여금 과제를 선택하게 하고 과제의 해결을 위해 노력하게 하며 학습상의 난관에 부딪힐 때 인내심을 가지고 학습을 지속하게 하는 것으로 교수학습 상황에서는 매우 중요하게 고려해야 할 변인이다(권정은, 2012).

보시어(Boshier, 1971)는 호울(1961)의 유형론을 분석하기 위해 교육참여 측정척도(EPS: Educational Participation Scale)를 개발하였으며 참여 동기 유형을 추출하였는데, 그 결과 학습 참여동기를 사회복지, 사회적 접촉, 외부 지향적 전문성 함양, 내부지향적 전문성 함양, 사회적 적응, 지적 유희, 교육적 준비 및 보상과 보충, 지적 흥미, 사회적 참여 현상으로부터의 도피, 사회적 향상과 도피, 인간관계 증진 등으로 나누었다(이영아, 2012; 조성연 외, 2012).

한편, 위로코우스키(Wlodkowski, 1999)는 성인교육 프로그램에서 성인학습자의 긍정적인 참여 유형을 '성인 + 의지', '성인 + 의지 + 가치', '성인 + 의지 + 가치 + 즐거움' 세 가지로 구분하여 제시하였다(조성연 외, 2012).

〈표 4-2〉 성인학습자의 학습 참여 유형

유형	내용
• 성인 + 의지의 유형	성인학습자에게 성공과 의지는 긍정적인 학습동기를 유지하기 위한 가장 기초적인 조건으로, 성인학습자는 자율 의지에 따라 학습하고, 학습활동에서 성취감을 경험하게 된다.
• 성인 + 의지 + 가치	성인학습자는 자신이 하고 싶은 것을 성공적으로 학습할 뿐만 아니라 학습하고 있는 것에서 가치를 발견하게 된다. 따라서 학습활동에 신중을 기하게 되며 그로부터 의미를 발견하게 된다.
• 성인 + 의지 + 가치 + 즐거움	자신이 가치 있게 생각하고 배우고 싶은 것을 위해 자발적으로 학습에 참여하며, 즐거운 감정을 가지고 성공적으로 배운다. 이때 느끼는 즐거움은 학습활동에 대한 참여의 즐거움이며, 학습활동에 완전히 몰입되었을 때 나타나는 현상이다.

출처: 조성연 외(2012). p. 63 재구성.

2) 성인의 학습목표 유형별 지도방법

성인학습자들의 학습활동의 참여동기는 학습자가 속한 공동체의 속성이나 환경에 영향을 받으며 동시에 여러 가지 학습 참여동기를 갖기도 하므로 간단히 유형화할 수는 없으나, 성인학습자들이 학습에 참여할 때 이를 통해 이루고자 하는 동기와 목표가 있는데, 이것이 성인학습의 방향성을 제시해 준다(이현림, 김지혜, 2014).

三浦一浪(1982)는 성인학습자들의 학습 목표 유형별 특성을 파악해 내어 그에 알맞은 학습지도 방법과 지도상의 유의점을 다음과 같이 제시하였다(권두승, 조아미, 2013; 이현림, 김지혜, 2014).

(1) 무목표 학습자

이 유형에 속하는 자는 학습활동에 대하여 구체적인 목표가 드러나지 않는 것이 특징으로, 추구하는 학습 목표가 없기 때문에 학습에 대한 적극성이 결여된 경향성을 보인다. 이 유형의 학습자들에게 학습의 효용가치를 알리거나 학습에 대한 흥미를 일깨워 주는 것은 지도자에게 달려있다. 이 유형의 학습자들에게 있어 교사 혹은 지도자는 성인학습자들이 활동에 보다 적극성을 나타낼 수 있도록 새로운 목표를 세우거나, 학습 의욕을 고취시킬 수 있도록 상담 및 조언이 필요하다.

(2) 사교적(활동지향적) 학습자

이 유형에 속하는 학습자들은 학습활동을 통해 인간으로서의 존재감과 다른 사람과의 인간관계를 넓히고 사회적인 교류를 확대하는 데 주된 목적이 있다. 이 유형은 대체로 학력이나 교육 정도가 낮은 사람들에게서 많이 나타난다. 학습에 참여하는 목적이 사람들을 만나기 위한 것이기 때문에 학습은 하나의 수단에 불과한 것이라고 본다.

이들에게는 학습 분위기나 동료와의 교류 기회가 중요하므로 계획된 학습활동 이외의 교육의 장과 기회를 제공하는 것이 중요하다.

학습활동은 학습과 교류 두 가지를 동시에 촉진하는 것이 보다 효과적이다.

학습활동의 평가도 사회적 교류 관점에서 행하는 경향이 있다.

(3) 자극-탐구적인 학습자

이 유형의 학습자들은 일상생활에서의 단조로움을 극복하기 위해 학습에 참여하고 이를 통해 생활의 변화를 기대한다. 이 유형의 학습자들은 적절한 자극을 추구하기 때문에 호기심과 탐구심이 높고 계획된 학습활동의 틀을 뛰어넘는 경향이 있다. 탐구적이고 자율적인 성향이 강하기 때문에 적극적인 통제나 자극 없이도 스스로 학습하고자 한다. 이 유형의 학습자들은 교사나 지도자의 학습의 방향에 대한 조언과 사기진작에 고무되는 경우가 많다. 따라서 학습활동에 대한 용기를 불어넣고 측면을 조력하는 원조가 필요하다.

(4) 직업지향적인 학습자

이 유형의 학습자는 직업생활에서 당면하는 문제를 해결하기 위하여 학습에 참여하는 경향이 높고, 학습을 하나의 수단이자 도구로 간주한다. 따라서 이 학습 결과가 문제해결에 대한 성과로 나타나지 아니하면, 학습의 성과도 인정하지 않는 것이 보통이다. 이들은 학습을 통하여 즉시적 효과성과 응용 가능성을 중요시하기 때문에 학습을 통해 현실적인 문제를 해결하고자 한다. 이 유형은 직업상의 문제를 해결하기 위해 특정의 지식과 기술을 습득하지 않으며 안 되는 상황에 처한 학습자로 열심히 학습한다. 이들에게는 직무와 관련된 정보, 기술 제공 등을 통해 학습 방법을 습득할 수 있도록 배려하고, 이후의 후속 학습의 필요성을 제시함으로써 자율적으로 참가하도록 유도해 내야 한다.

(5) 생활-변혁 지향적인 학습자

이 유형의 학습자는 학습을 일종의 자기 수양 과정으로 파악하기 때문에 학습을 통해 자기 성장을 도모하고 생활의 변혁을 꾀하려 한다.

이들의 학습 영역은 학습자에 따라 다르기 때문에 유형화하기 어렵지만 대체로 교양, 사교, 생활상의 영역을 중시한다. 이 유형의 학습자들은 자기 성장과 향상이 학습 동기이기 때문에, 학습 목표를 원대한 것에 두고, 학습활동을 최종

목표를 달성하기 위한 하나의 과정이라고 간주한다. 자기주도적 학습자가 여기에 속한다.

(6) 학습에 대한 무관심-거부형 학습자

이 유형의 학습자들은 학습에 대해 거의 무관심하거나 학습이 왜 필요한지를 깨닫지 못한다. 또한 학습 그 자체에 적대감을 갖고 있는 경우도 있으며, 학습의 효과를 거의 믿지 않는 이들도 있다. 이 유형의 학습자들은 학습으로부터 혜택이라든가 이익을 받은 경험이 거의 없기 때문에 학습활동은 일상생활과 거리가 멀다고 여긴다. 이들은 학습으로부터 장기간 유리되어 있었기 때문에 학습활동이 몸에 익숙하지 못한 경우가 많음을 고려해야 한다. 학습상황으로 다시 돌아오도록 하는 것이 급선무이며 학습에 관한 거부감을 감소시키도록 놀이로서 학습을 시작하는 것이 좋다. 또한 교수자들은 학습자들이 자신감과 자존감을 가질 수 있도록 최대한 배려해야 한다.

제2절 성인기 발달이론

성인의 삶의 스케줄을 아는 것은 성인의 학습 스케줄을 아는 것과 같다(Aslanian & Brickell, 1980). 인공지능, 빅데이터, 사물인터넷 등으로 대표되는 첨단기술들은 전 세계를 4차 산업혁명의 한복판으로 초대했다. 아날로그에서 디지털로의 전환은 기술의 속도감만큼이나 신속하게 사회구조를 바꾸기 시작했고(과학기술정보통신부, 2020), 이 시대를 살고 있는 사회 구성원의 삶도 급격히 변화하고 있다. 성인의 삶의 스케줄은 시시각각 급변하는 사회에 따라 모습을 달리하고 있다. 성인들의 학습 스케줄도 리드미컬한 전환을 요구받는 시기가 도래했다.

성인 발달단계에서 중장년층은 일반적으로 40세부터 65세 이하로 규정한다(Levinson, 1978). 심리사회적 발달이론에서는 이 시기를 일컬어 생산성과 침체의 시기라고 표현하였다(Erickson, 1963). 성인 경력 개발에 대한 생애역할 단계론적 입장(Super, Savickas, & Super, 1996)에서는 중장년기를 경력 유지의 시기로 본다. 성공적인 경력 유지와 관련된 개인들의 편차가 향후 지속적인 성장을 이루는데, 또는 정체 및 쇠퇴를 불러오는 요인이 될 수 있는 것이다(Hall, 1976). 더구나 중장년기는 노화에 따른 신체적 변화와 미래에 대한 불안감이 증가하면서 스트레스가 고조되는 시점(Jaques, 1965)으로 다면적인 삶의 진통을 겪는 시기이다. 유럽연합(EU)에서는 중장년층의 발달과업이나 요구, 특성들과 관련하여 정책 방향을 제시하며, '활동적 노화 및 세대 간 연대를 위한 정책 가이드 라인'을 제시하기도 하였다(Council of the European Union, 2012).

변화의 위협 속에서 지속적으로 증가하는 중장년층을 보호할 정책적, 제도적 장치가 뒤따르고 있다. 2017년 정부는 50세부터 69세를 '신중년'이라 정의하며 관계부처 합동으로 '신중년 인생 3모작' 기반구축 계획을 수립하였다(고용노동부, 행정안전부, 농림축산식품부, 보건복지부, 해양수산부, 중소벤처기업부, 2017). 서울시는 50플러스 정책으로 삶의 전환기에 있는 중장년층을 다면적으로 지원하고 있으며 지방정부들도 관련 지원조례 제정 및 지원 사업을 운영하고 있다(송민혜, 경정아, 박선영, 2020). 심리 상담, 일자리 지원, 사회 활동 등 중장년층을 뒷받침할 많은 요소가 있지만 무엇보다 놓치지 말아야 할 요인은 성인 스스로 삶을 재설계할 수 있게 만드는 원동력, 학습일 것이다.

중장년층의 평생학습 참여율은 76% 정도로 전체 성인학습자의 평균치보다 높은 것으로 나타나지만(한국교육개발원, 2018), 높은 학습 참여율이 곧바로 높은 학습 효과를 담보하지 않는다. 그렇기 때문에 학습 동기, 학습자 특성, 학습 몰입 등 다양한 학습 성과 요인들을 분석해 교육기관에서 효과적인 학습이 이뤄지는 방안을 탐구해야 한다(신미정, 정칠화, 우희정, 2020). 문제는 학습 성과에 관한 연구에서 대상이 되는 계층이 주로 초중등 그리고 대학생 등의 학령기나 기업과 조직 내 직업 교육으로 이뤄지는 경우가 많다는 점이다. 중장년을 포함한 다양한 교육 대상의 요구에 걸맞은 평생학습 및 평생교육에 관한 연구는 상대적으로 부족한 실정이다(주용국, 신민주, 2020; 한정란, 2015; 김규영, 2021 재인용).

제3절 성인학습자의 심리·사회적 특성

배나래(2020)는 성인학습자의 특성을 다음과 같이 설명하였다.

성인학습자는 개인이 학습 시간과 양에 대한 조절이 가능하며 자기주도적인 학습이 가능하다는 특징이 있다. 또한 그들은 각자 개인의 현재 삶의 일상생활을 중요하게 생각하며, 더 나은 미래를 위하여 구체적인 계획을 세우고, 삶에 필요한 학습 목표들을 선택적으로 선별하여 학습에 참여한다. 또한 학습에 일반적인 기본 개념도 필요하지만 다양한 삶의 경험 속에서 풀어가야 할 문제 중심적인 학습, 미래 지향적 삶을 위한 전문적인 기술 습득, 직업 간 직무 향상을 위한 연계 교육에 기초한 학습에 참여하고자 하는 동기를 가지고 있다.

많은 성인학습자는 그들만의 확고한 정체성이나 가치관, 인지적 태도를 가지고, 삶을 주체적으로 이끌어가는 존재이다. 이러한 성인학습자는 스스로의 무한한 가능성과 잠재력 개발을 통한 자아실현을 위해서 꾸준히 노력을 하며 각자에게 요구되는 교육적 요구를 빨리 알아차리며 자신에게 맞는 학습형태를 찾아서 학습하는 자기주도적인 패턴을 보인다. 또한 그들은 재교육에 대한 필요성을 느끼는 경우에는 자기 스스로 시간을 투자하고 일정 비용을 지불해서라도 목적 달성을 위해 학습하지만 자신의 목적과 교육적 욕구에 부합되지 않을 경우는 비용이 들지 않는다 하더라도 교육에 흥미를 느끼지 못하여 교육에 참여하지 않는 특성을 가지고 있다.

여태철(1999)은 기존의 성인학습이론을 분석하여 성인학습자의 특성을 다음과 같이 6가지로 제시하였다(김혜경, 윤희정, 진성희, 2019). 첫째, 자신에 대해 긍정적 견해, 즉 자기확신을 가지고 있다. 둘째, 생활세계의 문제에 관심을 가지고 있다. 셋째, 스스로 목표를 수립하는 능동성을 가지고 있다. 넷째, 주위의 인적, 물적 자원 등의 환경과 능동적으로 활용할 수 있는 능력이 있다. 다섯째, 문제를 해결하는 과정에서 학습의 과정을 되새겨 보며 자기반성을 한다. 여섯째, 학습활동 자체에 만족하고 학습해 나가는 내재적 동기가 강하다.

'성인'이란 개념은 생활연령, 법적인 성인지위획득, 발달 정도, 사회적 역할수행능력, 도덕적 판단능력 등의 다양한 기준에 따라 달리 논의될 수 있으나(Knowles, 1980), 일반적으로 개인적 차원에서 보면 자신의 삶에 대해 기본적인 책임을 질 수 있는 만 18세 이상의 사람이다. 사회적인 차원에서 보면 사회적 역할수용과 책임수행능력을 갖춘 사람으로 조직적인 차원에서 가치를 창출하는 생산자 기능을 수행하는 사람(권두승, 조아미, 2001)이라고 규정할 수 있다(이영아, 2012).

성인학습자의 일반적 특성에 대해 여태철(1999)은 다음과 같이 제시하고 있다. 첫째, 성인들은 흔히 선택적으로 학습상황에 참여하게 되며, 자신의 욕구와 관련되는 수업상황을 기대한다. 둘째, 성인은 다양한 생활경험을 가지고 학습상황에 참여하며, 그 다양한 생활경험은 학습효율성에 커다란 영향을 미칠 수 있다. 셋째, 대부분의 성인들은 구체적이고 직접적인 목표를 가지고 있다. 넷째, 성인들은 자기주도적 학습자가 되기를 원한다. 다섯째, 나이든 학습자는 독특한 신체적 조건을 가지고 있어서, 그들은 밝은 조명, 안락한 의자, 큰 글자 및 음성을 요구한다. 여섯째, 성인은 확고한 가치 및 견해를 가지고 있고, 그것에 따라 행동한다. 일곱째, 개인이 자기 자신을 어떻게 지각하느냐에 따라 후속 학습에 영향을 미치게 되는데, 긍정적 자아개념을 가진 성인은 보다 훌륭한 학습자가 된다. 따라서 환경은 긍정적 자아개념을 촉진시킬 수 있도록 고안되어야 한다.

윤운성(2000)은 성인학습은 관찰 가능한 행동과 그러한 행동이 이루어지는 보이지 않는 인지적, 정서적인 과정을 포함하는 학습자 중심의 관점이라고 정의하였다. 또한 성인학습자는 자기주도성, 내재적 동기, 환경과의 능동적인 상호작용, 생활중심문제, 자기확신, 그리고 자기반성이라는 특징을 가지고 있다(윤운성, 2000).

권대봉(2002)은 성인학습자의 특성을 신체적, 심리적, 사회적 특성으로 나누고 있다. 신체적인 측면은 주로 노화에 초점을 맞추고 있으며, 시력의 감소, 청력의 감소, 신경계통의 노화, 신체적 질병에 대한 영향, 집중 및 기억력의 감퇴 등을 일컫는다. 심리적인 측면은 '중심성 경향 및 경직성'과 '내향성 및 조심성'의 증가를 일컫는다. 이러한 성인들의 심리적 특성은 학습에 직접적으로 영향을 미치는 요인이다. 사회적 특성은 인간의 일생 동안, 아동기, 성년초기, 중년기, 노년기에 따라 달라지는 발달과업에 영향을 받는 특성이다. 성인기에는 주로 사회

계층의 영향, 사회적 규범, 사회문화적 요소 생활사건 등의 요인에 영향을 받는다.

김애련(2004)은 성인학습자는 자발성을 가지고 학습상황을 선택하며, 자기주도적이고, 지금까지 누적된 경험을 가지고 학습에 임하는 특성을 가지고 있다. 또한 현실문제에 더 많은 관심을 갖기 때문에 내재적 동기를 가지고 학습에 임하는 경향이 강하고, 연령에 따른 신체적 변화로 인해 학습환경에 민감하게 반응하는 특성을 갖는다(이영아, 2012).

제4절 성인학습의 원리

성인학습에 대한 이해를 기반으로 성인학습을 효과적으로 전개할 수 있도록 도와주거나 지원할 수 있는 원리를 도출하는 것은 의미가 있는데, 다양한 성인학습에 대한 관점 속에서 공통적으로 발견되는 성인학습의 속성들은 다음과 같다(한준상, 2002; 조성연 외, 2011).

첫째, 성인학습은 형식적이든 혹은 비형식적이든 타인에 의해 강제된 것이 아닌 자발적인 학습으로 이루어진다.

둘째, 성인학습은 자기주도학습의 형태로 나타난다.

셋째, 성인학습은 '나 홀로 학습'뿐만 아니라 다른 학습자들과의 협력학습이나 참여학습을 더 중요시한다.

넷째, 성인학습은 다른 학습자들과의 경험 공유와 학습자원 공유를 강조한다는 점에서 삶 속에서의 역할을 강조한다.

성인학습자의 개념 및 유형, 성인기의 발달이론, 성인학습자의 심리·사회적 특성, 성인학습의 속성들로부터 성인학습이 지니고 있는 특성을 살펴보았다. 이에 따라 성인학습자들이 처해 있는 상황에 따라 성인학습을 효과적으로 전개할 수 있도록 도와주거나 지원할 수 있는 성인학습의 원리를 제시하면 다음과 같다(Knowles, 1989; 차갑부, 1993; 권두승, 조아미, 2013; 조성연 외, 2011; 박경실 외, 2014).

1. 자발적 학습의 원리

자발적 학습이란 학습자가 타인으로부터 강제된 것이 아닌 스스로의 의지에 기초하여 행하는 학습을 말하는 것으로, 성인의 자아개념 변화로부터 도출되는 것이기도 하다. 이 원리는 성인학습자들이 성인의 자립적인 자아개념에 입각한 학습의 장으로 스스로 찾아올 수 있도록 그들의 관심과 흥미를 유발시키고, 그러한 욕구를 유지하며 지속적으로 학습활동에 참여할 수 있도록 계속 동기를 유발시키는 일과 관련된다.

놀스(1989)는 '학습자는 학습하고자 하는 욕구가 있어야 한다'라고 주장함으로써 성인학습의 자발성에 대해 강조하였으며, 보일(Boyle, 1981), 월드론과 무어(Waldron & Moore, 1991), 차갑부(1993)도 그 중요성을 인식하면서 이러한 동기를 향상시키는 방법으로 다음과 같이 세 가지로 제시하였다.

첫째, 학습자들이 학습경험을 가치 있고 자신의 개인적 욕구와 관련된다고 간주해야 한다. 둘째, 학습자들은 현재 자신의 능력 수준에서 볼 때 목표가 성취 가능하다고 생각해야 한다. 셋째, 학습자가 학습 과업에 내포된 윤리적 의미에 민감해야 한다.

2. 자기주도적 학습의 원리

자기주도적 학습이란 학습자가 주체적으로 학습의 목적 및 방법을 결정하고, 자신의 향상을 도모하기 위하여 학습하는 것을 말하는 것으로, 성인학습의 가장 큰 특성으로 자기주도성을 들 수 있다. 이것은 성인학습에 있어 경험의 역할이 강조되는 것으로부터 도출되는 원리이기도 하다.

성인학습자의 자기주도적 학습의 필요성은 다음과 같이 설명할 수 있다(박경실 외, 2014). 첫째, 학습에서 자기주도권을 가진 사람들은 수동적 학습자보다 학습한 내용을 오래 파지하고 그것을 더 잘 활용하는 경향이 있다. 둘째, 자기주도학습은 21세기 정보화 시대에 꼭 필요한 능력이며, 모든 성인학습자가 보유하고 있는 능력이다. 셋째, 자기주도학습은 자연적·심리적 발달과정이라는 것이다. 넷째, 교육에서 새로운 발전(교육과정, 독학, 비전통적 학습 프로그램 등)은 학습자가 자기주도적 탐구기술을 익히지 않고서 학습자들은 불안, 혼란, 실패를 경험할 수밖에 없다.

성인학습자의 자기주도적인 학습활동을 촉진시키는 방법으로는 각종 교육시설 및 교육환경의 조성을 통해 성인학습자들이 스스로 학습할 수 있도록 학습환경을 조성하여 주는 방안이 있다.

3. 상호학습의 원리

상호학습이란 교수자와 학습자 사이에 서로 배우고 가르치는 활동이 일어난다는 것을 의미할 뿐만 아니라 동일한 목적을 지닌 학습자 상호 간에도 가르치고 배우는 활동이 전개된다는 것을 의미한다. 성인학습에 있어서는 학습자가 지닌 풍부한 경험을 학습자원으로 공유함으로써 상호학습이 가능하게 된다는 것을 말한다.

4. 다양성의 원리

성인교육의 대상들은 직업, 연령, 학력, 사회경제적 배경, 사회적 경험 등에서 매우 이질적인 특징을 갖고 있어, 학습동기, 능력, 인지방식, 학습결과의 활용에 대한 기대 등에서 개인차가 심하게 발생함으로써 수업내용 선정, 수업방법 및 평가 등에서 어려움을 겪을 수 있다. 따라서 성인학습에 있어서는 다양성과 융통성이 보장되어야 효과적이라고 볼 수 있다.

5. 생활적응의 원리

생활적응은 성인이 생활 가운데 당면하게 되는 과제 및 요구에 기초하여 학습을 전개하고, 그 과제 혹은 요구가 충족된 후 생활에 직접 활용하기도 하고 적용하는 것을 말한다. 이 원리는 성인의 발달 특성에 있어서 학습의 준비도와 관련하여 나타나는 것으로서 성인의 학습활동이 아동교육과는 달리 실제 생활상에 당면하는 문제를 중심으로 전개된다는 것으로부터 도출된다. 따라서 성인학습의 성과는 투입된 비용이나 노력과 비교하여 학습의 결과가 실생활에 얼마나 적용되는지에 의해 결정된다.

6. 계속성의 원리

성인학습에서는 지속적인 학습이 가능하도록 지식 자체를 학습시키기보다는 학습하는 방법을 습득시키고 자기개발의 중요성을 각인시켜 학습의 기본을 심어 주는 것이 중요하다(이현림, 김지혜, 2014).

참고문헌

권두승, 조아미(2001). **성인학습 및 상담**. 교육과학사.

권두승, 조아미(2013). **성인학습 및 상담**. 경기: 교육과학사.

권정은(2012). 원격대학 성인학습자의 학습참여동기 유형이 자기효능감에 미치는 영향과 자기주도학습의 매개효과. 중앙대학교 교육대학원 석사학위논문.

김규영(2021). 평생학습관 중장년 성인학습자 특성이 학습몰입에 미치는 영향: 사회적 지지의 조절효과를 중심으로. 중앙대학교 대학원 석사학위논문.

김혜경, 윤희정, 진성희(2019). 성인학습자 친화형 교양교육과정 개발 및 운영방안 연구. **교양 교육 연구**, 13(3), 147-177.

박성희, 송영선, 나항진, 황치석, 문정수, 박미숙(2013). **평생교육방법론**. 서울: 학지사.

박선향(2011). 고등교육 소외계층의 평생학습참여 영향요인에 관한 구조모형. 동아대학교 대학원 박사학위논문.

박창동, 이희수(2011). 성인학습자의 공식적 CoP 참여동기가 학습성과에 미치는 영향 분석. **평생교육학연구**, 17(3), 83-107.

배나래(2020). 고학력 성인학습자 교육동기의 현상학적 이해. **한국산학기술학회** 21(12)(2020년 12. 31), p. 182-191.

이영아(2012). 성인학습자의 학습참여 동기유형이 경험 학습양식에 미치는 영향. 고려대학교 교육대학원 석사학위논문.

이아림(2010). 성인학습자의 학교 평생교육프로그램 참여지속성에 영향을 미치는 요인에 관한 연구. 숙명여자대학교 대학원 석사학위논문.

이영(2010). 다중지능과 학업성취의 관계에서 학습동기의 매개에 대한 탐색. 숙명여자대학교 대학원 박사학위논문.

임현민(2002). 중년기 성인학습자의 교육참여 동기에 관한 연구. 연세대학교 대학원 석사학위논문.

정상택(2005). 최고농업경영자과정 학습자의 교육참여 동기와 저해요인. 서울대학교 대학원 석사학위논문.

정종진(1996). **학교학습과 동기**. 교육과학사.

차갑부(1993). **성인교육론**. 경기: 양서원.

차윤지(2011). 여성의 평생교육 참여동기유형에 따른 자기효능감과 자기주도학습 준비도 차이. 중앙대학교 대학원 석사학위논문.

최운실(1986). 성인교육유형에 따른 교육참여 특성분석. 이화여자대학교 대학원 박사학위논문.

한국교육개발원(2001). 지역별 평생교육 관계자 연수 자료집.

한상훈(2003). 성인학습자의 교육참여동기와 자기주도학습의 관계. **평생교육학연구**, 9(3), 225-245.

조성연, 박미진, 문미란(2011). **성인학습 및 상담**. 서울: 학지사.

Boyle, P. G. (1981). *Planning better programs*. N. Y. : McGraw-Hill Book Company.

Houle, C. O.(1961). *The inquiring mind*. Madison: University of Wisconsin Press.

Malcolm S. Knowles · Elwood F. Holton Ⅲ · Richard A. Swanson(2005). *The Adult Learner*. 최은수 역(2010). **성인학습자**. 아카데미프레스.

Knowles, M. S. (1980). *The modern practice of adult education: From pedagogy to andragogy*. New York: Cambridge Book Company.

Knowles, M. S.(1984). *Andragogy in action*. San Francisco: Jossey Bass.

Knowles, M. S.(1989). *The making of an adult educator: An autobiographical journey*. San Francisco: Jossey-Bass.

Sagant, N.(2001). *A north south divide among adult learners in Europe*. Adults Learning, (pp. 7-10).

Tough, A.(1979). *The adult's learning projects : A fresh approach to theory and practice in adult learning*(2nd ed.), Toronto: Ontario Institute for Studies in Education.

Waldron, M. W., & Moore, G.(1991). *Helping adult learn: Course planning for adults*. Toronto: Thompson Educational Publishing. Inc.

PART Ⅱ

성인학습 상담의 이해

Chapter 05

성인학습 상담의 기초

김미자 박사

개요

현대 사회에서 상담은 어려움을 겪는 사람의 문제를 전문적 조력을 통해 해결해 주는 절차로 이해할 수 있다. 이러한 의미에서 상담은 단순히 내담자의 문제를 상담자가 해결해 주기보다는 내담자가 자신의 문제에 대해 해결책을 스스로 찾고 행동으로 옮길 수 있도록 돕는 작업이다. 성인학습 상담의 내용은 아동기나 청소년기의 학습 상담과는 차이가 있다. 본 장에서는 성인학습 상담의 개념 및 특성, 성인학습 상담의 기본원리, 성인학습 상담의 유형, 상담자의 상담기법에 대해 알아본다.

학습목표

1. 성인학습 상담의 개념 및 특성을 이해하고 설명할 수 있다.
2. 성인학습 상담의 기본 원리를 이해하고 설명할 수 있다.
3. 성인학습 상담의 유형을 이해한다.
4. 상담자의 상담기법에 대해 이해한다.

주요단어

성인학습, 상담, 내담자, 상담자

제1절 성인학습 상담의 개념 및 특성

1. 상담의 개념

상담(相談)은 counseling 번역어로서 counsel이란 조언하다 혹은 가르쳐 주다라는 의미가 있으며(조성연 외, 2011), '상담'이라는 용어는 근래에 매우 다양한 영역에서 폭넓게 활용되고 있다(이현림, 김지혜, 2014). 카운슬러가 도움을 필요로 하는 사람에게 전문적 지식과 기능을 가지고 내담자(來談者) 자신과 환경에 대한 이해를 증진시키며, 합리적이고 현실적이며 효율적인 행동양식을 증진시키거나 의사결정을 내릴 수 있도록 원조하는 활동이다(교육학용어사전, 1995.6.29., 서울대학교 교육연구소; 네이버 지식백과, 2023.10.02. 검색).

상담을 이장호(2005)는 도움을 필요로 하는 사람(내담자)이, 전문적 훈련을 받은 사람(상담자)과의 대면 관계에서, 생활과제의 해결과 사고·행동 및 감정 측면의 인간적 성장을 위해 노력하는 과정이라고 정의하였다.

박경애(2014)는 상담을 전문적인 훈련을 받고 전문적 지식이 있는 상담자와 해결해야 할 문제나 어려움을 지니고 있는 내담자와의 인간적 만남을 기초로 한 관계 속에서 자신의 문제를 바로 보고, 복합적인 원인을 이해하고, 해결할 수 있는 방법을 모색하며 거듭되는 시행착오 속에서 희망을 잃지 않고 자신의 성장과 성숙을 도모해가는 과정이라고 할 수 있다고 정의하였다.

홍경자(2001)는 내담자가 상담자와의 관계에서 의사소통을 통하여 내담자가 개인적인 문제에 대한 자기 이해와 자기 지도력을 터득하도록 도와주는 과정으로, 내담자가 현재의 문제를 효과적으로 해결하고 장차에도 일어날 수 있는 삶의 문제에 대한 조망과 해결 능력을 갖게 되어 자기효능감과 자족감을 느끼도록 인도하는 일련의 학습과정이라고 정의하였다.

상담은 상담자와 내담자가 관계를 맺음으로써 성립되는데 이를 상담관계라 한다. 형식에는 크게 두 가지가 있다. 하나는 직접적으로 얼굴을 맞대어 관계를 맺어나가는 것이고, 다른 하나는 전화나 컴퓨터 통신망, 방송 같은 언론 매체 등의 수단을 통해 간접적으로 관계를 맺어가는 두 가지가 있다(이장호 외, 2000).

상담은 심리치료와 어떤 차이가 있고, 생활지도와는 어떤 관계가 있는가? 일선에 있는 상담 실천가들에게 생활지도, 상담, 심리치료는 그 특성상 영역이 명확하게 구분이 되는 것이 아니기 때문에 그 의미와 기능을 혼동하는 경우도 있고 상호 호환적으로 사용하는 경우도 있다(박미경, 2014).

생활지도는 주로 교육 장면의 학생 전체를 대상으로 한 교도활동이고, 상담은 학생을 포함한 모든 사람이 구체적인 생활과제와 적응문제에 대처하도록 돕는 활동이며, 심리치료는 주로 병원 장면에서 신경증과 같은 장애를 다루는 활동이라 할 수 있다(이현림, 김지혜, 2014).

이를 비교하여 살펴보면 다음의 〈표 5-1〉과 같다.

〈표 5-1〉 생활지도, 상담, 심리치료, 정신치료의 비교표

구분	생활지도	상담	심리치료	정신치료
대상	소속 인원 전부	개인 내담자, 소집단	개인 내담자, 소집단	개인치료, 소집단
목표	바람직한 생활과정과 성장·발달의 지도	구체적 생활과제의 해결: 감정, 사고, 행동, 양식의 변화	정서적 문제의 해소: 성격구조의 '심층적 변화'	정신건강의 회복
다루는 문제	현실적 능력의 평가 및 장래계획 등	장애적 긴장, 불안, 비능률적 행동습관, 비성취적 관점	신경증, 성격장애, 우울증	DSM-IV에 근거한 정신적 질환
전문가	일반교사, 교도교사, 연수담당자	상담교사, 상담심리전문가	임상심리전문가, 상담심리전문가	정신과 의사
장소	교육장면 전체	상담실, 출장 장소	상담실, 출장 장소	진료실, 환자 가정, 병동
지속 횟수	1~6회 정도	1~20회 정도	10~100회 정도	10회 정도

구분	생활지도	상담	심리치료	정신치료
접근 방법	정보, 자료 제공: 교양강좌, 토의 집단	면접 중의 조언, 교육, 훈련, 분석	분석적 면접	약물요법 문제환경으로부터 격리수용
기타	무료	유료(학교 및 봉사 기관 제외)	유료	유료

출처: 박경애(2014). p. 18.

2. 상담의 특성

미국심리학회(APA)는 상담의 특성을 다음과 같이 제시한다(정성화 외, 2015).

첫째, 상담은 전문적인 활동이다.

둘째, 상담은 개인적이고 사회적이며 직업적인 능력 강화와 교육적인 관심사 등을 다룬다.

셋째, 상담은 '정상적인 범주' 생활하는 사람을 대상으로 이루어진다.

넷째, 상담은 이론 중심적이고 구조화된 환경 속에서 이루어진다.

다섯째, 상담은 내담자가 의사결정 하는 것과 새로운 방식으로 행동하고 느끼고 생각하는 방식을 고려해 보는 과정이다.

여섯째, 상담은 다양한 하위 전문영역을 포함한다.

일상적인 인간관계와 구별되는 특성을 통해 상담의 의미를 정리하면 다음과 같다.

〈표 5-2〉 상담의 특성

구분	내용
• 상담은 내담자를 위하여 설정된 특수한 조력 관계다.	상담관계에서 상담자는 가능한 자기중심적 입장에서 벗어나 내담자 중심적 입장에서 상담관계를 맺어야 한다.

구분	내용
• 상담 관계는 역동적인 상호작용 관계다.	상담관계는 상담자가 일방적으로 내담자에게 지시하거나 충고하는 관계가 아니라, 서로 협조하여 세운 상담목표를 향하여 동등하게 책임을 지고 노력하는 협력적인 관계다.
• 도움을 필요로 하는 내담자와 전문성을 갖춘 전문가의 상호작용에 의한 조력 관계다.	상담자는 전문가로서 갖추어야 할 지식과 태도, 기술 등을 터득하여 이를 상담에 효율적으로 적용해야 한다.
• 상담 관계는 사적이고 비밀이 철저히 보장되는 관계다.	상담 관계에서 상담자는 내담자의 허락 없이는 상담내용을 철저히 보장하는 전문적인 직업윤리를 가져야 한다.
• 상담 관계는 참만남의 관계다.	내담자의 심층 고뇌는 상식의 한계를 넘어선 한 인간실존과 다른 인간실존 간의 직면을 통해서만이 취급할 수 있다.

출처: 이현림, 김지혜(2014). p. 177 재구성.

근래에 들어 정신건강 운동이 활성화되면서 상담 활동의 기능이 확장되고 다양화되어 상담의 의미가 문제해결과 치료에서 예방적 차원의 상담으로 선회하고 있다(이현림, 김지혜, 2014).

제2절 성인학습 상담의 기본원리

성인학습 상담을 효과적으로 진행하기 위해서 상담자는 상담을 전개할 때 일정한 기본원리에 바탕을 두고 실시하는 것이 좋다. 상담의 기본원리는 전문가에 따라 조금씩 다르나 상담에서 일반적으로 사용되는 비에스텍(Biestek)이 제시한 상담의 기본원리인 개별화, 의도적인 감정표현, 통제된 정서적 관여, 수용, 비심판적 태도, 내담자의 자기결정, 비밀보장 등을 중심으로 살펴보면 다음과 같다

(전남련 외, 2008; 조성연 외, 2011).

1. 개별화의 원리

상담자는 내담자의 특성과 개인차를 인정하는 범위에서 상담을 전개해야 한다. 내담자의 감정, 사고, 행동, 독특한 생활 양식, 경험 등은 각각 존중되어야 하기 때문에 인간은 개별적이고 개인차를 가진 인간으로 취급되어야 한다는 인간의 권리에 기초를 두고 있다.

내담자를 개별화하기 위해 상담자는 다음과 같은 역할을 해야 한다.

- 상담자는 인간에 대한 편견이나 선입관으로부터 벗어나야 한다.
- 인간행동과 발달에 관한 전문지식을 갖고 활용할 수 있어야 한다.
- 상담자를 개별화하기 위하여 그들의 언어적, 비언어적 표현을 잘 경청하고 관찰해야 한다.
- 상담자는 상담 개입에서 내담자가 현재 처해 있는 곳에서부터 출발하여 내담자와 보조를 맞춘다.
- 상담자는 내담자의 감정에 대해 민감하게 반응한다.
- 상담자는 내담자가 속한 환경을 포함한 내담자의 전체상황을 이해하고 관여할 수 있어야 한다.

2. 의도적인 감정표현의 원리

의도적인 감정표현은 내담자가 자신의 감정을 자유롭게 표현하도록 하는 것으로 특히 자신이 비판을 받게 될지도 모르는 감정을 자유롭게 표현하도록 하는 것이다. 내담자의 감정표현을 비난하거나 좌절시켜서는 안 되며, 인내심을 가지고 경청함으로써 내담자의 긴장을 완화하여 자신의 문제를 자유롭게 표현하게 한다(이현림, 김지혜, 2014).

내담자가 자신의 감정을 자유롭게 표현할 수 있도록 상담자는 다음과 같은 역할을 해야 한다(엄명용 외, 2006; 전남련 외, 2008 재인용).

- 내담자가 자신의 감정을 자유롭게 표현할 수 있도록 안정된 환경을 조성한다.
- 자유로운 감정표현을 하기 위해서 내담자의 감정과 행동의 차이점을 인식할 수 있어야 한다.
- 자유로운 감정표현을 위하여 내담자에게 정서적 지지를 제공하여야 한다.
- 내담자의 감정의 환기를 위한 노력이 필요하다. 상담자는 내담자가 감정을 환기시킬 수 있도록 도움을 주는 사람으로서 내담자의 감정 상태를 파악해야 한다.

3. 통제된 정서적 관여의 원리

통제된 정서적 관여란 내담자의 감정에 대한 상담자의 민감성과 그 감정들이 의미하는 것에 대한 이해, 내담자의 감정에 대한 의도적이고 적절한 반응을 말한다. 상담은 주로 정서에 큰 비중을 두는 작업이므로 상담자는 내담자의 정서 변화에 민감하게 반응하여 이해하고 적절한 대응책을 마련할 태세를 갖추어 적극적으로 관여해야 한다(이현림, 김지혜, 2014).

4. 수용의 원리

수용이란 상담자가 내담자의 감정과 약점, 바람직한 성격과 바람직하지 못한 성격, 긍정적인 감정과 부정적인 감정, 건설적이거나 파괴적인 태도 및 행동 등을 있는 그대로 인정하고 존중해 주는 것을 말한다. 상담에서 상담자가 권위적이거나 강압적인 자세로 임하게 되면 상담 관계는 깨어지고 만다. 그러므로 내담자 중심으로 그의 욕구를 존중하며 감정이나 태도를 이해할 수 있어야 한다. 상담자의 수용은 내담자로 하여금 현재 존재하는 그대로의 자신을 표현하고 안정감을 느끼게 해주며 자신의 문제 등을 더욱 현실적인 방법으로 대처해 나갈 수 있도록 도와준다.

5. 비심판적인 태도의 원리

비심판적인 태도의 원리는 내담자와 상담자와의 관계에서 지켜야 할 중요한 행동 원칙의 하나로, 상담자는 내담자의 잘못이나 문제에 대해 결과를 나무라거나 책임을 추궁하거나 잘못을 질책해서는 안 된다. 내담자들은 죄책감, 열등감, 불안 등을 갖고 있어 타인의 비판에 민감하며 그에 대해 자신을 방어하여 안전만을 구축하려 한다. 따라서 내담자의 행동이나 태도, 가치관 등을 객관적으로 평가하되, '나쁘다', '잘못이다', '책임져야 한다' 등의 판단적인 언어로 내담자의 문제를 다루어서는 안 된다.

비심판적인 태도의 원리가 지켜지려면 상담자는 내담자에 대한 선입관의 지배를 받아서는 안 되며, 내담자의 보조에 맞추어 상담을 진행해야 하고, 내담자를 분류화하려는 자세를 취해서는 안 된다. 또한 내담자는 상담자에 대해 적의와 같은 부정적인 감정표현을 할 수 있다는 것을 알고 있어야 한다.

6. 자기결정의 원리

이 원칙은 상담 관계에서 내담자가 자신의 삶에 대해 스스로 결정할 수 있는 권리와 욕구가 있다는 원리에 바탕을 둔 것이다. 상담자와 내담자가 공동의 목표를 설정하여 함께 내담자의 문제해결 방안을 도출해 내지만 결정은 내담자의 몫으로 남게 된다. 상담자는 내담자가 책임 있는 자기결정을 할 수 있다는 것을 믿어 주어야 하며, 적극적인 지지를 해주는 자세가 필요하다(장성화 외, 2015). 왜냐하면 내담자는 자신의 판단을 토대로 변화의 방향과 태도를 결정하는 독립된 인격체이기 때문이다.

7. 비밀보장의 원리

비밀보장의 원리는 상담의 가장 기본적인 원리로, 내담자가 전문적 상담 관계에서 노출한 비밀스런 정보를 상담자가 전문적 목적 외에 타인에게 알려서는 안 된다는 원리에 바탕을 두고 있다. 상담자는 내담자의 비밀보장에 철저한 자세를 갖추어야 하고, 연구 활동 등에 사례를 공개할 때에는 반드시 내담자의 동의를 구해야 한다. 상담자는 내담자의 비밀을 지켜줄 전문인으로서의 윤리적 의무를 지녔기 때문이다.

제3절 성인학습 상담의 유형

1. 성인학습 상담의 유형

상담이란 도움을 필요로 하는 내담자와 전문적으로 훈련을 받은 상담자와의 대면 관계에서 당면 문제의 해결과 사고·행동 및 감정의 통합적 성장을 위해 노력하는 일련의 학습 작업이다(이원재, 2016). 상담은 내담자의 문제 심리 방식, 특성이나 성격, 상담자의 상담 방법을 어떻게 선택하느냐에 따라 위기 상담, 촉진 상담, 예방 상담, 발달 상담의 네 가지 유형으로 구분할 수 있다(김영봉, 권순희, 외, 2011; 정성화 외, 2015 재인용).

(1) 위기 상담

우리의 삶에서 위기는 언제 어떻게 맞닥뜨리게 될지 아무도 예측할 수 없다. 위기 사건들이 전 인생 주기 동안 개인이나 가족의 삶 속에서 주기적으로 일어나기 때문에 인생은 마치 위기의 연속처럼 보이기도 한다(Caplan, 1964; Parad, 1965; 함정심, 2020 재인용).

위기상담은 촉발 요인에 의해 생긴 정서적 혼란과 심리적 불균형 상태, 동시에 기존의 상황대처 전략이 효과적으로 작동하지 않은 상태를 다루는 것을 말한다(Caplan, 1964; 장성화 외, 2015 재인용).

위기 상담의 목적은 위기를 만난 내담자가 위기 상황을 잘 대처하도록 돕는 것으로 위기 사건의 충격을 가능한 한 감소시키는 것에 있다. 또한 현재의 위기에 뒤이어 나타날 미래의 위기를 더 잘 대처할 수 있는 능력을 길러주고 새로운 도전으로 대처방안을 향상하는 데 있다(Lieberrman, 1973; 함정심, 2020 재인용).

(2) 촉진 상담

촉진 상담은 어떠한 위험성이 다가올 경우에 문제해결에 잘 대처할 수 있도록 내담자를 도와주는 상담이다. 이러한 상담은 위기 개입적인 상담은 아니지만 개인들에게는 문제가 될 수 있는 경우를 의미하는 것으로, 예를 들어, 진로나 학업 문제, 이성 문제 등 여러 가지 문제들에 대해 내담자 스스로 선택하고 문제를 해결해 나갈 수 있는 능력을 촉진해 주는 것이다.

(3) 예방 상담

예방 상담은 미래에 일어날 수 있는 문제들을 사전에 필요한 조치를 취함으로써 내담자가 어려움을 겪지 않도록 하는 상담이다. 이러한 상담은 내담자의 가능성, 정체감, 대인관계능력, 가치관, 의사결정 능력 등 여러 가지 측면의 원활한 발달을 돕기 위하여 다양한 상담활동을 실천함으로써 문제를 지닌 내담자뿐만 아니라 정상적 내담자들에게도 도움을 주려고 하는 것이다.

(4) 발달 상담

발달 상담은 모든 연령층의 개인과 발달단계상의 문제를 다루고 성장을 추구하는 것이기 때문에 예방 상담과 아울러 학생 지도에 핵심이 되는 상담기법이다. 발달 상담은 개인의 전 생애를 바탕으로 이루어지는 상담으로, 상담은 내담자로 하여금 압력이나 위기를 느끼지 않은 상황에서 내담자의 개인적 성장이 일어나도록 돕는다.

권두승, 조아미(2013)는 전통적인 성인학습 상담의 유형을 일대일 상담, 또래 상담, 소집단 상담, 사이버 상담으로 구분하였다.

〈표 5-3〉 성인학습 상담의 유형

구분	내용
일대일 상담	• 일대일 상담은 주로 상담자가 상담이나 문제해결기술을 훈련받은 것을 전제로 하는 전형적인 상담방법이다. • 성인들의 학습을 효과적으로 상담하기 위해서는 성인의 학습 및 인지 발달에 관한 전문적인 지식뿐만 아니라 모든 성인에게 전형적으로 나타나는 정서적, 신체적 사회적 문제들을 인식할 수 있어야 한다.
또래 집단	• 또래 상담은 문제를 가진 개인이 같은 지역사회에 사는 평범한 사람이나 감정이입적인 태도를 가졌다고 알려진 또래로부터 도움을 받는 매우 효과적인 접근법이다.
소집단 상담	• 집단 상담은 서로 비슷한 문제를 가진 소집단의 사람들을 대상으로 서로의 상호작용을 이끌어내는 것이다. • 소집단 과정은 개인의 관심사가 다르더라도 동시에 여러 명의 개인을 도울 수 있는 것으로 알려져 있다. • 소집단 상담의 기본적인 목표는 참가자들이 자신을 발견하고, 자신의 문제를 발견하는 것을 돕고, 스스로 새로운 목적을 정하고, 이러한 목적이 도달 가능하도록 계획을 하는 것이다.
사이버 상담	• 사이버 상담은 사이버와 상담의 합성어로 사이버 공간에서 이루어지는 상담을 의미한다. • 전통적인 상담 방법과의 차이점은 상담자와 내담자가 관계를 맺는 방식이 물리적인 현실 공간이 아닌 인간이 가상으로 만들어낸 상상의 공간에서 이루어지느냐 하는 것이다.

출처: 권두승, 조아미(2013). p. 327 재구성.

제4절 상담자의 상담기법

상담이란 기본적으로 상담자와 내담자의 상호 협력적인 관계에서 이루어지는데, 이 관계의 질은 상담의 효과를 결정하는 아주 중요한 용인이 된다(나항진, 2017). 상담자가 효율적으로 상담 활동을 하기 위해서는 무엇보다도 상담자 자질, 인성과 전문적 지식과 기술, 태도 등을 갖추어야 한다. 본 장에서는 상담자에게 요구되는 상담의 일반적 기법에 대해 살펴보고자 한다(이장호 외, 2000; 나항진 외, 2017; 장성화 외, 2015).

1. 상담의 일반적 기법

상담의 기법은 상담이론마다 다양하나 일반적으로 상담자가 사용하는 상담기법은 관심 집중, 경청, 공감적 이해, 무조건적 존중, 일치성, 구조화, 반영, 명료화, 요약, 직면, 해석, 질문으로 이를 구체적으로 살펴보면 다음과 같다(이장호 외, 2000; 전남련 외, 2008; 나항진 외, 2017; 장성화 외, 2015).

(1) 관심 집중

모든 인간관계는 그 관계가 잘 이루어지기 위해서 상대방에게 관심을 기울이는 것부터 시작해야 한다. 내담자가 말하고 행동하는 것에 주의를 기울여 그를 이해하는 것이다(전남련 외, 2008). 관심을 기울일 때 상담자는 내담자의 의도를 정확히 이해할 수 있으며, 관심을 기울이고 있다는 사실을 내담자에게 전달함으로써 상호작용을 촉진하고 강화할 수 있다.

(2) 경청

경청은 상담에서 가장 중요한 기법이다. 내담자가 무엇을 말하는지, 상담자의 질문에 어떻게 반응하는지를 듣는 것으로, 경청은 내담자의 어려움에 공감하고 그에게 필요한 반응을 해가면서 적극적으로 듣는 것이다. 경청은 그냥 내담자의 말을 듣는 것이 아니라 그가 지금 무엇을 표현하고 있는지, 그의 감정과 사고는 어떤 것인지 이해하고 파악해가면서 듣는 것이다(전남련 외, 2008). 특히 감정이 격해 있거나 부정적인 감정을 표현하여 해소하고자 하는 내담자에게 경청은 그 자체가 변화를 위한 적극적 개입일 수 있다(양옥경 외, 2005).

(3) 공감

공감적 이해는 여기와 지금에서 나타나는 내담자의 감정과 경험을 상담자가 민감하고 정확하게 이해하는 것을 뜻한다. 공감(empathy)은 상담자가 내담자 입장에서 세상을 바라보고 이를 언어적으로 공유하는 것을 의미한다. 공감은 동정(sympathy)과 다른 개념으로 동정은 상대방에 대해 슬픔이나 유감을 느끼는 것이나, 공감은 동정과 같이 상대방에 대해 슬픔을 느끼거나 불쌍히 여기는 마음이 포함될 필요는 없다.

로저스(Rogers, 1957)는 공감을 다른 사람의 경험을 이해할 수 있는 능력과 다른 사람의 경험을 자신의 경험인 것처럼 느끼며, 이에 대해 정서적으로 반응할 수 있는 능력으로 정의하였다(나항진 외, 2017).

공감적 이해를 잘 하기 위해서는 상담자가 내담자의 입장에 서보는 것이 중요하다(이장호 외, 2000).

(4) 무조건적 존중

사람들은 누구나 다 자신을 긍정적인 존재로 여기고 싶어 한다. 무조건적 존중은 개인을 연령, 성, 인종, 경력 등과 관계없이 인간이라는 이유만으로 상대방을 존귀하고 가치 있는 존재로 수용하는 것을 말한다.

내담자를 무조건적으로 존중한다고 해서 내담자가 하는 일거수일투족 모두에 대해 상담자가 동의를 하거나 승인을 해야 하는 것은 아니다. 중요한 것은 행동이나 감정, 생각, 그 자체가 아니라, 그런 행동을 하고 그런 감정을 느끼고 그런 생각을 하는 내담자의 인간으로서의 가치이다(이장호 외, 2000). 무조건적 존중은 내담자 스스로에 대한 가치감을 확신시켜 주기 위해 존경과 긍정적 태도를 내담자에게 전해주는 것을 의미한다(나항진 외, 2017).

(5) 일치성

상담 과정에서 내담자가 상담자를 진실하다고 여기지 않는다면 상담이 효과적으로 진행될 수 없는데, 로저스는 상담자가 내담자에게 전하는 진실성을 일치성이라고 하였다(나항진 외, 2017). 진실성은 상담자가 내담자를 대함에 있어서 가식이나 왜곡, 겉치레가 없는 것을 말한다. 상담자가 내담자를 진실하고 솔직하게 대하는 태도를 일관되게 유지하게 되면 내담자 또한 그것을 거울삼아 자신의 경험에 대해서도 진솔한 접촉을 기해나갈 수 있게 된다(이장호 외, 2000). 상담자가 내담자에게 상담자의 일치성을 전하기 위해서는 상담자가 먼저 자신의 진실에 다가가는 방법을 배워야 한다. 이를 위해 상담자는 다양한 감정들을 구분할 수 있어야 하며 그 감정들을 왜곡 없이 인식할 수 있어야 한다(나항진 외, 2017).

(6) 구조화

구조화는 상담 과정의 진행 방식, 목표, 책임과 한계 등에 대해 상담자와 내담자와 함께 정의하고 협의하는 과정이다. 이러한 점에서 구조화는 상담의 방향을 알리는 노선 표시라고 비유할 수 있다(이장호 외, 2005; 나항진 외, 2017). 구조화할 내용에는 시간 제한, 내담자 행동의 제한, 상담자와 내담자의 역할, 상담 과정 및 목표의 설정 등이 포함된다.

(7) 반영

반영은 내담자가 편안한 마음으로 여과 없이 이야기를 계속하면 상담자가 핵심을 파악하여 그에 적절하게 반응해 주는 것이다. 즉, 반영은 상담 과정에서 내담자의 말과 행동에서 표현된 기본적인 감정, 생각 및 태도를 상담자가 새로운 방식으로 부연해 주는 것이다(이현림, 김지혜, 2014). 이는 내담자의 자기이해를 도와줄 뿐만 아니라 내담자가 이해받고 있음을 인식하게 해 준다. 상담자는 내담자의 감정에 초점을 두고 반영하거나 내용에 초점을 두고 반영할 수 있다.

(8) 명료화

명료화는 내담자가 표현을 분명하게 할 수 있도록 격려함과 동시에 내담자가 말한 내용을 상담자가 잘 이해하고 있는가를 확인하기 위한 질문을 말한다. 또한 상담자가 내담자의 반응을 잘 이해하지 못할 때 내담자에게 분명하게 다시 말해 줄 것을 요청하기도 한다. 이 기법은 주로 모호하거나 혼돈스러운 내용을 정리하면서 상담자가 들은 바를 정확하게 이해했는지 확인하기 위해 사용한다.

명료화는 내담자에게 이해를 받고 있다는 느낌을 갖게 해준다.

(9) 요약

요약은 지금까지 내담자가 한 말의 내용과 그 속에 담겨 전해진 감정들을 전체적으로 묶어 정리하는 것을 의미한다. 요약하기는 상담자가 새로운 세션을 시작할 때 이전의 세션에서 다룬 요점을 끌어내거나 요약할 때, 지금까지 다루어 온 것에 관해 정확하고, 간결한 부분이나 자세한 내용을 제공하고자 할 때, 특히 세션이 방향을 잃게 되거나 방향 없이 시작할 때 사용될 수 있다(전재일, 이성희, 2004; 전남련 외, 2008 재인용).

(10) 직면

직면은 문제를 지속시키는 내담자의 감정, 행동, 사고를 직접 지적하여 주는 것으로 해석과 마찬가지로 조심스럽게 사용되어야 한다(양옥경 외, 2005). 직면도 해석과 마찬가지로 어느 정도의 신뢰관계가 형성된 다음에 사용해야 하고 직면에 앞서 반드시 공감적인 분위기가 조성되어야 한다(양옥경 외, 2005).

(11) 해석

해석은 내담자의 표현과 행동상황 저변의 단서를 발견하고 그 결정적인 요인들을 이해하며 그것을 내담자가 깨달을 수 있도록 도와주는 방법이다(양옥경 외, 2005). 그러나 특정 상황에 대한 해석이 다양할 수 있으므로 항상 조심스럽게 사용하여야 한다.

해석은 내담자가 겉으로 드러내는 문제가 내적인 문제와 관련되어 있는데도 이를 명확하게 인식하지 못하거나 깨닫지 못할 때 그 관련성을 설명하여 이해시키는 기법이다(이현림, 김지혜, 2014). 해석은 일종의 추측이며 내담자의 말과 행동의 의미가 무엇인지 상담자가 해답을 제공하는 것이다(나항진 외, 2017). 문제는 해석의 시기로, 해석을 하기에 가장 적절한 시기는 내담자가 받아들일 준비가 되어 있다고 판단될 때 사용하는 것이 좋다. 가장 좋은 해석의 방법은 내담자 스스로가 해석해 내도록 유도하는 것이다(이현림, 김지혜, 2014).

(12) 질문

질문은 상담자가 내담자로부터 필요한 정보를 이끌어내기 위해 가장 많이 사용하는 기법이다. 질문에는 개방형 질문과 폐쇄형 질문이 있다. 개방형 질문은 내담자가 자신의 생각대로 질문에 대답하도록 하는 것이고, 폐쇄형 질문은 Yes 나 No 등의 구체적인 대답을 구하는 것이다.

폐쇄형 질문은 시간이 제약된 상황에서 사실이나 자세한 정보를 얻고자 할 때, 위기적인 상황에서 사실이나 정보를 얻고자 할 때 내담자가 혼란되어 자신의 문제에 대해 조리 있게 설명할 수 없어서 대화의 초점이 필요할 때 사용할 수 있는 기술이다(Hepworth & Larsen, 1990; 김융일 외, 2000; 전남련 외, 2008 재인용).

참고문헌

권두승, 조아미(2013). **성인학습 및 상담**. 경기: 교육과학사.

김규영(2021). 평생학습관 중장년 성인학습자 특성이 학습몰입에 미치는 영향: 사회적 지지의 조절효과를 중심으로. 중앙대학교 대학원 석사학위논문.

김영봉, 권순희, 장성화, 황인호, 김옥진, 유홍위(2011). **생활지도와 상담**. 서울: 서현사.

김융일, 조흥식, 김연옥(2000). **사회복지실천론**. 경기: 나남출판.

국립특수교육원(2009). **특수교육학 용어사전**. 서울: 하우.

나항진, 강갑원, 권희완, 김경미, 박성희, 송선희(2017). **성인학습 및 상담**. 경기: 양서원.

장성화, 김순자, 윤향숙, 박지현, 황윤미(2015). **상담의 이론과 실제**. 경기: 정민사.

양옥경, 김정진, 서미경, 김미옥, 김소희(2005). **사회복지실천론**. 경기: 나남출판.

이장호, 정남운, 조성호(2000). **상담심리학의 기초**. 서울: 학문사.

이원재(2016). 개인 상담 통한 상담자의 인간적 자질 변화에 대한 연구 : 질적 분석. 가톨릭대학교 상담심리대학원 석사학위논문.

전남련, 신재명, 이권일, 김상조(2008). **사회복지실천기술론**. 경기: 학현사.

전재일, 이성희(2004). **사회복지실천기술론**. 경기: 형설출판사.

조성연, 박미진, 문미란(2011). **성인학습 및 상담**. 서울: 학지사.

이현림, 김지혜(2014). **성인학습 및 상담**. 서울: 학지사.

하영자(2005). 공무원의 동기 변인과 자기조절 학습 수행력을 이용한 온라인 직무교육의 만족도 · 성취도 및 직무몰입 수준의 예측. 이화여자대학교 대학원 박사학위논문.

함정심(2020). 중 · 고등학교 전문상담(교)사의 위기상담 대처 과정. 한세대학교 대학원 박사학위논문.

Aslanian, C. B., & Brickell, H. M. (1980). *Americans in transition: Life changes as reasons for adult learning*. New York, NY: College Entrance Examination Board.

Caplan, G. (1964). *Principles of preventive psychiatry*. New York: Basic

Books.

Erickson, E. H. (1963). *Childhood and society* (2nd ed.). New York, NY: W. W. Norton & Company.

Hepworth, D. H. & J. A. Larsen(1990). *Direct Social Work Practice: Theory and skills* 3rd ed., Belmont: Wadworth Publishing Company.

Houle, C. O. (1972). *The design of education*. San Francisco. CA: Jossey-Bass.

House, J. S. (1981). *Work stress and social support*. Reading, MA: Addison-Wesley Publishing Co

Levinson, D. J. (1978). *The seasons of a man's life*. New York, NY: Knopf.

Parad, H. J. (1965). *Preventive casework: Problems and implications*. In H. J. Parad(Ed). Crisis intervention: New York: Family Service Association of America.

Rogers, C.(1957). *Clint-centered therapy: Its current practice, implications, and theory*. Boston: Houghton Mifflin.

Super, D. E., Savickas, M. L., & Super, C. M. (1996). *The life-span, life-space approach to careers*. San Francisco, CA: Jossey-Bass.

Chapter 06

성인학습 상담의 내용

배철우 박사

개요

성인학습의 상담에 대한 이해를 위해 특별히 상담의 일반적인 내용과 실제적인 내용으로 구분하여 일반적인 내용에는 학습 정보의 제공, 학습 의욕 저해 요인의 극복 및 자기주도적 학습의 진작 등 성인학습 상담의 내용에서 반드시 다루어야 할 내용을 제시하였으며, 아울러 성인학습 상담의 일반적 절차, 성인학습 상담 시 고려해야 할 점 등에 대해 살펴본다.

학습목표

1. 성인학습의 상담에 있어 필요한 학습 정보의 제공에 대해 이해할 수 있다.
2. 성인학습자의 학습 의욕 저해 요인의 극복 및 자기주도적 학습의 진작 등의 내용을 이해하고 설명할 수 있다.
3. 성인학습 상담의 일반적 절차, 성인학습 상담 시 고려해야 할 점 등을 인지하고 평가할 수 있다.

주요단어

학습 정보 제공, 학습 의욕 저해 요인의 극복, 자기주도적 학습의 진작

성인학습의 상담과 관련하여 일반적이고도 실제적인 상담 내용에 대해 인지해둘 필요가 있다. 권두승과 조아미(2016)는 성인상담의 내용으로 학습 정보의 제공과 그 방법, 학습문제 해결을 위한 효과적인 시간관리, 자기주도적 학습력 강화, 효과적인 학습동기의 유발을 위한 자기효능감 향상 등에 대해 강조하고 있다.

본 장에서는 성인학습의 상담에 대한 이해를 위해 특별히 상담의 일반적인 내용과 실제적인 내용으로 구분하여 일반적인 내용에는 학습 정보의 제공, 학습 의욕 저해 요인의 극복 및 자기주도적 학습의 진작 등 성인학습 상담의 내용에서 반드시 다루어야 할 내용을 제시하였으며, 아울러 성인학습 상담의 일반적 절차, 성인학습 상담 시 고려해야 할 점 등에 대해서도 다루었다. 한편, 실제적인 성인학습 상담의 내용으로는 평생교육정책 상담, 성인학습제도 상담, 성인 진로상담, 성인학습 상담의 실제 내용 및 학업 방해요인에 대한 학습자 대처전략 등에 대해 살펴보기로 한다.

제1절 성인학습 상담의 일반적 내용

1. 성인학습 상담의 일반적 방향

성인학습자가 학습 과정에서 당면하는 고민 및 문제 해결을 위한 상담은 평생교육사, 평생교육담당자, 평생교육기관에서 제공하고 있다. 이를 통해 평생교육기관에 참여하는 성인학습자 개개인이 학습 요구와 사회적 요구를 파악하여 적절한 학습 프로그램을 선택할 수 있도록 정보와 학습 과정에 대한 체계적인 상담이 이루어져야 한다(조외현, 2012). 즉, 학업수행이 원활하게 이루어질 수 있도록 학업에 어려움을 느끼는 성인학습자들의 학업적응을 돕는 학업상담이 이루어져야 할 필요가 있다(권영배, 신문승, 2012; 권영배, 이종연, 2011; 김형수, 김계현, 2005; 정종진, 2014).

〈표 6-1〉 성인학습현장에서의 상담의 개념

구분	평생교육상담 (학습 참여 이전 단계)	학습과정상담 (학습과정 단계)	학습문제상담 (학습문제 치료단계)
상담 주체	학습자가 선택해야 할 교육과정 선택	학습과정에서 학습자들이 겪는 문제 등	학습자들의 정체성
내담자의 동기	적합한 성인교육 강좌의 선택에 대한 불안감을 해소하기 위함	학습과정의 최적화, 학습과정상의 어려움을 해결하고자 하는 내담자의 요구에 따라 진행	삶의 실제적인 문제, 잃어버린 행위가능성에서의 높은 상실감 혹은 압박감
상담가의 전문영역	교육기관, 지역사회에서의 교육프로그램이 전개되는 구조, 상황	학습과정상에 제기되는 문제나 어려움(교실 내외에서의 상담)	생애위기, 정체성 문제, 학습장애 해결
상담가의 과제	학습자에게 적합한 교육프로그램을 안내	교육과정에 참여하면서 나타나는 질문에 대한 답과 어려움을 지원해 주는 것	내담자가 직면한 생애위기에서 필요한 도움 제공
목표	내담자의 관심과 수준에 적합한 교육과정의 가능성에 대한 정보제공 및 학습설계 제공	내담자의 학습과정의 최적화를 도모하게 하고, 학습상의 어려움을 극복하는 것과 관련한 자신의 가능성 파악 지원	내담자의 삶에서 자율적이고 건강한 행위가 가능하도록 지원

출처: 권두승, 조아미(2017). 평생학습사회 실현을 위한 성인학습 및 상담. p. 259 재구성.

'학업상담(counseling in academic problems)'은 상담영역 가운데 학업과 관련된 문제를 중심으로 학생들이 학업을 수행하는 과정에서 겪게 되는 어려움을 돕거나 지식을 보다 효율적으로 습득, 활용, 생산하도록 돕는 상담영역으로, 예방적이고 발달적 차원에서 접근할 필요가 있다(권영배, 이종연, 2010).

성인학습자들의 학업지연 및 중단을 예방하고, 학업스트레스를 줄일 수 있기 위해서는 온·오프라인을 통한 학업상담을 활성화하여 효과적으로 대처할 수 있도록 지원하는 것이 요구된다(전선미 외, 2014). 이를 위해서는 다음과 같은 학습상담의 주요 내용에 대해 살펴보아야 한다.

1) 학습 정보의 제공

학습 내용에 대한 정보와 학습 활동을 하는 절차와 관련된 정보를 제공함으로써 학습자가 습득하고자 하는 학습내용을 알고 접근이 용이할 수 있도록 해야 한다. 실제로 학습자가 수많은 정보의 홍수 속에서 원하는 학습 정보를 얻기란 쉽지 않다. 가령 한 성인학습자가 영어를 배우고자 할 때 도서관이나 서점 등에 가서 자신에게 맞는 영어공부를 하기 위해 어떤 학습자료나 서적 등이 필요한지 선택하기란 솔직히 막막한 경우가 많다. 특히 성인학습자의 경우, 대부분의 영어학습과 관련한 도서나 자료는 초, 중, 고등학교 학생들을 위한 것이 많고, 성인학습자가 필요로 하는 학습자료를 찾는 것은 쉽지 않다. 이럴 경우 상담이 필요하며, 자신에게 어떤 자료를 제공받아야 할지, 자신이 원하는 영어 학습(독해, 문법, 청해, 생활영어회화 등)은 무엇인지, 자신의 영어 수준은 어떠한지 등에 대해 전문적으로 상담을 받고 이에 대한 정보를 얻는 것이 중요하다. 실제로 이러한 정보에 노출되지 못해서 시간을 낭비하거나 심지어 학습의욕이나 동기가 사라지는 경우도 있다.

이를 위해서는 학습자에게 적절한 학습정보를 제공하는 것이 중요하다. 실제로 이와 같은 학습정보의 제공은 학습자가 학습에 이르는 가장 기본적인 창구로서의 역할을 한다. 즉 학습자는 정보의 제공을 통해 스스로 하고자 하는 학습과 대면하게 되고 학습을 시작하게 되는 첫단추의 역할을 하기 때문이다. 다만 현재 이를 위한 학습정보제공의 시스템이 아직 마련되어 있지 못한 상황이며, 신문이나 광고전단과 같은 매체를 통해 정보를 획득하는 것에 머무르고 있다(최운실 외, 2005).

성인학습자에게 학습정보를 제공하기 위해서는 우선 상담자인 평생교육기관이 학습정보를 수집, 정리하여 제공해야 한다. 이를 위해 평생교육기관이 담당하는 분야, 즉 다문화와 관련한 지식과 이와 관련한 프로그램을 진행하는 기관인 경우에는 이 분야와 관련한 정보를 수집하고 이를 정리하여 프로그램화하며, 실질적으로 학습자의 요구에 적합한 학습 정보를 제공하고, 프로그램에 참여함으로써 학습자가 원하는 학습을 이루어가도록 하는 것이다.

또한 수집한 정보는 가능한 한 최신의 내용으로 업데이트해야 하며, 체계적인 형태로 이루어져야 하며, 향후 동향에도 민감하게 대처해야 한다. 이와 같은 정보는 데이터베이스화하여 축적하고 학습자에게도 적절히 접근할 수 있도록 해야 한다. 컴퓨터를 잘 활용하는 학습자뿐만 아니라 노인학습자와 같이 컴퓨터 활용이 쉽지 않은 성인학습자의 경우에도 정보 접근이 수월한 방법을 모색해야 한다. 앞서 언급한 바와 같이 신문이나 광고지에만 의존해서는 안 되며 보다 체계적이고 접근이 쉬운 방법들을 찾아 활용할 필요가 있다.

2) 학습 의욕 저해 요인의 극복

학습에서 가장 중요한 것은 학습에 대한 동기나 의욕을 학습자가 계속해서 지속할 수 있도록 해야만 학습에 따른 목적이나 결과가 성공할 수 있게 된다.

흔히 '작심삼일(作心三日)'이라는 사자성어가 있다. 문자 그대로 무언가를 해야겠다고 마음을 먹었지만 3일이 지나지 않아 포기한다는 뜻으로 새해가 되면 많은 사람들이 자신이 원하는 일들을 해야겠다고 다짐은 하지만 곧 실행을 포기하는 경우가 많다. 다이어트를 하겠다고 하지만 맛있는 음식 앞에서 결국 포기하게 되는 경우, 영어공부를 꾸준히 해서 원어민과 같이 멋진 영어를 구사해야겠다고 작심하지만 대부분 중간에서 포기하는 예가 그렇다.

가장 큰 이유는 해야겠다는 의욕이 상실되기 때문이다. 하지 않으면 어떤 손실이나 위험이 따른다면 어쩔 수 없이 해야 하는 경우도 있어 결국 수행에 성공하여 좋은 결과를 얻기도 하지만 스스로 변명거리를 찾아 "다음에 하면 되지 뭐"라고 자신과 타협함으로써 중도에 포기하는 경우가 많다. 이러한 타협은 곧 의욕상실과 연결되어 시간을 낭비하거나 그동안의 수고를 헛되게 하는 것이 된다.

실제로 필자도 마찬가지의 경험을 갖고 있다. 주변에 많은 사람들이 골프를 배우고 파란 초원 위에서 멋지게 공을 치는 것을 보면서 나중에 나도 골프를 배워야겠다는 생각은 늘 갖고 있었지만, 번번이 나중에 배워야겠다고 미루고 있었는데 어느 친한 지인이 어느 날 함께 골프를 치러가자고 권하였고, 이번 기회에 그럼 본격적으로 배워보자는 의욕이 생기는 바람에 결국 3개월 골프 레슨 프로그램을 수강하게 되었다. 처음에는 자세를 배우면서 여유 있게 익혀가고 있었는데 욕심이 생기면서 몸에 힘이 들어가게 되고 결국 몸에 이상이 오게 되어 병원에 갈 정도가 되면서 내 자신에게 그럴듯한 변명을 늘어놓으면서 배우는 것을 중간에 포기한 적이 있었다.

반면 성공한 케이스도 있는데 어릴 적부터 그림에 대한 소질과 관심이 많았지만 여러 상황으로 인해 지속적으로 그림공부나 그림을 그리는 것을 할 수 없었으나 내 마음을 오래전부터 알고 있었던 아내의 권유로 최근에서야 본격적으로 화실에 등록하여 그림을 그리게 되었는데, 배우면 배울수록 의욕이 불타올라 1년 정도 되어서는 그림에 자신이 붙게 되었고, 대회에 참여하여 큰 상을 받기도 하였으며, 지금도 계속해서 그림을 배우면서 원하는 그림을 그려나가고 있다.

두 가지 사례에서 알 수 있듯이 학습에 대한 의욕이 학습의 지속여부나 성공과도 크게 연관되어 있음을 알 수 있다. 그렇기에 학습 의욕을 떨어뜨리는 장애요인이나 학습태도와 관련하여 이를 인지하고 극복할 수 있도록 상담이 필요하다.

성인학습자가 이와 관련하여 상담이 필요한 내용은 우선 학습동기와 관련한 것이다. 학습동기(academic motivation)란 학업과제를 이해하는 것을 기뻐하며 학업수행에 대한 보람과 유능감을 느끼고, 도전적인 학업과제를 스스로 선택하고 자발적으로 기꺼이 직면하고자 하는 정서적 상태(김춘경 외, 2016)를 말한다. 상담자는 내담자에게 이와 같은 학습동기가 형성될 수 있도록 도와야 한다.

또한 학업흥미와 불안에 대한 요소에 대해서도 상담토록 해야 한다. 학업을 수행할 때 느끼는 심리적 불안정이나 불안감은 개인적 문제 혹은 학업문제에 대한 염려, 근심, 스트레스 등이 반영되어 학업수행을 방해하므로 이에 대한 상담이 이루어져야 한다.

코로나 19와 같은 외부적 환경에 의한 학습동기의 장애요인도 살펴보아야 한다. 대면학습으로 이루어져 왔던 기존 학습환경에서 원격으로 진행할 수밖에 없는 상황에 따라 학습에 대한 의욕이 상실되거나 이로 인한 학습상담이 실제로 많이 이루어지고 있다. 원격교육상에서의 성인학습자가 호소하는 학습상담에 대한 연구가 이루어졌으며 이와 관련한 상담내용도 살펴볼 수 있다(전선미 외, 2014). 이 연구에서 학습자가 인식하는 학업방해 요인으로는 크게 13가지 범주로 구분하고 있다.

① 부정적 정서 조절의 어려움
② 학습전략의 부족
③ 다중역할 갈등
④ 낮은 성적으로 인한 어려움
⑤ 진로설계 및 수행의 어려움
⑥ 입학동기 및 학습목표 좌절
⑦ 학습정보 부족
⑧ 지원체계 빈약
⑨ 시험 관련 문제
⑩ 협동학습 참여의 문제
⑪ 건강문제
⑫ 주변인의 시선의식
⑬ 경제적 어려움

이 연구에서 상담을 통한 도움요청 내용을 보다 구체적으로 살펴보면 학업영역, 심리영역, 진로영역, 학사영역, 교내서비스 관련 영역으로 다양하게 나타났다. 즉, 학업 상담을 신청하는 학습자들이 순수한 학업영역만의 도움을 요청하는 것은 아니며, 학업을 수행해 나가는 데 필요한 심리, 진로, 학사정보 등 제반 관련 영역에서의 도움을 필요로 하고 있음을 알 수 있다. 상담을 통한 도움요청 내용을 살펴보면, 학습전략 및 시험준비 방법, 학습설계 등의 도움을 청하는 것으로 나타났고, 용기나 고민을 들어주고 이해해주길 바라는 심리적 지지와 학습의 장기적 동기라 할 수 있는 진로설계에서의 도움을 요청하고 있다는 것을 알 수 있다.

이와 같은 학업에 대한 장애요인에 의거하여 상담자는 내담자의 상황과 학습태도를 살펴보고 이에 필요한 상담을 수행해나가야 한다.

3) 자기주도적 학습의 진작

평생교육이 갖는 원리 중 대표적인 것이 자기주도학습의 원리이다. 즉, 성인

학습자는 누가 시켜서가 아니라 자기 자신이 주도적으로 원하는 학습을 하고자 하기에 자기주도적 학습능력이 더 요구된다. 성인학습 상담자가 내담자의 자기주도적 학습을 촉진하기 위해서는 자원과 성인학습자의 욕구를 적절하게 연결시키는 것이 중요하다.

학습의 목표, 학습전략, 자원, 평가 기준을 알려주고, 다양한 방법으로 목표를 달성할 수 있다고 격려하고 성공의 다양한 사례를 제시한다.

학습자 스스로 목표를 발견하기 위해 필요한 요구평가 기술을 획득하도록 하며, 이를 위해서는 지식 제공자보다는 경험 제공자가 되도록 하는 것이 중요하다. 또한 성인학습자와 파트너십을 형성하도록 하며, 성인학습자가 지식과 진리를 맥락적으로 보도록 하고 자원의 위치를 제공해야 한다. 아울러 더 나은 활동을 격려하기 위해 개방성과 진실한 분위기를 조성할 필요가 있다.

2. 성인학습 상담의 일반적 절차

성인학습 상담에 있어 일반적으로 진행되는 절차로는 먼저 학습 활동에 대한 자기 분석과 자기주도성을 촉진할 수 있는 환경을 조성하여야 한다. 이러한 조건이 완성되면 이어서 면접, 검사 등을 통해 학습자의 요구 및 관심을 파악하여야 하며, 이러한 절차 위에서 학습자의 학습 목표를 설정하고, 이에 따른 이용 가능한 학습 자원을 인식하고 연속성 있는 학습 활동 및 계획을 수립해야 한다. 학습이 이루어지고 나면 학습목표의 달성 정도를 학습자 스스로 평가하도록 지원한다.

위의 성인학습 상담의 일반적인 절차에 대한 내용을 정리하면 다음과 같다.

① 학습 활동에 대한 자기 분석과 자기주도성을 촉진할 수 있는 환경을 조성
② 면접, 검사 등을 통해 학습자의 요구 및 관심을 파악
③ 학습자의 학습 목표를 설정
④ 이용 가능한 학습 자원을 인식

⑤ 연속성 있는 학습 활동 및 계획을 수립
⑥ 학습 후 학습목표의 달성 정도를 학습자 스스로 평가

3. 성인학습 상담 시 고려해야 할 점

1) 학습자의 사적 비밀 보호

성인학습 상담 시 고려해야 할 점으로는 학습자의 사적 비밀을 보호해야 한다. 사적 비밀이 보호되지 못하면 학습자의 상담 문제보다도 더 큰 문제로 비화될 수 있고, 상담자에 대한 믿음이 감소되어 향후 성인학습 상담이 제대로 이루어지기 어렵기 때문이다. 따라서 철저히 상담을 요구하는 학습자에 대한 사적 비밀은 상담자 외에는 철저하게 보호되어야 한다.

2) 학습자의 자주적 학습 과정을 존중

성인학습은 성인학습자 스스로 자기주도하에서 이루어지는 학습이 기본원리로서 작용하므로 성인학습자의 자주적 학습 과정을 존중해야 한다. 그렇지 않다면 성인학습자는 학습에 대한 의욕을 잃게 되고, 심지어 학습의 전과정을 교수자나 상담자 등 타인에게 의존할 가능성이 커지게 된다. 스스로 학습자가 학습목표를 세우고, 학습동기를 갖고 학습과정에 참여하게 된다면 선순환의 학습이 이루어지게 된다.

3) 학습자의 상담내용에 맞는 방법 선택

상담자는 단순히 면접상담만을 고집할 것이 아니라 상담내용에 맞는 방법을 선택하는 것이 좋다. 학습자의 성격, 기호, 상담내용 등 여러 가지 상황을 파악하고 고려해서 접근하는 것이 중요하며, 효율성 면에서도 상담자는 다양한 상담방법을 앞서 인지하고 활용할 수 있는 스킬을 갖추어야 하며, 적절한 방법을 선

택, 적용할 수 있어야 한다.

4) 학습자의 상담내용에 따른 전문적 상담처의 소개

상담자는 학습자의 상담내용에 적극적으로 대처하고 적절한 상담을 통해 문제를 해결하고자 해야 하며, 만일 학습자의 상담내용이 상담자가 대처할 수 있는 내용이 아니라면 이를 상담하고 해결해줄 수 있는 전문적 상담처를 찾아 소개하는 것도 매우 의미가 있다. 다만 무조건적으로 다른 상담처로 책임을 떠넘기듯 소개하는 것이 아니라 학습자의 상담내용의 적절한 해결을 위한 것이어야 한다.

제2절 성인학습 상담의 주요내용

1. 평생교육정책 상담

평생교육정책은 평생교육의 목적, 내용, 방법, 조직, 경영 등 모든 부분에 걸친 정부 행위의 기본 방침이나 방향이다(최은수, 2012). 성인학습자가 증가함에 따라 각 시·도별 평생교육진흥청을 설치하여 평생교육의 접근성이 쉽도록 다양한 정책을 펼치고 있다. 또한, 전국의 시, 도에서는 전국 188개의 평생학습도시를 지정해 평생교육 활성화에 주력하고 있다(2022 한국 성인의 평생학습 실태. 그림 6-1 평생학습도시 지정현황 참조).

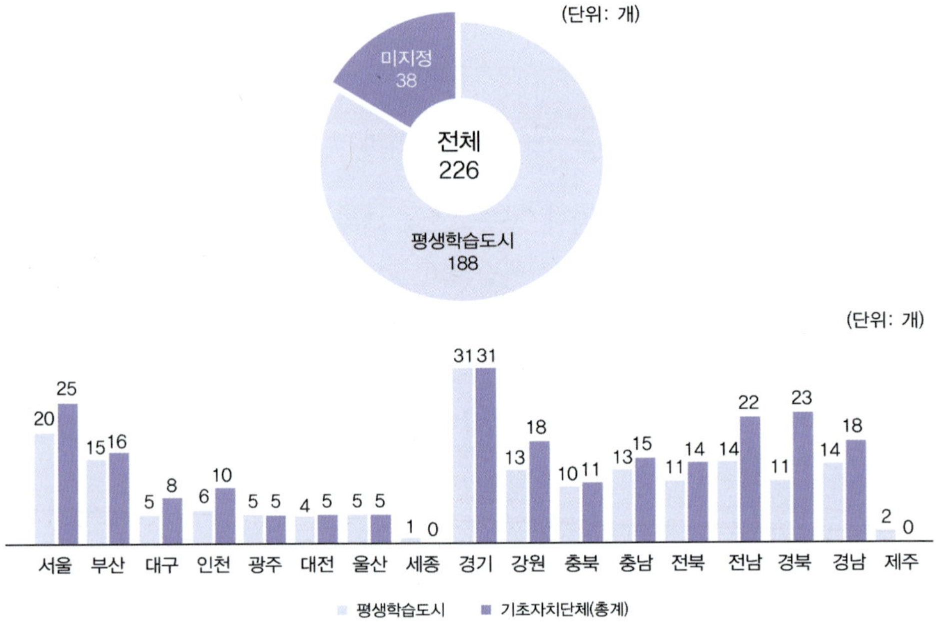

※ 제주특별자치도는 2006년 기초자치제도를 폐지하여 시군구수를 0으로 처리
※ 세종특별자치시는 「세종특별자치시 설치 등에 관한 특별법」 제8조에 따라 평생학습도시 평가대상 적용

출처: 한국교육개발원(2022). 2022 한국 성인의 평생학습 실태.

그림 6-1 평생학습도시 지정현황

1) 평생교육정책의 의미와 역사

정책은 관점에 따라 여러 가지로 정의되고 있으나, 바람직한 사회 상태를 이룩하려는 정책 목표와 이를 달성하기 위해 필요한 정책 수단에 대해 권위 있는 정부 기관이 공식적으로 결정한 기본 방침으로 정의되고 있다(정정길, 2005). 또한 교육정책 역시 교육 영역에서 공익을 위한 정부 통치행위의 전반적인 방향으로 교육 활동과 내용의 지침을 제공한다(최은수, 2012). 이처럼 교육정책은 교육문제 해결을 위한 합리적인 의사결정과 최적의 대안을 탐색하는 과정으로 국가나 지방자치 단체가 설정한 교육이념을 구현하는 수단과 집행성격에 따라 교육행정에 대한 기본 지침 또는 방향 제시 등으로 설명된다(정일환, 2003).

이러한 정책과 교육정책의 의미에서 본 평생교육정책은 '국가의 평생교육문제를 해결하기 위하여 공공기관이 정치체제 내에서 일정한 절차를 거쳐 목표를 세우고, 그 목표를 달성하도록 수단과 방법을 동원하도록 하는 행동이나 지침'이라 할 수 있다(임영희, 2010). 평생교육정책은 궁극적인 목표는 존속하나 항구적이고 고정적인 내용은 존재할 수 없다. 국가와 사회의 변화에 맞춰 교육정책의 내용도 변하기 때문이다.

우리나라의 평생교육정책은 전개에 따라 크게 4단계로 나누어 볼 수 있다(최은수, 2012; 권대봉, 2007).

첫째, 1단계로 성인 기초교육 형성기(1945~1950년대)는 일제 식민지 교육에서 벗어나고자 민주적 교육제도를 마련한 과도기이다. 문맹 퇴치를 위한 교육 및 활동들을 제도화된 기관으로 응집하여 사회교육 참여 기회를 확대하기 위해 국민의 기초능력 함양을 증대시키는 평생교육정책이 실시되었다.

둘째, 2단계로 평생교육 구성기(1960~1970년대)에는 불안정한 사회와 경제 속에서 민심 재건, 경제 부흥과 근대화 촉진을 위한 평생교육정책이 추진되었다. 향토학교운동과 새마을운동, 재건국민운동과 마을문고, 미취학 및 근로 청소년 교육추진, 도서관의 법제화와 정비의 확충 등이 주요 활동으로 시행되었다.

셋째, 3단계로 평생교육 확대기(1980~1990년대)는 기업체 중심의 평생교육정책과 여가 선용 및 교양 증진을 위한 평생교육이 추진되었다. 주요 정책으로는 평생교육의 헌법 조항 신설과 사회교육법체제의 정비, 방송통신대학의 발전과 개방대학의 신설, 독학에 의한 학위취득제 시행, 대학의 평생교육, 각종 문화센터의 프로그램 등 지속적인 학업을 위한 기회를 확대하였다.

넷째, 4단계로 평생교육 발전기(2000년 이후)는 기존의 교육부를 교육인적자원부로 명칭을 바꾸고 교육정책을 학교교육 중심에서 평생교육의 영역까지 확대하는 다양한 혁신사업을 추진하였다. 주요 정책으로는 평생학습 지원체제를 구축, 평생학습도시 선정 및 평생학습축제 개최, 평생학습진흥 종합계획 수립 및 추진, 평생교육법 개정과 평생교육진흥원 설립 등 평생교육의 기반을 구축하였다.

2) 평생교육 정책과정의 단계

일반적으로 어떤 문제의식에 따라 문제가 정의되고 정책이 형성되면 그것이 집행되고 그에 대한 평가가 이루어져 환류·반영되어 새로운 문제의식과 관련된 정책과정이 전개된다(강복근, 김재관, 박근후, 박정택, 2017). 호그우드와 건(Hogwood & Gunn, 1984)은 평생교육정책 과정을 이슈 탐색, 이슈 여과, 이슈 정의, 예견, 목표와 우선순위 선택, 대안 분석 등의 제반 단계로 분류하였다(최은수, 2012).

첫째, 이슈 탐색(issue search) 또는 문제 탐색(problem search)은 평생교육 차원의 문제나 기회를 규명하고 예측하는 과정을 거쳐 평생교육 이슈가 평생교육정책 의제가 되는 단계다. 평생교육 트렌드의 가속화나 변화, 평생교육 수요층의 변화를 예견하고 주요 변화에 대한 문제를 초기에 판단하여 이슈를 처리할 장치를 설계하는 것이 적절하다.

둘째, 이슈 여과(issue filtration)는 이슈 탐색 단계에서 수집된 많은 평생교육 이슈를 내용별로 분류하고 중요성에 따라 분류하는 단계다. 이 단계에서 평생교육 이슈가 정상적인 정치적·행정적 절차를 거치게 될 것인지 객관적인 분석과정을 거치게 될 것인지 결정된다. 이슈를 분석하고 선별하는 기준은 이슈를 둘러싼 상황에 대한 고려, 본질적인 특징에 대한 물음, 영향력에 대한 고려, 실행과 분석을 위한 비용에 대한 고려이다.

셋째, 이슈 정의(issue definition)는 선별된 평생교육 이슈를 주관적인 정치적 용어로 정의하고 객관적인 분석의 요소를 동원해 정의하는 단계다. 이 단계가 중요한 이유는 사실에 대한 심각한 선별뿐만 아니라 가치 판단에 의해서도 영향을 받는 과정이며 정책 결정자의 가치에 의해서도 영향을 받기 때문이다.

넷째, 예견(forecasting)은 평생교육정책의 미래에 대해 예측하는 것으로 현재 상황의 전개를 예측하는 단계다. 평생교육정책 결정자가 불확실성과 변화에 대처하고, 평생교육 대안에 대한 시사점을 탐구할 수 있도록 돕는 데 의미를 둔다. 예견의 대표적 기법으로는 델파이 기법, 시나리오 작성, 브레인스토밍 등이 있다.

다섯째, 목표와 우선순위는 평생교육 목표를 규명하는 단계다. 제한된 자원을 두고 경쟁하는 다양한 목표 중 내부의 본질적 기준, 실질적인 사회·경제적 이익, 지리적 조건이나 인구 집단과 같은 선택 범위 등의 기준을 통하여 상대적인 우선순위를 조사하는 것은 중요하다.

여섯째, 대안 분석(option analysis)은 여러 평생교육 대안에 대한 최종분석을 시행하는 단계로 다수의 대안 중에서 최선의 선택을 내리는 것은 평생교육정책 분석의 핵심이라 할 수 있다. 대안을 평가하고 선택하기 위해 다양한 대안을 생성하고, 정확히 규명하고, 각 대안에 찬반 여론을 명확히 파악하여 효과적인 선택을 한다. 대표적인 기법으로는 선형 프로그래밍, 역동적 프로그래밍, 수익 매트릭스 등이 있다.

3) 평생교육정책의 목표와 수단

정책 목표는 정책문제를 해결하기 위한 바람직한 목표로써 정책수단을 선택하는 기준이며 정책을 집행해 나갈 때 구체적인 가이드라인으로 작용하여 정책 집행 후 평가의 중요한 기준이 된다(김정수, 2016).

바람직한 정책 목표라면 목표 내용의 적합성이 높아 시대적 가치와 이념에 부합하고 정책 목표의 수준이 적절하여 정책 목표 간의 내적 일관성이 있어야 한다(이용모 외, 2019).

이러한 정책의 목표가 설정되면 정책 목표를 달성하기 위해 정부 기관이 사용하는 각종 수단이 요구되며 이러한 수단을 정책 수단이라 한다. 대체로 하나의 정책 대안은 여러 개의 정책 수단을 포함하며 목표 달성을 위해 어떤 수단을 선택할 것인지는 정책문제 상황에 따라 달라진다.

슈나이더와 잉그램(Schneider & Ingram)에 의하면 사회적·경제적·정치적 문제를 개선하는 데 필요한 행동 요소가 정책 수단이며 그 요소는 다음과 같다(이용모 외, 2019).

첫째, 권한 수단으로, 법령이 대상자에게 행위를 하도록 지시하거나 권한을 부여하지 않고 있다고 믿는 경우에 필요한 권한을 부여하는 정책 수단이다.

둘째, 유인 수단으로, 정책이 요구하는 행위에 참여하도록 혜택이나 불이익을 주는 방법을 취하는 정책 수단이다.

셋째, 능력 수단으로, 정책 대상에게 요구되는 활동을 하고 결정을 내리는 데 필요한 정보, 교육, 자원 등을 제공하는 정책 수단이다.

넷째, 상징 수단으로, 정책 활동에 대한 인식을 바꾸고 정책이 내포한 가치에 동의하도록 유도하는 정책 수단이다.

다섯째, 학습 수단으로, 목표의 불명확한 상황에서 정책 상황이 명료해지도록 돕는 정책 수단이다.

4) 평생교육정책의 평가

정책평가는 정책 집행을 통해 나타난 결과를 확인하여 가치를 비판적으로 검토하고 원인을 분석하여 평가하는 것을 의미한다. 정책평가의 목적은 획득한 정보를 환류(feedback)함으로써 정책과정이 효율적으로 이뤄지도록 도움을 주는 것이다. 이를 위해 정책수정 및 결정에 필요한 정보를 제공, 정책이 효율적으로 집행되기 위한 정보를 제공, 정책 담당자(기관)의 책임성을 확보, 정책 고객들의 이해와 지지 확보, 정책 현상에 대한 새로운 지식을 축적함으로써 정책이론이 발전할 수 있다. 이러한 정책평가의 절차는 다음과 같다(강복근 외, 2017).

첫째, 정책평가의 기획이다. 정책평가가 체계적이고 합리적으로 수행되어 유용한 결과를 얻기 위해서는 기획이 필요하다. 정책평가 결과의 잠재적 이용자를 확인하고, 평가의 목적을 확인하여 산출된 정보가 부합하는지 본격적인 평가에 앞서 예비적 평가를 통해 검토해야 한다. 그다음 평가의 목적과 대상을 고려해 질적 평가 혹은 양적 평가 유형을 선택하여 방법을 구체적으로 설계하는 것이다.

둘째, 자료의 수집과 분석이다. 정책평가의 기획에서 평가 목적, 대상, 유형, 설계가 이뤄진 후 자료를 수집하여 분석하게 된다. 자료는 평가 설계에서 결정된 방법으로 수집하며 한계와 문제점을 적절히 고려하여야 한다. 자료의 수집 후 다음 단계로, 수집된 자료의 분석이 진행되는데 이 과정에서 외부 상황에 따라 분석이 왜곡될 가능성이 존재한다. 자료의 분석은 분석가의 주관적인 판단에 의해 이뤄지는 질적 분석보다 양적 분석이 선호된다. 이는 정밀한 고도의 통계분석 기술이 발달하면서 기술적인 해답을 제공해 준다.

셋째, 평가 결과의 제시이다. 평가 결과는 이용자나 의뢰인에게 분명하고 이해가 가능한 방식으로 전달되어 유용하게 사용되어야 한다. 이 과정에서 평가자와 이용자들 간의 의사소통이 중요하며 우선순위에 따라 평가의 전제와 방법, 한계 등이 분명하게 제시되어야 한다.

5) 우리나라의 주요 평생교육정책

평생교육법(1999)이 제정된 이후 평생교육의 접근성을 확대하고, 사회적 소외계층의 평생교육 기회를 확대하기 위해 적절한 정책 개발과 지역 인적자원개발과 연계한 평생학습 기반 조성 정책 및 노령화 사회를 대비한 평생학습정책이 요구되고 있다(최은수, 2012).

우리나라의 평생교육정책은 역사가 오래되지는 않았으나 평생교육법의 개정, 평생교육전문가 양성체제의 수립, 평생교육 추진기구의 구성 등의 정책 영역이 확대되고 있다.

우리나라의 주요 평생교육정책은 다음과 같다(최은수, 2012).

첫째, 평생학습 활성화 정책으로 평생학습도시 조성, 평생학습대상, 평생학습축제가 있다. 평생교육정책은 누구나 학습이 필요한 사람은 배울 수 있으며 배움에 차별받지 않도록 하는 것에서 비롯된다.

둘째, 평생학습결과 인증정책으로 학점은행제, 독학학위제도, 학습계좌제, 학력인정 평생교육시설학교 등이 있다.

셋째, 평생학습 기회 확대 정책으로 성인문해교육 활성화, 교육소외계층 지원 등이 있다.

넷째, 학교평생교육정책으로 초·중등교육 수준의 평생교육, 지역사회학교, 고등교육 수준의 평생교육, 방송통신고등학교 등이 있다.

다섯째, 평생학습문화 확산정책으로 문화예술시설 평생교육, 지역평생교육기관 교육 등이 있다.

여섯째, 사회소외계층 능력개발정책으로 여성능력개발, 중장년 및 중도퇴직자 능력개발교육, 생산적 노인인력 양성 등이 있다.

일곱째, 평생직업 능력개발정책으로 군 인적자원개발과 군 평생학습체제, 성인직업평생교육학원 운영, 기업에서의 평생교육 등이 있다.

2. 성인학습제도 상담

1) 평생학습계좌제

상담자는 성인학습자에게 성인학습제도에 대한 주요 내용에 대해 인지시켜줄 필요가 있다. 따라서 평생학습계좌제의 특징, 인적자원관리의 효율적 관리 및 활용, 평생학습 활성화 촉진, 사회 양극화 해소, 개인별 학습결과 인정, 전 계층의 참여 유도 및 확대 등에 관해 설명함으로써 성인학습자가 이에 대한 상담내용이 되지 않도록 해야 한다.

2) 학습휴가제

학습휴가제는 평생교육의 본질인 계속학습의 기회를 넓히기 위하여 마련된 제도로서 우리나라에서 2008년 3월부터 시작되었으나, 외국의 경우 이미 오래전에 정착된 제도로써 충분히 학습자에게 이에 대한 설명과 이해가 되도록 상담자는 제도에 대해 인지시켜야 한다.

3) 학점은행제

학점은행제는 학점인정 등에 관한 법률(제5275조)에 의거, 학교 내·외에서 이루어지는 다양한 형태의 학습 및 자격을 학점으로 인정받을 수 있도록 하여, 누적된 학점이 일정기준을 충족하면 학위취득을 가능하게 한 제도로서 학습자가 상당히 관심을 갖는 제도이다. 이에 대한 충분한 설명과 이해가 요구된다.

4) 독학학위제

독학학위제는 스스로 학습하는 독학자에게 학사학위 취득의 기회를 부여함으로써, 평생교육의 이념을 구현하고 개인의 자아실현과 국가사회의 발전에 기여함을 목적으로 하는 제도로서 국가가 학위 취득시험을 실시하고, 이에 합격한 사람에게 학위를 수여해 대학에서 취득한 학위와 동등한 대우를 받도록 하는 제도임을 충분히 설명해야 한다.

5) 자격제도

성인학습자가 학위제와 함께 매우 관심이 많고 자격증을 취득하고자 하는 학습자가 많기 때문에 이와 관련한 자격제도에 대해 충분히 설명하고 인지시켜야 한다. 우리나라에서 시행되는 자격제도는 크게 국가자격제도와 민간자격제도로 대별되는데 각각의 자격제도는 다음의 설명과 같다.

(1) 국가자격제도

국가전문자격제도는 주로 의료, 법률과 같은 전문서비스 분야의 면허와 같은 자격으로, 해당 부처의 필요에 의해 신설 또는 운영된다.

국가기술자격제도는 산업과 관련이 있는 기술, 기능 및 서비스 분야의 자격으로, 고용노동부가 국가기술자격 법령 및 제도를 총괄 운영하고, 자격 관련 종목에 대한 주무부처가 관련 사업 법령에 의거 취득자 관리·활용 및 사후관리되고 있다.

(2) 민간자격제도

민간자격제도는 공인민간자격과 등록민간자격으로 구분되며, 특히 등록민간자격제도는 국가 외 민간자격관리자인 개인·법인·단체가 자격을 신설한 후, 관리·운영방침을 민간자격등록기관에 등록하는 제도이다.

3. 성인 진로상담

1) 진로상담과 직업상담

현재 우리나라는 '진로상담'과 '직업상담'이라는 용어는 상이하게 쓰이고 있다. 진로상담은 주로 중, 고, 대학의 학교현장에서 실시하고 있으며, 직업상담은 개인의 입직 시점과 관련되어 직업안정기관이나 훈련기관 등에서 행해지는 것으로 구별되어 사용되고 있다.

본고에서는 직업상담과 구분된 진로상담의 의미로 쓰기보다 직업상담을 포함한 개념의 '진로상담'으로 포괄적으로 설정하며 학습자의 일생동안 이루어지는 진로 발달과 선택, 진로 적응과 전환까지를 포함하는 의미로 정의하고자 한다.

2) 진로상담의 영역

진로상담의 영역으로는 진로계획과 의사결정, 진로준비를 위한 일반상담, 진로전환을 위한 진로수정 상담, 진로발달에 대한 진로문제치료뿐만 아니라 직업선택의 의사결정과 직업준비를 위한 직업일반상담, 취업을 위한 취업상담, 취업 후 적응을 위한 직업적응상담, 직업전환을 위한 직업전환상담, 건강한 직업생활을 유지하기 위한 직업건강상담, 진로발달과 직업문제를 치료하는 직업문제치료와 퇴직 후 은퇴상담 등을 포함한다.

4. 성인학습 상담의 실제 내용

1) 부정적 정서와 관련한 상담

성인학습자들은 학습과 관련해서 '두려움/불안/막막함', '우울/실망감/답답함' '압박감/부담감', '혼란감' 등 학업수행에 방해가 될 수 있는 다양한 부정적 정서에 대한 상담을 원하고 있다.

> "4학년 시작하기도 두렵고 논문도 무섭고 지금 제가 겨우겨우 학생이란 이름만 걸치고 있는 것 같아서요. 저만 낙오자가 되는 것이 아닌가 싶기도 하고요. 마음이 많이 불안하고 점점 4학년이 되면 졸업도 해야 하는데 중압감도 생기네요. 다른 학우들은 졸업할 텐데 하면서요. 공부도 안 되구요. 시간도 없긴 하지만 집중도 잘 안 되네요." (3학년, 여, 51세, 주부)

2) 학업수행에 필요한 학습전략 부재와 관련한 상담

성인학습자들은 효과적인 학업을 수행하는 데 필요한 학습전략의 부재, 즉 효과적인 독학방법 부재, 학습설계의 어려움, 집중·기억 및 시간 관리 전략 부족, 기초학습능력 부족' 등을 전형적 학업방해요인으로 지각하고 상담을 요청한다.

> "너무 힘드네요. 혼자 공부하기도 힘들고 방법도 모르겠고 누가 조언해 주는 사람도 없고. 스터디라도 참여해서 수업하거나 졸업할 수 있는 팁이나 방향을 알고 싶어요." (4학년, 여, 39세, 교육자)

3) 다중역할 갈등과 관련한 상담

성인학습자들은 '다중역할 갈등'을 전형적인 학업방해요인으로 인식하고 있다. 즉, 학업과 함께 직장 업무, 가사, 육아 등에서의 다양한 역할을 동시다발적으로 수행해야 하는 다중역할 문제로 공부시간 확보 및 우선순위 설정이 어렵고, 심리적 부담을 느끼고 있으며, 학사관리의 어려움을 경험할 뿐 아니라 학업수행으로 인한 일상생활의 제한까지 경험하고 있었다.

> "직장생활을 시작하면서 첫 휴학을 했었는데 그때부터 계속 휴학과 복학을 반복하면서 이도저도 아닌 상황이 이어졌습니다. 직장생활과 병행하다 보니 꾸준히 공부하지 못하였고 잦은 휴학으로 인해 어느새 7년째 4학년에 머물러 있습니다." (4학년, 여, 30세, 사무직)

4) 낮은 성적과 관련한 상담

성인학습자의 상담내용 중에서 "낮은 성적으로 인한 어려움"도 주요 상담내용의 하나로 큰 부분을 차지하고 있다. 특히 이러한 낮은 성적을 통해 자신감의 상실과 학업유지 곤란을 호소하고 있다.

> "저는 전업학생이고 공부만 몰두할 수 있을 것 같아 입학하였는데 솔직히 1학기 기말시험 성적이 잘 못 나왔습니다. 성적이 이처럼 F 학점이 나오니 무섭고 불안합니다. 잘하고 싶은데 하는 만큼 결과가 좋지 못해서 답답하고 눈물 납니다. 중도 포기할까 고민을 하고

있는 상태입니다." (1학년, 여, 20세, 전업 학생)

5) 진로설계 및 수행의 어려움과 관련한 상담

성인학습자가 호소하는 상담내용 중에서 "진로설계 및 수행의 어려움"도 큰 부분을 차지하고 있다. 즉, 성인학습자들은 높은 연령, 저조한 학점, 높은 취업 문턱이라는 현실 앞에서 확신 있는 진로설계를 하기가 어렵다고 호소하고 있으며, 또한 전공을 위한 선수학습 및 정보탐색이 부족한 채 진학하여 진로계획을 실행해나가는 데 어려움을 겪고 있음을 호소하고 있다.

> "좋아하는 전공을 선택했지만 좋아하는 것과 공부하는 것은 좀 다른 것 같아요. 성적, 그리고 지금 내 나이가 과연 공부를 마치고 취업에 도움이 될 수 있을지 고민하게 되었습니다. 1학기 때는 그저 공부를 한다는 것만으로도 좋았는데 내 나이에 이 전공을 공부해서 마땅히 취업할 수 있을까 하는 생각에 의욕이 상실되고 있는 것이 사실입니다." (1학년, 여, 38세, 전업 학생)

6) 입학동기 및 학습목표 좌절과 관련한 상담

"입학동기 및 학습목표 좌절"과 관련한 상담도 성인학습자들이 많이 호소하고 있는 상담내용이다. 학습자들은 "자녀 문제로 입학 초기의 학습 열정이 줄어듦", "노력한 만큼 대가가 없으니 공부하기가 싫어지고 책이 손에 잡히지 않음", "나이 때문에 졸업 후 취업을 못 할까 봐 학습의욕이 상실됨" 등, 가족 문제, 낮은 성적, 취업의 어려움의 현실적인 문제에 부딪혀 입학 당시의 열정적이었던 동기가 좌절된 문제 및 "학과 선택을 잘못해서 시간이 아깝다는 생각이 듦", "전과 고민 때문에 학과 공부에 집중할 수 없고 열정이 식음" 등, "잘못된 학과 선택 및 진로방향 전환" 등을 호소하고 있다.

> "처음 입학할 때의 학습열정이 줄어들었습니다. 어린 나이에 엄마 역할 하느라 받은 육아 스트레스를 큰아이에게 풀었던 것 같아 미안한 마음이 있었고, 이제는 아이들이 청소년기를 수월하게 지내도록 돕겠다는 마음으로 관련된 전공 공부를 시작하게 되었습니다. 또 15년째 다니는 회사를 떠날 생각을 하면서 제 스스로 자아존재감이 충만하기를 기대하는

마음으로 공부를 시작하게 되었습니다. 그러나 둘째 아이한테 평생 약을 먹으며 관리해야 하는 병이 생기면서 이러한 열정이 수그러들었습니다." (3학년, 여, 34세, 사무직)

5. 학업방해요인에 대한 학습자 대처전략

성인학습자들이 학업방해요인에 대응하기 위해 활용하였던 대처전략을 크게 내부자원의 활용과 외부자원의 활용으로 나누어 살펴볼 수 있다.

내부자원 활용은 학습자 자체적으로 문제를 해결하려 한 방법이라 할 수 있다. 비교적 자주 활용하였던 내부자원 활용 전략은 학습방법을 수정하거나 전과, 편입 등 학업방향 자체를 변화시키는 '학업계획 수정', 포기하지 않고 지금 하고 있는 학업을 유지하려고 노력하는 '학업유지', 그리고 시험 위주의 단기 몰입 공부, 틈새 시간 활용 학습, 학습 외 활동을 자제하며 학습시간을 최대한 확보하려고 노력하는 '시간 관리 및 학업 집중', 수면, 쇼핑, 음식 탐닉에 빠지는 등 현재의 힘든 상황을 '회피'하는 방책 사용 등이었다.

한편, 외부자원 연결의 전략을 활용한 것으로는 구체적으로 주변 사람들로부터 도움 및 조언 요청하기, 협동학습 활용하기 등의 방법을 적용해 본 경험이 있는 것으로 나타났다.

참고문헌

강복근, 김재관, 박근후, 박정택(2017). **정책학**. 서울: 대영문화사.

권대봉(2007). 공공정책으로서 평생학습. **평생교육학연구**. 13(4), 149-172.

권두승, 조아미(2016). **성인학습 및 상담**. 서울: 교육과학사.

권영배, 신문승(2012). 학업상담 프로그램의 효과에 관한 메타분석. **학습자중심교과교육연구**, 12(3), 24-41.

권영배, 이종연(2010). 학업상담 프로그램 연구동향. **학습자중심교과교육연구**, 10(1), 17-40.

권영배, 이종연(2011). 초등학생의 학업발달을 위한 학급단위 학업상담 프로그램 개발. **상담학연구**, 12(6), 2177-2199.

김정수(2016). **정책학 입문**. 경기: 문우사.

김춘경 외(2016). **상담학 사전**. 서울: 학지사.

김현숙(2021). 평생교육현장의 성인학습상담에 관한 연구, 서강대학교 대학원 석사학위논문.

김형수, 김계현(2005). 아동, 청소년 상담: 평가개입 연계전략에 기초한 청소년 학업상담 모형. **상담학연구**, 6(3), 887-899.

이용모, 주운현, 홍성우, 정원희, 서인석(2019). **쉽게 쓴 정책학**. 서울: 윤성사.

임영희(2010). 한국 평생교육정책의 성인학습목적 구현에 대한 연구. 전북대학교 대학원 박사학위논문.

전선미 외(2014). 원격대학 성인학습자들이 호소하는 학업상담 내용 분석. **상담학연구**, 15(6), 2509-2534.

정일환(2003). **교육행정학의 탐구**. 서울: 원미사.

정정길(2004). **정책학원론**. 서울: 대명출판사.

정종진(2014). 학업동기 상담을 위한 개입 전략설정 및 개입시 고려해야 할 요소. **초등상담연구**, 13(1), 1-20.

조외현(2012). 평생교육사의 평생학습상담 역량모형 개발에 관한 연구. 동의대학교 대학원 박사학위논문.

최운실 외(2005). 평생교육 기관실태분석 연구. 한국교육개발원 연구보고서.

최은수(2012). **평생교육정책론**. 서울: 학지사.

Hogwood, B. W., & Gunn, L. A. (1984). *Policy analysis for the real world*. New York: Oxford University Press.

Chapter 07

성인학습 상담자의 태도와 자질

이석진 박사

개요

성인학습 상담자는 성인학습자들이 효과적으로 학습하고 성장할 수 있도록 돕는 역할을 한다. 이들은 성인들의 학습 요구와 관심사를 이해하고, 그에 맞는 학습 방법과 전략을 제시하며, 학습 과정에서 발생하는 문제를 해결하는 데 도움을 준다.

본 장에서는 성인학습 상담자의 태도와 자질에 대해 살펴본다. 태도는 성인학습 상담자가 가져야 할 기본적인 자세와 마음가짐을 말하며, 자질은 성인학습 상담자가 갖추어야 할 전문적인 능력과 기술을 말한다. 그리고 상담자는 윤리적 책무를 다하기 위해 상담자 윤리강령을 준수해야 한다.

학습목표

1. 성인학습 상담자의 태도와 자질을 이해하고 설명할 수 있다.
2. 성인학습 상담의 윤리적 책무를 이해하고 실천할 수 있다.
3. 성인학습 상담의 사례를 분석하고 평가할 수 있다.

주요단어

상담자 태도, 상담자 자질, 상담 윤리

제1절 성인학습 상담자의 태도

성인학습 상담자는 전문성, 공감 능력, 적극성, 개방성, 성실성을 갖추고 있어야 한다. 이러한 자질을 바탕으로 학습자의 개인적, 사회적 배경을 고려하여 상담목표와 전략을 설정하고 실행한다.

상담 과정에서는 학습자의 저항과 어려움이 발생할 수 있다. 이때 상담자는 이를 극복하고, 학습자의 자기주도성을 촉진하는 것이 필요하다. 이를 통해 학습자가 자신의 목표를 달성하고, 성장할 수 있도록 돕는 것이 성인학습 상담자의 태도이다.

1. 상담자의 태도

1) 일반적인 태도

로저스(Rogers, C., 1957)는 「상담과 심리치료」에서 상담자가 내담자와 촉진적인 관계를 형성하기 위해 내담자 중심의 태도를 취해야 한다고 하면서 상담자가 내담자와 진실한 관계와 효과적인 관계를 형성하기 위해 중요한 요소로는 공감적 이해, 무조건적 긍정적 존중, 진정성 등을 제시하였다.

상담이 성공적으로 진행되기 위해서는 내담자가 관심과 보살핌을 받고 이해받고 있다고 느끼며, 진솔하게 상담에 임하는 것이 중요하다. 이러한 태도를 통해 상담자는 내담자와 신뢰관계를 형성하고, 내담자가 자신의 문제를 해결하고 성장할 수 있도록 도울 수 있다.

(1) 공감적 이해(empathetic understanding)

로저스의 공감적 이해는 먼저 상대방의 말과 행동을 주의 깊게 관찰하고, 감정과 생각을 추측한다. 다음은 추측한 내용을 상대방에게 확인하고, 감정과 생각을 공감한다. 마지막으로 상대방에게 적절한 조언이나 도움을 제공한다.

이는 상대방과의 관계를 개선하고, 문제를 해결하는 데 도움을 줄 수 있으며, 자신의 감정을 조절하고, 상대방을 객관적으로 파악하는 것이 중요하다.

하지만, 공감적 이해는 쉬운 일이 아니다. 상대방의 감정과 생각을 이해하는 것은 때로는 어려울 수 있으며, 상대방의 감정에 지나치게 몰입하거나, 상대방의 문제를 해결하는 데에만 집중하는 것은 오히려 역효과를 가져올 수 있다.

따라서, 공감적 이해를 하기 위해서는 자신의 감정을 조절하고, 상대방의 감정과 생각을 객관적으로 파악하는 것이 중요하다. 상대방의 감정을 이해하고 공감하는 것이 어려울 때는 전문가의 도움을 받는 것이 좋다.

(2) 무조건적 긍정적 존중(unconditioned positive regard)

로저스의 무조건적 긍정적 존중은 상대방을 평가하거나 판단하지 않고, 있는 그대로 받아들이는 것을 말하며, 상대방의 장점이나 단점을 구분하지 않고, 모든 것을 존중한다.

이는 상대방과의 관계를 개선하고, 성장을 돕는 데 매우 중요한 역할을 하며 자신감을 높이고, 자기주도성을 촉진할 수 있다.

또한 상대방의 문제를 해결하는 데에도 도움을 줄 수 있고 자신의 문제를 스스로 해결할 수 있는 능력을 키울 수 있다. 이를 위해서는 자신의 감정을 조절하고, 상대방을 존중하는 태도를 가지는 것이 중요하다.

(3) 진정성(genuineness)

로저스의 진정성(genuineness)은 다음과 같은 특징을 가지고 있다.

첫째, 자신의 생각, 감정, 경험을 솔직하게 표현하고, 다른 사람들과 공유한다.

둘째, 자신의 가치관과 신념을 존중하고, 이를 바탕으로 행동한다.

셋째, 다른 사람들과 상호 작용할 때, 상대방을 존중하고 배려한다.

이는 상대방과의 관계를 개선하고, 자신의 성장을 돕는 데 매우 중요한 역할을 한다.

로저스는 진정성을 통해 상담자가 내담자와 함께 성장할 수 있다고 믿었다.

따라서 진정성은 상담자와 내담자 간의 신뢰를 구축하고 효과적인 상담을 이끌어내는 데 중요한 역할을 한다. 그러므로 상담자는 자신의 한계를 인정하고, 자신의 경험을 바탕으로 내담자를 이해하고, 그들의 성장을 돕는 데 노력해야 한다.

2) 성인학습 상담자의 일반적인 태도

성인학습 상담자의 태도는 성인학습 상담의 효과성과 성인학습자의 성장에 큰 영향을 미친다. 다음은 성인학습 상담자가 가져야 할 중요한 태도이다.

① 공감적 태도: 성인학습 상담자는 성인들의 감정과 생각을 이해하고 공감하는 태도를 가져야 한다. 이를 통해 성인들은 자신의 문제를 솔직하게 이야기하고, 상담자와의 신뢰를 형성할 수 있다.

② 적극적 태도: 성인학습 상담자는 성인들의 문제를 해결하기 위해 적극적으로 노력하는 태도를 가져야 한다. 이를 통해 성인들은 자신의 문제를 해결할 수 있다는 자신감을 얻고, 학습에 대한 동기를 부여할 수 있다.

③ 개방적 태도: 성인학습 상담자는 성인들의 의견을 존중하고, 개방적으로 받아들이는 태도를 가져야 한다. 이를 통해 성인들은 자신의 생각을 자유롭게 표현하고, 상담자와의 소통을 원활하게 할 수 있다.

④ 전문적 태도: 성인학습 상담자는 자신의 전문성을 바탕으로 성인들의 문제를 해결하는 태도를 가져야 한다. 이를 통해 성인들은 상담자의 전문성을 신뢰하고, 자신의 문제를 해결할 수 있다는 믿음을 가질 수 있다.

⑤ 자기관리 태도: 성인학습 상담자는 자신의 감정과 체력을 관리하는 태도를 가져야 한다. 이를 통해 성인들에게 안정감을 제공하고, 상담을 원활하게 진행할 수 있다.

⑥ 성실한 태도: 성인학습 상담자는 상담 시간을 준수하고, 성인들의 문제를 성실하게 해결하는 태도를 가져야 한다. 이를 통해 성인들은 상담자를 신뢰하고, 상담에 대한 만족도를 높일 수 있다.

⑦ 인내심 있는 태도: 성인학습 상담자는 성인들의 문제를 해결하는 데 시간

이 걸릴 수 있다는 것을 이해하고, 인내심 있는 태도를 가져야 한다. 이를 통해 성인들은 자신의 문제를 해결하는 데 필요한 시간과 노력을 투자할 수 있다.

위와 같은 태도를 바탕으로 성인학습 상담을 수행하면, 내담자의 문제를 효과적으로 해결하고, 학습자의 성장과 발달을 촉진할 수 있다.

2. 성인학습 상담자의 역할

1) 상담자의 일반적인 역할

상담자는 상담 대상자의 문제를 해결하고, 자기 성장을 촉진하는 역할을 수행한다. 이를 위해 상담 대상자와의 신뢰를 형성하고, 적극적으로 소통하며, 전문적인 지식과 기술을 활용한다.

① 상담 대상자의 문제 파악: 상담자는 상담 대상자의 문제를 파악하고, 그 원인을 분석한다. 이를 위해 상담 대상자의 과거 경험, 현재 상황, 미래 계획 등을 파악한다.

② 상담 대상자의 문제해결 방안 제시: 상담자는 상담 대상자의 문제를 해결하기 위한 방안을 제시한다. 이때, 상담 대상자의 성격, 가치관, 목표 등을 고려하여 적절한 방안을 제시한다.

③ 상담 대상자의 자기 이해 증진: 상담자는 상담 대상자의 자기 이해를 증진시킨다. 이를 위해 상담 대상자의 성격, 가치관, 목표 등을 파악하고, 자신의 행동과 생각을 이해할 수 있도록 돕는다.

④ 상담 대상자의 자기 성장 촉진: 상담자는 상담 대상자의 자기 성장을 촉진한다. 이를 위해 상담 대상자의 강점을 발견하고, 자신의 능력을 향상시킬 수 있도록 돕는다.

⑤ 상담 대상자의 사회적 지지 제공: 상담자는 상담 대상자의 사회적 지지를 제공한다. 이를 위해 가족, 친구, 동료 등과의 관계를 개선하고, 사회적 지

지를 받을 수 있도록 돕는다.

⑥ 상담 대상자의 문제 재발 방지: 상담자는 상담 대상자의 문제 재발을 방지한다. 이를 위해 상담 대상자의 문제를 예방하고, 문제가 재발할 경우 대처할 수 있는 방법을 제시한다.

상담자는 위와 같은 역할을 수행하면서, 내담자의 개인적인 특성과 상황을 고려하여 적절한 상담 방법을 선택하고, 상담 과정에서 발생할 수 있는 다양한 문제를 해결하기 위해 노력해야 한다.

2) 성인학습 상담자의 역할

① 학습 목표 설정: 성인학습 상담자는 성인들의 학습 목표를 설정하고, 그 목표를 달성할 수 있도록 돕는다. 이를 위해 성인들의 관심사, 능력, 목표 등을 파악하고, 적절한 학습 방법을 제시한다.

② 학습 동기부여: 성인학습 상담자는 성인들의 학습 동기를 부여하고, 지속적으로 학습을 할 수 있도록 돕는다. 이를 위해 성인들의 욕구와 동기를 파악하고, 학습에 대한 흥미와 관심을 유발한다.

③ 학습 방법 지도: 성인학습 상담자는 성인들의 학습 방법을 지도하고, 효과적인 학습을 할 수 있도록 돕는다. 이를 위해 성인들의 학습 습관을 파악하고, 학습에 대한 전략을 제시한다.

④ 학습 스트레스 관리: 성인학습 상담자는 성인들의 학습 스트레스를 관리하고, 건강한 학습환경을 조성한다. 이를 위해 성인들의 스트레스 요인을 파악하고, 스트레스를 해소할 수 있는 방법을 제시한다.

⑤ 학습 성과 평가: 성인학습 상담자는 성인들의 학습 성과를 평가하고, 그 결과를 바탕으로 피드백을 제공한다. 이를 통해 성인들은 자신의 학습 성과를 확인하고, 개선할 수 있다.

⑥ 학습환경 조성: 성인학습 상담자는 성인들의 학습환경을 조성하고, 학습에 필요한 자원을 제공한다. 이를 위해 성인들의 학습 공간, 교재, 도구 등을 제공하고, 학습에 필요한 정보를 제공한다.

⑦ 자기주도적 학습 지원: 성인학습 상담자는 성인들의 자기주도적 학습을 지원하고, 독립적인 학습능력을 향상시킨다. 이를 위해 성인들의 자기주도적 학습능력을 파악하고, 스스로 학습을 계획하고 실행할 수 있도록 돕는다.

3. 성인학습 상담자의 역량

상담 과정에서 상담자는 중요한 도구이며, 상담의 효과에 큰 영향을 미치는 요인이다. 그러므로 상담자는 상담에 대한 이론적 지식과 전문성, 실제적 상담 능력과 기술, 인격적 자질 등을 갖추어야 한다.

따라서 상담자의 역량은 상담의 성과에 직접적이고 핵심적인 영향을 미치므로, 상담자는 자신의 역량을 지속적으로 키워나가야 한다. 특히, 성인학습 상담자의 역량은 개인의 경험과 전문성에 따라 차이가 있을 수 있으므로 지속적인 학습과 개발을 통해 역량을 향상시키는 것이 중요하다.

1) 인지적 역량

① 학습이론에 대한 이해: 학습의 원리와 과정을 이해하고, 이를 바탕으로 성인들의 학습을 효과적으로 지원할 수 있다.

② 성인의 특성에 대한 이해: 성인은 청소년이나 아동과는 다른 특성을 가지고 있으며, 이러한 특성을 이해하고, 성인들의 학습을 효과적으로 지원할 수 있는 방법을 모색해야 한다.

③ 자기주도적 학습에 대한 이해: 성인은 스스로 학습을 계획하고 실행하는 능력이 필요하다. 이를 이해하고, 성인들의 자기주도적 학습을 지원하고 촉진하는 역할을 수행해야 한다.

④ 상담이론에 대한 이해: 상담의 원리와 과정을 이해하고, 이를 바탕으로 성인들의 문제를 해결하고, 자기 성장을 촉진할 수 있다.

⑤ 정보처리 능력: 다양한 정보를 수집하고, 이를 분석하여 성인들의 학습에 필요한 정보를 제공할 수 있다.

⑥ 문제해결 능력: 성인들의 문제를 해결하는 데 필요한 능력으로, 문제를 분석하고, 다양한 해결책을 모색하며, 이를 실행하고 평가할 수 있어야 한다.

2) 기술적 역량

① 컴퓨터 활용 능력: 성인들의 학습을 지원하기 위해 컴퓨터를 활용할 수 있어야 한다. 컴퓨터를 이용하여 학습 자료를 제작하고, 학습 프로그램을 운영할 수 있어야 한다.

② 스마트폰 활용 능력: 성인들의 학습을 지원하기 위해 스마트폰을 활용할 수 있어야 한다. 스마트폰을 이용하여 학습 자료를 제공하고, 학습자들과 소통할 수 있어야 한다.

③ 학습 도구 활용 능력: 학습 도구를 활용하여 성인들의 학습을 지원할 수 있어야 한다. 예를 들어, 학습 도구를 이용하여 성인들의 학습을 측정하고, 학습 성과를 평가할 수 있어야 한다.

④ 자료 분석 능력: 자료를 분석하여 성인들의 학습에 필요한 정보를 추출할 수 있어야 한다.

⑤ 프레젠테이션 능력: 성인들에게 학습 내용을 효과적으로 전달할 수 있어야 한다. 이를 통해 성인들의 학습 동기를 유발하고, 학습 효과를 높일 수 있다.

3) 행동적 역량

① 적극성: 성인학습상담자는 성인들의 학습을 촉진하기 위해 적극적으로 행동해야 한다. 성인들의 관심사를 파악하고, 그에 맞는 학습 방법을 제시하며, 학습 과정에서 발생하는 문제를 해결하기 위해 노력해야 한다.

② 공감능력: 성인들의 감정을 이해하고 공감하는 능력이 필요하다. 성인들의 문제를 해결하기 위해서는 그들의 감정을 이해하고, 그에 맞는 대처 방법

을 제시해야 한다.

③ 소통능력: 성인들과 원활하게 소통할 수 있어야 한다. 성인들의 의견을 경청하고, 그에 맞는 피드백을 제공하며, 성인들의 요구에 맞게 학습 프로그램을 조정할 수 있어야 한다.

④ 인내심: 성인들의 학습은 시간이 오래 걸릴 수 있으므로, 인내심을 가지고 성인들의 학습을 지원해야 한다.

⑤ 성실성: 성인들의 학습을 책임감 있게 수행해야 한다. 학습 계획을 세우고, 이를 꾸준히 실천하며, 성인들의 학습 성과를 평가하고, 그에 따라 적절한 피드백을 제공해야 한다.

⑥ 자기관리능력: 자신의 감정과 체력을 관리하고, 시간을 효율적으로 활용할 수 있어야 한다. 이를 통해 성인들의 학습을 효과적으로 지원할 수 있다.

이러한 역량을 갖춘 성인학습 상담자는 성인들의 학습을 효과적으로 지원할 수 있으며, 성인들의 자기 성장을 촉진할 수 있다.

제2절 성인학습 상담자의 자질

성인학습 상담자는 성인학습에 대한 전문적인 지식과 기술을 가지고 있어야 하며, 학습자의 감정을 이해하고 공감할 수 있어야 한다. 또, 학습자의 문제를 해결하기 위해 적극적으로 노력해야 하며, 학습자와 원활하게 소통할 수 있어야 한다. 더불어, 문제를 해결할 수 있는 능력을 가지고 있어야 하며, 자신의 역량을 지속적으로 개발해야 한다.

상담자의 자질을 인간적 자질과 전문적 능력의 두 가지 측면으로 분류한 사람은 칼 로저스(Carl Rogers)이다. 칼 로저스는 상담자의 인간적 자질로 온정성, 공감적 이해, 진실성, 무조건적 존중을 제시하였으며, 전문적 능력으로는 상담 이론과 기술, 심리검사와 평가, 상담윤리와 법적 책임을 제시하였다.

이러한 인간적 자질과 전문적 능력은 상담자가 상담을 효과적으로 수행하기 위해 필요한 요소로, 상담자는 이를 바탕으로 상담을 진행한다.

1. 성인학습 상담의 특성과 어려움, 그리고 중요성

1) 성인학습 상담의 특성

성인학습자는 자신의 목표와 요구에 따라 학습을 계획하고 실행하며, 자신의 경험과 지식을 바탕으로 학습을 진행한다. 또한 성인학습자는 다양한 요구를 가지고 있으며, 시간과 비용 등의 제약이 있고 직장이나 가정 등의 일상생활과 학습을 병행해야 한다. 그리고 성인학습자는 자신의 경험과 지식을 바탕으로 학습에 대한 동기부여가 높다.

따라서 상담자는 성인학습자의 자기주도성을 존중하고, 지원해야 하며, 성인학습자의 경험을 존중하고, 이를 활용하여 학습을 촉진해야 한다. 상담자는 성인학습자의 시간과 비용 등의 제약을 고려하여, 효율적인 학습 방법을 제시하고 지원해야 한다. 그리고 상담자는 성인학습자의 요구를 파악하고, 이를 충족시키는 맞춤형 학습 지원을 제공해야 하며, 성인학습자의 동기부여를 높이고, 지속적인 학습을 유도해야 한다.

2) 성인학습 상담에서 어려운 점

성인학습 상담에서 가장 어려운 점은 다양한 상황과 개인의 특성을 고려하여 맞춤형 상담을 제공하는 것이다. 성인학습자들은 다양한 배경과 경험을 가지고 있다. 그러므로 그들의 성격, 가치관, 문제, 목표 등을 이해하고 적절한 상담 방법을 선택해야 하는데 이는 종종 복잡하고 도전적이다.

성인은 자기 효능감과 동기부여를 갖추어야 하므로 상담자는 이러한 측면을 고려하여 학습자를 지원해야 한다. 또한 성인학습자의 내면 세계를 이해하고 공감하는 것은 어려운 작업이므로 상담자는 학습자의 감정, 불안, 우울, 스트레스 등을 인식하고 적절한 지원을 제공해야 한다.

따라서 상담자는 자기개발을 지속적으로 추구해야 한다. 성인학습 상담자는 새로운 지식과 기술을 습득하고 학습자의 다양한 상황에 대응할 수 있어야 한다. 이러한 어려움을 극복하기 위해 상담자는 지속적인 교육과 자기 성장을 추구하며, 학습자와의 신뢰 관계를 구축하고 유지하는 데 노력해야 한다.

3) 성인학습 상담에서 중요한 점

성인학습 상담에서 가장 중요한 점은 앞에서 언급한 것과 같이 상호적인 신뢰 관계를 구축하는 것이다. 이것이 성공적인 상담의 핵심이다. 상호적인 신뢰 관계를 형성하면 학습자가 자신의 어려움과 감정을 솔직하게 표현할 수 있으며, 상담자는 그들을 이해하고 지원할 수 있다. 이를 통해 학습자의 성장과 발전을 도모할 수 있다.

먼저 성인의 특성을 고려해야 한다. 성인은 아동이나 청소년과는 달리 자신의 경험과 지식을 바탕으로 문제를 해결하려는 경향이 있으며, 자신의 가치관과 목표에 따라 학습을 선택하고 주도하려는 경향이 있다.

다음은 학습 목표를 고려해야 한다. 성인학습 상담에서는 성인의 학습 목표를 파악하고, 이를 달성하기 위한 전략을 수립하는 것이 중요하다.

그리고 문화적 배경을 고려해야 한다. 성인은 다양한 문화적 배경을 가지고 있으며, 이는 성인의 학습에 영향을 미칠 수 있다. 성인학습 상담에서는 성인의 문화적 배경을 이해하고, 이를 고려하여 상담을 진행해야 한다.

마지막으로 자기주도적 학습을 촉진해야 한다. 성인은 자기주도적으로 학습을 수행하는 경향이 있으므로, 성인학습 상담에서는 성인의 자기주도적 학습을 촉진하고, 학습에 대한 동기를 부여하는 것이 중요하다.

2. 성인학습 상담자의 인간적 자질

칼 로저스는 인간 중심 상담 이론을 개발한 심리치료 연구자로, 상담자와 내담자 간의 관계를 중시하며, 일치성, 무조건적인 긍정적인 존중, 공감적 이해를 통해 인간의 성장과 발전을 촉진했다. 이러한 조건의 충족은 내담자로 하여금 수용받고 소중히 여겨진다는 느낌을 갖게 하고, 자신을 스스로 돌보는 태도를 발전시킨다고 믿었다.

따라서 성인학습 상담자는 다양한 방법과 기법을 사용하여 문제를 해결하지만, 학습자가 겪고 있는 문제의 의미와 상황을 이해하고 판단하는 것이 중요하다. 이를 위해서는 자신을 이해하고, 자신의 문제를 해결할 수 있는 능력이 필요하다.

1) 공감 및 적극적 경청

성인학습 상담자는 내담자의 감정을 이해하고, 그들의 입장에서 생각할 수 있어야 한다. 이를 통해 내담자의 불안감, 우울감, 분노 등의 감정을 해소하고, 그들의 문제를 해결하는 데 도움을 줄 수 있다. 성인학습 상담자는 내담자의 말을 주의 깊게 듣고, 그들의 생각과 감정을 파악할 수 있어야 한다. 이를 통해 내담자가 자신의 문제를 스스로 인식하고, 해결 방안을 모색할 수 있도록 도와준다. 이러한 공감 및 적극적 경청은 성인학습 상담에서 내담자와 신뢰로운 관계를 형성하고, 그들의 문제를 효과적으로 해결할 수 있다.

2) 커뮤니케이션 및 신뢰성

성인학습 상담자는 내담자와 효과적으로 소통할 수 있어야 한다. 이를 위해 적절한 언어와 비언어적 표현을 사용하고, 내담자의 말을 경청하고 공감하는 능력이 필요하다. 성인학습 상담자는 내담자에게 신뢰감을 줄 수 있어야 한다. 이를 위해 자신의 전문성을 유지하고, 약속을 지키며, 내담자의 비밀을 보호하는 등의 노력이 필요하다. 이를 통해 내담자와 원활하게 소통하고, 그들에게 신뢰감을 줄 수 있다.

3) 인내심과 동기부여 기술

성인학습 상담자는 내담자의 문제를 해결하는 데 시간이 걸릴 수 있다는 것을 이해하고, 인내심을 가지고 상담을 진행해야 한다. 성인학습 상담자는 내담자의 학습에 대한 동기를 부여하는 기술을 가지고 있어야 한다. 이를 위해 다양한 방법을 활용하여 내담자의 흥미와 관심을 유발하고, 그들의 목표를 달성할 수 있도록 도와야 한다. 이를 통해 내담자의 문제를 효과적으로 해결하고, 그들의 학습에 대한 동기를 부여할 수 있다.

4) 적응성과 문화적 역량

성인학습 상담자는 다양한 상황에 적응할 수 있는 능력을 가지고 있어야 한다. 이를 위해 상황에 따라 적절한 상담 방법을 선택하고, 내담자의 요구에 맞게 상담을 진행할 수 있어야 한다. 성인학습 상담자는 다양한 문화적 배경을 가진 성인학습자들과 소통할 수 있는 능력을 가지고 있어야 한다. 이를 위해 문화적 차이를 이해하고 존중하며, 다양한 문화적 배경을 가진 성인학습자들의 요구에 맞게 상담을 진행할 수 있어야 한다. 이를 통해 다양한 상황에 유연하게 대처하고, 다양한 문화적 배경을 가진 성인학습자들과 원활하게 소통할 수 있다.

5) 문제해결, 지략, 긍정적인 태도

성인학습 상담자는 내담자가 가진 문제를 해결하는 데 필요한 지식과 기술을 가지고 있어야 한다. 이를 위해 다양한 상담이론과 기술을 활용하고, 내담자와 함께 문제를 해결하는 과정을 이끌어 나가야 한다.

성인학습 상담자는 상황에 따라 적절한 전략을 수립하고 실행하는 능력을 가지고 있어야 한다. 이를 통해 내담자의 문제를 효과적으로 해결하고, 그들의 학습에 대한 성과를 높일 수 있다. 성인학습 상담자는 긍정적인 태도를 가지고 있어야 한다. 이를 통해 내담자에게 긍정적인 영향을 미치고, 그들의 성장과 발전을 촉진할 수 있다.

3. 성인학습 상담자의 전문적 자질

윌리엄 글래서(William Glasser)는 현실치료 이론을 제시한 심리학자로, 『현실치료(Reality Therapy)』(Harper & Row, 1965)와 『선택이론과 현실치료(Choice Theory and Reality Therapy)』(Harper & Row, 1966)에서 상담자의 전문적 자질로 책임감, 현실성, 자기결정성을 강조했다.

그러나 성인학습 상담자의 전문적인 자질은 상담이라는 전문적인 활동을 하는 데 요구되는 지식과 기술을 말하지만, 단순히 아는 수준의 지식과 기술이 아닌 이론과 기법을 상담 과정에서 적절하게 개입하고 판단할 수 있는 능력이 필요하다.

성인학습 상담은 학습자의 심리적 문제를 경감시켜 주고 성장과 발달을 촉진하는 목표를 갖는다. 이 목표를 달성하기 위해서는 상담에 필요한 지식과 경험, 이해를 제대로 갖추는 전문적 자질이 필요하다.

1) 교육 기반 및 인증

성인학습 상담자는 교육적 배경과 지식을 가져야 한다. 이는 학습이론, 성인의 발달, 학습전략 등을 이해하는 것을 의미한다. 교육 기반은 학습자에게 맞춤형 지도를 제공하고 효율적인 상담을 진행하는 데 필수적이다.

따라서 상담자는 대학이나 교육기관에서 제공하는 교육과정을 이수하고 학위나 자격증을 취득해야 한다. 이를 통해 자신의 전문성을 높이고, 내담자에게 신뢰감을 줄 수 있다.

성인학습 상담자는 전문적으로 활동하기 위해 인증을 받아야 한다. 이는 상담자의 전문성과 윤리적 책임을 보장한다. 인증은 상담자가 상담 이론과 기술을 숙지하고 내담자를 지원하는 데 필요한 능력을 입증하는 과정이다. 이를 통해 자신의 전문성을 인정받고, 내담자에게 더욱 전문적인 서비스를 제공할 수 있다.

2) 실제 경험 및 대인관계 기술

상담자는 내담자를 있는 그대로 이해하고 존중해야 한다. 내담자의 감정, 생각, 행동을 수용하며, 상호 협력적인 신뢰감을 형성해야 한다. 이를 통해 자신의 상담 기술을 향상시키고, 내담자의 문제를 효과적으로 해결할 수 있다.

상담 실습을 통해 실제 상담 경험을 쌓는 것이 중요하다. 다양한 상황에서 상담 기술을 익히고 내담자와의 상호작용을 통해 능력을 향상시켜야 한다. 이를 통해 내담자와 원활하게 소통하고, 그들에게 신뢰감을 줄 수 있다.

이러한 경험과 기술을 통해 성인학습 상담자는 내담자와 효과적으로 상호작용하고 지속적인 성장을 이룰 수 있다.

3) 전문 교육 및 기술 자료

성인학습 상담자는 교육적 배경과 지식을 가져야 한다. 이는 학습 이론, 성인의 발달, 학습전략 등을 이해하는 것을 의미한다. 교육 기반은 학습자에게 맞춤형 지도를 제공하고 효율적인 상담을 진행하는 데 필수적이다. 이를 통해 성인학습과 상담에 대한 전문적인 지식과 기술을 습득하고, 자신의 전문성을 향상시킬 수 있다.

성인학습 상담자는 전문적으로 활동하기 위해 인증을 받아야 한다. 이는 상담자의 전문성과 윤리적 책임을 보장한다. 인증은 상담자가 상담 이론과 기술을 숙지하고 내담자를 지원하는 데 필요한 능력을 입증하는 과정이다. 이를 통해 상담에 필요한 도구와 자료를 제공하고, 내담자의 학습을 효과적으로 지원할 수 있다.

4) 문화적 역량 및 윤리적 기준

성인학습 상담자는 다양한 문화적 배경을 이해하고 존중해야 한다. 학습자의 문화적 차이를 인정하고 존중하는 태도가 필요하다. 성인학습 상담자는 다문화 교육에 대한 지식을 갖추어 다양한 문화적 관점에서 학습자를 지원하고 이해할 수 있어야 한다. 또한 상담자는 다양한 언어를 이해하고 사용할 수 있어야 하고 학습자의 언어적 요구를 충족시켜야 한다. 이를 위해 다양한 문화적 배경을 가진 사람들과 소통하고, 그들의 문화적 특성을 이해하는 노력이 필요하다.

성인 학습 상담자가 전문적으로 활동하려면 교육적 배경과 더불어 관련 자격증을 갖추어야 한다. 이러한 조건은 상담자의 전문성을 높이고 윤리적 책임을 다하는 데 필수적이다. 상담자는 언제나 학습자의 이익을 가장 우선시하며 그들의 기본적인 요구와 가치를 소중히 여겨야 한다. 아울러 상담자는 학습자의 개인 정보와 사생활을 철저히 지키며 윤리적 기준을 엄수함으로써 신뢰받는 관계를 구축해야 한다.

5) 지속적인 개선과 긍정적인 특성에 대한 헌신

성인학습 상담자는 지속적으로 자기개발에 힘써야 한다. 세미나, 워크숍, 학술대회 등을 통해 최신 동향을 파악하고 전문적인 지식을 갱신해야 한다. 그리고 상담자는 내담자와 동료들로부터의 피드백을 받아들여야 한다. 이를 통해 자신의 능력을 향상시키고 학습자에게 더 나은 지원을 제공할 수 있다.

상담자는 내담자의 감정을 공감하고 긍정적인 태도로 접근하여 내담자의 성장과 발전을 응원하며 긍정적인 에너지를 전달해야 한다. 또한 상담자는 다양한 상황에서 유연하게 대처하고 적응할 수 있어야 하며 긍정적인 마인드셋으로 어려움을 극복하고 학습자를 지원해야 한다.

성인학습 상담자는 성인들의 학습과 성장을 위해 헌신적인 태도를 가져야 한다. 이를 위해 자신의 시간과 노력을 투자하고, 성인들의 요구에 적극적으로 대응하는 것이 필요하다. 상담자는 자신의 전문성을 향상시키기 위해 자기 개발에 힘써야 한다. 이를 위해 지속적인 학습과 연구를 통해 자신의 역량을 강화하고, 새로운 지식과 기술을 습득하는 것이 중요하다.

성인학습 상담자는 다양한 교육 환경에서 성인학습자에게 지침과 지원을 제공하는 것을 전문으로 하는 전문가이다. 그들은 성인학습자가 교육 목표를 달성하도록 효과적으로 도울 수 있는 특정 자격, 전문성 및 자격 증명을 보유하고 있다. 이러한 전문 자격은 성인학습 상담자에게 다양한 교육 및 전문 환경에서 성인학습자에게 효과적이고 의미 있는 지원을 제공할 수 있는 지식, 기술 및 전문성을 갖추게 한다.

제3절 성인학습 상담의 윤리적 책무

상담자들은 상담을 진행하면서 자주 윤리적인 갈등에 직면하게 된다. 그러나 윤리기준은 윤리적인 결정을 내리는 데 일반적인 지침을 제공할 뿐 구체적인 상황에서 상담자가 어떻게 행동하는 것이 윤리적인 것인가에 대해서는 정확하게 명시하지 않고 있다. 따라서 상담자는 윤리기준을 자신의 구체적인 상황에 맞추어 해석하고 적용할 수 있어야 한다. 그러나 상담자가 어떤 기준과 신념에 따라서 행위를 선택해야 할지는 결코 쉬운 문제가 아니어서 자주 윤리적인 딜레마에 빠질 수 있다.

독일의 법철학자인 게오르크 옐리네크(Georg Jellinek, 1908)는 『일반 국가학』에서 '법은 도덕의 최소한'으로서 규정하며 윤리와 법의 관계에서 윤리의 중요성을 강조한 바 있다. 즉, 법을 지킨다는 것은 사회에서 요구되는 윤리적 행위의 최소한의 수준을 지킨다는 것을 의미하며, 윤리적 행동이란 단순히 법을 따르는 것 이상의 행동을 말한다.

한국상담심리학회는 인간의 존엄성과 가치를 존중하고 다양한 심리적 조력활동을 통해 개인이 자기를 실현하는 삶을 살도록 돕는 것을 목적으로 하고 있다. 이러한 목적을 구현하기 위하여 상담심리사 자격제도를 운영하고 있으며, 윤리강령을 통해 상담심리사의 역할과 책임을 명시하고 있다.

한편 전문적인 역량이 부족하거나 이를 유지하지 못하는 경우, 그리고 지속적인 스트레스나 심리적인 소진 등으로 인하여 능력을 상실한 경우에는 내담자를 전문적으로 조력하기 힘들고, 경우에 따라서는 오히려 해를 끼칠 가능성이 있어 윤리적인 문제가 발생하는 경우가 종종 있다.

성인학습 상담의 윤리적 책무는 상담자가 성인학습자를 상담하는 과정에서 지켜야 할 윤리적 책임을 말한다. 이는 성인학습자의 권익과 복지를 보호하고,

상담의 효과를 증진시키기 위해 중요하다.

1. 성인학습과 상담윤리

1) 상담심리사 윤리강령(한국상담심리학회)

한국상담심리학회 상담심리사 윤리강령은 상담심리사가 지켜야 할 윤리적 원칙과 행동지침을 제시하고 있다. 이는 상담심리사의 전문성을 유지하고, 내담자의 권익을 보호하기 위해 중요한 역할을 한다.

다음은 한국상담심리학회 상담심리사 윤리강령의 주요 내용이다.

① 전문가로서의 책임: 상담심리사는 전문가로서 자신의 능력과 한계를 인식하고, 전문적인 지식과 기술을 습득하며, 이를 적극적으로 활용해야 한다. 또한, 자신의 이익보다는 내담자의 이익을 우선시해야 한다.

② 내담자 보호: 상담심리사는 내담자의 개인정보와 비밀을 보호해야 하며, 이를 위반하는 행위를 해서는 안 된다. 또한, 내담자의 인권과 존엄성을 존중하고, 내담자의 심리적 안녕과 성장을 위해 노력해야 한다.

③ 교육과 훈련: 상담심리사는 지속적인 교육과 훈련을 통해 자신의 전문성을 향상시켜야 한다. 또한, 다른 전문가들과 협력하여 지식과 기술을 공유하고, 발전시켜야 한다.

④ 연구와 출판: 상담심리사는 연구를 수행할 때 윤리적 원칙을 준수해야 하며, 연구 결과를 출판할 때는 정확하고 공정한 정보를 제공해야 한다.

⑤ 사회적 책임: 상담심리사는 사회적 문제에 대해 관심을 가지고, 이를 해결하기 위해 노력해야 한다. 또한, 자신의 전문성을 활용하여 사회적 기여를 해야 한다.

⑥ 동료와의 관계: 상담심리사는 동료들과 협력하여 전문적인 발전을 추구해야 한다. 또한, 동료들 간에 존중과 배려를 바탕으로 상호작용해야 한다.

⑦ 윤리적 갈등 해결: 상담심리사는 윤리적 갈등이 발생할 경우, 이를 적극적으로 해결해야 한다. 이를 위해 윤리적 지침을 참고하고, 전문가들과 협의

하며, 필요한 경우 윤리위원회에 회부해야 한다.

상담심리사는 내담자와의 관계를 중시하며, 심리적인 어려움을 겪는 사람들에게 지속적인 지원을 제공한다. 이러한 역할은 다른 직업과는 다르게 상담심리사의 전문성과 윤리적 책임을 요구한다.

2) 성인학습자의 상담윤리

성인학습과 상담윤리는 성인학습자를 대상으로 하는 상담에서 지켜야 할 윤리적 원칙과 행동기준을 말한다. 이는 성인학습자의 권익과 복지를 보호하고, 상담의 효과를 증진시키기 위해 중요하다. 따라서 윤리적 원칙과 행동기준을 준수함으로써 성인학습 상담은 더욱 효과적이고 신뢰성 있게 이루어질 수 있다.

상담자는 상담 세션 중에 내담자가 공유한 정보의 기밀성을 보호해야 한다. 그러나 고객이나 다른 사람에게 즉각적인 해를 끼치는 상황과 같은 예외가 존재할 수 있다.

내담자는 상담의 성격과 목적, 상담자의 자격, 상담 과정의 잠재적인 위험과 이점에 대해 알 권리가 있다. 동의는 자발적이어야 하며 내담자는 상담 참여에 대해 질문하고 정보에 입각한 결정을 내릴 자유가 있어야 한다.

상담자는 내담자와 적절한 전문적 경계를 설정하고 유지해야 하며, 객관성을 손상하거나 이해 상충을 일으킬 수 있는 이중 관계를 피해야 한다. 그리고 상담자는 문화, 민족, 종교, 성적 취향 및 기타 측면의 차이를 포함하여 내담자의 다양성을 인식하고 존중해야 한다.

상담자는 자신의 능력 영역 내에서 실습해야 하며, 자신의 기술을 향상시키기 위해 지속적으로 전문적 개발과 감독을 모색해야 하며, 상담자는 내담자의 연령, 인종, 성별, 종교, 성적 취향, 장애 또는 기타 요인에 관계없이 차별적인 관행을 삼가고 서비스를 제공해야 한다.

내담자가 자신이나 타인에게 위험을 초래하는 경우, 상담자는 그러한 상황을 해당 당국에 보고할 법적, 윤리적 의무가 있을 수 있고, 상담자는 서비스 품질을 보장하고 발생할 수 있는 윤리적 딜레마를 해결하기 위해 정기적인 감독과 상담에 참여해야 한다.

상담자는 내담자에게 서비스를 제공할 때 자신의 웰빙과 효율성을 유지하기 위해 자기 관리를 우선시해야 한다.

윤리적 원칙을 준수하는 것은 신뢰 구축, 고객 복지 보장, 상담 전문직의 명성 유지의 기본이다. 상담자는 전문 기관이 제정한 윤리 강령을 숙지하고, 지속적인 윤리적 성찰에 참여해야 하며, 복잡한 윤리적 딜레마에 직면할 때 지침을 구해야 한다.

2. 성인학습 상담자의 윤리적 행동기준

상담에서 윤리에 대한 관심은 1976년 미국 캘리포니아의 타라소프(Tarasoff) 사례를 통해서 크게 확장되었다고 볼 수 있다. 이 사건은 상담자로 하여금 자신이 지키고 있는 윤리적 행위가 그 사회의 법과 갈등을 일으킬 수 있음을 인식시켜 주었고, 이런 갈등 상황일 때 상담자는 어떤 결정을 내려야 하는지에 대해 생각하는 계기가 되었다. 상담자가 윤리적으로 상담에 임하기 위해서는 무엇보다 상담 실제에서 만나게 되는 윤리적 문제들에 대한 충분한 지식과 판단 기준을 가지고 의사결정을 할 필요가 있다.

◎ Tarasoff 사례: 공익을 중시한 사례

상담자 사례의 비밀유지와 관련되어 직접적인 분쟁으로 된 사건으로 1976년 캘리포니아주 법원은 내담자가 다른 사람에게 해를 가할 수 있는 심각한 위험성을 보인다고 판단될 때 상담자는 의도된 희생적 사고를 막기 위하여 합리적인 보호를 사용해야 한다는 판결을 내렸다. 이후 다양한 법 제정을 통해 비밀유지의 한계상황과 대응방법들이 매뉴얼화되는 계기가 되었다.

◎ Redmond 사례: 개인의 비밀보호를 중시한 사례

기존의 Tarasoff 사례 이후 공개의 원칙이 강조되고, 그에 따라 상담자에게 정보의 공개가 강요되었으며, 공개하지 않을 경우 신체적, 물리적으로 제한을 받을 수밖에 없었다. 그러나 Redmond 사건에 대한 1996년 일리노이주 법원의 판례로 인하여 상담가의 비밀유지가 어느 정도 인정받을 수 있었으며, 이러한 특권이 없다면 치료가 불가능하다는 상담에서의 가치 또한 인정받을 수 있게 되었다.

◎ APA 윤리강령 내 비밀보호 관련 사항

APA의 심리학자윤리강령은 총 10개의 항목으로 구성된다. 그중 4장에 따르면 상담에서 내담자는 사생활과 비밀유지에 대한 권리를 지니며 상담자는 내담자의 권리를 우선시하고 최대한 존중해야 할 의무가 있다고 한다. 적용 범위의 한계 사항도 함께 명시되어 있는데, 내담자가 자타해의 위협을 보일 가능성이 높다고 판단될 때나 법적인 의무가 상담자의 비밀보호 의무보다 윤리적으로 우선한다는 판단이 내려질 때 내담자의 비밀유지권리에는 제한이 있을 수 있다고 한다. 하지만 이와 관련하여 상담자에게 법적인 강제의무를 지우지는 않으며 면책특권 또한 주어지지 않기 때문에 상담자의 전문적인 판단이 윤리적 딜레마가 발생하는 상황에서 중요하게 작용되는 것을 알 수 있다.

상담자는 내담자의 조력 욕구를 충족시켜 내담자의 태도와 행동의 변화를 통한 문제해결을 도모하도록 도와줄 책임이 있으며, 이와 함께 다른 전문직과 마찬가지로 윤리적 책임과 의무가 있다.

키치너(Kitchener, 1984)는 윤리적 상담을 위한 다섯 가지 원칙을 제안했다.

이 원칙들은 상담자가 내담자의 이익과 안녕을 보호하고 상담 과정에서 윤리적으로 적절한 행동을 취할 수 있도록 도와준다.

첫째, 자율성 존중(Respect of Autonomy): 내담자의 자율성을 존중한다. 내담자는 자신의 선택과 결정을 내릴 권리가 있으며, 상담자는 이를 존중해야 한다. 그리고 내담자의 의사결정에 대한 정보를 제공하고, 내담자가 스스로 선택할 수 있도록 도와준다.

둘째, 비유해성(Nonmaleficence): 내담자에게 해를 끼치지 않는 것이 최우선 과제이다. 상담자는 내담자의 이익을 위해 노력하며, 내담자에게 불이익을 주지 않도록 한다.

셋째, 선의(Beneficence): 내담자의 이익을 증진하기 위해 노력한다. 상담자는 내담자의 복지와 발전을 지원하고, 긍정적인 변화를 유도한다.

넷째, 공정성(Justice): 내담자를 공정하게 대우해야 한다. 상담자는 차별 없이 모든 내담자를 존중하고, 공정한 기회를 제공해야 한다.

다섯째, 충실성(Fidelity): 상담자는 내담자와의 신뢰 관계를 유지해야 한다. 약속을 지키고, 내담자의 비밀을 지켜야 한다.

상담자는 윤리적 원칙을 준수하고 내담자의 이익을 최우선으로 고려하는 데 노력해야 한다. 만약 원칙을 어겼을 때는 적절한 대처를 통해 상황을 개선하고 내담자와의 신뢰를 회복해야 한다.

상담자의 윤리문제와 관련하여 생각할 수 있는 하나의 원칙은 상담자는 내담자의 권리 및 상담자 자신의 상담에 대한 윤리관의 중요성을 충분히 인식하고 있어야 하며, 어떤 경우에라도 내담자의 인간으로서의 가치를 존중받고 보호되어야 한다는 것이다.

3. 성인학습 상담에서 윤리적 딜레마

1) 내담자 비밀 및 프라이버시 보장

성인학습 상담에서 내담자 기밀 유지 및 개인 정보 보호와 관련된 윤리적 딜레마에는 성인학습자의 개인 정보 보호 권리를 옹호하는 것과 학습자 또는 다른 사람의 안녕을 위해 공개가 필요할 수 있는 상황을 다루는 것 사이에서 일어난다.

- 윤리적 딜레마: 내담자의 개인 정보를 보호하는 것과 다른 사람의 안전을 고려하는 것 사이에서 발생할 수 있다. 상담자는 이러한 상황에서 관련된 위험 수준을 평가하고, 피해를 방지하기 위해 필요한 조치를 취해야 한다.
- 제3자의 참여: 성인학습자가 상담 과정에서 제3자의 참여를 요청하거나 동의할 수 있다. 이때, 상담자는 학습자로부터 명시적인 동의를 얻어야 하며, 상황에 따라 기밀 유지의 한계를 명확하게 전달해야 한다.
- 그룹 상담: 여러 참가자가 함께 토론하고 상호작용하기 때문에 개인의 기밀을 유지하는 것이 어렵다. 상담자는 그룹 환경 내에서 비밀유지에 대한

명확한 지침을 설정하고, 학습자에게 비밀 유지의 한계에 대해 교육해야 한다.

- 이중 역할: 상담자가 여러 역할을 맡은 경우, 역할 간에 공유할 수 있는 정보를 결정할 때 딜레마에 직면할 수 있다. 이때, 상담자는 역할 간 정보 공유에 관한 명확한 지침을 수립하고, 학습자에게 이중 역할과 관련된 한계와 경계를 알려야 한다.
- 전자 커뮤니케이션: 데이터 보안과 기밀 정보 침해 가능성에 대한 우려가 있다. 상담자는 안전한 의사소통 채널을 사용하고, 학습자에게 전자 의사소통과 관련된 위험에 대해 교육해야 한다.
- 법적 의무: 내담자의 기밀성과 개인 정보 보호를 보장하는 것은 법적 표준과 성인학습자의 고유한 요구 사항에 세심한 주의를 기울여야 하는 지속적인 프로세스이다. 상담자는 법적 요구 사항을 준수하고, 필요한 경우에는 학습자에게 명확한 정보를 제공하여 기대치를 관리하고 법적 의무를 이행해야 한다.

2) 상담에서의 다중관계

성인학습 상담에서 다중관계는 상담자가 교사, 감독자, 동료 등 여러 역할을 맡게 되는 상황에서 발생할 수 있는 윤리적 문제이다. 이는 잠재적인 이해 상충과 상담 관계의 객관성을 유지하는 데 어려움을 초래할 수 있다.

- 이해 상충: 상담자는 자신의 역할과 책임을 신중하게 평가하고, 학습자의 최선의 이익을 우선시해야 한다. 역할 간의 명확한 경계를 설정하고, 감독을 구하고, 윤리 지침을 참조하는 것이 중요하다.
- 권력 불균형: 여러 관계는 권력 불균형을 만들어 학습자의 자율성에 영향을 미칠 수 있다. 상담자는 권력 역학을 인식하고, 불균형을 완화하기 위한 사전 조치를 취해야 한다.
- 사전 동의: 학습자가 기밀 유지 및 상담 과정에 대한 이중 역할의 의미를 완전히 이해하지 못할 수 있으므로, 여러 관계가 존재할 때 사전 동의를 얻

는 것이 중요하다. 상담자는 사전 동의 과정에서 투명성을 우선시하고, 학습자가 경계와 잠재적 결과를 명확하게 이해하도록 해야 한다.

- 정보 공유: 서로 다른 역할 간에 정보를 공유하는 것이 포함될 수 있으며, 이는 기밀 유지 및 민감한 정보의 부주의한 공개에 대한 우려를 불러일으킨다. 상담자는 역할 전반에 걸쳐 기밀을 유지하기 위한 명확한 지침을 수립하고, 정보 공유를 각 특정 역할에 필요한 것으로 제한해야 한다.
- 경쟁 의무: 상담자는 다양한 역할에서 발생하는 경쟁적인 의무에 직면할 수 있으며, 이는 상담 관계에서 성인학습자의 요구와 관심을 우선시하는 것을 어렵게 만든다. 상담자는 학습자의 복지를 우선시하고, 필요한 경우 상담직의 윤리적 기준에 부합하는 결정을 내려야 한다.
- 역할 종료: 상담자는 한 역할의 종료를 미리 계획하고 전달하여 상담 관계에 대한 잠재적인 영향을 다루어야 한다. 결말을 논의하고 준비하는 것은 역할 전환과 관련된 윤리적 문제를 관리하는 데 도움이 된다.
- 문화적 차이: 다중관계에 대한 인식에 영향을 미칠 수 있으며, 문화적 규범과 학습자의 기대를 고려해야 한다. 문화적 민감성은 다양한 학습환경에서 다양한 관계의 윤리적 관리를 안내한다.

성인학습 상담에서 다중관계와 관련된 윤리적 딜레마를 다룰 때는 세심한 주의, 성찰 및 윤리 지침 준수가 필요하다. 동료와의 정기적인 감독 및 상담은 이러한 복잡한 상황을 탐색하는 데 귀중한 통찰력과 지침을 제공할 수 있다.

3) 상담 전 사전 동의

성인학습 상담에서 상담 전 사전 동의는 성인학습자가 상담 과정, 그 의미 및 비밀 유지의 경계를 명확하게 이해하도록 보장하고, 자율성과 정보 제공 권리를 존중하기 위해 중요하다.

- 충분한 정보 제공: 상담자는 성인학습자에게 부담을 주거나 불안을 주지 않으면서 사전 동의가 가능하도록 상담 과정에 대한 충분한 정보를 제공해야

한다. 이를 위해 명확하고 접근 가능한 방식으로 정보를 제공하고, 개별 요구와 수준에 맞춰 조정하는 것이 중요하다.

- 복잡성 전달: 상담 과정은 다양한 접근법과 잠재적인 결과를 포함하여 복잡할 수 있다. 상담자는 상담 과정, 잠재적인 이점 및 위험을 설명하기 위해 명확하고 전문 용어가 없는 언어를 사용하고, 점진적으로 정보를 제공하고 격려해야 한다.
- 정신건강 문제: 일부 성인학습자는 의사결정 능력에 영향을 미치는 정신건강 문제를 다루고 있을 수 있다. 이때 상담자는 사전 동의에 대한 학습자의 능력을 평가하고, 필요한 경우 법적 보호자나 정신건강 전문가를 참여시키는 등 추가 지원을 제공해야 한다.

성인학습 상담에서 고지된 동의와 관련된 윤리적 딜레마를 해결하려면 개별화된 의사소통, 문화적 감수성을 강조하고 의사결정 과정에서 학습자에게 권한을 부여하려는 노력이 필요하다. 정기적인 감독, 지속적인 전문성 개발, 윤리 지침 준수는 이러한 맥락에서 윤리적 의사결정에 기여할 수 있다.

4) 상담자의 자기공개

성인학습 상담에서 상담자의 자기공개는 상담 과정에서 상담자가 성인학습자와 의도적으로 개인 정보를 공유하는 것을 말한다. 이는 형식적인 장벽을 무너뜨리고, 상호작용의 진실성과 투명성을 보여주며, 공감과 연결감을 조성하는 데 도움이 될 수 있다.

- 잠재적 가치와 윤리적 딜레마: 상담 과정에서 상담자가 자신의 이야기를 언제, 어느 정도로 해야 할지 결정하는 것은 쉽지 않다. 이런 상황에서는 상담자는 자기공개가 어떤 가치를 가지고 있는지, 그리고 그것이 학습자와 상담 관계에 도움이 되는지를 신중하게 생각해야 한다.
- 문화적 차이: 자신의 이야기가 어떻게 받아들여질지에 영향을 줄 수 있다. 상담자는 문화적인 차이를 이해하고, 상대방의 문화적 배경과 기대에 맞게

자신의 이야기를 조절해야 한다.

- 균형과 기대치 설정: 상담자는 너무 많이 공유하여 더 가까운 관계로 이어지는 것과 너무 적게 공유하여 거리감을 초래하는 것 사이에서 적절한 균형을 찾아야 한다. 상담 관계 초기에 기대치를 언급하고 자기공개의 역할에 대한 지속적인 의사소통에 참여하는 것이 중요하다.
- 우선순위와 개인 정보 보호: 상담자는 개인적인 욕구보다 학습자의 필요를 우선시해야 하며, 자기공개는 상담자의 자기표현 욕구보다는 학습 목표와 학습자의 행복을 고려하여 이루어져야 한다. 자기공개 과정에서 다른 사람의 개인 정보를 공유할 때는 잠재적인 비밀 침해를 고려하여 주의해야 한다.

성인학습 상담에서 자기공개는 상담자와 학습자 간의 신뢰와 이해를 증진시키는 데 도움이 될 수 있지만, 신중하게 활용되어야 한다. 상담자는 자기공개의 시기, 내용, 목적을 평가하고, 학습자의 반응과 문화적 배경을 고려하며, 학습자의 안녕과 치료 목표를 우선시해야 한다.

투니크, 메드닉과 콘로이(Tunick, Mednick & Conroy, 2011)는 상담에서의 자기공개는 상담자와 내담자 간의 관계 형성에 도움이 되지만, 인터넷과 SNS의 발달로 인해 상담자의 자기개방이 온라인상에서도 이뤄지며, 이는 상담자의 통제력을 잃게 할 수 있다고 하였다.

4. 다문화·장애인 성인학습 상담과 윤리

1) 다문화 성인학습 상담과 윤리

오늘날에는 다른 문화적 배경에서 온 성인학습자와 함께 진로상담을 진행하는 시나리오를 고려해 볼 수도 있다. 상담자는 문화적 민감성을 나타내어 문화적 규범과 가치가 학습자의 진로 선택에 어떻게 영향을 미칠 수 있는지 이해해야 한다. 이러한 문화적 차이를 인정하고 존중함으로써 상담자는 보다 관련성 높은 상담을 제공할 수 있다.

성인학습 상담의 문화적 역량과 윤리적 소양은 다양한 문화적 배경을 가진 다문화 성인학습자에게 효과적인 상담 서비스를 제공하는 데 필수적인 측면이 있다.

(1) 다문화 성인학습 상담의 실제 과정

다문화 성인학습 상담의 초기 단계에서는 학습자의 자기소개, 관심사, 목표 등을 파악하고, 학습자의 문화적 배경과 언어 능력 등을 고려하여 상담을 진행한다. 이 단계에서는 학습자의 신뢰를 얻는 것이 중요하며, 학습자의 개인정보와 비밀을 보호해야 한다.

다문화 성인학습 상담의 중기 단계에서는 학습자의 목표 달성을 위한 계획을 수립하고, 학습자의 학습 동기를 강화하는 데 중점을 둔다. 이 단계에서는 학습자의 문화적 배경과 언어 능력을 고려하여 적절한 학습 방법을 제시하고, 학습자의 자기주도적 학습을 촉진해야 한다.

다문화 성인학습 상담의 종결 단계에서는 학습자의 목표 달성 여부를 평가하고, 학습자의 학습 성과를 격려한다. 이 단계에서는 학습자의 학습 경험을 정리하고, 향후 학습 계획을 수립하는 데 도움을 주어야 한다.

(2) 다문화 성인학습 상담의 윤리적 문제

다문화 성인학습 상담에서는 문화적 차이에 대한 이해 부족으로 인해 윤리적 문제가 발생할 수 있다. 이를 해결하기 위해서는 상담자가 다양한 문화적 배경을 가진 학습자들의 문화적 차이를 이해하고 존중하는 태도를 가져야 한다.

다문화 성인학습 상담에서는 언어 능력 부족으로 인해 윤리적 문제가 발생할 수 있다. 이를 해결하기 위해서는 상담자가 학습자의 언어 능력을 고려하여 상담을 진행하고, 필요한 경우 통역이나 번역 서비스를 제공해야 한다.

다문화 성인학습 상담에서는 학습자의 개인정보를 보호하는 것이 중요하다. 이를 위해 상담자는 학습자의 개인정보를 수집하고 이용하는 데 있어서 법적 규정을 준수하고, 학습자의 개인정보를 보호하기 위한 조치를 취해야 한다.

다문화 성인학습 상담에서는 학습자의 비밀을 보장하는 것이 중요하다. 이를 위해 상담자는 학습자의 비밀을 누설하거나 공개하지 않아야 하며, 학습자의 비밀을 보호하기 위한 조치를 취해야 한다.

다문화 성인학습 상담에서는 학습자를 차별하지 않는 것이 중요하다. 이를 위해 상담자는 학습자의 문화적 배경이나 언어 능력 등에 따라 차별하지 않아야 하며, 모든 학습자를 동등하게 대우해야 한다.

2) 장애인 성인학습 상담과 윤리

(1) 장애인 성인학습 상담의 특징

장애인은 비장애인과는 다른 신체적, 정신적, 사회적 특성을 가지고 있으므로 장애인 성인학습 상담은 장애인의 특성을 고려하여 진행되어야 한다.

장애인 성인학습 상담은 장애인의 자기결정권을 존중한다. 장애인은 자신의 학습에 대한 결정을 스스로 내릴 수 있어야 하며, 상담자는 장애인의 의견을 존중하고, 장애인의 의사결정에 참여하도록 유도해야 한다.

장애인 성인학습 상담은 개별 맞춤형으로 진행된다. 장애인은 각자의 장애 유형과 정도, 학습 경험 등이 다르기 때문에 상담자는 장애인의 특성과 요구에 맞게 맞춤형 상담을 제공해야 한다.

장애인 성인학습 상담은 사회적 지지를 제공한다. 장애인은 사회적 차별이나 편견 등으로 인해 어려움을 겪을 수 있기 때문에, 상담자는 장애인의 사회적 지지를 제공하고, 장애인의 사회적 참여를 증진하기 위해 노력해야 한다.

(2) 장애인 성인학습 상담의 실제 과정

장애인 성인학습 상담의 초기 단계에서는 학습자의 장애 유형과 정도, 학습 경험 등을 파악하고, 학습자의 요구와 목표를 파악한다. 이 단계에서는 학습자의 자기결정권을 존중하고, 장애로 인한 차별이나 편견을 방지해야 한다.

장애인 성인학습 상담의 중기 단계에서는 학습자의 목표 달성을 위한 계획을 수립하고, 학습자의 학습 동기를 강화하는 데 중점을 둔다. 이 단계에서는 학습자의 장애 유형과 정도를 고려하여 적절한 학습 방법을 제시하고, 학습자의 자기주도적 학습을 촉진해야 한다.

장애인 성인학습 상담의 종결 단계에서는 학습자의 목표 달성 여부를 평가하고, 학습자의 학습 성과를 격려한다. 이 단계에서는 학습자의 학습 경험을 정리하고, 향후 학습 계획을 수립하는 데 도움을 주어야 한다.

(3) 장애인 성인학습 상담의 윤리적 문제

장애인 성인학습 상담에서는 학습자의 자기결정권을 존중하는 것이 중요하다. 이를 위해 상담자는 학습자의 의견을 존중하고, 학습자의 의사결정에 참여하도록 유도해야 한다.

또한 장애인 성인학습 상담에서는 장애로 인한 차별이나 편견을 방지하는 것이 중요하다. 따라서 상담자는 장애에 대한 이해와 인식을 높이고, 장애인에 대한 편견을 제거하기 위해 노력해야 한다.

그리고 장애인 성인학습 상담에서는 학습자의 사생활을 보호하는 것이 중요하므로 상담자는 학습자의 개인정보를 수집하고 이용하는 데 있어서 법적 규정을 준수하고, 학습자의 개인정보를 보호하기 위한 조치와 학습자 비밀을 보호하기 위한 조치를 취해야 한다.

마지막으로 장애인 성인학습 상담에서는 상담자의 전문성을 유지하는 것이 중요하다. 이를 위해 상담자는 지속적으로 전문적인 교육과 훈련을 받아야 하며, 최신 연구와 동향을 파악하고 이를 적용해야 한다.

참고문헌

권두승 · 조아미(2018). **평생학습사회 실현을 위한 성인학습 및 상담**. 교육과학사.

권대봉(2021). **성인학습이론**. 박영스토리.

강진령(2019). **성인학습상담**. 서울: 동문사.

김순임(2006). **칼 로저스의 인간중심상담**. 서울: 학지사.

김충기, 신용주, 최규련, 천성문, 홍상황(2016). **상담심리학의 이해**. 서울: 학지사.

김희수(2020). **성인학습상담의 이론과 실제**. 서울: 신정.

변영계(2014). **성인학습전략**. 서울: 학지사.

유영만, 김영순(2020). **성인학습전략**. 러닝앤코

이장호(2005). **상담심리학의 기초**. 서울: 박영사.

이희수, 이재경, 정순영, 최운실(2021). **성인학습 및 상담**. 파주: 태영출판사.

김남희(2013). 성인학습자의 자기주도학습능력이 학습참여에 미치는 영향. **교육공학연구**, 29(1), 1-24.

김현숙(2021). 평생교육현장의 성인학습상담에 관한 연구 : 평생학습도시 평생교육기관을 중심으로. 서강대학교 교육대학원. 석사학위논문.

김혜경(2020). 성인학습상담자의 전문성 발달에 관한 연구. **교육심리연구**, 34(4), 853-870.

노안영, 강이영(2005). 상담자의 윤리적 갈등과 대처에 관한 연구. **한국심리학회지: 상담 및 심리치료**, 17(3), 681-704.

박성미 (2016). 성인학습자의 자기효능감, 자기조절학습능력, 학습참여 간의 구조적관계. **교육학연구**, 54(3), 195-216.

송재홍(2016). 평생학습사회에서 학습 조력자로서 상담자의 역할과 과제. 한국방송통신대학교 원격교육연구소, **평생학습사회**, 12(2), 25-47.

이경화 (2017). 성인학습자의 자기결정성이 학습참여에 미치는 영향: 자기효능감의 매개효과를 중심으로. **교육사회학연구**, 27(2), 123-145.

이경화 (2019). 성인학습상담자의 전문성 발달에 관한 연구. **교육사회학연구**, 29(3), 1-22.

조은산, 윤명희, 구경희. (2016). 평생교육 담당자의 평생학습상담 직무 탐색 및 요구도 분석. **직업교육연구**, 35(6), 65-84.

Glass, W. (1966). *Choice Theory and Reality Therapy*. New York, NY: Harper & Row. 256p.

Kitchener, J. O. (1984). Ethical considerations in counseling. *Journal of Counseling Psychology, 31*(2), 153-157.

Jellinek, G. (1908). *Allgemeine Staatslehre* (Vol. 1-3). Leipzig: Duncker & Humblot.

Taylor, John L., & Steers, Richard M. (Eds.). (2010). *Adult Learning: A Comprehensive Introduction*. San Francisco, CA: Jossey-Bass.

Thomas, John R., & Thomas, Karen A. (Eds.). (2010). Counseling Adult Learners. Alexandria, VA: Association for Supervision and Curriculum Development.

Tunick, M., Mednick, S., & Conroy, M. (2011). The impact of learning styles on academic achievement and engagement in online learning environments. *Computers & Education, 58*(3), 895-910.

ChatGPT 3.5 : https://chat.openai.com/

Copilot : https://copilot.microsoft.com/

CLOVE X : https://clova-x.naver.co/

Chapter 08

성인학습 상담과 심리

이석진 박사

개요

상담은 성인들이 삶의 다양한 어려움을 듣고 이해하며 해결하는 과정에서, 심리는 성인들의 정서, 인지, 행동, 관계 등을 이해하는 데 필요한 기반이 되어, 성인학습자들이 지속적으로 학습하고 발전하는 과정을 이해하는 데 도움을 준다. 따라서 성인학습, 상담, 심리는 서로 밀접한 관련이 있다.

이 장에서는 성인학습과 상담심리, 교육심리, 학습심리, 발달심리 등의 관계를 살펴보고, 성인학습 상담과 심리에 적용할 수 있는 다양한 이론들을 소개한다. 또한, 성인학습 상담과 심리의 동향과 전망을 살펴봄으로써, 이 분야의 발전 방향을 모색한다.

학습목표

1. 성인학습 상담과 심리에 대한 기본 개념을 이해한다.
2. 성인학습 상담과 심리의 주요용어와 이론을 설명할 수 있다.
3. 성인학습 상담의 실제 상황에서 적용할 수 있는 능력을 키운다.

주요단어

상담심리, 학습심리, 교육심리, 발달심리, 상담심리 이론과 학습 동기

제1절 성인학습 상담과 심리

성인학습 상담은 학습자의 심리적 문제를 경감시키고 성장과 발달을 촉진하는 목표를 가진다. 이를 위해 상담자는 학습자의 행동 변화를 촉진하고, 새로운 환경에 적응할 수 있는 기술을 습득하도록 돕고, 의사결정 능력을 증진시키며, 사회적 상호관계 속에서 심리적 조력관계를 개선하고, 학습자의 잠재력을 개발해야 한다.

따라서 성인학습 상담자는 학습자가 자기주도적인 학습 역량을 개발하도록 지원하고, 학습을 통한 진로 및 생애설계 과정을 도와야 한다. 또한 학습자의 상황에 맞는 커리어를 설계하고 실천할 수 있도록 조력하는 역할을 수행해야 한다.

그리고 성인학습상담자로서 필요한 지식, 기술, 태도를 갖추는 것이 중요하다. 이를 위해 상담자는 성인의 발달적 이해와 성인학습자의 특성을 이해하고, 상담 및 심리치료의 이론을 숙지해야 한다. 또한 상담 대화의 방법과 절차를 알고, 학습자의 실제 상황을 이해하며 상담을 효율적으로 진행해야 한다.

1. 성인학습자의 심리적 특성

1) 인지적 특성

다양한 경험과 지식을 바탕으로 새로운 지식을 빠르게 습득한다. 성인은 이미 많은 경험과 지식을 가지고 있기 때문에, 새로운 지식을 습득할 때 기존의 지식과 경험을 활용할 수 있다. 이를 통해 새로운 지식을 빠르게 습득하고, 이를 자신의 업무나 일상생활에 적용할 수 있다.

인지 능력을 스스로 조절한다. 자신의 인지 능력을 스스로 조절할 수 있으며, 자신의 학습 목표와 상황에 맞게 학습 방법을 선택하고 조절할 수 있다. 이를 통해 자신의 학습 효율을 높이고, 자신이 원하는 목표를 달성할 수 있다.

문제 해결 능력이 뛰어나다. 자신의 경험을 바탕으로 문제를 해결하는 능력이 뛰어나며, 새로운 문제를 해결할 때 자신의 경험을 바탕으로 다양한 해결 방법을 모색할 수 있다. 이를 통해 자신의 업무나 일상생활에서 발생하는 문제를 효과적으로 해결할 수 있다.

자기주도적인 학습능력이 있다. 자신의 학습 목표를 스스로 설정하고, 이를 달성하기 위해 스스로 계획을 세우고 실행하는 능력이 있다. 이를 통해 자신의 학습 효과를 높이고, 자신이 원하는 목표를 달성할 수 있다.

새로운 기술과 지식을 습득하는 데 적극적이다. 새로운 기술과 지식을 습득하는 데 적극적이며, 이를 자신의 업무나 일상생활에 적용하는 데 관심이 많다. 이를 통해 자신의 역량을 향상시키고, 자신이 속한 조직이나 사회에서 경쟁력을 높일 수 있다.

2) 정의적 특성

자신의 가치관과 신념을 바탕으로 학습에 참여하며, 자신의 목표와 동기를 스스로 부여할 수 있다. 이를 통해 자신이 원하는 목표를 달성할 수 있으며, 자신의 삶에 대한 만족도를 높일 수 있다.

자신의 경험을 바탕으로 학습에 대한 태도를 형성하며, 자신의 학습에 대한 책임감을 가지고 있다. 자신의 경험을 바탕으로 학습에 대한 긍정적인 태도를 형성할 수 있으며, 자신의 학습 효과를 높일 수 있다.

자신의 경험을 바탕으로 타인과의 관계를 형성하며, 타인과의 상호작용을 통해 학습을 진행할 수 있다. 이를 통해 타인과의 소통과 협력을 증진할 수 있으며, 자신의 사회적 역량을 향상시킬 수 있다. 자신의 학습에 대한 책임감을 가지고 있으며, 자신의 학습을 스스로 관리하고 조절할 수 있다. 자신의 학습 목표를 스스로 설정하고, 이를 달성하기 위해 스스로 계획을 세우고 실행하는 능력이 있다.

학습에 대한 열정과 호기심이 많으며, 새로운 지식과 기술을 습득하는 데 적극적이다. 자신의 역량을 향상시키고, 자신이 속한 조직이나 사회에서 경쟁력을 높일 수 있다.

3) 사회적 특성

자신의 직업과 사회적 역할을 수행하기 위해 학습을 진행하며, 자신의 직업과 사회적 역할에 대한 책임감을 가지고 있다. 이를 통해 자신의 업무 수행 능력을 향상시킬 수 있으며, 자신이 속한 조직이나 사회에서 인정받을 수 있다.

자신의 경험을 바탕으로 사회적 문제를 인식하고 해결하는 능력이 뛰어나며, 사회적 문제를 해결하기 위해 학습을 진행할 수 있다. 이를 통해 자신이 속한 사회에 기여할 수 있으며, 자신의 삶에 대한 만족도를 높일 수 있다.

자신의 경험을 바탕으로 타인과의 소통과 협력을 통해 학습을 진행할 수 있으며, 타인과의 소통과 협력을 통해 사회적 문제를 해결할 수 있다. 이를 통해 타인과의 관계를 증진할 수 있으며, 자신의 사회적 역량을 향상시킬 수 있다.

자신의 사회적 네트워크를 활용하여 학습에 필요한 정보를 수집하고, 이를 활용하여 학습을 진행할 수 있다. 자신의 사회적 네트워크를 통해 다양한 정보를 수집하고, 이를 활용하여 자신의 학습 효과를 높일 수 있다.

사회적 변화에 대한 적응력이 뛰어나며, 사회적 변화에 따라 자신의 학습 방법을 변화시킬 수 있다. 이를 통해 자신의 역량을 향상시킬 수 있으며, 자신이 속한 조직이나 사회에서 경쟁력을 높일 수 있다.

2. 성인학습과 상담

1) 성인학습과 상담심리

상담은 학습자의 심리적 문제를 해결하고 성장을 촉진하기 위해 심리적 지원을 제공하는 방법이다. 상담은 학습자의 자아성찰과 자기결정 능력을 강화하며, 학습자의 심리적 장애를 극복하도록 돕는다.

그리고 상담자는 학습자의 심리적 상태를 이해하고, 상담기법을 통해 학습자의 심리적 문제를 해결한다. 상담은 학습자의 심리적 측면을 고려하여 진행되며, 심리치료 이론과 기법을 활용한다.

성인학습은 성인들이 자신의 삶을 향상시키기 위해 새로운 지식과 기술을 습득하는 과정이고 상담심리는 인간의 심리적 문제를 해결하고 성장을 돕는 학문이다. 성인학습에서 상담심리를 활용함으로써 성인들은 자신의 삶을 더욱 풍요롭게 만들고 성장할 수 있다. 성인학습에서 상담심리는 다음과 같은 역할을 할 수 있다.

먼저 내담자는 상담심리를 통해 자신의 성격, 심리적 문제, 진로 등에 대하여 객관적인 자기 이해를 할 수 있다. 이를 통해 자신의 강점과 약점을 파악하고, 자신에게 맞는 학습 방법을 찾을 수 있다.

또한 상담자는 상담심리를 통해 성인학습자에게 학습에 대한 동기를 부여하고, 지속적인 학습을 할 수 있도록 돕는다. 이를 위해 자신의 목표를 설정하고, 목표를 달성하기 위한 계획을 세울 수 있도록 돕는다. 또한 스트레스를 관리하고, 학습에 집중할 수 있도록 돕는다. 이를 위해 스트레스를 유발하는 요인을 파악하고, 스트레스를 해소할 수 있는 방법을 찾을 수 있도록 돕는다.

성인학습자는 상담심리를 통해 자신의 진로를 탐색하고, 적합한 직업을 선택할 수 있도록 도움을 받을 수 있다. 이를 위해 자신의 관심 분야를 파악하고, 자신의 역량을 파악할 수 있다. 또한 상담심리를 통해 자기조절 능력을 향상시킬 수 있다. 자기조절 능력은 학습을 지속적으로 수행하는 데 중요한 역할을 한다.

그리고 상담심리를 통해 대인관계를 개선하며 자아실현을 이룰 수 있다. 자아실현은 인간의 가장 높은 수준의 욕구로, 자신의 잠재력을 발휘하고, 자신의 삶을 만족스럽게 살아갈 수 있도록 돕는다.

2) 성인학습과 교육심리

교육심리는 교육의 궁극적 목표를 이루는 데 핵심적인 역할을 하는 학문이다. 이는 교육 현장에서 학습자의 학습을 촉진하고 교육의 효과를 극대화하는 방안을 탐구한다. 특히 성인 학습의 맥락에서 교육심리는 성인들이 자신의 삶을 개선하고자 필요한 지식과 기술을 효과적으로 습득하도록 돕는다. 구체적으로 아래와 같은 역할을 수행한다.

첫째, 교육심리는 학습자의 인지적, 정서적, 행동적 특성을 깊이 있게 이해하도록 도와준다. 이를 통해 각 학습자의 고유한 학습 스타일, 동기, 능력 등을 파악하고 이에 맞는 맞춤형 학습 방법을 제시할 수 있다. 둘째, 교육심리는 학습자의 동기를 자극하고 유지하는 전략을 탐구한다. 이를 통해 학습자의 욕구를 파악하고 적절한 보상을 제공함으로써 지속적인 학습 참여를 유도한다. 셋째, 교육심리는 학습자의 특성과 목표에 부합하는 학습 전략을 개발하는 데 기여한다. 이로써 학습 효율성을 높이고 최종적인 학습 성과를 향상시킨다. 넷째, 교육심리는 학습자가 최적의 환경에서 학습할 수 있도록 돕는다. 학습자의 선호도를 고려하여 학습 환경을 조성하고, 학습을 저해하는 요소를 제거함으로써 학습 효과를 극대화한다. 다섯째, 교육심리는 학습자의 자기 주도적 학습 능력을 촉진한다. 자기 주도적 학습 능력을 키우는 방법을 제공하고, 이를 지원함으로써 학습자가 스스로 학습 과정을 이끌어 나갈 수 있도록 한다. 여섯째, 교육심리는 학습자가 문제 해결 능력을 키우고 창의성을 발휘하도록 돕는다. 문제 해결 능력과 창의성을 향상하는 방법을 제시하고, 이를 지원함으로써 학습자가 복잡한 문제에 대처하고 혁신적인 사고를 할 수 있도록 한다.

전체적으로 교육심리는 성인 학습자가 자신의 잠재력을 최대한 발휘하고 성공적인 학습 경험을 할 수 있도록 지원하는 데 중요한 역할을 한다.

3) 성인학습과 학습심리

학습심리학은 사람들이 학습하는 방법과 학습 과정을 이해하는 것과 관련된 심리학의 한 분야로 학습에 대한 이론과 연구를 바탕으로 학습자의 학습을 촉진하고, 학습성과를 향상시키는 방법을 연구한다. 성인학습에서 학습심리는 다음과 같은 역할을 한다.

먼저 성인학습 스타일 이해이다. 성인학습자들은 각자 다른 학습 스타일을 가지고 있다. 학습심리는 이러한 성인학습 스타일을 이해하고, 각 학습 스타일에 맞는 맞춤형 학습 방법을 제공한다. 예를 들어, 시각적 학습자에게는 시각적 자료를 제공하고, 청각적 학습자에게는 청각적 자료를 제공하는 등의 방법을 사용한다.

다음은 인지이론 적용이다. 인지이론은 인간의 인지 과정을 연구하는 이론이다. 학습심리는 인지이론을 적용하여 성인학습자들의 인지과정을 이해하고, 이를 바탕으로 효과적인 학습 방법을 제공한다. 예를 들어, 기억 이론을 적용하여 기억력을 향상시키는 방법을 제공하거나, 인지발달 이론을 적용하여 인지능력을 향상시키는 방법을 제공한다.

다음은 행동 원리 활용이다. 행동 원리는 인간의 행동을 연구하는 원리이다. 학습심리는 행동 원리를 활용하여 성인학습자들의 행동을 이해하고, 이를 바탕으로 효과적인 학습 방법을 제공한다. 예를 들어, 강화 원리를 활용하여 학습자의 학습 동기를 부여하거나, 모델링 원리를 활용하여 학습자의 행동을 개선하는 방법을 제공한다.

다음은 동기부여 및 자기효능 촉진이다. 학습심리는 성인학습자들의 동기부여와 자기효능을 촉진하는 역할을 한다. 동기부여는 학습자들이 학습을 지속적으로 수행할 수 있도록 하는 원동력이며, 자기효능은 학습자들이 자신의 능력을 믿고, 자신감을 가지고 학습을 수행할 수 있도록 하는 요소이다.

마지막으로 메타인지 및 자기조절 촉진이다. 학습심리는 메타인지와 자기조절을 촉진하는 역할을 한다. 메타인지는 자신의 인지 과정을 인식하고, 조절하는 능력이며, 자기조절은 자신의 학습을 스스로 조절하고, 통제하는 능력이다.

이러한 역할을 통해 학습심리는 성인들이 자신의 학습을 효과적으로 수행할 수 있도록 돕는다.

4) 성인학습과 발달심리

발달심리학은 인간의 생애 주기에 따른 발달과정을 연구하는 학문으로, 성인기의 발달과 학습에 대한 연구도 포함하고 있다. 발달심리는 인간의 발달과정을 연구하는 학문으로, 인간의 신체적, 인지적, 사회적, 정서적 발달 등을 연구한다. 따라서 성인학습은 성인들이 자신의 삶을 향상시키기 위해 새로운 지식과 기술을 습득하는 과정으로, 발달심리와 밀접한 관련이 있다. 성인학습에서 발달심리는 다음과 같은 역할을 한다.

먼저 성인의 발달단계 이해이다. 발달심리는 성인의 발달단계를 이해하고, 각

발달단계에 맞는 맞춤형 학습 방법을 제공한다. 예를 들어, 성인 초기에는 자기개발과 진로탐색에 대한 관심이 높아지므로, 이에 맞는 학습 방법을 제공하고, 성인 중기에는 가족과 직장에서의 역할 변화에 따라 필요한 지식과 기술을 습득할 수 있도록 돕는다.

다음은 성인의 인지적, 정서적, 사회적 발달 고려이다. 발달심리는 성인의 인지적, 정서적, 사회적 발달을 고려하여 학습 방법을 제공한다. 예를 들어, 인지적 발달 수준에 따라 학습 내용과 난이도를 조절하고, 정서적 발달 수준에 따라 학습 동기를 부여하며, 사회적 발달 수준에 따라 학습환경을 조성한다.

다음은 성인의 자기주도적 학습촉진이다. 발달심리는 성인의 자기주도적 학습을 촉진한다. 성인은 자신의 삶을 스스로 결정하고, 책임져야 하기 때문에 자기주도적 학습이 필요하다. 발달심리는 성인의 자기주도적 학습을 촉진하기 위해 자기결정성 이론과 같은 이론을 적용한다.

다음은 성인의 문제해결 능력향상이다. 발달심리는 성인의 문제해결 능력을 향상시킨다. 성인은 일상생활에서 다양한 문제를 직면하게 되는데, 발달심리는 성인의 문제해결 능력을 향상시키기 위해 문제해결 이론을 적용한다.

마지막으로 성인의 사회적 상호작용 촉진이다. 발달심리는 성인의 사회적 상호작용을 촉진한다. 성인은 사회적 존재로서 다른 사람들과 상호작용하며, 사회적 관계를 형성한다. 발달심리는 성인의 사회적 상호작용을 촉진하기 위해 사회학습 이론과 같은 이론을 적용한다.

이러한 역할을 통해 성인학습에서 발달심리는 성인학습자들이 자신의 삶을 향상시키기 위해 필요한 지식과 기술을 효과적으로 습득할 수 있도록 돋는다.

제2절 성인학습 상담과 심리이론

성인학습 상담은 성인의 학습을 촉진하고, 학습에 어려움을 겪는 성인을 돕기 위한 상담이고, 심리이론은 인간의 행동과 심리를 설명하고 예측하는 데에 도움을 주는 이론으로, 다양한 분야에서 활용되고 있다.

성인학습 상담에서는 이러한 심리이론을 바탕으로 성인의 학습을 이해하고, 학습을 촉진하는 방법을 찾는다. 예를 들어, 인지주의 학습이론을 바탕으로 성인의 인지과정을 이해하고, 효율적인 학습 방법을 제시할 수 있다. 또, 행동주의 학습이론을 바탕으로 학습자의 행동을 관찰하고, 보상과 처벌을 활용하여 학습을 촉진할 수 있다.

성인의 심리적 특성을 고려하여, 상담을 통해 성인의 자기조절능력을 향상시키고, 학습에 대한 동기를 부여할 수 있다.

1. 성인학습 상담의 이론적 적용

성인학습 상담의 이론적 적용은 성인학습자의 특성과 학습에 대한 요구를 고려하여 상담을 진행하는 것을 의미한다. 이를 위해서는 다양한 이론적 배경과 방법을 활용할 수 있다.

1) 성인학습 상담의 이론적 적용

① 개인주의 상담: 개인주의 상담은 성인학습자의 개인적인 특성과 요구를 고려하여 상담을 진행하는 이론이다. 성인학습자는 자신의 경험과 지식을 바탕으로 학습을 진행하기 때문에, 개인주의 상담은 성인학습자의 자기주도적인 학습을 촉진하는 데에 초점을 둔다.

② 인지주의 상담: 인지주의 상담은 성인학습자의 인지적 과정을 고려하여 상담을 진행하는 이론이다. 성인학습자는 자신의 인지적 능력과 한계를 인

식하고, 이를 바탕으로 학습을 진행해야 한다. 인지주의 상담은 성인학습자의 인지적 능력을 향상시키고, 학습에 대한 자신감을 높이는 데에 초점을 둔다.

③ 행동주의 상담: 행동주의 상담은 성인학습자의 행동을 변화시키는 데에 초점을 두는 이론이다. 성인학습자는 자신의 행동을 변화시킴으로써 학습을 진행할 수 있다. 행동주의 상담은 성인학습자의 행동을 관찰하고, 이를 바탕으로 적절한 피드백을 제공하여 행동을 변화시키는 데에 초점을 둔다.

④ 교류분석 상담: 교류분석 상담은 성인학습자의 대인관계를 개선하는 데에 초점을 두는 이론이다. 성인학습자는 자신의 대인관계를 개선함으로써 학습을 진행할 수 있다. 교류분석 상담은 성인학습자의 자아상태를 분석하고, 이를 바탕으로 대인관계를 개선하는 데에 초점을 둔다.

⑤ 실존주의 상담: 실존주의 상담은 성인학습자의 삶의 의미를 찾는 데에 초점을 두는 이론이다. 성인학습자는 자신의 삶의 의미를 찾음으로써 학습을 진행할 수 있다. 실존주의 상담은 성인학습자의 삶의 의미를 탐색하고, 이를 바탕으로 학습을 진행하는 데에 초점을 둔다.

2) 성인학습 상담의 실제적 적용

① 상담 계획 수립: 상담 계획을 수립할 때는 성인학습자의 특성과 요구를 고려하여 상담의 목표와 방법을 결정해야 한다.

② 상담 진행: 상담을 진행할 때는 성인학습자의 특성과 요구를 고려하여 적절한 대화 방식과 질문 방식을 선택해야 한다.

③ 상담 평가: 상담 평가는 상담의 효과를 평가하는 것이다. 상담 평가는 상담의 목표 달성 여부와 성인학습자의 변화를 파악하는 데에 중요하다.

④ 상담 종결: 상담 종결은 상담의 목표를 달성하거나, 성인학습자가 더 이상 상담을 받을 필요가 없을 때 이루어진다. 상담 종결은 성인학습자의 심리적 안정을 위해 중요하다.

⑤ 상담 사례 관리: 상담 사례 관리는 상담의 효과를 지속적으로 유지하기 위

해 중요하다. 상담 사례 관리는 성인학습자의 학습 상황을 지속적으로 파악하고, 필요한 지원을 제공하는 것이다.

이러한 이론적 배경과 실제적 적용을 통해 성인학습 상담은 성인학습자의 학습을 촉진하고, 성인학습자의 삶의 질을 향상시키는 데에 기여할 수 있다.

2. 심리이론

1) 프로이트의 정신분석이론(Freud's psychoanalytic theory)

지그문트 프로이트(Sigmund Freud)의 정신분석이론은 인간의 행동과 심리를 성적 충동과 무의식적 욕구에 의해 설명하는 이론이다. 인간의 마음을 의식과 무의식으로 구분하고, 무의식 속에 억압된 사고와 감정, 기억들이 인간의 행동에 영향을 미친다고 보았다.

인간의 성격을 세 가지 요소로 구성된 것으로 보았는데, 이드(id), 자아(ego), 초자아(superego)가 그것이다. 이 세 가지 요소는 상호작용하고 종종 갈등을 일으키며 인간의 생각, 행동, 성격을 형성한다.

그는 심리학과 정신분석학 분야에서 중요한 역할을 해왔으며, 무의식적인 심리 과정에 대한 연구로 유명하다. 프로이트는 성욕 이론, 꿈 해석, 정신분석 치료법 등을 개발하였고 그의 이론과 작업은 현재까지도 많은 영향을 미치고 있다.

(1) 의식, 무의식, 전의식

- 의식: 현재 느끼거나 알 수 있는 모든 경험과 감각을 말한다. 우리가 일상적으로 인식하는 모든 것이 의식에 해당된다.
- 전의식: 조금만 노력하면 의식으로 떠올릴 수 있는 경험이나 기억을 말한다. 전의식은 무의식과 의식을 연결하는 다리 역할을 하며, 우리가 일상생활에서 겪는 많은 생각과 감정이 전의식에 저장되어 있다.
- 무의식: 인간의 마음속에 존재하지만, 의식적으로 인식되지 않는 영역을 말

한다. 무의식은 인간의 행동과 사고에 큰 영향을 미치며, 프로이트는 무의식 속에 억압된 성적 충동과 욕구가 인간의 행동을 결정한다고 보았다.

(2) 삶의 본능과 죽음의 본능

프로이트는 인간이 쾌락원칙을 넘어서 두 가지 종류의 본을 가졌다고 주장했다.

- 삶의 본능(The Sexual or Life Instincts): 에로스(eros)는 긍정적이고 건설적인 힘의 토대로 작용하며, 성적 본능, 욕구 충족 본능, 창조적 본능, 사랑의 본능 등이 포함된다. 이 본능은 생명을 유지 발전시키고, 자신과 타인을 사랑하며, 한 종족의 번창을 가져오게 한다.
- 죽음의 본능(The Ego or Death Instincts): 타나토스(tanatos)는 어둡고 파괴적인 힘의 토대로 작용하며, 프로이트는 이 본능의 에너지를 리비도(libido)라고 불렀다. 이 본능은 자기보존적이며 파괴적이다.

에로스와 타나토스는 인간의 내면에서 끊임없이 전쟁을 치른다. 프로이트의 이론에 따르면, 이 두 본능은 인간의 정신을 지배하며, 때로는 에로스가 타나토스와 싸움에서 밀리면 죽음의 본능이 우세해진다. 이러한 본능들은 인간의 행동과 욕망에 영향을 미치며, 성적인 관계부터 생존까지 다양한 측면에서 작용한다.

(3) 원초아, 자아, 초자아

- 원초아(id): 모든 욕구의 에너지 근원으로 작용하며, 결과를 고려하지 않고 즉각적으로 에너지를 방출시켜 욕구를 만족시키려는 경향이 있다.
- 초자아(super-ego): 사회적 도덕이나 윤리규범을 의미하며, 좋은 행동에 보상을 하고 나쁜 행동에 처벌을 하는 역할을 한다.
- 자아(ego): 현실을 추구하며, 본능의 욕구를 충족시키거나 표현하려고 한다.

이러한 세 가지 영역은 각기 다른 기능을 하면서 상호작용하고 있으며, 적응적인 성격을 형성하고 있다. 프로이트의 정신분석이론은 인간행동의 복잡성을 이해하는 데에 큰 영향을 미쳤다.

2) 아들러의 개인심리이론(Adler's individual psychology theory)

알프레드 아들러(Alfred Adler)는 오스트리아의 의사, 심리치료사로서 개인심리학을 창시한 인물이다. 그의 이론과 접근법은 오늘날의 심리치료, 상담, 교육, 아동 발달에 큰 영향을 미치고 있다.

아들러는 개인심리학의 창시자로, 인간을 분리할 수 없는 전체적인 존재로 본다는 관점을 강조했다. 그는 인간의 사고, 감정, 행동을 분리할 수 없는 단위로 보며, 모든 행동에는 목적이 있고, 인간의 사고-감정-행동은 목표에 의해 결정된다고 본다. 그의 이론은 상담심리 분야뿐만 아니라 학교에서의 훈육, 부모교육, 가족치료, 사회복지 분야에서도 널리 활용되고 있다.

아들러는 프로이트와는 다른 관점에서 인간을 이해했으며, 그의 개인심리학은 신프로이트 학파와 카운슬링 이론에 많은 영향을 주었다.

그의 이론에서는 사회적 맥락과 생활 방식, 열등감의 역할을 강조하는데, 주요개념은 다음과 같다.

- 열등감: 인간은 출생 시부터 신체적, 정신적으로 불완전한 상태로 태어나기 때문에 열등감을 느낀다. 이러한 열등감은 인간이 성장하고 발전하는 데 중요한 역할을 한다.
- 우월성 추구: 인간은 자신의 열등감을 극복하고 우월성을 추구하기 위해 노력한다. 우월성은 다른 사람들보다 더 나은 지위나 능력을 갖는 것을 의미한다.
- 사회적 관심: 인간은 사회적 존재로 사회적 관심을 가지고 다른 사람들과 상호작용하며, 사회적 가치를 추구한다. 사회적 관심은 인간이 사회적으로 적응하고 발전하는 데 중요한 역할을 한다.
- 생활양식: 인간은 자신의 생활양식을 선택하고 이를 바탕으로 삶을 살아간다. 생활양식은 개인의 성격, 가치관, 태도 등을 포함하며, 개인의 삶에 큰 영향을 미친다.
- 자아실현: 아들러는 인간이 자신의 잠재력을 실현하고 자신의 삶을 완성하

는 것을 자아실현이라고 주장한다. 자아실현은 인간이 자신의 능력을 최대한 발휘하고 자신의 꿈을 이루는 것을 의미한다.

3) 융의 분석심리이론(Jung's analytical psychology theory)

융(Carl Jung)은 스위스의 정신과 의사이며, 프로이트가 주장한 개인의 성적 콤플렉스만으로 인간의 정신을 설명될 리가 없다고 주장하며, 개인과 집단 무의식, 원형, 자기 등의 독창적인 개념들을 바탕으로 분석 심리학을 창시했다. 융의 분석심리학은 심리적인 문제와 증상을 다루는 임상 심리학에 적용되며, 개인의 내면에 작용하는 정신적인 요인들을 탐구하고 해결하는 데 목적이 있다. 그는 인간의 무의식과 자아, 페르소나, 그림자, 아니마와 아니무스 등의 개념을 제시하였다.

- 무의식: 인간의 의식적인 생각과 행동을 지배하는 무의식적인 요소를 강조한다. 무의식은 인간의 과거 경험과 기억, 감정 등이 저장되어 있으며, 인간의 행동과 사고에 영향을 미친다.
- 자아: 인간의 의식적인 부분으로, 무의식적인 요소와 상호작용하여 인간의 행동과 사고를 조절한다. 자아는 현실을 인식하고, 자신의 목표를 달성하기 위해 노력한다.
- 페르소나: 자아의 일부로, 사회적 역할을 수행하기 위해 사용하는 가면을 의미한다. 페르소나는 사회적 상황에 따라 다르게 나타나며, 인간의 사회적 관계와 적응에 중요한 역할을 한다.
- 그림자: 자아의 어두운 면으로, 인간의 무의식적인 욕구와 충동을 나타내며, 인간의 부정적인 측면을 반영한다. 그림자는 인간의 자아와 충돌할 수 있으며, 이를 인식하고 조절하는 것이 중요하다.
- 아니마와 아니무스: 인간의 무의식적인 요소 중 하나로, 남성의 무의식에는 여성적인 요소인 아니마가, 여성의 무의식에는 남성적인 요소인 아니무스가 존재한다. 아니마와 아니무스는 인간의 이성적, 감성적 측면에 영향을 미치며, 인간의 성격과 대인관계에 영향을 준다.

융의 정신분석이론은 인간의 무의식과 자아, 페르소나, 그림자, 아니마와 아니무스 등의 개념을 통해 인간의 성격과 행동을 이해하고 분석하는 데 도움을 준다. 또한, 인간의 내면을 탐색하고, 자신의 무의식적인 욕구와 충동을 인식하고 조절하는 데에도 유용한 이론이다.

4) 스키너의 행동주의이론(Skinner's behaviorism theory)

스키너(Skinner, B. F.)의 행동주의 이론은 환경과 개인의 행동 간의 상호작용을 중심으로 하는 중요한 교육심리학 이론이다. 이 이론은 강화와 벌을 통해 개인의 행동을 조절하고, 작동 조작법을 통해 효과적인 학습을 이끌어내는 데에 의의가 있다.

스키너는 인간의 행동이 환경적 자극에 의해서 동기화되며, 행동결과에 따르는 강화에 의해서 결정된다고 봄으로써 환경결정론적인 기본 가정을 가지고 있다. 그는 인간의 행동은 환경적인 요소들에 의해서 형성되고 통제되며, 인간의 행동을 결정하는 데 있어서 의식적인 선택 의도와 주관적인 경험이 중요하다고 주장하였다.

이 이론은 행동수정의 초기단계에서 연속강화를 통해 행동을 수정하고, 간헐강화로의 전환을 통해 효과적인 학습을 이루어낼 수 있다는 것을 보여준다. 또한 행동조성과 토큰경제를 활용하여 목표행동을 단계적으로 세분화하여 학습을 진행할 수 있다.

이론의 적용 분야로는 교육, 임상 상담, 사회복지 등이 있으며, 스키너의 이론은 행동주의자들에게 유용한 도구로 활용되고 있다.

- 강화: 보상을 제공하여 행동을 강화하는 것을 말한다. 강화에는 긍정적 강화와 부정적 강화가 있다. 긍정적 강화는 보상을 제공하여 행동을 강화하는 것이고, 부정적 강화는 처벌을 제거하여 행동을 강화하는 것이다.
- 조작적 조건화: 인간의 행동을 조작적으로 조건화하여 학습하는 것을 말한다. 조작적 조건화는 보상과 처벌을 통해 인간의 행동을 조작하고, 이를 통해 인간의 행동을 학습한다.
- 행동의 예측과 통제: 스키너의 이론은 인간의 행동을 예측하고 통제하는 데

에도 유용하다. 예를 들어, 보상과 처벌을 통해 인간의 행동을 조절하고, 이를 통해 인간의 행동을 예측하고 통제할 수 있다.

스키너의 행동주의 이론은 인간의 행동을 이해하고, 인간의 행동을 조절하는 데에 유용한 이론이다. 하지만, 인간의 내면과 정신적 측면을 무시한다는 비판을 받기도 한다.

5) 반두라의 사회학습이론(Bandura's social learning theory)

반두라의 사회학습이론은 앨버트 반두라(Albert Bandura)에 의해 개발된 심리학적 이론으로, 사람들이 자신의 경험뿐만 아니라 다른 사람의 행동을 관찰하고 그 결과를 통해 학습한다는 것을 강조한다.

이 이론은 다양한 분야에서 널리 적용되고 있으며, 아동 발달에도 중요한 영향을 미친다. 주요개념은 다음과 같다.

- 관찰 학습(모델링): 사회인지 이론의 핵심은 사람들이 다른 사람들을 관찰함으로써 배울 수 있다는 생각이다. 이 과정을 관찰 학습 또는 모델링이라고 한다. 다른 사람들의 행동에 주의를 기울이고, 그 정보를 기억에 간직한 다음, 상황이 발생했을 때 행동을 재현하는 것을 포함한다.
- 삼중 상호 인과관계: 반두라는 개인적, 행동적, 환경적 요인 간의 역동적인 상호작용을 강조하는 삼중 상호 인과관계의 개념을 도입했다. 이 아이디어에 따르면, 이 세 가지 요소는 끊임없이 서로 영향을 미치고 상호 작용한다.
- 자기 효능감: 자기 효능감은 특정 작업을 수행하거나 특정 목표를 달성할 수 있는 능력에 대한 개인의 믿음을 나타낸다. 반두라는 자기 효능감 신념이 사람들이 무엇을 선택하는지, 작업에 얼마나 많은 노력을 기울이는지, 도전에 직면했을 때 얼마나 오래 지속되는지를 결정하는 데 중요한 역할을 한다고 주장했다.
- 결과 기대치: 이 개념은 자신의 행동의 가능한 결과에 대한 개인의 신념을 포함한다. 사람들은 긍정적인 결과로 이어질 것이라고 믿는 행동에 참여하

고 부정적인 결과를 초래할 것이라고 믿는 행동을 피할 가능성이 더 크다.

- 상호 결정론: 이것은 개인적인 요인, 행동 및 환경이 모두 서로 영향을 미친다는 생각이다. 즉, 사람의 행동은 내적 요인이나 외적 상황에 의해서만 결정되는 것이 아니라 이러한 요소들 간의 상호작용에 의해 결정된다.
- 대리 강화 및 처벌: 사람들은 직접적인 경험을 통해서뿐만 아니라 다른 사람들의 행동의 결과를 관찰함으로써 배운다. 어떤 사람이 특정 행동에 대해 보상을 받는 것을 관찰하면 그 행동을 모방할 가능성이 더 크다.
- 주의력, 유지, 재생산, 동기부여(ARRM) 모델: 주의(Attention)에서 관찰자는 모델의 동작에 주의를 기울여야 하고, 다른 사람들의 행동을 주의 깊게 관찰하고 정보를 습득한다. 유지(Retention)에서 관찰자는 행동을 기억할 수 있어야 하고, 관찰한 행동을 기억에 간직하고 나중에 재현할 수 있어야 한다. 재생산(Reproduction)에서는 관찰자는 동작을 재현할 수 있는 능력이 있어야 하고, 관찰한 행동을 실제로 실행할 수 있어야 한다. 동기(Motivation)에서는 관찰자는 행동을 수행하도록 동기를 부여받아야 하고, 동기는 보상, 성취, 목표 달성 등을 통해 관찰자를 행동하도록 자극한다.

6) 기타 심리이론

(1) 인지행동 이론(Cognitive Behavioral Theory)

인지행동 이론은 인간의 생각과 행동 방식에 초점을 맞춘 이론으로, 인지적 오류를 수정하고 행동을 변화시켜 심리적 문제를 해결하는 데 도움을 준다. 인지적 오류는 현실을 왜곡해서 인식하는 것으로, 대표적인 오류로는 흑백논리, 과잉일반화, 임의적 추론, 확대와 축소, 개인화 등이 있다. 이러한 오류를 수정하기 위해서는 자신의 생각과 감정을 인식하고 객관적으로 평가해야 하며, 행동 변화 방법으로는 인지 재구성, 노출치료, 행동치료, 자기주장훈련, 스트레스 관리 등이 있다. 이 방법들은 개인의 상황과 특성에 맞게 맞춤형으로 진행되어야 효과적이며, 대표적인 학자로는 앨버트 엘리스(Albert Ellis), 마틴 셀리그먼(Martin Seligman)이 있다.

(2) 해결중심 이론(Solution-Focused Theory)

해결중심 이론은 성인의 문제 해결에 초점을 맞춘 이론으로, 긍정적인 변화를 유도하는 방법을 제시한다. 이 이론은 문제의 원인을 파악하고 제거하는 대신, 문제 해결에 필요한 자원과 강점을 발견하고 활용하는 데 중점을 둔다.

특징으로는 긍정적 자아 존중감 증진, 문제의 소유권 부여, 작은 변화의 중요성 강조, 현재와 미래 중시, 대화와 협력 중시 등이 있으며, 다양한 문제에 적용할 수 있고, 성인학습 상담에서도 유용하게 활용된다. 대표적인 학자로는 스티브 드세이저(Steve de Shazer), 밀턴 에릭슨(Milton Erickson)이 있다.

(3) 현실치료 이론(Reality Therapy)

현실치료는 인간의 행동을 선택과 책임의 관점에서 이해하는 이론으로, 현재와 행동 중시, 책임감 강화, 욕구와 행동의 관계, 통제력 강화, 자기결정권 존중 등의 특징을 가지고 있다.

이를 바탕으로 성인의 문제를 해결하고 긍정적인 변화를 유도하는 데 도움을 주며, 성인학습 상담에서도 학습에 대한 동기부여와 성과 향상에 도움을 준다. 대표적인 학자로는 윌리엄 글래서(William Glasser)가 있다.

(4) 긍정심리학(Positive Psychology)

긍정심리학은 성인의 긍정적인 측면을 강조하고 행복과 성장을 증진하는 방법을 제시하는 이론으로, 긍정적 정서, 강점과 미덕, 행복과 성장 등의 주요개념을 제시한다.

이를 바탕으로 성인의 행복과 성장을 증진하는 데 도움을 주며, 성인학습 상담에서도 학습에 대한 동기부여와 성과 향상에 도움을 준다. 대표적인 학자로는 마틴 셀리그먼(Martin Seligman)이 있다.

제3절 성인학습 상담과 심리의 동향과 전망

성인학습 상담은 성인들의 학습을 촉진하고, 학습에 어려움을 해결하기 위한 상담이다. 최근 동향을 살펴보면 먼저 자기주도적 학습을 들 수 있다. 성인들은 자신의 관심과 필요에 따라 학습을 선택하는 경향이 있어 이에 따라 자기주도적 학습을 지원하는 상담이 중요해졌다. 자기주도적 학습을 위해서는 성인학습자가 자신의 학습 목표를 설정하고, 학습 계획을 수립하며, 학습을 진행하는 과정에서 발생하는 문제를 스스로 해결할 수 있어야 한다.

이어서 융합 학습을 들 수 있다. 성인들은 다양한 분야에서 지식을 습득하고 이를 융합하여 새로운 지식을 창출하는 경향이 있다. 따라서 융합 학습을 지원하는 상담이 필요하다. 융합 학습을 위해서는 성인 학습자가 다양한 분야의 지식을 습득하고 이를 융합할 수 있는 능력을 갖추어야 한다.

마지막으로 맞춤형 학습이다. 성인들은 자신의 특성과 요구에 맞는 맞춤형 학습을 선호하므로 맞춤형 학습을 지원하는 상담이 중요하다. 맞춤형 학습을 위해서는 성인학습자의 특성과 요구를 파악하고 이에 맞는 학습 방법을 제공해야 한다.

심리학은 인간의 행동과 심리과정을 과학적으로 연구하는 경험과목으로, 인문과학에서부터 자연과학, 공학, 예술에 이르기까지 많은 분야에 공헌하고 있다. 심리학의 여러 분야 중 성인학습 상담과 관련이 있는 분야는 다음과 같다.

발달심리학은 인간의 발달 과정을 연구하는 분야로, 성인의 발달 과정을 이해하고, 성인학습자의 학습을 촉진하는 데 도움을 주고, 인지심리학은 인간의 인지 과정을 연구하는 분야로, 성인학습자의 인지적 특성을 이해하고, 효과적인 학습 방법을 개발하는 데 도움을 주며, 사회심리학은 인간의 사회적 행동을 연구하는 분야로, 성인학습자의 사회적 관계를 이해하고, 사회적 지지를 제공하는 데 도움을 준다.

최근에는 심리학의 여러 분야가 융합되어 새로운 이론과 방법이 개발되고 있다. 예를 들어, 긍정심리학은 인간의 긍정적인 측면에 초점을 맞추어 개인의 행복과 성장을 증진하는 방법을 연구하며, 뇌과학은 뇌의 구조와 기능을 연구하여 인간의 행동과 심리를 이해하고, 뇌의 손상을 치료하는 방법을 개발한다. 그리고 인공지능은 인공지능 기술을 활용하여 인간의 인지와 행동을 모델링하고, 이를 바탕으로 인간의 심리를 이해하고 예측하는 연구가 진행 중이다.

1. 성인학습 상담의 전망과 과제

1) 전망

① 성인학습자의 증가: 성인학습자의 수가 증가하고 있으며, 이에 따라 성인학습 상담의 수요도 증가할 것으로 예상된다. 성인학습자들은 자신의 직업과 사회적 역할을 수행하기 위해 학습을 진행하며, 자신의 삶의 질을 높이기 위해 평생교육에 참여하는 경우가 많다.

② 평생교육의 중요성 증가: 평생교육의 중요성이 증가하고 있으며, 이에 따라 성인학습 상담의 역할도 더욱 중요해질 것으로 예상된다.
평생교육은 성인학습자들이 자신의 역량을 향상하고, 자신이 원하는 목표를 달성할 수 있도록 지원하는 역할을 한다.

③ 맞춤형 상담의 필요성: 성인학습자들은 다양한 요구와 특성을 가지고 있어, 이에 따라 맞춤형 상담이 필요하다. 맞춤형 상담은 성인학습자들이 자신의 학습 목표와 상황에 맞게 학습 방법을 선택하고, 자신의 학습에 대한 책임감을 가질 수 있도록 지원한다.

④ 인공지능 기술의 발전: 인공지능 기술의 발전으로 성인학습 상담에 인공지능 기술을 활용하는 것이 가능해질 것으로 예상된다. 인공지능 기술을 활용해 성인학습자의 학습 패턴을 분석하고, 맞춤형 학습 콘텐츠를 제공할 수 있다.

⑤ 전문성의 중요성: 성인학습 상담의 전문성이 더욱 중요해질 것이다. 성인학습 상담은 성인학습자의 심리적 특성과 인지적 특성을 고려해 진행해야 하며, 전문적인 지식과 기술이 필요하다.

2) 과제 및 해결방안

① 맞춤형 상담 프로그램 개발: 성인학습자의 특성과 요구에 맞는 맞춤형 상담 프로그램을 개발해야 한다. 이를 위해 성인학습자의 인지적, 정의적, 사회적 특성을 고려해야 한다.

② 자기주도적 학습 지원: 성인학습자의 자기주도적 학습을 지원하는 상담 프로그램을 개발해야 한다. 이를 위해 성인학습자의 학습동기를 유발하고, 학습 계획을 수립하고 실행하는 데 도움을 주어야 한다.

③ 진로 및 취업 지원: 성인학습자의 진로 및 취업을 지원하는 상담프로그램을 개발해야 한다. 이를 위해 성인학습자의 직업적 역량을 강화하고, 취업에 필요한 정보를 제공하고, 취업 준비를 지원해야 한다.

④ 전문가 양성 교육과 연구: 성인학습 상담의 전문성을 높이기 위해 전문가 양성 교육과 연구가 필요하다. 전문가 양성 교육은 성인학습 상담의 이론과 실제를 체계적으로 학습하고, 전문적인 기술과 역량을 습득할 수 있도록 해야 한다.

⑤ 효과 검증 연구: 성인학습 상담의 효과를 검증하기 위한 연구가 필요하다. 이를 통해 성인학습 상담의 효과를 객관적으로 평가하고, 개선 방안을 모색할 수 있다.

⑥ 인프라 구축: 성인학습 상담의 인프라를 구축해야 한다. 이를 위해 성인학습 상담을 위한 시설과 장비를 마련하고, 전문가를 양성하고, 상담 프로그램을 개발하고 보급해야 한다.

2. 성인학습 상담과 심리의 전개

1) 역사적 관점

상담과 심리학의 역사는 고대부터 현대까지 다양한 문화와 지역에서 발전해 왔다. 고대 그리스에서는 철학자들이 인간의 마음과 행동을 연구하였으며, 이러한 연구는 현대 심리학의 기초가 되었다.

19세기에는 지그문트 프로이트(Sigmund Freud)가 정신분석학을 창시하여 인간의 무의식과 성적 욕구를 강조하였다. 20세기에는 행동주의와 인지주의 등 다양한 이론이 등장하여 인간의 학습과 행동을 설명하였다. 현대에는 상담과 심리학이 다양한 분야에서 활용되고 있으며, 인간의 성장과 발달, 건강과 행복에 큰 영향을 미치고 있다. 상담과 심리학의 역사는 인간의 이해와 발전에 큰 기여를 해왔으며, 현대에도 많은 연구와 발전이 이루어지고 있다.

20세기 이전에는 성인학습에 대한 관심은 높았지만, 상담과 심리학적 접근은 부족했다. 성인들은 주로 가정과 교회에서 교육을 받았으며, 교육의 목적은 주로 종교적, 도덕적, 정치적 가치를 전달하는 것이었다.

20세기 초에는 산업화와 도시화의 영향으로 성인학습이 대중화되었다. 대학을 비롯한 다양한 교육기관에서 성인들을 대상으로 한 교육프로그램이 제공되기 시작했다. 상담과 심리학적 접근이 성인학습에 도입되기 시작했다.

1950년대와 1960년대에 와서 성인학습은 더욱 대중화되었고, 상담과 심리학적 접근은 더욱 발전했다. 성인학습은 개인의 성장과 발전뿐만 아니라 사회적, 경제적 발전에도 기여하는 것으로 인식되었다.

특히 1970년대와 1980년대에는 성인학습은 더욱 다양화되고 전문화되었고 상담과 심리학적 접근은 성인학습의 효과를 높이는 데 더욱 중요한 역할을 하게 되었다.

그리고 1990년대 이후 성인학습은 더욱 확대되고 다양화되었으며 상담과 심리학적 접근은 성인학습의 효과를 높이는 데 더욱 중요한 역할을 하고 있다.

2) 현재 다양한 이슈

성인학습 발달은 문화적, 역사적 변화와 밀접한 관련이 있다. 세계적인 사회, 기술, 경제적 변화는 성인들의 삶과 학습에 영향을 미치고 있다. 이러한 변화를 이해하고 적절한 교육과 상담 방법을 개발하는 것이 중요하다. 특히 COVID-19 팬데믹과 같은 긴급 상황에서 성인들의 정신적, 신체적 건강에 미치는 영향을 연구하고 있다. 이러한 상황에서의 스트레스 관리, 정서 지원, 학습 방법 등이 주목받고 있다.

성인학습자들은 다양한 배경과 경험을 갖고 있다. 이러한 다양성을 존중하고 이해하는 것이 중요하다. 상담심리학자들은 학습자의 다양성을 고려하여 상담 방법을 개발하고 적용하고 있다. 문화적 차이, 성별, 연령 등을 고려하여 학습자들을 이해하고 적절한 지원을 제공한다.

성인들은 직장, 가족, 경제적 문제 등 다양한 스트레스 요인을 경험한다. 이러한 스트레스는 학습자의 정서적 건강과 학습 효율에 영향을 미친다. 상담심리학자들은 스트레스 관리와 정서적 지원에 초점을 두고 있다. 학습자들이 스트레스를 효과적으로 관리하고 정서적 지원을 받을 수 있도록 돕는 방안을 연구하고 있다.

디지털 기술은 상담 방법과 상호작용을 변화시키고 있다. 온라인 상담, 앱 기반 학습, 가상 현실 등의 기술을 활용하여 학습자들을 지원하고 있다. 상담심리학자들은 온라인 상담과 기술 활용에 대한 연구를 진행하고 있으며, 디지털 기술을 효과적으로 활용하여 학습자들의 상담 경험을 개선하는 방안을 모색하고 있다.

디지털 기술의 발전으로 인해 성인학습 분야에서도 디지털 기술을 활용한 학습이 증가하고 있다. 디지털 기술을 활용하여 학습자의 학습경험을 개선하고, 학습 효과를 높이는 방안이 연구되고 있다.

고령화 사회가 도래하면서, 노인들의 학습과 삶의 질 향상에 대한 관심이 높아지고 있다. 노인들의 인지능력과 체력을 고려한 맞춤형 학습 프로그램과 상담 서비스가 필요하다.

상담심리학은 다른 학문과의 융합을 통해 더욱 발전하고 있다. 교육학, 경영학, 의학 등과의 융합을 통해 성인학습자의 다양한 요구를 충족시키는 맞춤형 서비스를 제공할 수 있다.

원격 교육이 보편화되면서, 성인학습자들은 시간과 장소에 구애받지 않고 학습을 할 수 있게 되었다. 원격 교육 환경에서 학습자의 학습동기를 유발하고, 학습 효과를 높이는 방안이 연구되고 있다.

3) 발달이론과 상담심리의 교차점

성인발달이론과 상담심리학은 인간의 성장과 발달, 그리고 심리적 문제를 다룬다는 공통점이 있다. 성인발달이론은 인간이 태어나서 죽을 때까지 어떻게 성장하고 발달하는지를 연구하는 분야이다. 대표적인 이론으로는 에릭슨의 심리사회적 발달이론, 피아제와 콜버그의 인지발달이론, 해비거스트의 발달과업이론 등이 있다.

상담심리학은 인간의 심리적 문제를 해결하고 성장을 돕는 학문이다. 상담자는 상담을 통해 내담자의 문제를 파악하고, 이를 해결하기 위한 다양한 방법을 제시한다. 상담심리학에서는 인간의 성격, 정서, 인지, 행동 등을 다루며, 이를 바탕으로 상담을 진행한다. 교차점은 다음과 같다.

성인발달이론은 인간의 성장과 발달을 연구하기 때문에, 상담심리학에서도 이를 참고한다. 예를 들어, 에릭슨의 심리사회적 발달이론은 인간의 발달단계에 따라 심리적 문제가 발생할 수 있다고 주장한다. 상담자는 이를 바탕으로 내담자의 발달단계에 맞는 상담을 진행할 수 있다.

상담심리학은 인간의 심리적 문제를 해결하기 위해 다양한 이론과 방법을 사용한다. 성인발달이론도 인간의 성장과 발달을 연구하면서, 인간의 심리적 문제를 다루기도 한다. 예를 들어, 피아제와 콜버그의 인지발달이론은 인간의 인지발달과 함께 도덕성 발달을 연구한다. 이는 상담에서 도덕적 문제를 다루는 데에 도움이 된다.

3. 성인학습 상담과 심리의 융합

성인학습에 있어서 상담과 심리의 융합은 다양한 측면에서 이루어질 수 있다. 상담과 심리학적 접근을 통해 성인학습자들이 자기주도적으로 학습을 진행할 수 있도록 돕는다. 자기효능감 증진, 목표 설정, 시간 관리, 학습전략 등의 측면에서 도움을 줄 수 있다.

성인들은 다양한 스트레스 요인에 노출되어 있다. 상담과 심리학적 접근을 통해 스트레스를 효과적으로 관리하고, 학습에 집중할 수 있는 방법을 제시한다. 명상, 요가, 호흡법 등의 이완 기술과 스트레스 관리 전략을 활용하여 학습에 부정적인 영향을 미치는 스트레스를 줄이는 데 도움을 준다.

성인학습자들은 동료, 교수자, 가족 등과의 대인관계에서 어려움을 겪을 수 있다. 상담과 심리학적 접근을 통해 대인관계 문제를 해결하고, 학습환경에서 더 나은 적응을 할 수 있도록 돕는다. 의사소통 기술, 갈등 해결 기술, 대인관계 문제해결 능력 등을 향상시키는 데 도움을 준다.

상담과 심리학적 접근을 통해 진로 및 경력 개발에 대한 도움을 제공한다. 자신의 강점과 약점을 파악하고, 자신에게 맞는 진로를 탐색하고 선택하는 데 도움을 주며, 경력 개발을 위한 계획을 수립하고 실행하는 데도 도움을 준다.

성인학습자의 개인적인 특성과 상황을 고려하여 맞춤형 상담과 심리학적 접근을 제공하는 것이 중요하다.

1) 성인학습자를 위한 맞춤형 상담 접근법

성인학습 상담은 학습자에게 적합한 학습 기회를 제공하고, 학습 방법을 안내하며 학습자의 생애 주기와 상황을 고려한 적절한 학습이 가능하도록 돕고 스스로 생애 설계를 할 수 있도록 조력하는 것이다.

성인학습 상담자로서 필요한 역량과 접근법은 다양하다.

먼저 상담자는 학습자가 가지고 있는 자원을 파악해야 한다. 이는 학습자의 강점, 관심사, 경험 등을 이해하는 데 도움이 된다. 다음은 학습자의 동기 수준에 따라 현실적이고 구체적인 상담목표를 설정해야 한다. 이는 학습자의 요구와 상황을 고려하여 결정된다. 그리고 학습과 관련된 문제를 구체적으로 설정하고, 학습전략과 계획을 수립해야 한다. 이는 학습자의 개별적인 상황에 맞게 이루어져야 한다. 또한 학습문제 해결을 위한 내담자의 노력을 지원할 수 있는 강화체계를 활용해야 한다. 이는 학습자의 학습 동기를 유지하고 지속적인 학습을 돕는 역할을 한다. 마지막으로 성인들의 학업문제는 평생 동안 유지하고 계속할 필요가 있다. 상담자는 학습자가 희망과 끈기로 학습하도록 격려해야 한다.

성인학습 상담자는 이러한 접근법을 통해 학습자의 성장과 발전을 돕고, 적절한 학습환경을 제공하는 역할을 수행한다.

2) 성인학습 결과를 향상시키기 위한 심리적 개입

성인학습에서 학습 결과를 향상시키기 위한 심리적 개입은 매우 중요하다. 학습자의 궁극적인 동기를 이해하고, 발전적인 변화를 위해 활용하는 지혜를 가져야 한다. 내담자가 가지고 있는 자원을 반드시 파악해야 하는데 이는 학습자의 강점, 관심사, 경험 등을 이해하는 데 도움이 된다. 내담자의 동기 수준에 따라 현실적이고 구체적인 상담목표를 설정해야 하고, 학습과 관련된 문제를 구체적으로 설정하여 학습전략과 계획을 수립해야 한다. 그리고 학습문제 해결을 위한 내담자의 노력을 지원할 수 있는 강화체계를 활용해야 하며, 성인들의 학업문제는 평생 동안 유지하고 계속할 필요가 있다. 내담자가 희망과 끈기로 학습하도록 격려해야 한다.

3) 심리검사의 활용

심리검사는 성인학습자의 심리적 특성을 파악하기 위해 활용되는 도구이다. 다양한 종류의 심리검사가 있으며, 각각의 검사는 다양한 영역의 심리적 특성을 측정한다. 성인학습 상담에서는 다음과 같은 목적으로 심리검사를 활용한다.

- 자기 이해 증진: 자신의 성격, 능력, 흥미 등을 파악하고, 자신에 대한 이해를 증진할 수 있다.
- 학습 목표 설정: 자신의 강점과 약점을 파악하고, 이를 바탕으로 학습 목표를 설정할 수 있다.
- 학습 방법 선택: 자신의 학습 스타일을 파악하고, 자신에게 맞는 학습 방법을 선택할 수 있다.
- 진로 탐색: 자신의 직업적 흥미와 적성을 파악하고, 이를 바탕으로 진로를 탐색할 수 있다.

심리검사를 활용할 때는 다음과 같은 주의사항을 지켜야 한다.

- 적절한 검사 선택: 검사의 목적과 대상에 맞는 적절한 검사를 선택해야

한다.

- 검사 실시 전 준비: 검사 실시 전에는 검사의 목적과 대상, 검사 방법 등을 충분히 숙지하고, 검사 실시에 필요한 도구와 환경을 준비해야 한다.
- 검사 실시: 검사 실시 시에는 대상자의 편안한 상태를 유지하고, 대상자의 응답을 존중해야 한다.
- 검사 결과 해석: 검사 결과를 해석할 때는 전문가의 도움을 받는 것이 좋다. 검사 결과를 바탕으로 대상자에게 적절한 조언과 지원을 제공해야 한다.

4. 성인학습 상담 및 심리의 추세

성인학습상담은 학습자에게 적합한 학습 기회를 제공하고, 학습 방법을 안내하며 학습자의 생애주기와 상황을 고려한 적절한 학습이 가능하도록 돕고 스스로 생애 설계를 할 수 있도록 조력하는 것이다.

성인학습자와의 상호협력적인 신뢰감을 형성하고 학습에 필요한 역량과 정보를 제공하며 학습자의 특성을 고려한 학습수준을 진단하고, 학습에 대해 동기부여를 하며, 학습자의 상황에 맞는 커리어를 설계하고 실천할 수 있도록 조력하는 것이 필요하다.

성인학습상담자는 학습자가 자기주도적인 학습 역량을 개발하도록 지원하고, 학습을 통한 진로 및 생애설계과정을 지원하며, 학습 과정에서 직면할 수 있는 어려움을 해결할 수 있도록 돕는 역할이라 할 수 있다. 이러한 성인학습상담을 수행하기 위한 역량은 교육현장에서 우수한 직무 성과를 예측하게 하는 내재적 특성으로 성공의 중요한 예측 요인이다.

성인학습상담자는 학습자가 자아성찰을 통해 지적 역량과 감성적 리더십을 겸비한 '진정한 사람됨'을 추구하는 건강하고 성숙한 학습자가 되도록 그들의 학습과정을 전문적으로 조력하는 역할을 수행한다. 이러한 상담자의 역량은 지식, 기술, 태도 측면에서 다양한 요소를 포함하며, 상담의 목표, 방법, 절차, 학습전략 진단 검사의 활용, 주제별 성인학습의 상담 방법, 인성적 자질, 전문적 자질 등을 고려해야 한다. 성인학습 상담자로서 필요한 지식, 기술, 태도를 향상시키기 위해 지속적인 교육과 자기개발을 추구하는 것이 중요하다.

1) 성인학습자를 위한 상담 및 심리 서비스에 기술을 통합

성인학습자를 위한 상담 및 심리 서비스는 학업, 진로, 적성, 대인관계, 성격과 관련된 문제를 비롯하여 일상생활에서 경험하는 다양한 심리적 갈등과 현실적 문제를 극복하도록 돕는다. 이를 위해 다양한 기술과 방법을 통합하여 성인학습자의 학습과 삶의 질을 향상시키는 데 기여할 수 있어야 한다.

성인학습 상담자로서 필요한 역량은 다양한 이론에 대한 이해, 상담방법과 절차 이해, 상담 실습 경험, 정보 분석 능력, 상담자의 권위와 전문성, 책임과 윤리의 이해 등이 있다. 자신의 역량을 진단하여 부족한 부분을 개선하고, 상담자로서 더 나은 전문성을 발휘할 수 있도록 노력해야 한다.

성인학습자를 위한 상담 및 심리 서비스에 기술을 통합하는 것은 여러 가지 이점을 제공할 수 있다. 여기에 몇 가지 주요한 이점을 나열해 보겠다.

먼저 디지털 도구와 플랫폼의 발전이다. 기술을 통합함으로써 상담 및 심리 서비스는 디지털 도구와 플랫폼을 활용하여 성인학습자에게 더 편리하고 접근하기 쉬운 서비스를 제공할 수 있다. 예를 들어, 온라인 상담, 디지털 치료 프로그램, 온라인 학습 자원 등을 통해 성인학습자는 시간과 장소에 구애받지 않고 서비스를 이용할 수 있다.

다음은 데이터 수집과 분석의 발전이다. 기술을 통합하면 상담 및 심리 서비스는 성인학습자의 데이터를 수집하고 분석할 수 있다. 이를 통해 개인 맞춤형 서비스를 제공하고, 학습자의 학습 및 성장을 모니터링하고 지원할 수 있다.

그리고 실시간 지원과 커뮤니케이션의 발전이다. 기술을 활용하여 상담 및 심리 서비스는 실시간으로 성인학습자에게 지원과 커뮤니케이션을 제공할 수 있다. 예를 들어, 채팅 상담, 화상 상담, 소셜 미디어를 통한 지원 등을 통해 성인학습자는 언제든지 도움을 받을 수 있다.

다음은 자기관리와 자기개발이다. 기술을 통합함으로써 상담 및 심리 서비스는 성인학습자에게 자기 관리와 자기개발을 위한 디지털 도구와 자원을 제공할 수 있다. 예를 들어, 온라인 명상 프로그램, 스트레스 관리 앱, 학습 동기부여 도구 등을 통해 성인학습자는 자신의 심리적 상태를 관리하고 학습을 지속할 수 있다.

마지막으로 연구와 평가 분야의 발전이다. 기술을 통합함으로써 상담 및 심리 서비스는 연구와 평가를 위한 디지털 도구와 플랫폼을 활용할 수 있다. 이를 통해 서비스의 효과를 측정하고, 서비스를 개선하고 발전시키는 데 도움이 된다.

기술을 통합하는 것은 상담 및 심리 서비스의 효과성과 효율성을 향상시키는 데 큰 도움이 될 수 있지만, 기술이 모든 문제를 해결하는 것은 아니다. 기술을 통합할 때는 개인정보 보호, 보안, 기술적 장애 등의 문제를 고려해야 한다.

2) 성인학습에서 문화적으로 반응하는 상담 및 심리

성인학습에서 문화적으로 반응하는 상담 및 심리학 실습은 학습자의 문화적 배경과 상황을 고려하여 상담 및 심리 서비스를 제공하는 접근 방법이다. 이를 통해 학습자의 다양한 문제와 갈등을 해결하고, 학습과 삶의 질을 향상시키는 데 기여할 수 있다.

성인학습 상담은 학습자의 요구와 필요에 맞게 상담 방법을 선택하고, 문화적 차이를 고려하여 상담 전략을 개발한다.

상담 및 심리학 실습은 학습자의 문화적 배경을 고려해야 한다. 문화적 배경은 언어, 종교, 가치관, 생활 습관 등을 포함하며, 이러한 요소는 학습자의 학습과 성장에 영향을 미친다.

상담 및 심리학 실습은 문화적 민감성을 가져야 한다. 문화적 민감성은 학습자의 문화적 배경을 이해하고 존중하는 것을 의미한다. 이를 통해 학습자의 심리적 안정과 학습 효과를 높일 수 있다.

상담 및 심리학 실습은 문화적 통합을 추구해야 한다. 문화적 통합은 다양한 문화적 배경을 가진 학습자들이 서로 소통하고 협력할 수 있는 환경을 조성하는 것을 의미한다. 이를 통해 학습자들 간의 상호작용과 학습 효과를 높일 수 있다.

상담 및 심리학 실습은 문화적 역량을 강화해야 한다. 문화적 역량은 다양한 문화적 배경을 가진 학습자들과 소통하고 협력할 수 있는 능력을 의미한다. 이를 통해 학습자들의 심리적 안정과 학습 효과를 높일 수 있다.

상담 및 심리학 실습은 문화적 연구를 기반으로 해야 한다. 문화적 연구는 다양한 문화적 배경을 가진 학습자들의 특성과 요구를 파악하고, 이를 바탕으로 효과적인 상담 및 심리학 실습을 제공하는 데 도움을 준다.

3) 미래 방향과 잠재적 발전

성인학습 상담은 학습자에게 적합한 학습 기회를 제공하고, 학습 방법을 안내하며 학습자의 생애주기와 상황을 고려한 적절한 학습을 가능하도록 돕고 스스로 생애 설계를 할 수 있도록 조력하는 것이다.

성인학습자와의 상호협력적인 신뢰감을 형성하고 학습에 필요한 역량과 정보를 제공하며 학습자의 특성을 고려한 학습 수준을 진단하고, 학습에 대해 동기부여를 하며, 학습자의 상황에 맞는 커리어를 설계하고 실천할 수 있도록 조력하는 것이 필요하다.

이러한 상담자의 역량은 지식, 기술, 태도 측면에서 다양한 요소를 포함하며, 상담의 목표, 방법, 절차, 학습전략 진단 검사의 활용, 주제별 성인학습의 상담 방법, 인성적 자질, 전문적 자질 등을 고려해야 한다. 자신의 역량을 진단하여 부족한 부분을 개선하고, 상담자로서 더 나은 전문성을 발휘할 수 있도록 노력해야 한다.

성인학습 상담자로서 필요한 지식, 기술, 태도를 향상시키기 위해 지속적인 교육과 자기개발을 추구하는 것이 중요하다. 미래에는 더욱 다양한 학습환경과 상황에서 성인학습 상담이 필요하며, 기술과 연구의 발전을 통해 더 나은 상담 방법과 접근법이 개발될 것으로 기대된다.

인공지능 기술을 활용하여 학습자의 개인적인 특성과 선호도를 파악하고, 맞춤형 학습 프로그램과 상담 서비스를 제공할 수 있다. 빅데이터를 활용하여 학습자의 학습 패턴과 성과를 분석하고, 이를 바탕으로 효과적인 학습전략을 제시할 수 있다.

가상현실과 증강현실 기술을 활용하여 학습자의 몰입감을 높이고, 실제와 유사한 경험을 제공할 수 있다. 이를 통해 학습자의 흥미와 동기를 유발하고, 학습 효과를 높일 수 있다.

상담 및 심리학은 다른 학문과의 융합을 통해 더욱 발전할 수 있다. 예를 들어, 교육학, 경영학, 의학 등과의 융합을 통해 성인학습자의 다양한 요구를 충족시키는 맞춤형 서비스를 제공할 수 있다.

원격 교육이 보편화되면서, 성인학습자들은 시간과 장소에 구애받지 않고 학습을 할 수 있게 되었다. 이에 따라 상담 및 심리학 분야에서도 원격 상담과 심리치료가 더욱 발전할 것으로 예상된다.

고령화 사회가 도래하면서, 노인들의 학습과 삶의 질 향상에 대한 관심이 높아지고 있다. 상담 및 심리학 분야에서는 노인들의 인지능력과 체력을 고려한 맞춤형 학습 프로그램과 상담 서비스를 제공해야 한다.

(1) 디지털 시대 성인학습 상담

① 온라인 학습 플랫폼 활용: 온라인 학습 플랫폼은 성인학습자들이 시간과 장소에 구애받지 않고 학습을 할 수 있도록 지원한다. 온라인 학습 플랫폼을 활용하여 성인학습자의 학습을 지원할 수 있다. 예를 들어, 온라인 강의를 제공하거나, 학습 자료를 제공하고, 학습자들끼리 토론할 수 있는 공간을 제공하는 등의 방법이 있다.

② 인공지능 기술 활용: 인공지능 기술을 활용하여 성인학습자의 학습 패턴을 분석하고, 맞춤형 학습 콘텐츠를 제공할 수 있다. 예를 들어, 머신러닝 기술을 활용하여 성인학습자의 학습 수준을 파악하고, 맞춤형 학습 콘텐츠를 제공하거나, 챗봇 기술을 활용하여 성인학습자의 질문에 실시간으로 답변하는 등의 방법이 있다.

③ 가상현실(VR)과 증강현실(AR) 기술 활용: 가상현실과 증강현실 기술을 활용하여 성인학습자의 학습 경험을 더욱 풍부하게 만들 수 있다. 예를 들어, 가상현실 기술을 활용하여 실제 상황과 유사한 환경에서 학습을 하거나, 증강현실 기술을 활용하여 학습 자료에 부가적인 정보를 제공하는 등의 방법이 있다.

④ 빅데이터 기술 활용: 빅데이터 기술을 활용하여 성인학습자의 학습 데이터를 수집하고 분석하여, 성인학습자의 학습 성향과 선호도를 파악하고, 맞춤형 학습 프로그램을 제공할 수 있다.

⑤ 클라우드 서비스 활용: 클라우드 서비스를 활용하여 성인학습자의 학습 자료를 저장하고 공유할 수 있다. 예를 들어, 구글 드라이브나 드롭박스 등

의 클라우드 서비스를 활용하여 성인학습자의 학습 자료를 저장하고, 다른 학습자들과 공유할 수 있다.

이러한 디지털 기술을 활용하여 성인학습자의 학습을 지원하고, 성인학습자의 학습 효과를 높일 수 있다.

(2) 온라인 학습 상담

① 화상 상담: 화상 상담은 실시간으로 성인학습자와 상담을 진행할 수 있는 방법이다. 화상 상담을 통해 성인학습자는 자신의 문제를 직접 이야기하고, 상담자는 성인학습자의 문제를 듣고 해결책을 제시할 수 있다.

② 채팅 상담: 채팅 상담은 성인학습자와 상담자가 채팅을 통해 상담을 진행하는 방법이다. 채팅 상담은 시간과 장소에 구애받지 않고 언제든지 상담을 진행할 수 있으며, 성인학습자가 자신의 문제를 자유롭게 이야기할 수 있다.

③ 이메일 상담: 이메일 상담은 성인학습자와 상담자가 이메일을 통해 상담을 진행하는 방법이다. 이메일 상담은 시간과 장소에 구애받지 않고 언제든지 상담을 진행할 수 있으며, 성인학습자가 자신의 문제를 정리하여 이메일로 보낼 수 있다.

④ 온라인 학습 도구 활용: 온라인 학습 도구를 활용하여 성인학습자의 학습을 지원할 수 있다. 예를 들어, 마인드맵 도구를 활용하여 성인학습자의 학습 내용을 정리하거나, 퀴즈 도구를 활용하여 성인학습자의 학습 내용을 확인하는 등의 방법이 있다.

⑤ 커뮤니티 활용: 온라인 커뮤니티를 활용하여 성인학습자들끼리 정보를 공유하고, 서로 도움을 받을 수 있다. 예를 들어, 온라인 학습 커뮤니티를 만들어 성인학습자들끼리 학습 내용을 공유하고, 서로 질문하고 답변하는 등의 방법이 있다.

온라인 학습 상담은 성인학습자의 학습환경에 맞춰 진행할 수 있으며, 성인학습자의 학습 효과를 높이는 데 도움을 준다.

참고문헌

김청자(2021). **상담심리학의 기초**. 서울: 동문사.

김경현(2016). **교육심리학**. 경기: 양서원.

변영계(2014). **학습심리학**. 서울: 학지사.

송명자(2014). **발달심리학**. 서울: 학지사.

이희수(2020). **학습이론**. 서울: 신정.

조성연, 박미진(2017). **성인학습 및 상담**. 서울: 학지사.

천성문 외(2006). **상담심리학의 기초**. 서울: 학지사.

김남희(2020). 학습이론의 이해와 적용. **교육심리연구**, 34(4), 853-870.

김혜경(2020). 성인학습자의 자기결정성과 학습참여의 관계에서 자기효능감의 매개효과. **교육심리연구**, 34(4), 853-870.

김희수(2020). 교육심리학의 이해와 적용. **교육학연구**, 54(3), 195-216.

박성미(2020). 학습심리학의 이론과 실제. **교육사회학연구**, 27(2), 123-145.

박성미(2016). 성인학습자의 자기결정성, 자기효능감, 학습참여 간의 구조적 관계. **교육학연구**, 54(3), 195-216.

배영주(2003). 성인의 자기주도학습 과정에 관한 연구. 서울대학교 대학원 박사학위논문.

신기현(2002). 칼 로저스의 교육적 삶과 메타교육. **교육원리연구**, 7(1).

이경화(2020). 발달심리학의 이해와 적용. **교육공학연구**, 29(1), 1-24.

이경화(2019). 성인학습자의 자기결정성과 학습참여의 관계에서 자기효능감과 사회적 지지의 매개효과. **교육사회학연구**, 29(3), 1-22.

이재경(2020). 상담심리학의 이론과 실제. **교육심리연구**, 34(4), 853-870.

Reigeluth, C. M., & Schraw, G. L. (Eds.). (2002). *Learning and Instruction*. Boston, MA: Allyn & Bacon.

Ralph H. Jones, Richard E. Nisbett, David Wechsler, & David Perkins (Eds.). (2002). *Educational Psychology*. Boston, MA: Allyn & Bacon.

Paul Mussen (Ed.). (2002). *Developmental Psychology*. New York, NY: McGraw-Hill.

Rogers, C. (1957). **상담과 심리치료**. (김철수 역). 서울: 박영사.

Rogers, C. R. (1961). *On becoming a person: A therapist's view of psychotherapy*. Houghton Mifflin.

Mark Tennant(2018). 심리학과 성인학습 이론과 실천 (이경화, 김성훈, 박정길, 박혜성 역). 서울: 학지사.

ChatGPT 3.5 : https://chat.openai.com/

Copilot : https://copilot.microsoft.com/

CLOVE X : https://clova-x.naver.com/

PART III

성인학습 상담 이론과 실제

Chapter 09

정신분석 상담

양원영 박사

개요

정신분석학(Psychoanalyse)은 인간본성에 관한 철학이며, 인간의 무의식에 관한 정신적 과정의 탐구이론이자 치료 방법으로 체계화된 과학적 연구의 결과물이다.

프로이트에 따르면 정신분석학은 개인과 사회의 무의식을 무대화하여 탐구하는 유일한 학문이다. 또한 신경증과 정신증을 이해하고 치료하는 방법이다. 더 나아가 무의식의 탐구와 치료방법이 축적된 이론으로 그 자체로서 독자적인 문화이자 학문적 패러다임이다. 정신분석학에서는 인간의 기본 가정으로 결정론과 무의식 개념을 담고 있다. 즉 인간의 행동은 어렸을 때의 경험에 따라 크게 좌우되며 일상생활 속에서 어렵지 않게 발견할 수 있는 마음의 대부분은 의식할 수 없는 무의식적 정신세계의 영향을 받는다는 것이다. 그렇다면 프로이트가 밝힌 무의식은 무엇인가? 이 장에서는 무의식이 어떻게 인간의 삶 속에서 함께 역동해왔는지에 대해서 프로이트의 정신분석이론을 토대로 알아보고자 한다.

학습목표

1. 정신분석 이론의 발전 과정에 대해 알아본다.
2. 정신분석 이론의 주요개념에 대해 이해한다.
3. 정신분석 상담 과정과 기법에 대해 학습한다.
4. 정신분석적 접근의 상담 실제에 대해 습득한다.

주요단어

전의식, 무의식, 자아, 이드, 초자아, 전이, 저항, 꿈 분석

제1절 정신분석 이론의 발전 과정

정신분석(psychoanalysis)은 지그문트 프로이트(Sigmund Freud, 1856~1939)의 삶과 함께 시작한다. 그는 1856년 오스트리아 프라이베르크(Freiberg)의 중산층 유대인 가정에서 출생했다.

프로이트의 유대인 출신이라는 배경은 정신분석 이론의 탄생에 깊은 배경으로 자리 잡는다. 그는 1873년 17세에 빈의과대학교(Medizinische Universität Wien)에 진학한 후 1881년 26세로 의학 박사 과정을 졸업한 후 빈 종합병원에서 신경해부학과 신경병리학을 전공한다. 프로이트의 임상과 연구에 중요한 지지자가 두 명 있는데, 내과 의사인 요제프 브로이어(Josef Breuer)와 이비인후과 의사인 빌헬름 플리스(Wilhelm Fliess)이다. 프로이트는 1885년 파리 살페트리에르 병원의 샤르코 교수의 최면술과 1895년 브로이어와 공동 연구한 『히스테리 연구』 발표 이후 인간 의식 이면의 무의식적인 정신과정이 있음을 확신하게 된다.

1. 제1기 심리적 외상의 이론 시기(1856~1897)

프로이트는 이 시기에 심리적 외상이 신체적 증상으로 나타나는 히스테리를 관찰하면서 의식 이면의 어떠한 심리적 기제에 대해 연구하면서 정신분석의 초석을 세운다. 이 시기의 중요한 계기는 4개월간의 프랑스 파리 유학 시기 샤르코 교수의 최면치료를 배운 것이다. 그는 샤르코 교수와의 만남을 통해 신체적 마비를 주된 증상으로 나타내는 히스테리가 심리적 원인에 의해서 정신질환으로 발생할 수 있음과 무의식이 존재한다는 것에 대해 확신하게 된다.

1886년 파리에서 돌아와 신경과 의사로 개원하면서 더욱더 히스테리 환자에 대해 깊은 관심을 가지고 연구하게 된다. 그 중 최면술과 카타르시스법을 사용하여 브로이어와 함께 그의 여 환자였던 안나 O 사례로 『히스테리 연구』를 발표한다. 이 저서에서 프로이트는 충격적인 사건에 대한 기억과 감정이 무의식적 과정을 통해서 신체적 현상으로 전환된다고 밝힘으로써 히스테리의 원리와 심리치료에 대한 함의를 도출한다.

이 시기에 프로이트는 히스테리 환자의 치료방법으로 최면술과 압박법을 적용하는데 점차 최면술의 치료적 한계를 느낀 이후 자유연상법을 사용한다.

제1기 심리적 외상 이론 시기에 프로이트는 인간 정신을 의식과 무의식의 두 측면으로 설명한다. 그는 증상을 유발하는 심리적 원인의 핵심에 유아기 성적인 외상측면이 있음을 발견하여 초기 '유아 성유혹설'을 발표한다. 이후 '유아 성유혹설'은 유아기 실재 사건에 대한 기억뿐만 아니라 유아의 공상과 상상에 의한 것이라는 '유아 성적환상설'로 수정한다. 이후 프로이트는 환자의 내면세계에서 일어나는 무의식적인 심리적 역동에 더욱 관심을 가지게 된다.

2. 제2기 지형학설 시기(1897~1923)

이 시기에 프로이트는 의식, 전의식, 무의식을 통해 정신과정을 설명하고, 그 외에도 자기애, 충동, 억압, 승화, 반복, 전이와 같은 주요개념을 체계적으로 세움으로써 정신분석학의 학문적 토대를 마련한다. 여기서 지형학의 의미는 그리스어 '토포스(topos)'에서 유래한 것으로 인격의 장소적 의미를 부여한 것이다. 프로이트는 산과 바다가 어우러져 하나의 지형을 만들 듯 인간의 정신구조가 일정한 위치를 갖고 기능하는 것으로 여기고 인격구조를 지형학적으로 설명한다.

그는 1900년 『꿈의 해석』을 발표하면서 꿈의 원리를 통해 무의식의 실체를 밝히면서 "꿈의 해석은 인간 정신의 무의식적 활동을 알게 하는 왕도이다"라는 명제를 세운다. 그리하여 정신분석을 신경증의 병리적 측면뿐만 아니라 일반인의 보편적인 정신과정을 설명하는 이론으로 자리매김한다. 또한 그는 꿈은 일종의 투사로 '내면 과정의 외현화'임을 밝히고, 꿈꾼 자의 '소망 충족'이라는 목적을 갖는다고 한다.

프로이트는 『성욕에 관한 세 편의 에세이』(Freud, 1905b)에서 유아 성욕설, 성충동의 발달, 오이디푸스콤플렉스, 승화를 설명하면서 신경증의 핵심을 오이디푸스콤플렉스로 밝힌다. 이때부터 성적 요소를 정신 신경증의 원인으로 보는 프로이트의 가설은 여러 환자의 사례에서 밝혀진다. 그 예로 도라의 히스테리 사례, 꼬마 한스의 공포증, 쥐 인간의 강박증, 늑대 인간의 유아기 신경증 사례 등이 있다.

「무의식에 관하여」(Freud, 1915c)에서 억압을 통해 어떤 표상(관념, 이미지)이 의식의 전면에 나타나지 않을 때 우리는 그 표상이 무의식의 상태에 있다고 기록함으로써, 무의식의 개념을 정당화한다. 이렇듯 그는 이 시기에 무의식의 개념으로부터 출발하여 꿈 분석, 오이디푸스콤플렉스, 충동, 억압, 우울증, 반복강박, 집단 심리학 등 정신분석의 핵심개념들을 내세운다. 또한 이 시기는 성적 추동(drive)을 중심으로 무의식적인 정신 과정을 밝힌 많은 저서와 논문이 발표된 시기이기도 하고 1910년 국제 정신분석학회가 결성되면서 프로이트를 따르는 추종자들도 급격히 증가된 만큼 프로이트의 정신분석학을 세우는 데 중요한 시기라 할 수 있다. 이후 프로이트는 무의식의 역동성에 깊은 관심을 두고, 초기 이론을 끊임없이 수정해 나간다.

3. 제3기 구조론 시기(1923~1939)

이 시기 『자아와 이드』(Freud, 1923)를 저작한 시기라 '자아심리학 시기'라고도 한다. 프로이트는 지형학설 시기의 의식, 전의식, 무의식의 정신구조에서 진일보하여 자아(ego), 이드(id), 초자아(superego)로 설명되는 구조론 시기의 이론을 펼친다. 말하자면 의식, 전의식, 무의식의 정신구조 바탕 위에 자아, 이드, 초자아가 설정된 것이다. 이렇게 그는 자아, 이드, 초자아 개념을 세움으로써 끊임없는 갈등과 상호 협력이 이루어지는 인간의 정신 과정의 역동성을 강조한다. 이로써 정신분석을 통해 인간 정신 구조에 관한 깊은 통찰과 이해가 가능하게 된다.

『억압, 증상 그리고 불안』(Freud, 1926)에서 자아, 이드, 초자아의 구조론에 입각하여 억압, 증상, 불안을 설명한다. 이 저서에서 그는 자아는 하나의 조직으로 이드와 초자아 그리고 현실과의 상호작용의 매개적 역할을 담당한다고 설명한다.

따라서 자아의 불가피한 기능은 억압인데, 그 억압의 결과로 증상이 발생한다. 즉 증상은 억압의 또 다른 현상이다. 프로이트는 논문「심리적 인격의 해부」(Freud, 1933a: 77-78)에서 자아, 이드, 초자아를 좀 더 자세히 설명한다.

> 자아는 엄격한 주인 셋을 섬겨야 한다. 자아가 섬기는 세 주인은 외부세계, 이드, 초자아이다. 이러한 세 주인을 동시에 만족시키려는 자아의 노력을 따라가다 보면 각 개인의 특수한 인격이 설명된다. (…) 자아가 자신의 약함을 인정하지 않을 수 없을 때 그것은 불안으로 촉발된다.
>
> 외부세계에 대한 현실적 불안, 초자아에 대한 도덕적 불안, 이드 안에 있는 억누를 수 없는 열정에 대한 신경증적 불안 등이 그것이다.

이 내용에 따르면 고군분투하는 자아의 기능에 따라 개인의 특수한 성격이 형성되고 외부현실, 이드, 초자아의 압력에 따라 현실적 불안, 신경증적 불안, 도덕적 불안이 형성됨을 알 수 있다.

이렇듯 제3시기는 자아, 이드, 초자아로 구성되는 인간의 정신 과정의 역동성이 강조된 시기이다. 무의식의 역동성은 우리가 합리적이라고 믿어 왔던 자아가 본질적으로는 수정된 이드의 부분으로서 매우 가변적이고 비합리적일 수 있음을 알려준다.

제2절 주요개념

1. 인간관

프로이트 인간관은 인간을 결정론적 존재, 무의식적 동기에 움직이는 존재, 갈등하는 존재, 비관론적 존재로 본다. 프로이트는 19세기를 시대적 배경으로 하여 1859년 찰스 다윈의 『종의 기원』을 통해 진화론의 영향을 받았으며, 에너지 불변의 법칙, 항상성이론의 자연과학적 기초위에서 정신분석 이론을 세운다. 프로이트는 인간을 생물학적 존재로 보고 인간의 행동이 무의식적인 동기와 생물학적 욕구 및 충동, 그리고 6세 이전의 어린 시절의 경험에 의해 결정된다고 보았다.

그는 인간은 쾌락을 추구하는 본능의 요구에 의해 외부현실의 상호작용 속에 내적 욕구와 외적 욕구 사이에서 끊임없이 갈등하는 존재, 그리고 어두운 지하실에서 끊임없이 갈등하는 존재로 비유한다.

「충동과 그 운명」에서 프로이트는 본능(instinct)과 구별된 충동(drive) 개념을 정리하면서 충동의 유기적 변화 과정을 설명하고 있다. 본능은 동물의 욕구와 연관된 개념인 데 비해 충동은 정신과 육체 사이의 경계 개념(Freud, 1915a: 121-122)으로서 인간의 욕망과 연관된 개념임을 밝히고 있다. 충동은 자기보존 충동과 성적 충동 두 가지로 구분한다. 충동의 목표는 어떤 경우든지 만족 추구이다. 충동은 신체의 한 기관이나 부분에서 발생하여 대상을 통해 압력을 행사하고 만족을 추구하는 신체적 힘의 심리적 대표자이다(이수진, 2020).

2. 정신구조

프로이트는 지형학설 시기에 인간의 정신세계를 의식, 전의식, 무의식으로 구분해서 바라본다. 의식을 빙산의 일각에 비유하면서 물을 통해 볼 수 있는 물에 잠긴 부분은 전의식, 그리고 빙산의 일각을 지탱하고 있는 물 밑의 거대한 부분을 무의식에 비유한다.

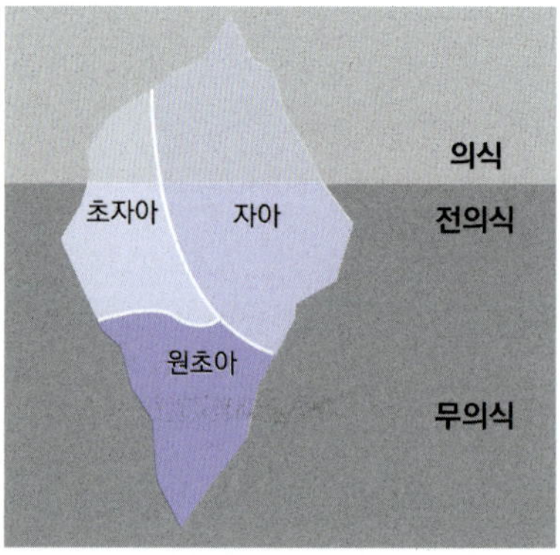

[그림 9-1] 정신구조

1) 의식(conscious)

의식은 개인이 자각하고 있는 순간의 기억, 감정, 공상, 경험, 연상 등을 지각하고 있는 것이다. 의식은 심리적 경험의 의식수준으로서 인간의 정신세계에 있어서 극히 일부분이다. 프로이트는 의식을 '빙산의 일각'이라 비유한다.

2) 전의식(preconscious)

평소에는 의식하지 못하지만 약간의 노력을 기울이면 쉽게 의식으로 떠올릴 수 있는 기억과 경험을 말한다. 전의식은 무의식의 내용을 의식으로 연결하는 교량 역할을 하면서도 무의식의 의식화 기제에 검열자 역할도 한다.

3) 무의식(unconscious)

무의식은 자각하려는 노력에도 불구하고 쉽게 의식되지 않는 심리적 경험과 상태를 말한다. 무의식은 수용되기 어려운 성적 욕구, 폭력적 동기, 부도덕한 충동, 수치스러운 경험 등의 의식으로 떠오르면 위협적인 것으로 작동하기에 억압된 욕구, 감정, 기억의 저장소라 할 수 있다. 이러한 무의식은 의식에 쉽사리 잘 떠오르지는 않지만 개인의 생각과 행동에 지대한 영향을 미친다. 무의식은 꿈 이외에도 자유연상을 통해서 그리고 일상생활 속의 실수 행위, 말실수, 망각 등에서 추론이 가능하다.

프로이트는 「무의식에 관하여」(Freud, 1915c)에서 무의식은 고정되어 있지 않고 전의식과의 협력 관계를 통해 '대체형성물'이 되는데 대표적 예로 꿈, 환상, 증상이라고 한다. 즉 꿈, 환상 그리고 증상은 무의식에서 억압된 것이 회귀되어 나타난 대체 형성물인 것이다. 그리고 그는 무의식의 특성에 대하여 네 가지로 설명한다.

첫째, 무의식은 상호 갈등과 충동 가능성에서 벗어나 있다. 무의식에는 모순도 없고 심지어는 서로 반대되는 것들이 동일한 것처럼 취급된다. 즉 무의식에는 검열 없이 리비도가 집중된 내용들만 있게 된다.

둘째, 무의식은 '1차 과정'이다. 무의식은 근본적으로 쾌락의 원칙을 따름으로 리비도가 자유롭게 움직이는 1차 과정을 따른다. 반면에 의식은 현실원리의 이차 과정(secondary process)을 따른다.

셋째, 무의식은 무(無)시간성을 띤다. 무의식의 정신과정은 순차적 시간과 무관한 특성을 나타낸다. 무(無)시간성은 꿈속 장면의 시간 변화를 보면 쉽게 이해될 수 있다.

넷째, 무의식에서는 외부 현실을 정신적 현실로 대체한다. 즉 우리는 각자의 욕구나 욕망에 따라 외부 현실을 정신적 현실로 대체한다.

3. 성격 구조

인간의 성격구조는 자아, 이드, 초자아로 구성된다. 이 구성요소는 독립적으로 작동되는 것이 아니라 전체적으로 기능하는데, 자아는 심리적 구성요소, 원초아는 생물학적 요소, 초자아는 사회적 구성 요소를 담당한다. 세 조직 중 어느 조직에 에너지의 쏠림 현상이 있는지에 따라 인간 행동 특성이 결정된다고 본다. 프로이트는 『자아와 이드』(1923)에서 자아, 이드, 초자아의 개념을 구축하고 『새로운 정신분석강의』(1933)에서 각 개념들을 구체화한다.

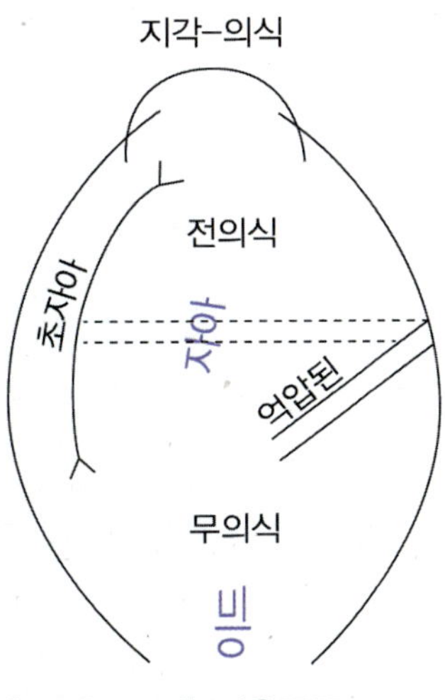

[그림 9-2] 마음구조

출처: 이수진(2020).

프로이트는 자아, 이드, 초자아 간의 역동성에 주목하면서 끊임없는 상호 갈등과 협력과정을 수반한다고 한다. 따라서 우리는 자아, 이드, 초자아 간의 갈등을 인식하고 그 갈등을 적절히 조율해 나가야 한다.

1) 자아(ego)

자아는 지각, 사고, 판단을 통해 정신과정을 조직하고 균형을 유지하는 정신과정의 감독 기관이다. 자아는 이드의 본능과 외부 현실 세계를 중재 또는 통제하고, 환경에 대한 현실적인 적응을 담당하는 심리적 구조와 기능을 담당한다. 이러한 자아는 생후 6~8개월부터 발달하기 시작하며, 2~3세가 되면 자아의 기능이 제대로 수행하게 된다. 자아는 현실 원리에 따라 현실의 상황을 고려하여 판단하고 욕구 충족을 지연하며 통제하려 한다. 자아는 주관적 욕구와 외부 현실을 구별할 줄 아는 현실 검증의 능력이 있다. 이러한 역할을 담당하고 있는 자아에 대해 프로이트는 자아가 이드에서 파생된 이드의 한 부분이라고 한다(Freud, 1923b).

그러하기에 우리가 합리적이라고 알고 있는 자아가 비합리적일 수도 있다. 프로이트는 자아를 세 마리의 말을 몰고 가는 마부에 비유하면서 "자아는 엄격한 주인 셋을 섬겨야 한다. 주인 셋은 외부세계, 이드, 초자아이다"(Freud, 1933a). 이 과정에서 자아의 약함은 외부세계의 현실적 불안, 초자아의 도덕적 불안, 이드의 신경증적 불안으로 나타나게 된다.

[그림 9-3] 세 마리의 말을 끄는 마부

2) 이드(id)

이드는 심리적 에너지의 원천이자 본능이 자리 잡고 있는 조직이다. 이드는 일차적 사고, 즉 쾌락의 원칙을 따라 본능적 욕구를 충족시키기 위하여 자기중심적, 비논리적, 비합리적, 그리고 맹목적으로 작동한다. 이러한 이드의 기제는 초기 기초적인 심리적 과정이라는 의미에서 일차 과정(primary process)이라 한다. 이드에는 욕구 실현을 위한 사고 능력은 없으나 다른 욕구 충족을 소망하고 그것을 위해 움직일 뿐이다. 이 과정은 무의식적으로 작동된다.

3) 초자아(superego)

초자아는 쾌락보다는 완전을 추구하고 현실적인 것보다는 이상적인 것을 추구하고자 한다. 유아는 부모의 도덕관념과 윤리규범을 자신의 심리적 세계 속에 내재화하게 된다. 이처럼 유아의 마음속에 내재화된 사회적 규범과 부모의 가치 신념을 초자아라 한다. 초자아는 도덕에 위배되는 이드의 충동을 억제하며 자아의 현실적 목표를 도덕적이고 이상적인 목표로 유도하려고 한다. 따라서 초자아는 선악을 판단하는 도덕적 규범이나 가치관으로서 도덕원리(moral principles)에 따라 작동한다.

4. 심리성적 발달단계에 따른 성격 발달

프로이트는 개인의 행동 및 성격 특성이 적응적으로 형성될 것인지, 부적응으로 형성될 것인지는 6세 이전의 어렸을 때의 경험에 의해 결정된다고 본다. 특히 그는 환자들의 무의식 속에 존재하는 그들의 어린 시절의 경험이 증상에 중요한 영향을 미친다는 것을 깨닫게 되면서 유아의 발달 과정에 깊은 관심을 가지게 된다. 유아의 이 시기에 경험하는 갈등과 그것을 해결하는 과정을 통해 습득한 태도는 이후 성장 과정에서 무의식 속에 남아 지속적으로 삶에 영향을 미친다. 따라서 정신분석 상담자는 내담자의 성 충동의 발달과 고착패턴을 이해하고, 내담자의 현재 성격과 증상 형성에 영향을 미치는 성 충동을 이해해야 한다.

리비도의 흐름은 성 충동을 조직화한다. 성 충동의 조직화는 심리성적 발달단계로 설명된다. 심리성적 단계의 주요 특징은 정신 에너지인 리비도가 어느 신체 부위에 집중되느냐에 따라 다섯 단계로 구분한다. 심리성적 발달단계는 구강기, 항문기, 남근기, 잠재기, 생식기이다.

1) 구순기

구순기(oral stage)는 유아가 출생하여 18개월 정도까지 리비도가 입과 입 주변에 조직화되는 시기이다. 입으로 빠는 것은 쾌락과 생존을 위한 유아의 몸부림이다. 유아는 입을 통해 빨고, 먹고, 깨무는 행위를 통해 심리적 안정감과 쾌락을 경험한다. 충동의 대상은 어머니의 젖가슴으로 유아는 어머니의 젖가슴을 입으로 빨면서 어머니에 대한 사랑을 느끼고 최초의 대상관계를 경험한다. 이 시기 동안 나타나는 유아의 행동방식은 긍정적 수용과 부정적 거부를 표현한다. 유아가 주양육자를 지나치게 의존하는 경우 히스테리나 의존적 성격이 될 수 있다.

2) 항문기

항문기(anal stage)는 생후 18개월부터 배변 훈련이 이루어지는 3, 4세까지 항문과 그 주변을 중심으로 리비도가 조직화되는 시기이다. 주로 리비도의 대상은 배설물로 유아의 세상에 내놓는 생산물이자 선물이다. 따라서 배변훈련 시기의 주양육자의 양육태도는 유아의 성격 특성에 영향을 미친다. 주 양육자의 배변훈련에 대한 수용적 태도는 유아의 자율적인 성격형성으로, 반면에 주 양육자의 지나친 엄격한 배변훈련 태도는 유아 자신의 행동에 대해 위축감을 느끼고 강박성, 완벽주의 같은 성격으로 형성된다. 즉 배설행위에 대한 부모의 포용과 체벌은 주체 양가성의 기초가 된다. 이외에도 항문기의 성 충동은 완고함, 인색함, 깔끔함, 완벽주의 성향, 강박성, 가학성-피학성 성격과 관련된다.

3) 남근기

남근기(phallic stage)는 3세부터 6세까지의 남근 중심의 생식기를 중심으로 성충동이 조직화되는 시기이다. 이 시기 남아, 여아 모두에게 남근은 관심의 대상이자 성적 충동을 느끼는 쾌락의 대상이다. 남아는 남근을 가진 존재로서 거세불안을 느끼고, 여아는 남근을 가지지 못한 존재로서 남근 선망이 나타난다. 남아는 어머니를 최초의 성적 대상으로 여기지만 어머니는 아버지의 성적 대상임을 깨달으면서 오이디푸스콤플렉스 구조를 띠게 된다. 이후 남아는 아버지와의 동일시를 통해 오이디푸스콤플렉스를 극복하고 성적 주체성을 형성한다. 이러한 동일시 과정 이후 오이디푸스콤플렉스는 쇠퇴하고 이상적 성역할을 내면화한 초자아가 형성된다. 남아, 여아의 성적 주체성 형성과정을 구체적으로 살펴보면 **[그림 9-4]**와 같다. 남근기와 고착된 성격 특성은 성도착, 사디즘-마조히즘, 노출증, 관음증 등과 연관된다.

4) 잠재기

잠재기(latent phase)는 6세부터 12세까지로 이 시기 아동의 리비도 분화에 따라 아동의 관심의 대상이 자신의 신체에서 대상으로 향한다. 동시에 성 충동이 잠재화되고 관심의 대상은 또래집단이 된다. 잠재기는 대상관계에 집중됨으로써 아동의 사회화 과정의 기초가 된다. 이 사회화 과정에서 아동의 방어기제를 포함한 성격형성이 이루어진다.

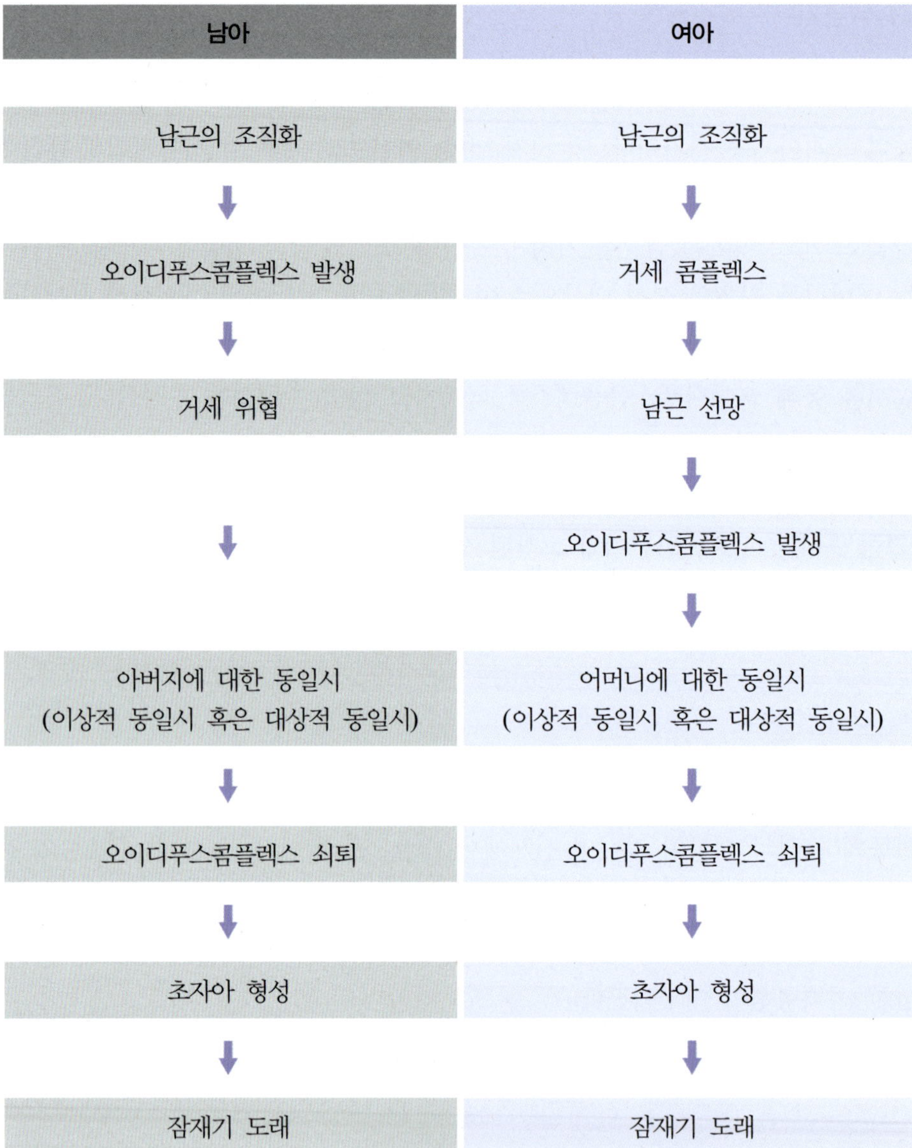

[그림 9-4] 오이디푸스콤플렉스 극복을 위한 성적 주체성 형성과정

출처: 이수진(2020).

5) 성기기

성기기(genital stage)는 12세부터 18세까지이고 이 시기에는 성적 충동을 부분적으로 만족시켰던 전성기와는 달리 성적 충동의 대상을 전체로 인식하고 사랑을 실현해 간다. 성기기의 대상성애는 자기성애에 비해 성숙한 형태로 이루어지지만 이 시기에도 전성기의 부분 충동의 퇴행과 흔적은 남게 된다. **〈표 9-1〉**은 심리성적 발달단계에 따른 특성을 설명한 것이다.

〈표 9-1〉 심리성적 발달단계에 따른 특성

발달단계	특성
구순기 oral stage (0~18개월)	• 입의 활동에서 쾌락을 추구하는 시기 • 심리 성적에너지가 입, 입술, 혀 등에 집중하는 시기
항문기 anal stage (18개월~3세)	• 대소변 배설하는 행위를 통해 쾌락을 충족하는 시기 • 대소변 훈련을 시기는 부모의 태도, 반응, 감정에 따라 성격 형성에 지대한 영향을 끼침 • 항문기 경험을 통하여 자기조절, 독립심, 자율성, 자존심이 형성 • 강박적 성격 또는 반항적 성격
남근기 phallic stage (3~6세)	• 심리성적 에너지가 성기의 특정 부분으로 이동 • 성 주체성을 확립하기 위한 기초가 되는 시기 • 오이디푸스콤플렉스가 형성되는 시기 • 거세불안
잠복기 latent phase (6~12세)	• 성적 관심이 거의 없는 것처럼 보이는 시기 • 동성의 부모를 동일시하여 남성다움과 여성다움을 형성 • 교육을 받으면서 자아가 자라는 시기 • 이 시기에는 공격 충동이나 파괴적 충동을 스스로 조절하는 내적 조절 능력이 형성
성기기 genital stage (12~18세)	• 2차적인 성 특징들이 발달되면서 이성에 관한 관심과 성적인 충동이 다시 증가되는 시기 • 급변하는 신체적인 변화로 성욕과 공격성의 증가로 인한 정서적 불안정에서 안정적으로 적응하는 시기 • 의존과 독립의 갈등 사이에서 부모에 이유 없는 반항이 나타나는 시기 • 자아 주체성이 확립되는 시기

5. 자아 방어기제

방어기제(defense reaction)는 심리적 갈등에서 우리를 보호한다는 점에서 긍정적 목적을 띠지만 그것이 무분별하고 충동적으로 기능할 때는 병리적으로 발현된다. 자아의 기능이 약해지거나 이드와 초자아의 충동이 강해지면 자아는 불안을 느끼게 된다. 방어기제는 이러한 불안을 감소하기 위하여 무의식적으로 작동하는 자아의 기능이다. 방어기제로는 프로이트가 언급한 기본적인 방어기제인 억압, 부인, 투사가 있으며, 나머지 방어기제는 그의 막내딸인 안나 프로이트(Anna Freud: 1895~1982)가 제시한 것이다. 다음은 대표적인 방어기제를 제시한 것이다.

1) 억압

억압(repression)은 의식적인 경험을 무의식적인 것으로 전환하는 것으로 의식하기에는 너무 고통스럽고 충격적이어서 무의식 속으로 기억을 눌러 버리는 것이다. 억압은 다른 방어기제나 신경증적 증상의 기초가 된다.

2) 투사

투사(projection)는 용납할 할 수 없는 자신의 감정이나 욕구를 타인의 것으로 돌리는 것이다. 자신이 화기 나 있는 상태는 의식하지 못하고 상대방이 자기에게 화를 내고 있다고 생각하는 것이다.

3) 부인

부인(denial)은 자신의 감각이나 사고 또는 감정을 심하게 왜곡하거나 인식하지 못함으로써 고통스러운 현실을 부정하는 것이다. 예로는 사랑하는 사람의 죽음이나 배신을 인정하지 않고 사실이 아닌 것으로 받아들이는 것이다.

4) 퇴행

퇴행(regression)은 이전의 발달단계로 되돌아감으로써 현재의 불안을 회피하는 것이다. 예로는 동생을 본 아동이 나이에 어울리지 않게 응석이나 말썽을 부리는 것이다.

5) 반동형성

반동형성(reaction formation)은 부정적이거나 불쾌한 심리상태와 반대되는 행동을 함으로써 불안을 억제하는 것이다. 미운 놈 떡 하나 더 준다는 속담이 해당된다.

6) 합리화

합리화(rationalization)는 자신의 부족함이나 실패와 같이 불쾌한 상황을 그럴듯한 이유로 정당화함으로써 불안을 회피하는 것이다. 예로는 여우가 먹고는 싶으나 먹을 수 없는 포도를 보면서 신포도이니깐 안 먹겠다고 하는 '신포도 이야기'가 해당된다.

7) 승화

승화(sublimation)는 사회적으로 인정되는 방식으로 성적 충동의 목표와 대상을 예술이나 지적 활동으로 변화시키는 것이다. 예로는 예술가, 정육점 주인이나 외과의사, 권투선수 등 직업선택에서 성 충동의 승화가 작용할 수도 있다.

제3절 상담 구성

1. 사례개념화

1) 사례개념화 목적

사례개념화(Case Conceptualization)는 상담가가 내담자에 대한 이해를 바탕으로 적합한 상담 계획을 세우는 가설 수립의 절차이다. 전문적인 상담목표와 상담전략을 세우는 데 중심적 역할을 한다. 이것은 내담자의 심리적, 행동적 문제의 원인, 그리고 내담자의 강점을 파악하는 것이다. 따라서 사례개념화의 목적은 내담자의 심리적 상태에 대한 이론적 설명 및 가설을 제시하고 전문적인 상담 계획을 세우기 위함이다.

2) 사례개념화 세우기

사례개념화를 세우기 위해서는 세 가지 자료가 요구된다. 첫째, 내담자의 현재 상태에 대한 정보로, 인구통계학적 정보, 주 호소문제, 현재 심리상태 등이다. 둘째, 증상 발현의 원인으로, 내담자 발달사, 가족력이 해당된다. 셋째, 다양한 심리평가 결과이다. 이러한 내담자의 자료를 종합적으로 분석하여 사례 개념화를 수립한다.

3) 정신분석적 사례개념화

정신분석적 접근의 사례개념화는 내담자의 증상을 발생시킨 정신구조(신경증, 정신증, 도착증 등)와 개인력에 좀 더 초점을 두고, 상담을 진행함에 있어 정신분석의 상담 패러다임을 선택하며, 상담목표와 증상의 해소뿐만 아니라 내담자의 정신구조의 변화를 고려해야 한다.

2. 상담목표

정신분석 상담의 목적을 한마디로 요약하면, 무의식을 의식화시키는 것이다. 달리 표현하면 이드 자리에 자아를 세우는 것이다. 내담자가 알아차리지 못하는 감정과 동기를 의식화시키는 것이며, 무의식적 갈등을 의식화시켜서 개인의 성격 구조를 재구성하는 것이다. 이것을 이루기 위해서는 자아의 힘을 강화시켜서 '건강한 자아', '성숙한 자아'를 형성하는 것이다. 프로이트는 미숙한 자아와 성숙한 자아에 대해 아래와 같이 설명한다.

> '미숙한 자아'는 온 힘을 써서 불안을 잠재우려고 하지만 그리 쉽지 않다. 그래서 신경증의 증세로 불안을 무마하거나 정신병적인 증세로 도피하게 된다. 반면, '건강한 자아'는 이 갈등을 중재하고 현실과 환경을 참작하여 합리적으로 욕구를 충족하고자 노력하면서 현실에 적응하게 된다. 결국 자아가 건강할수록 마음의 여유를 가지고 살아갈 수 있다(이무석, 2006).

정신분석의 상담목표는 내담자의 자아의 기능을 위하여 가능한 최선의 심리적 조건을 형성하는 것이다. 프로이트는 정신분석 상담의 성공을 위해 세 가지 요인을 언급한다. 첫째는 정신적 외상의 영향, 둘째는 충동의 기질적인 힘, 셋째는 자아의 변화이다(Freud, 1937a: 250). 내담자는 상담 과정을 통해 자신의 가장 원시적이고도 혼란스러운 측면을 이해하고 자신에 대한 애정으로 발전시키며 그로 인해 가져온 정신구조의 의미 있는 변화는 오래된 갈등을 새로운 방식으로 해결하는 자유를 획득하게 된다. 이러한 상담 과정을 통해 내담자는 자아, 이드, 초자아 간의 최적 상태의 정신구조로 변화해 나간다.

3. 상담기법

상담 과정에서 상담자는 중립적인 태도를 취하면서 내담자가 무의식적인 자료를 떠올리도록 촉진한다. 그리고 상담자는 내담자가 나타내는 모든 반응에 대해서 고르게 주의를 기울이는 것이 매우 중요하다. 이러한 태도를 유지하면서 내담자가 자신의 무의식을 탐색하면서 그 의미를 깨달을 수 있도록 돕는다.

1) 자유연상

자유연상(free association)은 내담자가 편안하게 누운 상태에서 아무런 억제나 논리적 판단 없이 마음에 떠오르는 생각을 솔직하게 이야기하는 기법이다. 상담자는 내담자의 이야기에 경청하며 그 내용뿐만 아니라 감정, 목소리, 침묵 등과 같은 다양한 반응에 세심히 관찰한다.

2) 꿈 분석

프로이트는 꿈은 무의식에 이르게 하는 왕도라고 말했다. 꿈 분석은 내담자의 꿈에 나타난 주제나 내용들을 면밀히 분석함으로써 무의식의 갈등을 알아차리는 것이다. 수면상태에서는 의식적 억제가 약화되기 때문에 억압되었던 무의식적 내용이 의식에 떠오르게 된다는 것이다. 꿈은 내담자가 기억하는 꿈의 내용인 현재몽(manifest dream)과 그 꿈의 내용의 의미를 잠재몽(latent dream)이라고 한다. 자아가 의식하기에는 너무나 고통스럽고 위협적인 잠재몽을 덜 고통스럽고 비위협적인 현재몽으로 바꾸는 작업을 '꿈 작업'이라고 한다(최영민, 2010). 꿈 분석의 목적은 꿈 작업을 통해 현재몽 속에 상징적으로 감추어진 잠재몽의 의미를 파악하여 이해하는 것이다.

3) 전이 분석

전이(transference)는 상담 장면에서 내담자가 과거에 중요한 타인에게 느꼈던 감정이나 환상을 무의식적으로 상담자에게 나타내는 것이다. 전이는 내담자의 유아기적 소망과 욕구가 부모에 대한 바람으로 이어져 상담 장면에서 상담자에게 대체되는 것이다. 전이는 긍정적이고 부정적일 수도 있고, 상담 현장에서 반복과 저항과 직접적으로 연결되어 나타난다. 따라서 전이분석을 통해서 내담자의 무의식적 갈등과 방어기제가 들어날 수 있다. 전이 분석은 내담자로 하여금 자신이 어떻게 과거의 관점에서 현재를 잘못 지각하고, 잘못을 해석하며, 관계를 맺어왔는지를 이해하도록 돕는다. 따라서 상담자는 상담 과정 중에 내담자가 보이는 전이를 잘 다루어야 한다.

4) 저항 분석

저항 분석(resistance analysis)은 내담자가 상담 과정에서 나타내는 비협조적이고 저항적인 행동의 의미를 분석하는 것이다. 상담자는 내담자가 보이는 저항행동(예: 상담을 무단으로 결석, 상담시간을 지키지 않는 것, 자유연상이 잘되지 않는 것 등)의 분석을 통해서 내담자의 무의식적 의도와 갈등을 살펴볼 수 있으며 내담자에게 저항의 무의식적 의미를 깨닫게 할 수 있다.

5) 해석

내담자는 상담 과정에서 스스로 자신의 무의식적 갈등에 대한 통찰을 얻게 된다. 모든 내용에 통찰은 일어나기 어렵다. 그렇기 때문에 상담자는 적절한 해석을 해 줄 수 있다. 해석의 효과는 치료자가 제시하는 해석의 정확성 보다 내담자의 수준을 고려하여 해석 정도를 조절해야 한다. 성급한 해석은 오히려 상담의 역효과를 나타낼 수 있으므로 유의해야 한다.

6) 훈습

무의식적 갈등이 어떻게 현실생활에서 나타나고 있으며 그에 대한 깨달음을 어떻게 적응적 행동으로 실천할 수 있는지를 검토하며 변화하는 점진적인 과정이 훈습(working-through)이다. 정신분석의 마지막 단계인 훈습과정에서 내담자는 점차적으로 미숙한 방어와 증상들을 포기하고 새로운 적응적 방식으로 충족시키게 된다. 알로(Arlow)는 훈습에 대해 다음과 같이 설명한다.

> 갈등의 본질에 대한 한 두 번의 통찰 경험은 변화를 이끄는 데 충분하지 못하다. 전이

> 분석은 여러 번 그리고 여러 가지 다른 방식으로 지속되어야만 한다. 환자가 전이를 통하여 자신의 문제에 대해 통찰하는 것은 반복, 정교화, 확대로 구성된 과정인 훈습에 의해 계속 깊어지고 공고해진다(Arlow, 2005).

4. 상담자의 역할

프로이트는 성공적인 상담종결을 위해 상담자의 역할에 대해 다음과 같이 언급한다.

> 정신분석은 긴 숨을 요하는 작업이다. 정신분석의 힘은 무한한 것이 아니라 제한적이기 때문에 최종 결과는 항상 서로 싸우는 조직들의 상대적인 힘에 달려있다. 분석은 끝이 없는 과정이 아니라 분석가가 능력과 인내를 갖고 있다면 자연스러운 종결에 이를 수 있는 것이다(Freud, 1937a).

상담자는 내담자로 하여금 과거의 경험과 현재의 기억과 감정들을 검열 없이 자유롭게 표현하도록 촉진한다. 상담자는 내담자의 꿈과 자유연상을 민감하게 따라가면서 내담자의 무의식을 함께 만나는 것이다. 내담자의 반응인 전이와 저항에 관심을 가지면서 내담자가 말하는 내용 중 불일치되는 점에 집중한다. 그리고 상담자에 대한 내담자의 감정을 나타내는 단서에 민감하게 귀를 기울인다. 상담자는 내담자에게 자신의 문제에 대한 통찰을 얻도록 조력해야 하며 내담자가 보다 자신에게 솔직해질 수 있도록 지지해야 한다.

5. 상담 과정 및 실제

1) 상담 과정의 특징

정신분석 상담은 내담자의 문제 및 상담자의 접근방법에 따라 다양하나 상담 과정의 특징은 다음과 같다.

① 내담자는 자유연상을 통해 심리적 갈등, 부정적 감정 등 도움을 필요로 하

는 심리적 불편을 말한다.

② 상담 장면에서 내담자는 신경증적 증세를 보이게 된다.

③ 상담자는 자유연상, 꿈 분석, 전이분석, 저항분석, 해석을 통해 내담자의 신경증적 갈등을 탐색한다.

④ 상담자는 내담자의 언어 및 비언어적 메시지에서 갈등의 핵심과 관련된 행동 측면을 추측한다.

⑤ 상담자는 전이, 저항 현상에서 내담자의 무의식적 갈등이 의식화되도록 촉진적 질문을 한다.

⑥ 상담자는 전이, 저항 분석을 통한 해석을 내담자의 수용 정도를 고려하면서 진행한다.

⑦ 신경증의 감소 및 제거가 일어난다.

⑧ 내담자는 부정적 감정에서 풀려나기 시작한다.

⑨ 내담자는 점진적으로 자신의 새로운 모습을 정립해나가면서 통찰이 일어난다.

2) 상담 과정

프로이트는 정신분석 과정을 체스게임을 하는 것에 비유한다. 체스게임은 시작단계와 마무리단계의 과정은 표준 절차에 따르지만, 중간 단계는 다양한 변화에 개방적이며 예측이 어렵다(노안영, 2009). 이와 같이 정신분석 상담 과정도 초기 단계와 종결 단계보다 중간 단계는 가장 많은 시간과 노력을 들이게 된다. 여기서는 정신분석 상담 과정을 네 단계로 나누어 살펴본다.

(1) 초기 단계

초기 단계는 내담자와 상담자와의 치료 동맹이 맺어지는 단계이다. 상담계약이 체결되기 전에 먼저 상담자는 내담자가 정신분석적 상담에 적합한 대상인지를 파악해야 한다. 적합한 대상으로 결정되면 서로 간의 신뢰관계를 맺고, 이를 바탕으로 상담 과정에서 자유연상, 꿈의 분석을 통해서 내담자의 심리적 문제가 드러나면 치료 동맹이 형성된다.

(2) 전이단계

상담 장면에서 내담자가 과거에 중요한 타인에게 느꼈던 감정이나 환상을 무의식적으로 상담자에게 나타내는 것이다. 전이는 내담자의 유아기적 소망과 욕구가 부모에 대한 바람으로 이어져 상담 장면에서 상담자에게 대체되는 것이다. 이 단계에서는 내담자는 전이 욕구를 상담자를 통하여 충족하고자 한다. 전이는 긍정적이고 부정적일 수도 있고, 상담 현장에서 반복과 저항과 직접적으로 연결되어 나타난다. 이때 상담자는 내담자의 욕구에 대해 중립적 태도를 취하고 해석 및 관찰자의 역할을 함으로써 그 욕구를 안전하게 좌절시킨다.

(3) 통찰단계

신뢰가 형성된 분위기에서 내담자는 자신의 의존 욕구나 애정 욕구의 좌절 때문에 생기는 적개심을 상담자에게 표현한다. 이러한 감정표현은 내담자로 하여금 불안과 죄책감에서 벗어나게 할 수 있지만, 상담자는 내담자의 욕구 뒤에 숨은 동기를 파악하게 된다. 그리고 적절한 상담자의 해석이 따르면 자신의 여러 가지 욕구의 바탕에 숨은 부정적 감정에 대해 통찰을 하게 된다. 내담자로 하여금 전이신경증을 통찰하게 하여 전이와 저항을 분석하는 것에 그 목적이 있다.

(4) 훈습단계

심리적 문제가 통찰이 일어났다고 해서 바로 내담자의 문제가 해결되는 것은 아니다. 내담자가 통찰한 것을 실생활에서 실행으로 옮기는 과정이 바로 훈습단계이다. 이 단계에서는 내담자의 통찰을 변화로 이끄는 것을 방해하는 저항을 반복적이고 점진적으로 정교하게 탐색하고 이어지는 계속적인 통찰을 하는 단계이다. 또한 종결로 이어지는 단계로 과거보다는 효과적으로 순응하게 되거나 증상을 근본적으로 해결하게 된다.

3) 상담 사례

다음 사례의 축어록은 성인 남성 내담자로, 그는 아동기 때 어머니에 대한 감정을 상담자에게 느낀다. 내담자는 아동기에 자기 뜻대로만 행동하고 제멋대로 굴어서 어머니의 사랑을 받지 못하다가 사고로 누워 있었을 때 어머니의 관심과 사랑을 받게 되었다. 이런 경험으로 어머니에게 사랑받는 사람이 되기 위해 자신의 주장대로 말하고 행동하다가는 사랑과 관심을 받지 못할 수도 있다는 불안을 느끼고 있는 상태이다.

상담자: (요약, 재진술 하면서) 은수(가명) 씨는 뭔가 이야기하고 싶어 하지만 제가 어떻게 반응할지 두려운 듯 보이입니다.

내담자: 지금 매우 긴장되네요. 제가 해야 할 일을 망설이고 있는 느낌이에요. 때때로 긴장을 확 풀어버리고 싶지만 그렇게 할 수 있을 것 같지 않아요.

상담자: 제가 어떻게 반응할지 두려워서 그런가요?

내담자: 제가 말을 하면 선생님이 저를 좋아하지 않을 것 같아요. 선생님이 제게 친근하게 이야기하지 않을지도 모르고… 또 선생님이 저를 치료할 수 없다고 느끼고 상담을 그만둘 수도 있을 것 같고(전이). 그러나 그렇지 않을 거라는 것도 알고 있어요. 하지만 자꾸 그런 생각이 들어서 긴장돼요.

상담자: 제가 은수 씨를 싫어할 거라는 생각이 드는군요. 그런 생각을 이전에도 경험한 적이 있을까요?

내담자: 아홉 살 때 위인들에 관한 많은 글을 읽었는데 그 내용대로 흉내 내고 싶어서 옆에 칼을 차거나 인디언처럼 옷을 입고 싶기도 했는데 그럴 때마다 어머니는 잔소리를 하면서 짜증을 냈어요.
(중략)
그 후 열네 살 때 사고로 허리를 다쳤어요. 저는 제 멋대로 구는 아이였어요. 그때 어머니는 "네가 그럴 줄 알았다"라고 말하셨죠.

상담자: 말하자면 은수씨는 스스로 벌 받았다고 생각하는군요.

내담자: 그렇지만 그때 누워 있을 때 처음으로 어머니의 관심과 사랑을 받았어요. 기분이 좋았어요. 이후 깁스를 풀고 걸어보라고 했을 때 오히려 악화되기를 바랬었어요.

상담자: 은수 씨가 지금 자신을 아프게 하려는 충동과 침대에 오래 누워 있던 일과는 연관되는 것이 있을까요?

내담자: 아 참… 왜 이렇게 유치할까요. (침묵) 저는 사람들이 저를 사랑하고 가엾게

여기기를 원하지요. 어머니는 저를 무시했어요. 그래서 사랑받기를 원했었어요.

상담자: 그래서 은수 씨는 깁스를 푼 후에 사랑받지 못할까 봐 두려웠겠군요. (해석)

내담자: 저는 그 후로 온순해졌어요. 화를 낼 수도 고집을 부릴 수도 없었어요.

참고문헌

노안영(2009). 상담심리학의 이론과 실제. 서울: 학지사.

이무석(2006). 마음속에 숨겨진 나를 찾아 떠나는 여행, 정신분석에로의 초대. 서울: 이유.

이수진(2020). 정신분석 미술치료, 프로이트부터 라캉까지. 서울: 학지사.

최영민(2010). 대상관계이론 중심, 쉽게 쓴 정신분석 이론. 서울: 학지사.

Arlow, J. A. (2005). *Psychoanalysis*. In R. J. Corsini & D. Wedding (Eds.), 긴정희 옮김(2007). 현대심리치료(제7판). 서울: 박영사.

Freud, S. (1915c). The Unconscious. In J. Strachey (Ed. & Trans.) (1957). *SE*, Vol.14. London: Vintage Books.

Freud, S. (1905b). Three Essays on The Theory of Sexuality. In J. Strachey (Ed. & Trans.) *SE*, Vol. 7. London: Vintage Books.

Freud, S. (1915c). The Unconscious. In J. Strachey (Ed. & Trans.) (1957). *SE*, Vol. 14. London: Vintage Books.

Freud, S. (1923b). The Ego and the Id. In J. Strachey (Ed. & Trans.) (1961). *SE*, Vol. 19. London: Vintage Books

Freud, S. (1926). Inhibition, Symptoms and Anxiety. In J. Strachey (Ed. & Trans.) (1959). *SE*, Vol. 20. London: Vintage Books.

Freud, S. (1933a). New Introductory Lectures on Psycho-Analysis. In J. Strachey (Ed. & Trans.) (1961). *SE*, Vol. 22. London: Vintage Books

Freud, S. (1937a). Analysis Terminable and Interminable. In J. Strachey (Ed. & Trans.) (1964). *SE*, Vol. 23. London: Vintage Books.

Chapter 10

인간중심 상담

양원영 박사

개요

인간중심 상담(person-centered counseling)은 칼 로저스에 의해서 발전된 인본주의적 상담이론이다. 로저스에 따르면 인간은 긍정적인 성장을 위한 내면적 동기와 잠재능력을 지니고 있는 존재이다. 따라서 상담자가 내담자를 조정하여 변화시키려 하기보다는 충분히 수용적이고 공감적인 진솔한 분위기를 제공하면 내담자는 스스로 긍정적인 변화를 모색하며 문제를 해결하게 된다(권석만, 2012). 이러한 로저스의 주장은 정신분석 상담과 행동치료가 지배하던 1960년대의 상담분야에 커다란 파장을 일으킨다.

로저스는 상담이론과 기법에 대한 상담자의 전문적 지식보다는 상담자의 자질과 태도, 인간적 특성의 중요함을 강조한다. 특히 상담자와 내담자가 맺는 관계의 질이 상담성과를 결정하는 중요한 상담요인이라 설명한다. 로저스는 성공적인 상담을 위해서는 상담자보다 내담자 자신이 더 중요하다는 점을 강조하면서 내담자의 촉진을 위해 상담자의 자질을 구체적으로 제시한다. 상담자가 지녀야 할 필수적인 세 가지 자질은 진솔성(또는 일치성), 무조건적 긍정적 존중, 공감적 이해이다.

학습목표

1. 인간중심 이론의 발전 과정에 대해 알아본다.
2. 인간중심 이론의 주요개념에 대해 학습한다.
3. 인간중심 이론의 상담 과정과 기법에 대해 학습한다.
4. 실제 상담 사례를 통해 인간중심 상담이론을 이해한다.

주요단어

진솔성, 무조건적 긍정적 존중, 공감적 이해

제1절 인간중심 이론의 발전 과정

인간중심 상담은 칼 로저스(Carl Rogers, 1902~1987) 자신의 성장 경험을 반영한 것으로, 임상현장의 상담 경험을 통해 내담자에 대한 연민과 이해가 깊어지면서 상담이론이 구체화되었다. 인간중심상담이론은 세 단계로 구분할 수 있다.

제1단계는 비지시적 상담이다. 내담자에 대한 공감적 이해를 강조하는 로저스의 독자적인 이론이 생성되기 시작한 시기이다. 제2단계는 내담자 중심 상담의 단계로 기법보다는 사람 자체를 중시하면서 성격과 상담에 대한 이론체계를 발달시킨다. 제3단계는 인간중심 상담의 단계로 개인 심리상담을 넘어서 부부상담, 집단상담, 정치적 변화에 이르기까지 상담 적용범위를 확대시킨다(권석만, 2018).

1. 제1단계 비지시적 상담(Non-directive counseling stage)

로저스는 1931년 컬럼비아 사범대학에서 임상심리학 박사학위를 취득한 후 로체스터 아동보호상담소에 12년간 근무하면서 정신분석 상담과 행동치료에 대해 적절치 않음을 인식하게 된다. 무엇보다도 로저스는 내담자가 어떤 이유로 내면의 상처를 입었으며, 벗어나기 위해서는 어떤 방향으로 나아가야 하는지를 가장 잘 아는 사람은 내담자 자신이라는 것을 깨닫게 된다. 즉 그는 상담 과정에서 내담자 스스로 책임지도록 하는 데 상담의 초점을 두게 된다.

이때 상담 과정에서 중요한 것은 치료자와 내담자의 관계로서 상담자는 내담자로 하여금 자신의 느낌과 내면세계를 자유롭게 탐색하도록 허용하면서 내담자가 자신의 삶에 대한 책임의식을 가지도록 촉진한다. 이 시기에 로저스는 개인적 가치, 자유, 선택, 책임을 중시하는 실존주의 철학에 영향을 받는다. 로저스는 1942년 저서 『상담과 심리치료(Counseling and psychotherapy)』에서 상담 과정에 대한 그의 입장과 비지시적 상담방식을 8개의 면담 녹음기록을 포함한 사례와 함께 제시한다. 여기서 로저스는 상담자가 조언과 해석을 피하고 끊임없이 내담자의 감정을 인정하고 수용함으로써 내담자의 긍정적 통찰을 증진시킨다고 가정한다.

2. 제2단계 내담자 중심 상담(Client-centered counseling stage)

1945년 시카고 상담센터로 옮기면서 시카고대학교 심리학 교수이자 상담센터 소장으로 근무하게 된다. 이 시기에 로저스는 상담 방향에 결정적인 영향을 미친 한 여성 내담자를 상담하게 된다. 그녀는 매우 불안정하고 요구가 많은 내담자로 로저스는 이 내담자에게 2년 동안 시달리면서 고통을 받게 된다. 이 힘든 시기에 로저스는 스스로 치유를 하면서 자신의 깊은 내면과 직면하게 된다. 어린 시절부터 내재화된 자신에 대한 부정적 신념으로부터 벗어나면서 자신을 수용할 수 있게 되고, 뿐만 아니라 친밀한 관계 속에서 깊은 사랑을 주고받을 수 있는 능력을 발달시키게 된다.

이 시기의 로저스 자기 치유의 경험은 내담자 중심 치료의 토대를 마련하게 된다. 1951년 저서 『내담자 중심치료(Client-centered therapy)』를 출간하면서 현상학적 철학적 개념을 강조하면서 자기 개념이론에 집중한다. 이로써 로저스는 미국에서 명성을 얻게 된다.

3. 제3단계 인간중심 상담(Person-centered counseling stage)

로저스는 1957년 위스콘신 대학교로 옮기면서 치료적 성과에 큰 기대를 하였으나 주변 동료들과의 갈등으로 인해 결과적으로 기대한 만큼 심리치료 효과를 거두지 못하게 된다. 하지만 1961년 저서 『진정한 사람 되기(On Becoming a person)』 출간 이후 인간중심치료 원리의 체계를 세우게 된다. 1963년 캘리포니아 서부행동과학연구소로 옮기면서 많은 동료들과 함께 자유롭게 심리치료 연구의 활성화를 이루게 된다.

이 시기에 참만남 집단운동에 깊이 관여하게 된다. 1970년 후반에 집단 워크숍을 열어 자신의 치료방법을 대단위집단에 적용하면서 처음으로 '인간 중심'이라는 용어를 사용하고, '카운슬링(counseling)'이라는 용어도 처음 사용한다(이것은 심리학자들이 심리치료를 하는 것에 반대하는 정신의학자들에 대한 대책반응이다). 또한 '카운슬링'이라는 명칭을 사용함으로써 심리학 배경의 상담사들이 자신의 위치에서 치료를 계속할 수 있도록 하는 데 힘을 실어 주었다. 1973년 로저스는 미국심리학회로부터 상담 전문가로서 탁월함을 인정받는 '우수전문가 공로상'을 수상한다(권석만, 2012).

제2절 주요개념

1. 인간관

인간은 누구나 잠재적 능력을 가지고 태어난 존재이다. 인간은 유기체적 존재로서 자기 실현화 경향성을 지닌 존재다. 유기체적 존재로서 주관적 경험 세계인 현상학적 장에서 살아간다. 그리고 인간은 외부에서 주어진 어떤 자극에 대해 전체로서 반응한다. 인간은 사회적이고 미래지향적 존재이다. 따라서 로저스는 타고난 능력을 제대로 발휘할 수 있는 조건이 적절히 갖추어진다면 인간은 누구나 성장과 발전이 가능하다고 본다.

로저스는 인간은 태어나면서부터 자신의 잠재력을 실현시키려는 선천적 경향성을 가지고 있다는 점을 강조한다. 인간이 자기 잠재력을 실현시키려는 경향성이 있으므로 내담자가 스스로 자신의 무제를 해결해 나갈 수 있는 힘을 가지고 있다는 인간관에 근거하여 새로운 상담 원리를 제시한다. 상담자는 지시적인 태도를 통해서 내담자의 문제를 해결해주는 것보다 내담자가 자신의 내부에 갖추어진 문제해결 능력을 활용하도록 허용적이고 비간섭적 분위기를 형성함으로써 내담자 스스로 성장하도록 동기화할 수 있는 최적의 환경을 제공하는 역할을 해야 한다(천성문 외 4인, 2022).

2. 주요개념

1) 자기개념

자기는 사람들이 갖고 있는 자신에 대한 지속적인 인식을 말하며 성격형성의 중심이 된다. 자기는 개인이 타인과 상호작용한 결과로 발달한다. 인간이 성장하면서 유기체적으로 반응하는 것을 타인들이 존중해 주고 반응해 줄 때 건강한 자기가 발달한다. 건강한 자기가 발달한 사람들의 특성은 다음과 같다.

① 경험에 개방적이다.
② 자신의 감정을 솔직히 수용한다.
③ 과거나 미래에 얽매이지 않는다.
④ 현재의 삶에 충실히 살아간다.

2) 현상학적 장

모든 개인은 끊임없이 변화하는 경험의 세계에 존재하고, 그 세계 속에서 자신이 경험하고 지각한 장(field)에 대해 반응한다. 이러한 지각의 장은 개인에게 현실이며 객관적 경험이 아니라 주관적으로 지각한 세계를 의미하는데 이를 '현상학적 장(phenomenal field)'이라 한다.

즉, 매 순간 개인의 의식에 지각되는 주관적 경험의 모든 것을 의미한다. 이러한 주관적 경험세계의 중심은 개인이다. 개인은 주관적 경험세계인 현상학적 장에서 인식되는 변화에 반응한다. **[그림 10-1]**은 6명의 장님과 코끼리 이야기로, 현상학적 현상인 주관적 경험을 비유적으로 표현한다.

로저스는 동일한 현상이라도 각자 다르게 경험하기 때문에 이 세계에는 개인적 현실, 즉 현상학적 장만이 존재한다고 본다. 따라서 개인이 현실에 대해 어떻게 지각하느냐는 자신에 대한 인식과도 밀접하게 관련이 있게 된다.

[그림 10-1] 6명의 장님과 코끼리

3) 자기실현 경향성

인간은 유기체적 존재로 좀 더 나은 방향으로 성장하려는 하는 경향성이 있는데 이것이 자기실현 동기이다. 로저스는 모든 인간은 태어나면서부터 성장과 자기증진을 위하여 끊임없이 노력하며 생활 속에서 직면하게 되는 고통이나 성장 방해 요인을 극복할 수 있는 성장 지향적 존재로 본다. 그리고 그는 모든 인간이 퇴행적 동기도 지니고 있지만 그보다는 성장 지향적 동기, 즉 자기실현 욕구가 기본적인 행동 동기로 본다. 그러나 현실 지각이 왜곡되어 있거나 자아분화 수준이 낮을 경우 퇴행적 동기가 강하게 작용하여 유아 수준의 행동을 보일 수도 있다고 본다(노안영, 2005).

4) 가치 조건화

로저스는 개인을 이해하는 데 중요한 개념으로 가치조건화를 언급한다. 로저스가 "경험은 나에게 최고의 권위다"라고 말한 것처럼 우리 각자는 경험을 통해 자기 가치를 형성한다(오제은 역, 2007). 특히 아동은 영향력 있는 부모의 양육 태도에 따라 가치조건화를 형성한다. 아동은 부모로부터 또는 자신이 중요하게 여기는 대상으로부터 긍정적 존중을 받기를 원한다. 아동은 부모가 원하는 것을 할 때만 긍정적 존중을 받게 되고 그 결과 자신이 착한 아이가 된다는 가치 조건화를 형성한다.

반대로 부모가 원치 않는 행동을 하게 되면 자신은 나쁜 아이가 된다는 가치 조건화를 형성한다. 따라서 아동은 나쁜 아이가 되지 않기 위해서는 자기가 경험의 불일치가 일어나게 된다. 이것은 자기 실현화 경향을 이루는 데 방해 요인이 될 뿐만 아니라 성격형성에 영향을 주고, 더욱 심하게 되면 내면의 문제로 깊어질 수 있다. 갈등, 불안, 공포 등의 정서적 문제도 가치조건화와 관련된다.

5) 충분히 기능하는 사람

개인의 모든 경험이 긍정적 수용을 받게 되면 자신의 경험을 충분히 수용하여 자기개념과 일치하는 자기구조로 통합시킬 뿐만 아니라 내면적 자원을 제대로 발휘할 수 있는 충분히(혹은 온전히) 기능하는 사람으로 성장하게 된다. 충분히 기능하는 사람은 현재 자신의 자아를 완전히 자각하는 사람이다. 로저스는 충분히 기능하는 사람은 최적의 심리적 적응, 심리적 성숙, 완전히 자기 경험과 일치, 현실에 개방적인 사람이라고 정의한다. 그리고 충분히 기능하는 사람의 특성에 대해 다음과 같이 언급한다(Rogers, 1951).

① 경험에 개방적이다.
② 실존적 삶 속에서 매 순간 충실히 자기 삶을 영위한다.
③ 자신을 신뢰한다.
④ 창조적 삶을 산다.
⑤ 책임을 지니면서 제약 없이 자유롭다.

3. 심리적 문제 발생

타인의 가치체계에 의해 형성된 자기개념은 자신이 유기체로서 느끼고 생각하는 것과는 차이가 나게 된다. 이렇듯 자기 개념과 불일치가 발생하면 불안해지고, 그렇게 되면 유기체적 경험을 부정하거나 자기 개념에 맞게 현실을 왜곡해서 받아들인다. 또한 불일치적 자기개념을 형성하게 되면 이상적 자기를 만들어 그것에 도달하려고 애쓰게 되고 현실적인 자기와의 불일치로 인해 심리적으로 고통받게 된다.

다음은 자기 불일치 경험으로 인한 심리적 부적응 문제 발생한 사례이다.

보통의 남자아이들처럼 신체놀이를 좋아하지 않고 인형놀이를 좋아하는 남자 아이이다. 어머니는 이런 행동을 보이는 아들에 대해 불만을 종종 표현한다. "사내가 돼서 인형놀이만 한다고 나가서 다른 애들처럼 공도 차고 놀면 얼마나 좋겠어." 이후 아이는 자신의 욕구를 누르고 엄마 마음에 들기 위해 억지로 밖에 나가서 논다.

이 아동은 항상 자신의 유기체와 일치하지 못하는 경험을 하게 되며 타인으로부터의 긍정적 욕구를 충족시키기 위해 자신도 다른 남자아이들처럼 신체놀이를 해야 칭찬을 받을 것이라는 외적 조건에 가치를 두게 된다. 결국 인형을 갖고 놀지 않아야 '착한 아이'라는 왜곡된 자기개념을 발달시키게 된다.

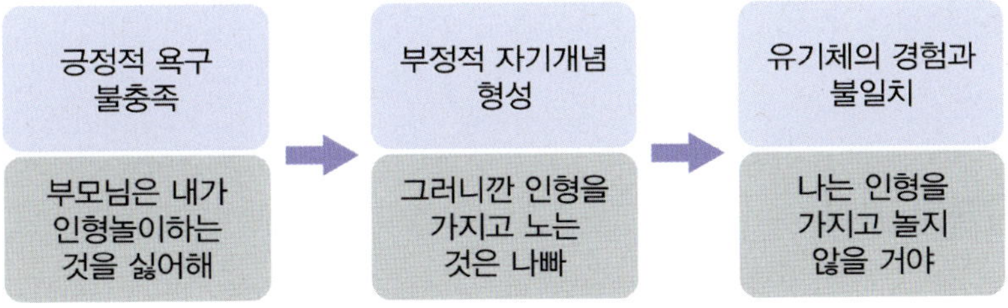

[그림 10-2] 부정적 가치조건화와 심리적 문제 발생 도식

제3절 상담 구성

1. 상담목표

인간중심 상담의 상담목표는 내담자의 자기개념과 유기체적 경험 간의 불일치를 재정립하고 내담자가 느끼는 자아에 대한 위협과 그것을 방어하려는 방어기제를 감소함으로써 충분히 기능하는 사람이 되도록 조력하는 것이다. 이러한

상담목표를 이루기 위해서 상담자는 내담자의 심리적 긴장과 방어기제가 감소될 수 있도록 신뢰할 만한 상담 분위기를 조성하고자 노력해야 하며, 내담자가 솔직히 자기를 표현하도록 도와야 한다.

2. 내담자의 변화

인간중심 상담의 상담목표가 달성되면 내담자는 스스로 성장하고 변화하게 된다. 내담자는 자신의 내면세계를 이해하고 자신의 문제를 자각하게 된다. 내담자는 상담자와 신뢰할 수 있는 상담 관계 속에서 자신의 현실에 대한 왜곡된 지각을 수정하고 현실적 경험(주관적 경험)과 자기개념 간의 조화를 이루게 된다. 이로써 내담자는 자신의 능력과 개성을 잘 발휘하여 자기실현의 방향으로 나아가게 된다(Rogers, 1957).

3. 상담자의 자질

인간중심 상담에서는 누구나 자신의 문제를 깨닫고 스스로 해결해 나갈 수 있는 잠재적 능력을 갖고 있다고 본다. 모든 인간은 수용받고 지지받는 따뜻한 환경만 주어진다면 긍정적인 자기개념을 확장해 나가고 스스로 자신의 문제를 파악하고 해결해 나갈 수 있다고 가정한다(Rogers, 1961). 인간중심 상담에서는 이러한 따뜻하고 수용적이고 지지적 분위기 조성은 상담자의 역할이라 보고 내담자의 성장을 돕고, 온전한 상담을 위해 상담자의 자질 세 가지를 강조한다. 그 세 가지는 진솔성, 무조건적인 긍정적 존중, 공감적 이해이다.

로저스(1975)에 따르면, 상담자는 내담자의 갈등 해결과 자기 이해를 촉진하는 편안한 상담관계를 만들기 위해 공감, 진솔성, 무조건적인 긍정적 존중이라는 세 가지 특성을 지녀야 한다. 상담자가 이 세 가지 인간중심적 태도를 상담 과정에서 적절히 실천하고 이것이 내담자에게 지각된다면 내담자의 어려운 문제가 긍정적으로 해결된다(Tausch & Tausch, 1990).

1) 진솔성

진솔성(genuineness)은 일치성(consistency)이라고도 한다. 진솔성은 상담 장면에서 신뢰감 있는 관계를 형성하기 위해 상담자는 긍정적이든 부정적이든 자신의 행동이나 감정을 솔직하게 자각하고 받아들일 수 있는 상담자의 태도이다. 진솔성은 상담자가 내담자와의 상담관계에서 매 순간 경험하는 감정을 있는 그대로 솔직히 인정하고 표현하는 태도로 상담자가 겉으로 표현하는 것과 내면에서 경험한 것이 일치하는 것을 말한다. 하지만 상담자의 단순히 자기 노출과 구별되어야 한다. 자기 노출은 상담자 자신에 대한 정보, 생각, 느낌, 경험을 드러내 놓는 것이지만 진솔성은 내담자의 경험에 대한 상담자의 진실한 반응을 말한다.

로저스(1957)는 상담자가 내담자에 대해 진솔성을 갖고 대한다는 것에 다음과 같이 설명한다. 만약 상담 장면에서 내담자와 함께 있는 것이 답답하고 불안할 때 상담자는 이에 대한 느낌을 내담자에게 솔직히 전달해야 한다. 예를 들어, "미안하지만 오늘 저는 당신의 말을 경청할 수가 없군요. 왜냐하면 지금 제가 몇 가지 개인적인 문제로 머리가 혼란스럽습니다. 그리고 이 순간 당신이 저에 대해 이야기한 것들을 충분히 이해하지 못하면 어쩌나 하는 두려움이 있기 때문입니다. 저는 이러면 안 된다는 것을 알지만 저는 지금 그런 느낌이 듭니다."

상담자와 내담자와의 관계에서 진솔함은 '진정한 자기'가 되는 것을 말하며, 진실된 상담자는 가식 없는 열린 마음으로 그 순간의 감정과 태도를 가지고 개방적이고 정직해야 한다. 이러한 상담자의 진실성이 내담자에게 안정감과 현실적인 장을 제공한다. 그리고 다음과 같은 내담자 변화를 발견할 수 있게 된다.

① 상담자에 신뢰가 형성된다.
② 내담자도 상담자처럼 자신이 숨기고 싶었던 약점을 드러내게 되어 자기수용의 가능성이 커진다.
③ 내담자도 진솔한 태도를 하려고 노력한다.

2) 무조건적 긍정적 존중

무조건적 긍정적 존중(unconditional positive respect)은 내담자를 '있는 그대로' 받아들이고 무조건적으로 긍정적으로 수용하는 것이다. 이것은 내담자의 자기실현 경향성을 믿고 그들에 대해 그 어떤 평가나 판단을 내리지 않는 진정한 보살핌을 의미한다. 이렇게 존중과 수용적 분위기가 형성되었을 때 내담자는 자신의 감정이나 경험 등을 자유롭게 표현할 수 있고 상담자와 공유할 수 있게 된다. 내담자는 상담자로부터 이해받고 수용받고 있음을 느낄 때 방어가 감소되면서 자신의 감정을 더 잘 탐색하게 되고 자신과 관련된 갈등과 혼란스러운 내면의 상태를 더 잘 바라보고 통합하게 된다.

내담자에 대한 상담자의 존중은 두 가지 측면에서 나타난다. 첫째, 상담자는 내담자를 자신과 똑같은 가치를 가진 사람으로 본다. 둘째, 상담자는 내담자의 자기결정권을 존중해야 한다. 즉 상담자는 내담자가 스스로 결정하는 것을 원하고 이를 도와준다(Hoedr, 1994).

3) 공감적 이해

공감(empathy)은 1세기 전 독일어 '아인필룽(einfühlung, 감정이입)'에서 도입된 용어로, '들어가 느낌'의 의미를 담고 있다. 원래는 심미철학, 예술작품, 자연 속에 몰입하여 마치 그 자체를 경험하고 느끼는 능력을 말한다. 하지만 오늘날에는 주로 어떤 사물 안으로 들어감보다는 타인의 경험에 연결됨을 의미한다(이수진, 2020). 상담자가 내담자가 보는 입장에서 세상을 내다볼 수 있는 능력을 공감이라 하고, 진정한 공감은 내담자가 느끼는 감정에 대해 상담자가 이해하고 그것을 내담자에게 전달하는 것이다.

공감적 이해(empathic understanding)는 내담자로 하여금 상담자가 자신을 이해하고 있음을 느끼게 해주는 것이다. 즉 상담자는 역지사지(易地思之)의 자세로 매우 민감하고 적극적으로 내담자의 메시지를 경청하고 공감해야 한다. 상담 장면에서 공감적 이해의 효과가 드러나는 조짐은 내담자가 이전보다 좋은 감정을 표현하고, 내담자 자신이 타인에 의해 이해받는 것을 통해 자기 자신을 탐색하기 시작한다(홍종관, 2002). 공감적 이해로 상담 분위기가 안정적이게 되면 내담자는 다음과 같은 변화가 일어나게 된다.

① 내담자는 이전에 억압했던 감정들을 다시 경험하고 이해하게 된다.

② 더욱 인간적이고 창조적이게 된다.

③ 자기표현을 잘하게 된다.
④ 삶 속에서 부딪히는 문제에 보다 적절하게 대처할 수 있게 된다.
⑤ 타인을 더 잘 이해하게 된다.
⑥ 내면의 통합이 일어난다.

4. 상담기법

인간중심 상담에서는 특정한 상담기법에 중점을 두기보다는 내담자 자체에 초점을 맞추며 상담자의 기본적 태도를 중시한다. 즉 상담자가 어떤 존재이어야 하는지에 초점을 둔다. 다양한 상담이론 중 인간중심에서는 무엇보다도 상담자의 진솔성, 무조건적 긍정적 태도, 공감적 이해의 상담 분위기 조성을 강조한다. 이러한 태도는 상담자의 인격과 성품에 자연스럽게 표출되어서 내담자에게 전달되기 때문이다. 상담자는 진실한 태도를 함양하고 무조건적 긍정적 존중과 공감으로 내담자를 있는 그대로 만나는 것이다. 다음 아래에 상담기법으로 소개하는 것은 상담자가 갖추어야 할 태도이다.

1) 진실하려고 노력하기

내담자에게 진실하기 위해서는 상담자가 먼저 자신을 바라보고 자기 이해가 필요하다. 즉 자신의 내면세계를 깊이 지각하는 것이다. 진실성은 자신의 속마음과 일치하는 말과 행동을 나타내는 것이기 때문에 자신의 내면세계를 민감하게 바라보고 수용하는 끊임없는 노력이 필요하다. 상담자는 내담자를 돕고자 하는 진정한 관심을 지니고 있어야 하며 그러한 관심을 내담자에게 전달할 수 있어야 한다(Rogers, 1966).

진실하다는 것이 상담자가 솔직히 내담자에게 다 말해버리는 것은 아니다. 그 미묘한 차이를 다음의 예에서 살펴본다. 상담자가 내담자의 마음을 충분히 만나지 못한 채 "당신이 어떤 마음인지 알겠어요"보다는 "내가 당신 마음을 충분히 이해하지는 못하지만 그러한 일들이 당신에게 커다란 상처가 되었을 것 같아요"라고 말한다면 내담자에게 더 진실하게 느껴질 것이다.

2) 적극적 경청하기

내담자에게 진정한 관심과 공감적 이해를 이끌어내기 위해서는 적극적으로 경청에의 태도가 필요하다. 구체적으로 적극적 경청의 자세는 내담자를 마주 보고 몸을 기울이고 자연스럽게 온정적인 눈 맞춤 그리고 적절한 얼굴 표정으로 '당신의 이야기를 진심으로 듣고 있어요'라는 느낌을 전달하는 것이다.

적극적 경청은 내담자로 하여금 상담자에게 수용 받고 공감받는다고 생각이 들어 심리적 안정감과 함께 자기 내면 탐색과 자기표현을 촉진한다. 적극적 경청은 좋은 상담자 태도의 첫걸음이라고 할 수 있다.

3) 지금 여기의 즉시성

인간중심 상담에서는 상담자와 내담자가 상담 과정에서 느끼는 직접적인 경험을 중시한다. 내담자를 변화시키는 가장 중요한 상호작용은 상담자와 내담자 사이에서 직접적으로 경험되는 감정과 생각을 다루면서 일어난다. 말하자면 상담의 효과를 증진하기 위해서는 즉시성, 즉 지금-여기에서의 경험이 중요하다. 이렇듯 인간중심 상담에서 즉시성을 강조하는 것은 상담자와 내담자가 서로의 관계에서 갖게 되는 생각과 감정을 즉각적으로 탐색하고 확인하고 다룰 수 있게 하기 위함이다.

4) 공감적 반영하기

상담자는 내담자 내면세계의 변화를 가능한 정확하게 이해하려고 노력해야 한다. 반영하기(reflect)는 상담자가 내담자 내면의 변화에 대해 감지하고 이해한 바를 전달하는 것이다. 즉 상담자의 마음에 비친 내담자의 모습을 비춰주는 것이다. 공감적 반영(empathic reflection)은 상담자가 공감한 내담자의 내면과 모습을 이해하고 그것에 대해 내담자에게 다시 보여주고 확인하는 과정이다. 상담자는 "제가 이해하기로는…", "당신은 …하게 느끼고 계시는 것 같군요"와 같은 표현을 함으로써 상담자 자신의 공감적 이해가 제대로 일어나고 있는지를 탐색할 수 있다.

5) 자기개방

상담이론에 따라 상담자의 자기개방에 다른 입장을 보일 수 있다. 인본주의 접근의 이론에서는 자기개방을 상담자의 따뜻하고 인간적인 모습을 내담자에게 보여주고, 상담 동맹관계에 촉진적 역할을 한다고 본다. 반면에 정신역동 접근 이론과 인지 행동주의 접근의 이론에서는 상담자의 자기개방은 상담 과정의 흐름을 방해하고 내담자의 자기 탐색에 역효과가 발생할 수 있다고 본다. 따라서 상담자는 자기개방을 적절하게 사용하기 위해 먼저 자기개방에 충분한 이해가 이루어져야 한다.

자기개방을 의도적으로 사용하는 데 두 가지 방법이 있다. 첫 번째는 상담동맹 형성이라는 목표 아래 상담자가 자신의 진솔성을 보여주기 위해 개인적인 경험을 공유하는 것이다(Bugental, 1987). 두 번째는 자부심, 슬픔, 전이 또는 역전이와 같이 상담자가 상담에서 느끼는 감정을 솔직하게 공유하는 것이다(Aron, 1996).

제4절 상담 과정과 실제

1. 상담 과정

1) 초기 단계

상담 초기 단계에 내담자는 자기개념과 경험 불일치에 따른 심리적 문제를 자유롭고 진솔하게 이야기하지 못한다. 상담자가 내담자를 긍정적 수용하고 공감적 이해의 태도를 취하면 상담자와 내담자 간에 신뢰가 형성되면서 내담자는 자신의 내면과 감정을 탐색할 수 있게 된다. 특히 부정적 감정에 대해서 표현할 수 있게 된다. 이때 내담자가 표현하는 부정적 태도나 감정적 표현에 대해 상담자는 비난이나 지적하거나 칭찬하지 않고 있는 그대로 이해하고 온정적이게 수용하도록 한다.

2) 중기 단계

상담이 중기에 이르면 내담자는 자신을 보다 잘 이해하게 되고 스스로를 수용하고, 그에 따라 더욱 긍정적이고 건설적인 태도를 보이게 된다. 이러한 새로운 변화과정에 대해서 로저스(1957)는 다음과 같이 설명한다.

내담자의 통찰, 새로운 방식의 지각은 매우 중요하다. 즉 지금까지 자기개념에 맞추기 위해서 왜곡하거나 부정해왔던 자신의 감정, 사고, 욕구 등을 새로운 각도에서 이해하고 받아들이며, 그것들의 참된 의미를 깨달아 실현해 나가도록 한다.

이와 같이 점진적으로 내담자는 지금-여기, 즉 현재의 경험에 솔직한 느낌을 표현하면서 내담자는 자기의 감정에 솔직해지려는 노력을 하게 된다.

3) 종결 단계

상담의 종결로 이르게 되면 내담자는 현실을 왜곡 없이 받아들이고 자신의 문제를 주체적으로 해결해 나갈 수 있으며 상담자의 도움을 필요하지 않게 된다.

내담자는 자유롭게 현실을 경험하면서 독립적 태도를 보이면서 충분히 기능하는 사람으로 성장하게 된다. 그러면 상담자와 내담자가 함께 의논해서 상담 종결 시점을 결정한다.

2. 상담 실제

1) 공감적 이해에 대한 사례

(1) 사례 1

성인 여성 내담자는 평소 자신의 느낌과 감정, 특히 분노 감정에 대해서 표현을 하지 못했던 것과 우울함을 호소한 사례이다. 상담자는 안정적인 신뢰관계와 진솔성과 공감적 이해의 반영적 태도를 보인다.

상담자: 당신이 이야기한 것을 이해합니다. 그리고 다음과 같이 이야기하고 싶은 강한 느낌이 듭니다. "당신이 여기서 화를 낸다고 해도 괜찮다."
내담자: 그러나 사람이 어떻게 화를 내야 하는지를 아는 것이 내게는 힘이 듭니다.
상담자: 그렇겠지요. 그러나 저는 당신이 화를 내야만 한다고 말하는 게 아닙니다. 다만 당신이 화를 내도 저에게는 아무렇지도 않다는 것을 말씀드리는 것입니다. 만약 당신이 화가 나면 화를 내도 된다는 말을 하고 싶은 것입니다.
내담자: 정말 그렇게 해도 되나요?
상담자: 그럼요. 그렇게 하기 위해 제가 여기 있는 겁니다. (긴 침묵, 내담자는 울기 시작한다)

(2) 사례 2

성인 남성 내담자는 타인 앞에서 자신의 생각과 감정을 표현하는 것을 두려워함을 호소한다. 이에 상담자는 반영과 명료화로 반응한다. 또한 내담자 감정에 대한 공감적 이해를 언어적 반응뿐만 아니라 목소리 톤과 표정으로 온정적인 상담 분위기를 조성하고 있다.

내담자: 저는 항상 말하기가 두려워요. 저, 제가 어떻게 제가 느꼈는지를 드러내 보이는 것을 말이죠. 그리고 저는, 제 생각에는…
상담자: (부드럽게 잔잔한 목소리로) 감정을 드러내 보이는 것이 '약하다'는 것을 보이는 것 같아서 그런가 보네요.

내담자: 네. 저한테는 그런 것 같아요. (침묵) 저는 TV가 있는 방에 있었는데요. 갑자기 울 것만 같은 느낌이 들었어요.
상담자: 음…. (고개를 끄덕이며)
내담자: 아무도 없는 곳 말이에요. 제가 울어도 아무도 저를 볼 수 없는 곳 말이에요. (수줍어하면서)
상담자: 음. 만일에 은철(가명) 씨가 이런 벅찬 감정을 드러내 보인다고 할 때는 참아내기가 정말 힘들 거예요. (슬픔 어린 모습으로 오랜 침묵)
내담자: 그 점이 바로 제가 두려운 거네요. 감정을 드러낸 후에는 어쩔 줄 모르고 당황했어요
상담자: 남자는 울지 않는다는 생각. 성인은 울어서는 안 된다는 그런 심정은 정말 고통스러운 것 같아요. (공감적 이해)
내담자: 그래요. 적어도 분명한 이유가 없이 말이죠.

2) 진솔성 사례

중년여성 내담자는 자기혐오가 많고 딸을 대하는 데 어려움이 많은 반면에 딸에게 매달리려는 욕구 때문에 힘들어함을 호소하고 있다. 상담자는 내담자 자신의 양가적 감정적 태도에 대해 진솔성과 공감적 반영을 일관되게 보이고 있다.

상담자: 당신이 구하고자 하는 사람이 누군지 궁금하군요.
내담자: 네. 그래도 죄책감을 느끼지 않을 거예요. 내가 모든 것을 다 옳게 행동하지는 못하니까요.
상담자: 당신은 '나는 완벽한 부모가 아니었다'라고 느끼네요. (심층적 의미 반영)
내담자: 실수를 많이 하기도 하죠. (한숨)
상담자: 그리고 당신은 자신과 혹은 그런 실수를 하는 스스로를 용서하지 못하는군요. (진솔성 있는 공감)
내담자: 네. 정말 나 자신이 힘들어요.
상담자: 당신은 스스로를 너무 힘들게 하네요.
내담자: 음. 나는 정말 그래요. 정말 나 자신을 특히 내 몸을 너무 힘들게 해요.
상담자: 당신이 자신을 대하는 것처럼 딸에게 나쁘게 대하지는 않는다는 생각이 드네요. (진솔성 있는 공감)
내담자: 내가 나 자신을 나쁘게 대하는 것처럼 딸을 다루기 시작하려 하면 나 자신

을 멈춰요.
상담자: (침묵) 당신 안에 무슨 일이 일어나고 있는지 말해 줄 수 있나요?
내담자: (눈물) 당신이 나를 그렇게 친절하게 볼 때 내 이야기를 들어준다고 느끼고, 누군가 내 이야기를 정말 들어 준다고 느껴지면 나는 슬퍼져요.

3) 자기개방 사례

(1) 사례

성인 남성 내담자는 분노조절이 어려워 곤란한 문제가 발생하는 것을 호소한다. 상담의 진전이 더디다고 판단이 된 상담자는 내담자가 상담에 어떻게 생각하는지 깨닫게 하기 위해 자기개방을 사용한다. 이를 통해 내담자는 자신이 상담자와 비슷하게 느끼고 있다는 것을 성찰하게 된다. 이후 내담자는 자신의 솔직한 감정에 대해 좀 더 편하게 만나게 된다(Erford, 2015).

상담자: 은성(가명) 씨. 지난주에 당신을 행복하게 하는 게 무엇인지 생각해 보기로 했잖아요. 혹시 생각해보셨나요?
내담자: 네. 저는 일하러 가는 게 좋아요. 일을 할 때는 제가 쓸모 있는 사람처럼 느껴지거든요. 그리고 돈을 버는 것도 좋아요. 일이 저를 행복하게 해요. 또한 제 트럭이 깨끗할 때 기분이 좋아요. 트럭을 세차하고 나면 행복감을 느껴요.
상담자: 뭔가를 성취하는 것이 당신을 행복하게 하는군요. 일하는 것이 좋고 뭔가를 보여주는 것도 행복하고요.
내담자: 네. 제가 열심히 노력한 거에 대한 보상을 받는 게 좋아요.
상담자: 당신은 여기 상담에서도 많은 노력을 했어요. 그 노력에 대한 보상은 뭘까요?
내담자: 모르겠어요. 다시 상담을 받지 않아도 되는 거?
상담자: 그거 말고는 당신의 노력에 대한 보상이 없는 걸까요?
내담자: 없어요. 제가 상담에 오는 이유는 판사가 상담을 받으라고 하니깐요.
상담자: 지난 6주 동안 우리는 당신이 화가 났을 때 어떤 문제가 발생하는지에 대해 많은 이야기를 나눴어요. 당신은 화가 나서 했던 행동들에 대해 후회를 했고요. 뭔가를 성취하고 그에 대한 보상을 받는 것이 당신을 행복하게 하는데,

그동안 상담에서 이룬 성취에 대한 보상은 없었던 건가요?
내담자: 없었어요.
상담자: 그런 말을 들으니 매우 슬프고 두렵네요.
내담자: 저도 그래요.
상담자: (부드럽고 낮은 목소리 톤으로) 어떤 점이 슬퍼요? 은성 씨
내담자: 아니 슬픈 게 아니고 두려워요.
상담자: 어떤 점이 두려운가요?
내담자: 예전의 나로 돌아갈까 봐 두려워요.

참고문헌

권석만(2018). 현대 심리치료와 상담이론. 서울: 학지사.

노안영(2009). 상담심리학의 이론과 실제. 서울: 학지사.

이수진(2020). 정신분석 미술치료, 프로이트부터 라캉까지. 서울: 학지사.

오제은 역(2007). 칼 로저스의 사람중심상담. 서울: 학지사.

홍종관(2002). 상담자의 공감적 이해에 대한 고찰. 대구교육대학교 논문집. 37. 211-228.

Aron, L.(1996). *A meeting of minds: Mutuality in psychoanalysis*. Hillsdale, NJ: Analytic Press.

Bradley T. Erford, (2015). 상담자가 알아야 할 40가지 상담기법. 김은하 역(2021). 서울: 학지사.

Bugental, J. F. T.(1987). *The art of the psychotherapist*. New York: Norton

Rogers, C. R.(1951). *Client-centered therapy: Its current practice, Implications, and theory*. Boston: Houghton Mifflin Company

Rogers, C. R.(1957). The necessary and sufficient conditions of therapeutic personality change. *Journal of Counseling Psychology, 21*, 95-103.

Rogers, C. R.(1961). *On Becoming A Person*. Boston, MA: Houghton Mifflin. 주은선 역(2009). 진정한 사람 되기: 칼 로저스 상담의 원리와 실제. 서울: 학지사.

Rogers, C. R.(1966). The necessary and sufficient conditions of therapeutic change. In Bard (Ed.), *Counseling and psychotherapy: Classic theories on issue* (126-141). Palo Alto, CA: Science and Behavior Books.

Tausch, R., & Tausch, A.M.(1991). *Erziehungspsychologie*. Gottinger.

Chapter 11

인지 상담

양원영 박사

개요

신경정신과 의사 아론 벡(Aaron T. Beck, 1921-2021)은 우울증 환자들을 상담하면서 정서적 장애는 개인이 자신의 경험을 구조화하는 방식에 의해 결정된다(Beck, 1967)는 기본 전제에서 인지상담(Cognitive Counseling)을 개발하였다. 벡은 자신의 정서적 어려움을 인지적으로 해결하고 왜곡된 신념으로 인해 고통받은 사람들을 조력하면서 우리의 생각이 정서와 행동에 결정적인 영향을 미친다고 본다. 인지상담은 왜곡된 신념을 이해하고 부정적인 사고를 변화시키는 데 초점을 둔다. 따라서 상담자는 내담자가 겪는 정서적 고통이나 부정적인 행동에 영향을 미치는 데 그가 인식하지 못하는 부정적인 사고나 비합리적 신념체계를 찾아서 변화시키는 데 중점을 둔다.

학습목표

1. 아론 벡의 인지상담 이론에 대해 알아본다.
2. 인지 상담의 주요개념에 대해 이해한다.
3. 인지상담의 상담 과정과 기법에 대해 학습한다.
4. 실제 상담 사례를 통해 인지 상담기법을 습득한다.

주요단어

인지, 비합리적 신념, 자동적 사고, 인지왜곡

제1절 인지상담 개요

1. 벡의 인지상담 이론

초기 벡은 우울증 환자들을 위해 정신분석적 접근의 상담을 실시한다. 그러나 점차 정신분석 상담에 한계를 느낀 벡은 환자들의 무의식적 사고보다 의식적 사고에 관심을 가지게 되고, 이후 우울을 생성하는 인지는 정교한 사고들이 매우 압축된 표상으로 드러나고, 이러한 압축된 사고들이 순간적으로 일어난다고 본다. 벡은 이러한 사고 패턴을 '자동적 사고'라고 명명한다. 벡은 이러한 자동적 사고가 불쾌한 정서나 우울의 많은 다른 현상에 관계한다고 본다.

벡의 인지 상담이론은 그의 임상경험, 인지심리학, 인지과학에 영향을 받아 개발된다. 초기 벡은 정신분석자로서 출발한다. 정신분석과 인지상담은 행동이 개인이 알아차리지 못하는 신념에 의해 영향을 받는다는 점에서 공유한다. 말하자면 프로이트는 무의식적 사고에서 가설을 세운다면 벡은 정서적 장애로 이끌 수 있는 자동적 사고에 초점을 둔다.

인지상담은 능동적이고, 지시적이며, 시간 제한적이고 현재 중심적이고 구조적 접근의 형식을 띤다. 인지상담의 기본가정은 첫째, 내면적인 의사소통은 내성법으로 접근 가능하다. 둘째, 내담자의 신념은 매우 주관적이다. 셋째, 내담자의 주관적 의미는 상담사가 해석해주거나 가르쳐주지 않아도 내담자가 스스로 발전할 수 있다(Weishaar, 1993). 이러한 기본 가정은 내담자의 사고 흐름에 대한 개인적 반응의 인지적 내용에 초점을 두는 것을 강조한다.

내담자의 자동적이고 부정적인 사고에 의한 인지적 오류를 현실적이고 합리적 사고로 전환시키는 벡의 인지상담은 이후 인지행동상담이론을 구축하는 데(Cognitive-Behavioral Counseling: CBC)에 많은 토대를 마련해 준다.

2. 기본원리

인지상담의 기본 원리는 인지 모델에 근거한다. 벡이 제시한 인지상담의 기본 원리는 다음과 같다(Beck, 1987).

① 개인이 상황을 구조하는 방식이 그가 행동하고 느끼는 방식을 결정한다.
② 해석은 외적 상황, 적응 능력, 다른 전략이 갖는 잠재적 이익, 위험, 비용의 평가를 포함하는 적극적이며 지속되는 과정이다.
③ 개인은 심리적 고통을 초래하는 독특한 민감성과 취약성을 가진다.
④ 개인의 민감성이나 취약성의 다양한 정도는 성격조직 내에서의 기본적 차이로 돌릴 수 있다.
⑤ 인지 조직의 정상적 활동은 스트레스에 의해 부정적으로 영향을 받는다.
⑥ 우울이나 불안장애와 같은 심리적 증상은 특별한 증상을 나타내는 독특한 내용을 가지고 과다하게 활동하는 도식으로 구성된다.
⑦ 스트레스를 받으면서 다른 사람들과 상호작용하는 것은 부적응 인지의 순환을 강화시킨다.
⑧ 개인은 위협이 신체적이거나 상징적이건 간에 위협에 신체적 반응을 보인다.

제2절 주요개념

1. 인간관

벡은 인간은 복잡한 '인지적 창조물'이라고 본다. 이는 개인은 스스로 학습해서 형성한 가치와 지각에 의해 형성된다는 의미이다. 개인의 인지를 포함하고 도식으로 조직화되어 있는 가치와 지각은 자신, 타인, 세계에 대한 견해로 구성된다. 이와 같은 인간의 조직화된 가치와 지각은 개인이 갖는 심리적 장애에 대한 유전적 취약성에 의해 영향을 받기도 하지만 잘못된 전제와 가정에 근거한다. 만약 개인이 자신과 미래에 대한 부정적 견해를 갖는 도식을 가지면 그에게 진행되는 경험에 대한 지각은 부정적일 것이다.

벡은 개인은 자신의 세계관을 표현하는 구성개념을 가진다고 믿는다. 개인인지의 역할을 강조하는 켈리(George Kelly)의 개인 구성개념에서 벡은 자신의 인지 구조, 즉 스키마(schema)를 조성하는 데 영향을 받는다. 그 결과 인간의 행동은 신념에 영향을 많이 받는데, 역시 인지적 입장을 강조하고 있다.

2. 주요개념

1) 인지 수준

보편적으로 인지는 네 가지 수준으로 분류된다. 자동적 사고, 중재적 신념, 핵심 신념, 스키마이다.

(1) 자동적 사고

자동적 사고는 우리의 마음속에 계속적으로 진행되는 인지의 흐름이다. 자동적 사고는 상황과 정서를 중재한다.

(2) 중재적 신념

중재적 신념은 사람들의 자동적 사고를 형성하는 극단적이며 절대적인 규칙과 태도를 반영한다.

(3) 핵심신념

많은 자동적 인지에 바탕이 되는 자신에 대한 중심적 생각이며, 보통 자신의 중재적 신념에 반영된다. 핵심 신념은 보편적이며 과일반화된 절대적인 것으로 기술된다. 또한 자신, 타인, 세계 그리고 미래에 대한 자신의 견해를 반영한다.

(4) 스키마

벡은 스키마를 정보처리와 행동을 지배하는 구체적 규칙으로 보았고, 이것은 핵심신념을 수반하는 정신 내의 인지구조로 정의된다. 스키마는 모스(Moss, 1992)가 명명한 인지의 세 구성 요소인 자신, 세계, 미래를 보는 개인의 특유하고 습관적인 방식이다. 벡은 스키마 작업을 치료과정의 핵심으로 본다.

2) 인지왜곡

인지왜곡은 '부정적 자동적 사고'라고도 하는데, 그릇된 가정과 잘못된 신념으로 이끄는 체계적 오류이다. 인지왜곡은 정보처리가 부정확하거나 비효과적일 때 나타나며 대개 비현실적인 세계관을 나타내거나 비논리적인 추론과 관련된다(Corey, 2004). 다양한 인지왜곡의 유형은 여덟 가지로 구성되며 다음과 같다.

(1) 자의적 추론

자의적 추론은 충분하고 적절한 증거가 없는데도 결론에 도달하는 것이다. 이러한 왜곡은 상황에 대한 비극적 결말이나 최악의 시나리오를 생각하는 것이다. 자의적 추론의 형태로는 독심술과 부정적 예측이 있다.

(2) 선택적 추상

선택적 추상은 '정신적 여과'라고도 한다. 이러한 인지왜곡은 상황의 긍정적인 양상을 여과하는 데 초점이 맞추어져 있고, 극단적으로 부정적인 세부사항에 머무르는 것이다. 사건의 일부 세부사항만을 기초로 결론을 내리고 전체 맥락 중의 중요한 부분을 간과하는 것이다.

(3) 과일반화

과일반화는 단일 사건에 기초하여 극단적인 신념을 가지고 그것들을 유사하지 않은 사건들이나 장면에 부적절하게 적용하는 과정이다.

(4) 극대화 혹은 극소화

극대화 혹은 극소화는 개인이 불완전을 최대화하거나 좋은 점을 최소화할 때 발생한다. 이것은 대개 자신의 실수나 결점 또는 타인의 재능을 바라볼 때 실제보다 좀 더 과장되게 보는 경향이 있고, 반면에 자신의 장점이나 타인의 문제를 대할 때는 축소하여 사건들이 작고 멀게만 보이는 현상이다.

(5) 개인화

개인화는 자신과 관련짓는 일도 아닌데 외적 사건들과 자신과 연관을 짓는 것이다. 이것은 대개 '잘못된 귀인'이라고도 하는데 개인화는 책임져야 할 사람은 아무도 없다는 가정을 내포한다.

(6) 이분법적 사고

이분법적 사고는 완전한 실패 아니면 대단한 성공과 같이 극단적으로 흑과 백으로 구분하려는 경향이다. 즉, 흑백논리로 사고하는 것이다.

(7) 정서적 추론

정서적 추론은 잘못된 정서적 감정이 왜곡으로 보이지 않고, 현실과 진실의 반영으로 여겨지는 것이다. 이는 사람이 정서적 경험에 근거해서 그 자신, 세계 혹은 미래에 관해서 추리하는 것이다.

(8) 파국화

파국화는 개인이 걱정하는 한 사건을 취해서 지나치게 과장하여 두려워하는 것이다. 예를 들면 길을 가다가 물웅덩이에 발이 빠진 사람이 이후 물만 보면 '자신이 곧 빠져 죽을 것이다'라고 생각하게 되는 것이다.

제3절 상담 구성

1. 상담목표

인지상담의 기본 목표는 내담자가 보다 효과적으로 기능하도록 사고의 편견이나 인지 왜곡을 제거하는 것이다. 간단히 말하면, 인지왜곡으로 인한 내담자의 비합리적 신념을 합리적 신념으로 재정립하는 것이다. 이에 상담자는 내담자의 부적응 행동이나 감정을 유발시키는 정보처리 방식에 초점을 두어야 한다.

상담목표가 명료하고 구체적일수록 상담자가 내담자의 신념체계를 변화시키는 데 보다 용이하다. 상담목표는 내담자와 함께 정하는 것이 상담 동맹관계 맺는 데 도움이 된다.

2. 상담자의 태도

상담자는 상담목표를 이루기 위해서 다음과 같은 태도를 취해야 한다.

① 내담자의 부적응 행동이나 감정을 유지시키는 내담자의 정보처리 방식을 파악해야 한다.

② 내담자가 자신의 정보처리의 오류를 확인하여 수정하도록 조력한다.

③ 내담자의 인지왜곡을 도전하고 검증하고 논의해서 보다 긍정적인 감정, 행동, 사고를 갖도록 논박과 질문을 잘 해야 한다.

④ 사례에 대해서 인지적 개념화를 가지고 있어야 한다.

⑤ 소크라테스식 대화법의 질문 과정을 통해 내담자들이 참여할 수 있도록 한다.

3. 상담기법

1) 자기대화법

자기 대화는 자기충족적 예언과 같은 기능을 하기 때문에 비이성적인 생각을 논박하는 방법을 배우는 것이 필요하다. 자기대화법은 비이성적인 생각을 논박하고 더 건강한 생각을 만들기 위해 사용되는 기법으로, 이 과정을 통해 긍정적인 자기대화가 일어난다. 자기 대화는 자신에게 보내는 부정적인 메시지에 대처하는 방법이다. 내담자는 긍정적인 자기 대화를 사용할 목표를 달성하려는 높은 동기를 보인다(Pearson, 2000).

반면, 부정적인 자기 대화는 종종 자기 패배적이기 때문에 내담자의 성장과 성공을 방해하며, 비관주의와 불안을 야기한다. 부정적인 자기 대화와 관련 있는 대표적 주제는 외모, 성격적 특성, 대인관계 문제이다. 내담자는 자기 대화를 통해 자신의 경직된 생각을 바꿈으로써 현재 상황에 대한 통제감을 더 느낄 수 있다(Corey, 2015). 영(Young, 2013)은 부정적인 자기 대화법을 줄이는 방법 4단계를 '반박기법'이라 하고 다음과 같이 설명한다.

1단계는 내담자의 부정적인 자기 대화를 찾는다. 2단계는 내담자의 부정적인 자기 대화가 어떤 기능을 하는지 탐색한다. 3단계는 내담자가 왜 부정적인 대화를 하는지 이해되면 기존의 생각과 반대되는 혹은 일치하지 않는 생각을 만들 수 있도록 돕는다. 마지막 4단계는 반대되는 생각을 연습하고 이에 대해 논의를 한다.

2) 인지 재구성

인지 재구성은 문제 상황을 새로운 시각으로 재해석함으로써 내담자가 좀 더 긍정적인 관점을 취하도록 도와주는 기법이다. 이 기법은 상황에 대한 개념적·정서적 관점을 바꾸거나 상황에 대한 의미를 바꾸기 위해 사용된다. 구체적으로 재구성의 목표는 내담자로 하여금 자신의 상황을 보다 덜 심각한 문제로 혹은 더 정상적으로 바라볼 수 있도록 도와줌으로써 문제 해결을 촉진하는 데 있다(Corey, 2015).

인지 재구성을 사용할 때 상담자는 내담자가 다른 관점으로 상황을 바라보고 좀 더 적절하게 행동할 수 있도록 새로운 관점을 제시한다. 만약 인지 재구성이 성공하면 내담자는 전에는 해결할 수 없다고 생각했던 문제를 더 이상 문제로 인식하지 않거나 해결할 수 있는 문제라고 생각하게 된다.

인지 재구성법은 3단계로 진행한다(Young, 2013). 1단계는 상담자가 비판단적인 태도로 내담자의 이야기를 경청하며 내담자의 문제를 완전히 이해해야 한다. 2단계는 상담자가 내담자의 문제를 파악하면 내담자의 관점과 새로운 관점을 연결시킨다. 3단계는 내담자가 새로운 관점을 받아들일 때까지 내담자의 관점과 새로운 관점의 연결점을 계속 강화해야 한다. 이때 내담자에게 과제로 내주는 것도 좋다.

3) 논박 기술

인지상담에서는 내담자의 잘못된 신념을 합리적 신념으로 바탕이 된 생각과 재구성언어로 바꾸기 위해 소크라테스식의 대화법에 근거를 두고, 논박 기술을 잘 사용해야 한다. 논박 기술은 세 단계로 진행할 수 있다.

첫 단계는 확인된 비합리적 생각과 그에 근거한 자기 언어에 대해 규정하며 다시 진술하도록 하는 것이다. 두 번째 단계는 규정하여 재구성한 생각이나 언어가 합리적인가를 묻고 답하는 것이다. 세 번째 단계는 비합리적 생각이나 그 생각에 근거한 언어를 내담자가 하고자 하는 일에 도움이 되는 생각이나 언어로 대치하도록 한다(노안영, 2009). 논박을 보다 효과적으로 하기 위해서 인지 과제나 독서법을 사용하기도 한다.

제4절 상담 과정과 실제

1. 상담 과정

내담자의 적응적 사고방식의 증진, 즉 내담자의 생각 중 잘못된 신념을 지적하고 재정립함으로써 보다 자기충족적인 생활로 바꾸어 나가도록 하는 것이 인지상담의 목표이다. 이 목표를 이루기 위해 다음과 같은 절차로 진행한다(이장호, 이동귀, 2023).

① 내담자가 자기의 생각이 무엇인지를 자각하게 한다.
② 내담자가 자각한 생각 중에 부정확하고 왜곡된 신념이 무엇인지를 확인한다.
③ 이 부정확한(현실적으로 근거가 없거나 부족한) 신념을 대치할 수 있는 정확하고 객관적인 인지내용이 무엇인지 발견하고 학습하도록 한다.
④ 상담자는 내담자의 인지적으로나 행동으로의 변화에 대해 피드백을 준다.

이 모든 과정에 핵심적 기술이 대화법이다. 상담자는 소크라테스 대화법의 질문기법을 사용한다. 이 대화법을 통해 상담자가 묻는 일련의 질문은 자신, 경험, 미래에 대한 내담자의 주장을 도전하게 한다. 이 과정에서 내담자는 직접적으로 철학적 체계가 주입되지 않고, 마치 그가 스스로 진리 탐구자가 된 듯 상담이 진행되어야 한다.

2. 상담 실제

1) 자기 대화법 사례

은진(가명)은 시험공포증이 있는 17세 고등학교 3학년 학생이다. 학습장애와 주의집중 문제를 호소하고 있다(Erford, 2015).

상담자: 시험 볼 때 너한테 무슨 일이 일어나는지 구체적으로 말해줄래?
내담자: 음. 일단 시험 보기 전에 되게 떨리고, 떨리니깐 시험을 제대로 치를 수가 없어요.
상담자: 좀 더 구체적으로 시험을 제대로 치를 수가 없다는 게 무슨 뜻이야?
내담자: 시험을 망치면 어떡하지? 시험을 망치면 무슨 일이 일어나지? 그런 생각들이요.
상담자: 너 자신한테 하는 말이 있어? 마음속으로 하는 대화 같은 것 말이야.
내담자: 저한테 이런 말을 해요. 너는 잘못할 거야. 만약 잘하지 못하면 아주 안 좋은 일이 생길 거야.

(중략)

내담자: 네.
상담자: 지난번에 내가 내준 과제 중 하나가 떨리거나 긴장될 때 너 자신에게 할 수 있는 말 몇 가지를 적어 보는 거였잖아. 우리가 자기 자신에게 하는 말을 자기 대화라고 하는데, 즉 머릿속으로 생각하는 것, 너 자신에게 말하는 걸 자기 대화라고 해. 우리는 우리 자신을 긴장시키고 힘들게 하는 그런 나쁜 부정적인 자기 대화를 할 수도 있고 빈대로 긍정적이고 확신을 주는 자기 대화도 할 수 있어.
내담자: 네 기억나요.
상담자: 우리는 정반대의 두 가지 생각을 동시에 할 수 없어.
내담자: 네. 기억나요.
상담자: 자 그러면 '내가 시험을 못 보면 아주 안 좋은 일이 생길 거야. 좋은 대학에 못 갈 거야' 이런 생각이 너를 불안하고 긴장하게 하니깐. 그런 말 대신에 너 자신한테 할 수 있는 말이 뭐가 있을까?
내담자: 음… 결국은 모든 일이 잘 될 거야. 걱정하지 마. 스트레스받을 필요 없어.
상담자: 걱정하지 마, 스트레스받을 필요 없어 또?
내담자: 깊게 호흡하고 마음 편하게 하라고…
상담자: 좋아. 깊은 호흡과 편안한 마음. 깊게 호흡하려고 노력해 본 적 있어?
내담자: 너무 불안할 때요.
상담자: 어땠어?
내담자: 도움이 되는 것 같았어요.
상담자: 좋아, 그럼 의자에 등을 기대고 앉아서 눈을 감아봐. 그리고 지금까지 너에게 했던 말을 큰 소리로 말해봐(나는 이 시험을 잘 봐야 해 등). 그리고 몸 안의 긴장감을 느껴봐(15초 멈춤). 자 이번에는 마음을 편하게 해주는 말들을 너 자신한테 해봐(30초 멈춤). 어땠어?
내담자: 좋았어요. 긴장감이 안 느껴지고 정말 두려움 없이 할 수 있을 것 같아요.

참고문헌

노안영(2009). 상담심리학의 이론과 실제. 서울: 학지사.

권석만(2018). 현대 심리치료와 상담이론. 서울: 학지사.

이장호, 이동귀(2023). 상담심리학. 박영story.

Bradley T. Erford, (2015). 상담자가 알아야 할 40가지 상담기법. 김은하 역(2021). 서울: 학지사.

Corey, G. (2004). *Theory and practice of counseling and psychotherapy*(6th ed.). Belmont, CA: Cengage. 조현춘 역(2008). 심리상담과 치료의 이론과 실제. 서울: 시그마프레스

Corey, G. (2015). *Theory and practice of counseling and psychotherapy*(10th ed.). Belmont, CA: Cengage.

Moss, D. P. (1992). Cognitive therapy, phenomenology, and the struggle for meaning. *Journal of Phenomenological Psychology*, *23*(1), 87-102. https://doi.org/10.1163/156916292X00054

Pearson, J. (2000). *Develop the habit of healthy self-talk*. Retrieved from http://www.healthyhabits.com/selftalk.asp

Weishaar, M. E. (1993). Aron T. Beck. London: Sage Publication. 권석만 역(2007). 인지치료의 창시자 아론 벡. 서울: 학지사.

Young, T. (2013). Using motivational interviewing within the early stages of group development. *The Journal for specialists in group work*, 38, 169-181.

Chapter 12

게슈탈트 상담

양원영 박사

개요

게슈탈트 상담(Gestalt Counseling)은 '형태주의 상담(Form Counseling)'라고도 한다. 게슈탈트 상담에서 유기체는 전체에 초점을 맞추고 자신만의 게슈탈트를 형성함으로써 자신의 경험에서 의미를 찾고 만들어간다. 게슈탈트 상담은 실존철학과 현상학적 접근을 토대로 이루어진다. 인간은 자신의 현재 행동과 환경 간의 관계를 알아차리고 있어야 함을 강조한다. 여기서 알아차림, 즉 지금-여기를 강조한다는 점에서 현상학적이며, 인간은 항상 자신의 성장을 이룰 수 있는 능력을 발휘하면서 노력하는 삶을 산다는 점에서 실존적이다. 게슈탈트 상담은 내담자와 상담자의 상호작용에서 매우 능동적이며 즉흥성을 띤다.

펄스는 초기 정신분석적 접근의 상담으로 시작하였으나 이후 프로이트 이론에 반박한다. 프로이트는 초기 아동기의 억압된 내적 갈등을 강조했으나 그는 현재에 초점을 두고 내담자의 지금 경험하는 것을 더 강조한다. 펄스는 인간이 '지금 하고 있는 행동의 이유'보다 '지금 하고 있는 행동의 방식'이 자기 이해에 더 도움이 된다고 본다.

학습목표

1. 게슈탈트의 정의에 대해 알아본다.
2. 게슈탈트 상담의 주요개념에 대해 이해한다.
3. 게슈탈트 상담 과정과 기법에 대해 학습한다.
4. 게슈탈트 접근의 상담 실제에 대해 습득한다.

주요단어

게슈탈트, 알아차림, 접촉, 미해결문제, 전경과 배경, 접촉경계혼란

제1절 게슈탈트 개요

1. 게슈탈트 개념

게슈탈트(Gestalt)란 독일어로 '형태(form)' 혹은 '전체(The whole)'를 의미한다. 여기서의 전체는 개별 요소들의 단순한 총합과는 다른 그 이상이며, 의미 있는 통일체로 만드는 그 무엇을 가리킨다(Yontef, 1984). 인간의 정신 구조적 측면에서 게슈탈트는 개체가 환경을 자신의 주관적인 관점에서 의미 있는 형태로 조직화하여 지각하는 것이다(Polster & Polster, 1974). 여기에서 게슈탈트란 개체에 의해 지각된 자신의 행동 동기를 뜻한다. 즉, 개체가 자신의 유기체적 욕구나 감정을 하나의 의미 있는 행동 동기로 조직화하여 지각하는 것을 의미한다(김정규, 2006).

2. 게슈탈트 상담의 철학적 배경

게슈탈트 상담은 정신과 의사 프리츠 펄스(Fritz Perls)와 라우라 펄츠(Raura Perls)가 창안한 상담방식이다. 게슈탈트 상담이론은 프로이트(Freud), 호니(Horney), 랭크(Rank)의 정신분석, 골드스테인(Goldstein)과 게슈탈트 심리학의 전체론(holism), 레빈(Lewin)의 장이론, 듀이(Dewey)와 제임스(James)의 실용주의, 후설(Husserl), 하이데거(Heidegger)의 현상학, 아리스토텔레스(Aristotles)와 칸트(Kant)의 철학, 키에르케고르(Kierkegaard), 부버(Buber)의 실존주의 그리고 도가 사상과 선불교 등의 광범위한 이론의 영향을 받아 탄생한 이론이다(Crocker & Philippson, 2005).

3. 게슈탈트 상담의 기본 개념

게슈탈트 상담의 기본 개념은 다음과 같다(Coker, 2010).

① 인간은 자신의 환경적 맥락 속에서 존재한다.
② 인간은 환경과 접촉하거나 환경으로부터 철수한다.
③ 인간이 환경과 접촉하면 긍정적이거나 원하는 타인들과 연결된다.
④ 인간이 환경으로부터 철수하면 자신에게 해가 된다고 생각하는 타인들을 끊어내려고 한다.
⑤ 게슈탈트 상담에서는 내담자가 지금-여기에서 어떻게 문제를 자각하는지에 초점을 둔다.
⑥ 인간의 성격형성은 환경과 접촉하고 철수하는 방식과 관련 있다.

제2절 주요개념

1. 인간관

게슈탈트 상담에서 인간은 태어나서 사망에 이르기까지 환경에 창조적으로 적응하며 자신의 정체감을 형성해 간다(Yontef, 2008). 인간은 생물학적·심리적·사회적·영적 존재로서의 자기(self)를 실현해 나간다고 본다(Yontef, 2008). 즉 인간은 모든 과거의 상호작용을 통합하고 현재의 유기체 환경의 장(field)에서 생태학적으로 상호의존하며 지속적으로 새로운 환경에 적응하고 이를 조절하기도 하면서 새로운 자기를 체험한다.

인간은 자신과 환경을 구분하면서도 동시에 자신과 환경을 연결시키면서 존재한다. 인간은 생물학적 유기체만이 아니라 자신의 고유한 삶을 살아가는 실존적 존재다(김정규, 1996). 인간은 타인에게 의존하면서 살아야 한다는 관념에서 벗어나 자신의 잠재력을 알아차리고 자신이 처한 환경에서 주체적으로 선택하고 책임지며 살아간다.

2. 주요개념

1) 알아차림

'알아차림'(Awareness)은 지금-여기(매 순간)에서 자신의 신체 감각, 감정, 반응과 행동, 책임, 자신과 타인과의 적절한 경계, 그리고 환경과의 관계를 온전히 인식하고 이해하는 단계로, 자신의 내면과 외부 세계를 명확하게 인식하는 상태를 말한다.

따라서 '알아차림'은 개체가 환경과 상호작용하며 매 순간 자신에게 중요한 것을 게슈탈트로 형성하여 전경으로 떠올리는 행위로써 게슈탈트 상담이론의 상담목표인 동시에 그 자체로도 큰 의미를 가진다. 이러한 알아차림의 중요성을 고려할 때, 게슈탈트 상담자의 알아차림 경험과 그 의미를 이해하는 것은 매우 중요하다.

왜냐하면 '알아차림'은 내담자에게 자신의 내면을 더 깊이 탐색하고, 자신의 선택과 행동에 대해 더 큰 책임감을 가질 수 있게 촉진하기 때문이다.

2) 전경과 배경

게슈탈트를 형성한다는 말은 어느 특정한 순간에 자신에게 가장 중요한 감정이나 욕구를 전경으로 떠올린다는 것을 뜻한다. 여기에서 전경은 어느 한순간에 관심의 초점이 되는 부분을 말하고, 배경은 관심 밖으로 물러나는 부분을 말한다(Perls, 1976). 전경으로 떠올랐던 게슈탈트가 해소되면 이는 배경으로 사라지게 되고, 그다음 관심이 가는 것이 전경으로 떠오르게 된다. 이처럼 전경과 배경의 교체가 잘 이루어지면 인간은 매 순간 자신에게 중요한 게슈탈트를 선명하게 알아차려 전경으로 떠올릴 수 있게 된다. 그러나 전경과 배경을 명확히 구분하지 못하면 자신이 진정으로 하고 싶은 일이 무엇인지 잘 모르기 때문에 행동목표가 불분명하고 매사에 의사결정을 잘 하지 못해 혼란스러워한다(Zinker, 1977).

[그림 12-1] 루빈의 잔, 전경과 배경, 잔 또는 사람 옆얼굴

3) 지금-여기

게슈탈트 상담은 과거 경험보다 현재의 경험에 집중하는 것을 강조한다. 펄스(Perls, 1976)는 인간의 의식을 '물 위에 떠 있는 공과 같다'라고 비유한다. 이 말은 우리의 의식은 현재 자각할 수 있는 것에 집중하고, 즉 개체가 지금-여기(here and now)에 집중할 때 전이(transference)나 관념에 빠지지 않으며, 바로 지금 일어나는 현상들에 깨어있을 수 있음을 의미한다. 이와 같이 모든 것이 지금-여기에서 명백하게 드러나기 때문에 개체는 그것을 회피하지 않고 알아차리기만 하면 된다. 지금-여기에서 어느 한순간에 가장 중요한 감정과 욕구를 알아차릴 때 게슈탈트를 형성할 수 있고 환경과의 접촉이 원활해지며, 그 결과 미해결 과제가 남지 않게 된다.

상담자는 내담자가 지금-여기 이 순간에 머무는 것을 돕기 위해 '왜'라고 묻기보다 '무엇이', '어떻게'라는 질문을 해야 한다. 이를 위해 상담자는 상담 장면에서 내담자에게 다음과 같은 현재 시제를 사용할 수 있다. "당신 안에서 지금 일어나고 있는 것은 무엇입니까?", "지금 이 순간 어떤 생각을 하고 있습니까?", "불안을 어떻게 느끼고 있습니까?", "당신은 지금 이 순간을 벗어나기 위해서 지금 무엇을 하고 있습니까?"

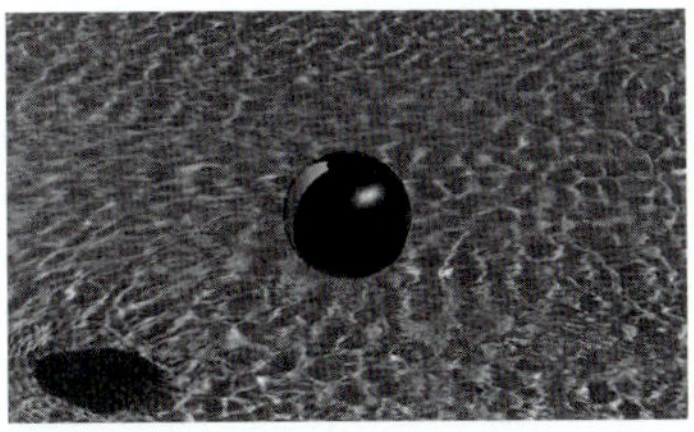

[그림 12-2] 물 위에 떠 있는 공

4) 미해결 과제

건강한 개체는 전경과 배경의 교체가 자연스럽게 일어난다. 그러나 개체가 게슈탈트를 제대로 형성하지 못했거나 혹은 게슈탈트를 형성했지만 이를 제대로 해소하지 못했을 때, 그것은 온전히 배경으로 물러나는 데 실패한다. 이러한 완결되지 않은 게슈탈트를 '미해결 과제'라고 한다(Perls, 1969). 미해결 과제는 원망, 분노, 불안, 슬픔, 죄책감, 자포자기 등과 같은 표현되지 못한 부정적인 감정들로, 배경으로 물러나지 못한 채 중간층에 머물게 된다. 이렇게 되면 자신은 물론 타인과의 효과적 접촉을 방해하는 방식으로 현재 삶에 집중하지 못하도록 끊임없이 삶을 방해한다.

이처럼 미해결 과제가 많아질수록 편견, 강박행동, 신체장애로 드러나는 경우가 많아진다. 게슈탈트 상담은 미해결 과제의 완결을 매우 중요한 목표로 다루기 때문에 전경과 배경의 자연스러운 교체가 일어나야 하며 미해결 과제를 잘 알아차리고 접촉하는 것이 중요하다.

5) 접촉

접촉은 의식의 초점인 전경으로 떠오른 게슈탈트를 해소하기 위해 에너지를 동원하여 환경과 상호작용하는 행위이다. 효과적인 접촉은 개체가 개성을 상실하지 않으면서 자기 자신을 비롯한 타인이나 환경과의 상호작용을 통해 환경에 대해 끊임없이 창조적으로 적응하는 것이다(Perls, 1976). 이렇게 유기체와 환경이 만나는 장소를 접촉경계라고 하는데, 경계는 유기체의 한계를 정하고 보호해 줌으로써 관계를 유지할 수 있도록 하는 기능을 갖는다(Perls, 1978).

접촉을 위해서 상담자는 내담자의 비언어적인 언어의 의미를 감지하고(Yontef & Jacobs, 2014) 그 내용을 토대로 자신이 내담자를 어떻게 보고 있는지, 무엇이 중요한지 등에 관해 내담자와 소통하는 진정한 나와 너의 관계를 형성해야 한다.

이처럼 상담에서의 접촉은 내담자와의 대화적 접촉을 통해 이루어지기 시작하는데 그러한 접촉은 내가 아닌 것, 그리고 다름에 대한 알아차림이 존재할 때에만 가능하다. 즉, 접촉 경험은 우리에게 자기 자신과 환경에 대해 가르쳐주며, 우리가 세계의 일부를 느끼도록 돕는다(Seligman, 2011). **[그림 12-3]**은 징커(Zinker)의 접촉 주기를 도식화한 것인데, 그는 이 여섯 단계의 내적 움직임을 통해 자신과 환경의 만남이 이루어진다고 한다.

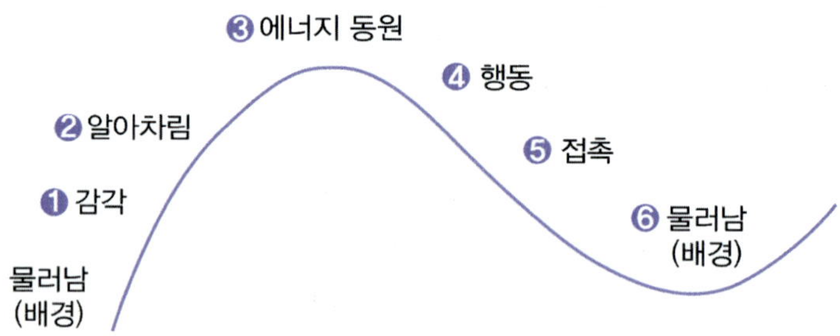

[그림 12-3] 징커(Zinker)의 접촉 주기

6) 접촉경계 혼란

접촉 과정에 있어 건강한 개체는 접촉경계에서 환경과 교류하는 가운데 자신에게 필요한 것은 경계를 열어 받아들이고, 해로운 것에 대해서는 경계를 닫음으로써 자신을 보호한다(Polster & Polster, 1974). 그러나 접촉경계에서 혼란이 생길 경우 개체와 환경의 유기적인 접촉은 방해받게 되고, 이로 인해 미해결 과제에 둘러싸여 마침내 환경에 창조적으로 적응하는 데 실패한다. 이를 인간과 환경이 직접 만나지 못하도록 둘 사이에 중간층 같은 것이 끼어 있는 현상, 쇼펜하우어(schopenhauer)가 표현한 '마치 커튼이 앞을 막고 있는 상태'인 마야(maya)현상이 발생한다. 펄스는 이 마야현상을 편견이나 선입견에 비유한다.

이러한 접촉경계혼란은 개체와 환경 사이의 경계가 너무 경직되어있거나 모호해질 때, 혹은 경계가 상실될 때, 정체감에 혼란이 생기는 현상이다(Perls, 1969).

이렇게 환경과의 관계에서 어려움이 생기면 자기를 스스로 보호하고 환경에 적응하기 위한 접촉경계혼란이 발생된다. 이와 같이 접촉경계혼란은 알아차림을 방해하기 때문에 게슈탈트 상담자들은 모든 정신병리 현상이 접촉경계혼란과 관계가 있다고 본다(김정규, 2006). 접촉경계 혼란이 일어나는 방식은 내사, 투사, 융합, 반전, 자의식, 편향이 있다.

(1) 내사

내사(introjection)는 마치 음식물을 충분히 씹지 않고 삼킴으로써 소화를 못 시켜 복통을 일으키게 되는 것처럼 타인의 신념과 기준을 자기 것으로 충분히 동화시켜 받아들이지 못하고, 무비판적으로 받아들여 내면의 갈등이 일어나는 현상이다.

(2) 투사

투사(projection)는 내사의 반대 현상으로, 자신의 생각이나 욕구, 감정 등을 마치 타인이 그러한 것처럼 타인에게 돌려서 지각하는 현상이다. 싫어하는 나의 어떤 면을 타인에게서 봄으로써 자기를 부정하는 것이다.

(3) 융합

융합(confluence)은 밀접한 관계를 맺고 있는 두 사람이 서로 차이가 없다고 느끼도록 묵시적으로 합의하는 현상이다. 이들 서로 간에 어떤 갈등이나 불일치를 용납하지 않는다.

(4) 반전

반전(reflection)은 자신이 상대방에게 하고 싶은 행동을 스스로에게 하는 것, 혹은 상대방이 자기 자신에게 해 주기를 바라는 행동을 스스로에게 하는 현상이다.

자신의 감정을 타인에게 표현하지 못하고 자신에게 표현하는 것이 대표적인 예이다.

(5) 자의식

자의식(self-consciousness)은 자기 자신을 지나치게 의식하고 관찰하여 타인의 반응에 민감한 현상이 나타나는 것이다.

(6) 편향

편향(deflection)은 자신이 감당하기 힘든 내적 갈등이나 어려운 심리적 결과를 초래할 것으로 예상될 때, 그러한 경험에 압도당하지 않기 위해 환경과의 접촉을 차단하거나 자신의 감각을 둔화시켜 환경과의 접촉을 약화시키는 현상이다.

제3절 상담 구성

1. 상담목표

내담자의 알아차림 능력을 향상시켜 자신의 삶을 책임지고 순조로운 접촉을 통해 게슈탈트를 완성하도록 하는 것이 중요하다. 이를 위해 상담자는 내담자의 알아차림과 환경과의 접촉을 통해 자신에 대한 경험을 확장할 수 있도록 촉진해야 하며, 그 결과 내담자 스스로 자립적 기능을 할 수 있도록 조력해야 한다. 게슈탈트 상담의 목표는 내담자의 알아차림을 회복시켜 미해결 과제를 해결하는 것이다.

2. 상담자 역할

1) 상담자의 자질

게슈탈트 상담에서 상담자가 갖추어야 할 태도로 세 가지를 강조한다. 첫째 상담자는 자신을 도구로 하여 자기 이해가 앞서야 한다. 게슈탈트 상담자는 상담 과정에 개입하는 사람으로서 한 인간과 적극적으로 함께 있으려는 의지를 가져야 한다(Clarkson, 2010). 둘째, 상담자 자기 알아차림이 매우 중요하다. 상담자가 자신의 욕구를 알아차리고 내담자와의 상담에 온전히 집중할 수 있도록 자기 알아차림은 필수적이다. 셋째, 상담자 자기 돌봄에도 익숙해야 한다. 상담자의 자기 돌봄은 자신의 경계를 지키고, 정신건강을 위한 모든 활동과 상담자로서의 자세를 정립하는 과정으로써 우선시되어야 한다.

2) 상담자 역할

지금-여기에서 내담자로부터 나오는 것에 집중하여 내담자의 알아차림을 촉진시킬 수 있도록 한다. 상담자는 내담자의 알아차림을 높여주기 위해 내담자를 분석·해석하는 것보다 매 순간 내담자 자신의 감각을 자각하도록 알아차림을 활성화시킨다. 이때, 상담자는 내담자의 몸짓이나 표정뿐만 아니라 언어 사용 습관에 대해서도 주의를 기울여야 한다(김정규, 2015). 이를 위해 상담자는 자신에게 느껴지거나 알아차린 것을 끊임없이 내담자에게 되돌려주는 작업을 통해 내담자의 자각을 높이도록 해야 한다.

3. 상담기법

1) 언어 표현 바꾸기

'그것'과 '당신' 대신에 '나'로 바꾸기는 대명사를 1인칭 시점인 나로 바꾸는 것은 개인에게 상황에 대한 책임을 부여한다. '내가 ~할 수 없다' 대신에 '나는

~하지 않겠다'로 바꾸기는 내담자 자신의 결정에 책임을 지는 의지를 자각하게 된다. '나는 ~할 수밖에 없다' 대신에 '나는 ~하기를 선택한다'로 바꾸기는 '나는 ~할 수밖에 없다'에서는 내담자의 수동적 상태에서 느끼는 불만, 무력감 등을 함축하지만 '나는 ~하기를 선택한다'는 내담자에게 선택에 대한 책임이 있음을 강조한다.

2) 꿈 작업

게슈탈트 상담에서 꿈 작업은 중요하다. 꿈은 깨어있는 삶에서 표현되지 못하고 억제된 감정과 욕구의 반전으로 이해한다(Joyce & Sills, 2001). 개인이 자신의 에너지와 감정을 투사한 것이 꿈에서 잘 나타난다고 본다. 펄스(1978)에 따르면, 모든 꿈에는 자신에 대한 실존적 메시지와 현재 경험하는 갈등이 내재화되어 있고 꿈속에서 자신이 투사된 자아의 많은 부분을 만날 수 있어 자신을 통합하는 데 도움을 받을 수 있다. 게슈탈트 상담에서 꿈 작업에 중요한 포인트는 내담자가 꿈 이야기를 할 때 '현재시제'로 말하는 것이다.

3) 이야기에 있는 단서 언어 경청하기

내담자는 자신의 삶의 갈등 표현을 모호하지만 중요한 단서인 특정한 언어를 반복 사용한다. 상담자는 이러한 내담자의 언어 패턴을 민감하게 감지하고 여기에 초점을 두고 질문을 한다.

4) 내담자의 은유에 집중하기

내담자가 사용하는 은유를 파악하는 것은 중요하다. 폴스터(Polster)는 '의미를 확연히 밝힘'을 강조한다. 이 말의 의미는 내담자의 은유적 표현에는 중요한 미해결 감정이나 현재의 관계에 대한 반응을 드러내는 내적 대화가 억눌려 있을 수 있기에 상담자는 내담자의 은유적 표현의 의미를 알아차릴 수 있는 질문을 해야 한다는 것이다. 예를 들면, "자동차 세차 터널을 지나가는 것 같아요"라고 한다면 상담자는 여기에 “그러면 그 세차기를 누가 돌리고 있나요?” 또는 “세차 터널 속에 있는 느낌은 어떠합니까?”라는 질문을 할 수 있다.

5) 빈 의자 기법

빈 의자 기법은 사이코드라마(psychodrama, 심리극)에서 시작된다.

펄스는 처음으로 빈 의자 기법을 사용하여 내담자가 자신이 말하고 싶은 것 혹은 어떻게 다른 사람에게 행동하고 싶은지 말할 수 있도록 한다. 이를 통해 내담자는 카타르시스를 경험하고 내적으로 감정 간의 연결감을 경험할 수 있다.

[그림 12-4] 빈 의자 기법

빈 의자 기법은 내담자가 내사를 외형화하도록 촉진한다. 두 개의 의자를 사용하며 내담자에게 한 의자에 앉아서 갈등을 일으키는 대상자가 되어보라고 한다. 그런 다음 다른 의자로 옮겨서 자신이 되어서 그 대상을 만나보라도 한다. 대화는 내담자의 다양한 두 측면 사이에서 계속될 수 있다. 이 기법은 내담자가 부정하고 있을지도 모르는 자신의 감정이나 어떤 측면을 지금-여기에서 접촉하도록 한다. 이때 중요한 것은 내담자로 하여금 갈등을 말로만 나타내는 것이 아니라 감정을 강렬하게 만들어 그 순간 완전히 경험하게 한다.

4. 내담자 효과

폴스터(1987)는 게슈탈트 상담 과정 속에서 내담자의 변화를 3단계로 설명한다.

첫 번째는 발견단계이다. 내담자는 자신에 대해 새롭게 깨닫게 되고 이전 상황을 새로운 관점에서 보게 되며, 삶에서의 중요한 타인을 새로운 눈으로 보게 된다. 두 번째는 조절단계이다. 여기서 내담자는 선택권이 자신에게 있음을 알게 되고, 상담 과정에서 새로운 행동을 연습하고 세상에 대한 인식을 넓히게 된다. 세 번째는 동화단계이다. 내담자는 일상생활에서 부딪치는 문제를 해결할 수 있게 된다. 즉, 미해결 과제를 유연하게 대처할 수 있게 된다.

제4절 상담 과정과 실제

1. 상담 과정

게슈탈트 상담 진행과정은 네 단계로 구성된다. 초기 단계, 전개단계, 변화 단계, 종결 단계이다.

1) 초기 단계

이 단계에서는 무엇보다 중요한 것은 신뢰 관계 구축이다. 상담자에 대한 내담자의 신뢰감 자체는 상담효과의 바탕이 된다. 상담자는 존중을 바탕으로 온정적이고 수용적인 자세로 안전한 상담 분위기 조성에도 노력해야 한다.

2) 전개 단계

이 단계 접어들면 내담자는 상담관계에서 좀 더 편안함을 느끼게 되면서 자신의 내면세계에 집중하기 시작한다. 내담자는 과거의 억압된 감정과 욕구를 현재 시점으로 알아차리게 된다. 이 과정에서 감정과 욕구를 만나면서는 극심한 불안을 느낄 수도 있다. 상담자는 내담자의 혼란스러운 내적 상태를 공감하면서 내담자를 안심시키기 위해 격려와 지지를 보내준다.

3) 변화 단계

이 단계에 들어서면 내담자의 삶에 생기가 되살아나 환경과의 접촉이 원활해진다. 이 과정에서 내담자는 미해결된 감정을 자연스럽게 자신의 것으로 수용하면서 활력을 찾게 된다. 상담자는 계속적으로 내담자에게 필요한 생활 속 갈등 문제를 해결할 수 있는 대처 기술을 가르쳐줌으로써 적응력을 증진을 기대해 볼 수 있다.

4) 종결 단계

이 단계에서 내담자의 미해결 과제가 해소되면서 내담자는 안정감을 찾게 된다. 그러면 상담자와 내담자의 함께 종결 시점을 정한다. 상담자는 종합적으로 내담자의 상황을 정리·통합하면서 내담자의 미해결 과제들을 최종적으로 점검한다.

2. 상담 실제

1) 빈 의자 기법 사례

빈 의자 기법을 사용하는 방법 6단계는 다음과 같다(Bradley T. Erford, 2015).

(1) 1단계

상담자는 이 기법이 내담자가 가질 수 있는 저항을 어떻게 해결하기 위해 사용될 수 있는지 설명한다. 상담자는 의자 두 개를 마주 보게 놓는다.

(2) 2단계

내담자는 자신이 더 강한 감정을 느끼는 쪽의 의자를 선택하고 그 선택한 쪽에 대해 어떤 감정을 느끼는지 충분히 생각한다. 이때 상담자는 질문을 통해 지금-여기에 머물 수 있도록 돕는다.

(3) 3단계

이 단계에서의 목표는 내담자가 양극성의 가장 두드러지는 부분을 표출하는 것이다. 이때 상담자는 내담자를 판단해서는 안 된다. 내담자는 자신의 상태를 행동으로 표현한다. 이를 위해 상담자는 내담자에게 몸짓이나 언어적 표현을 과장하도록 촉진한다.

(4) 4단계

내담자는 다른 한쪽에 앉아 첫 번째 의자가 한 말에 반응한다. 상담자는 이 경험을 더 깊이 있게 만들기 위해 내담자에게 첫 번째 의자의 생각과 반대되는 생각과 감정을 표현하도록 격려한다.

(5) 5단계

양쪽에 대한 입장이 충분히 표현되었다고 판단할 때까지 계속 의자를 번갈아 가며 이 활동을 한다. 이를 통해 내담자는 양쪽에 대해 모두 알아차리게 된다.

(6) 6단계

내담자가 실행계획에 동의하는 것이다. 상담자는 양쪽에 대해 더 알아차릴 수 있도록 상담 회기 간 과제로 내줄 수 있다.

▌사례

19세 여대생 내담자는 남자 친구와 헤어졌다 화해했다 반복하는 와중에 상담실을 찾아왔다. 상담 과정을 통해 남자 친구뿐만 아니라 다른 사람과의 관계에서도 분노, 독립심/두려움, 무기력/의존성 사이를 오고 가는 것으로 드러났다. 내담자는 타인들과 신뢰관계를 형성하고 유지하는 것에 어려움을 호소하고 있다.

내담자: (힘없이) 가끔 저는 너무 피곤해요. 너무 한심한 말이지만 지금의 나는 나 자신과 다른 사람들을 이렇게 피곤하게 하는데 왜 달라지질 못하는 걸까요?

상담자: 지금의 내가 피곤하다면…

내담자: 네. 너무 안 좋으면 바꿔야죠. 너무 화가 나는데, 왜 그런지도 모르겠고.

상담자: 은정(가명) 씨 전 당신에게 무슨 일이 일어나고 있는지 알 것 같아요. 당신이 어떤 기분인지 알 것 같아요. 기분이 급격하게 바뀌니까 당황스럽고 지치는 거잖아요.

내담자: 그리고 화도 나요.

상담자: 아. 화도 나고요.

내담자: 가끔 저는 <바람과 함께 사라지다>에 나오는 스칼렛 오하라의 친척인 그 여성처럼 되고 싶어요.

상담자: 멜라니요.

내담자: 네. 맞아요.

(중략)

상담자: 그리고 다른 때는요?

내담자: 다른 때는 스칼렛처럼 되고 싶어요.

상담자: 당신에게 두 사람은 어떻게 다르죠?

내담자: 스칼렛은 누가 봐도 강하잖아요?

상담자: 이제 당신이 가지고 있는 양면을 표현할 수 있도록 도와드릴게요.

내담자: 네 좋아요.

(중략) - 빈 의자 기법에 대해 설명한다.

상담자: 그럼 자신으로부터 두 명의 다른 사람을 꺼낼 수 있다고 상상해보세요. 한 명은 화가 난 사람이고 또 한 명은 두려워하는 사람이에요.

내담자: 시작할까요?

상담자: 네, 준비되면 시작해 주세요. 할 수 있어요. 도움이 필요하면 제가 도와 드릴게요.

내담자: (깊은 호흡을 들이마시고 팔을 아래로 내려다보며, 아주 작은 목소리로 거의 속삭이듯) 저는 항상 두려워요. 항상 두려워요. 그건 정말 너무 비참한 일이에요. (잠시 멈추지만 여전히 아래로 손을 쳐다봄) 너무 무기력해요. (멈춤) 약하고 (멈춤) 한심해요.
(다시 깊은 호흡) 저는 다른 사람들이 저를 짓밟게 놔둬요.
저는…… 사람들이 저를 사랑(혹은 좋아)하도록 뭐든지 하니까 사람들은 저한테서 원하는 것을 다 가져가요. 그냥 저한테 잘해만 주면…… 알아요. 되게 한심하다는 거(속삭이듯 말함) 되게 한심해요(좀 더 크게 말함). 하지만 동시에 전 제가 착하고 믿을 만한 사람이라고 생각해요. 그래서 기분이 좋기도 해요. 나쁜 사람이 되고 싶지 않아요. 좋은 사람이고 싶어요. 다른 사람들이 저에게 상처를 주고 그래서 제가 수치심을 느낀다고 해도 다른 사람에게 상처를 주면 안 되잖아요. (시선을 위로 올리고 앞에 있는 빈 의자를 쳐다봄) 네가 다른 사람한테 상처를 주는 거랑 그 사람이 나한테 상처 준 거랑 다를 게 없어. 너는 가끔 너무 그 사람을 연상시켜. 아니야, 그렇게 말하면 안 돼. 아…… 나 진짜 그 사람이 미워.

상담자: 지금 어때요?

내담자: 지금…… 지금, '그 사람이 나를 더 좋아했으면 나에게 상처 주지 않았을 텐데'라는 생각을 했어요. 전 여전히 그 사람이 저를 좋아해 주길 바라요. 분명히 그 사람은 저를 좋아하지 않아요. 저는 그 이유를 모르겠어요. (침묵)

상담자: 자, 이제, 화가 난 은정 씨의 의자에 앉아 이야기해 주세요.

내담자: (다른 의자에 앉음) 네, 이제 더 편해요! 네가 더 한심해! (불평하는 목소리로) "사람들이 나를 사랑했으면 좋겠어. 아니 좋아하기라도 했으면 좋겠어!"라고? 너 진짜 짜증 난다. 너 때문에 내가 아프려고 해. 네가 더 강했다면, 우리가 이렇게 되지도 않았어! 너는 내가 필요해. 넌 그걸 인정해야 해. 내가 아니었다면, 넌 이렇게 되지도 못했어. 네가 원하는 대로 나를 '부끄럽게' 생각할 수도 있겠지. 근데, 내가 그 사람 같다고 말하지는 마! 너의 한심한 인생을 그나마 일으켜 주려고 내가 이렇게 할 수밖에 없었는데…… 네 책임이야. (숨을 가다듬기 위해 잠시 멈춤)

상담자: 그 말을 다시 해보세요. "네 책임이야."

내담자: 네 책임이야.

상담자: 다시요.

내담자: 네 책임이야.

상담자: 다시요.

내담자: 네 책임이야!

상담자: 어떤 감정이 느껴져요?

내담자: 지쳐요. 하지만 제가 아닌 누군가가 될 수 없고 그녀가 하는 대로 놔둘 수도 없어요. 제가 강하지 않았다면 우리는 여기까지 오지도 못했어요. 근데, 강해야 하는 게 너무 지쳐요.

상담자: 당신에게는 강하다는 것과 화가 난 게 같으니까요.

내담자: 분노가 저를 강하게 만들어요. 하지만 분노는 저를 지치게 해요.

상담자: 그녀에게 말해 보세요.

내담자: 네가 좀 덜 강해지고 싶다면 나도 그렇게 화를 내지는 않을게. 네가 좀 덜 한심해질 수 입담녀, 나도 덜 잔인해질 수 있어. 나는 잔인하고 싶지도 화를 내고 싶지도 않아. 나한테는 둘 다 너무 버거운 일이야. 난 지쳤어. 나도

너처럼 되고 싶어. 하지만 완전히 너랑 똑같이 되고 싶은 건 아니야. 너는 여전히 너무 약해. (은정 씨는 화내는 자신의 모습 때문에 힘들어했고, 더 이상 할 말이 없는 것처럼 보임)

상담자: 자, 이제 한 번 더 의자를 바꿔 앉을게요. 이제 두려운 은정 씨가 하고 싶은 말이 남아 있다면 하세요.

내담자: (의자를 바꿔 앉고, 다시 무릎에 손을 놓지만, 아래를 내려다보지는 않음) 네가 나의 일부가 되어야만 해서 나도 유감이야. 우리가 그동안 겪어 온 것들을 생각해 봐. 나는 널 좋아하지 않고 네가 하거나 다른 사람을 대하는 방식이 마음에 들지 않아. 하지만 지금은 네가 필요해.(잠시 멈추고 상담전문가를 바라보며 할 말을 다 했다는 신호를 보냄)

상담자: 아주 좋아요. (빈 의자를 뒤로 밈)

내담자: 이 둘을 이런 식으로 생각해 보는 거…… 도움이 됐어요. 제가 서로 반대되는 측면을 가지고 있다는 것을 알게 됐고, 또 둘 다 저한테 필요하다는 것도 알게 됐어요. 이제 둘 다를 더 수용할 수 있을 거 같아요.

상담자: 둘 다 당신에게 필요하다고요? 아마 당신이 생각하는 것보다는 덜 필요할 수도 있어요.

내담자: 그러니까, 둘 다 좀 약한 강도로…… 혹은 서로 타협하거나 섞이는 방법을 배울 수 있을 거 같아요.

상담자: 네, 맞아요. 아시다시피, 둘 다 긍정적인 측면이 있으니까요. 둘 다 당신이 가진 놀라운 특성을 대변하고 당신이 어떻게 살아왔는지 보여 주네요. 자, 이제 다음 주까지 오늘 했던 빈 의자 활동에 대해 생각해 보고, 이 둘의 긍정적인 면이 무엇인지 목록을 만들어 보세요. 또한 어떤 상황이나 맥락에서 각각이 효과적인지도 생각해 보시고요. 즉, 그들이 너무 심하지 않게, 적절하게 사용된다면, 어떤 강점과 유용성이 있을지 생각해 보세요.

참고문헌

권석만(2018). 현대 심리치료와 상담이론. 서울: 학지사.

김국희(2018). 게슈탈트 상담자의 알아차림과 접촉 경험에 대한 현상학적 연구. 한국교원대학교 대학원. 석사학위논문.

김정규(2006). 게슈탈트 심리치료. 서울: 학지사.

김정규(2015). 게슈탈트 심리치료, 창조적 삶과 성장. 서울: 학지사.

노안영(2009). 상담심리학의 이론과 실제. 서울: 학지사.

이윤진. 장현아(2015). 불교의 깨달음과 게슈탈트 상담의 알아차림 비교. 한국 게슈탈트상담연구, 5(2), 31-46.

Bradley T. Erford, (2015). 상담자가 알아야 할 40가지 상담기법. 김은하 역 (2021). 서울: 학지사.

Clarkson, A.N. et al. (2010) Reducing Excessive GABA-Mediated Tonic Inhibition Promotes Functional Recovery after Stroke. *Nature*, *468*, 305-309.

Coker, J. K. (2010). Using Gestalt Counseling in a school setting. In B. T. Erford(Ed.), *Professional school counseling: Ahandbook of theories, programs, and practices*(2nd ed., 381-390). AUSTIN, TX: Pro-Ed.

Crocker, S. F., & Philippson, P. (2005). Phenomenology, Existentialism, and Eastern Thought in Gestalt Therapy. In A. L. Woldt, & S. M. Toman (Eds.), *Gestalt Therapy: History, Theory, and Practice* (pp. 65-80).

Joyce, P., & Sills, C.(2001). *Skills in Gestalt Counselling & Psychotherapy* (Skills in Counselling & Psychotherapy Series) First Edition. SAGE Publications Ltd.

Perls, F. S. (1969). *Gestalt therapy verbatim*. Moab, Utah: Real People or Press.

Perls, F. S. (1976). *Gestalt therapy verbatim: Introduction. The Handbook of Gestalt therapy*. New York: Jason Aronson.

Perls, F. S. (1978). Psychiatry in a new key: II. *Gestalt Journal*, *1*(2), 49–65.

Polster, E., & Polster, M. (1974). *Gestalt therapy integrated: Contours of theory and practice*. Brunner/Mazel.

Seligman, M. (2011). *Flourish*. New York, NY: Free Press.

Yontef, G. (1983). The self in Gestalt therapy: Reply to Tobin. *Gestalt Journal*, *6*(1), 55–70.

Yontef, G. M. (1995). Gestalt therapy. In A. S. Gurman & S. B. Messer (Eds.), *Essential psychotherapies: Theory and practice* (pp. 261–303). Guilford Press.

Zinker, J. (1977). *Creative process in Gestalt therapy*. Brunner/Mazel.

Chapter 13

실존주의 상담

양원영 박사

개요

실존주의 상담(Existential counseling)은 실존철학에 뿌리를 둔 상담으로, 1940년대와 1950년대에 많은 유럽 심리학자와 정신의학자들의 생각과 연구에서 자발적으로 발생한다. 그들은 당대의 심리치료들보다 더 신뢰성이 높고 더 기본적인 인간존재의 이해방법을 찾는 데 관심을 기울인다. 실존주의는 인간 존재에게 주어진 궁극적인 속성인 실존에 대한 탐구를 기본으로 하며 죽음, 자유, 고독, 무의미와 같은 존재의 궁극적인 문제를 다루는 동시에 이를 직면함으로써 삶을 적극적으로 선택하고, 그 의미를 발견하여 진실한 삶을 살게 하는 실천적 이념을 담고 있다(Yalom, 1980). 실존주의에서 인간은 죽음을 가장 두려워하는 불안의 원천을 내재화시키고 죽음이라는 실존적 조건 속에서 살아가는 존재로 본다.

많은 현대인들이 인생의 의미를 발견하지 못한 채 허무감과 무의미감을 느끼는 '실존적 우울증'에 빠져 있다(Rollo May, 1953). 실존주의 상담은 내담자의 심리적 문제를 인간의 실존적 조건에 초점을 맞추어 이해하고 치유하는 상담방법이다. 이러한 실존철학에 기반하고 있는 실존주의 상담은 내담자로 하여금 자신의 실존적 조건(죽음, 자유, 고독, 무의미)을 직면하여 인식하고 자신의 삶에 대한 의미와 가치를 발견하면서 실천적 삶을 주체적으로 살도록 돕는다.

학습목표

1. 실존주의 개념에 대해 알아본다.
2. 실존주의 상담의 주요개념에 대해 이해한다.
3. 실존주의 상담 과정과 기법에 대해 학습한다.
4. 실존주의 접근의 상담 실제에 대해 습득한다.

주요단어

실존주의, 죽음, 자유, 무의미, 고독, 삶의 의미

제1절 실존주의

실존주의 상담은 실존주의 철학에 뿌리를 둔 상담이론이다. 제1·2차 세계대전 이후 인간 존재와 진정한 삶의 의미에 대한 진지한 논의의 필요성이 제기되고, 실존주의자들은 희망이 없는 절망의 상황 속에서 인간의 마지막 내면적 핵심인 실존에 보다 주목하게 된다. 실존주의는 인간 존재에게 주어진 궁극적인 속성인 실존에 대한 탐구를 기본으로 하며 죽음, 자유, 고독, 무의미와 같은 존재의 궁극적인 문제를 다루는 동시에 이를 직면함으로써 삶을 적극적으로 선택하고 의미를 발견하여 진실한 삶을 살게 하는 실천적 철학이다(박진영, 2017).

이러한 실존철학에 기반하고 있는 실존주의 상담은 내담자로 하여금 자신의 실존적 조건(죽음, 자유, 고독, 무의미)을 직면하여 인식하고 자신의 삶에 대한 의미와 가치를 발견하면서 실천적 삶을 주체적으로 살도록 돕는다. 반면, 실존주의 심리상담은 체계적이고 구체적인 치료기법을 중시하기 보다는 철학으로서의 다양한 치료적 접근을 제시한다.

1. 실존 개념

실존(existence)은 라틴어 동사 'existere'에서 파생되어 'ex'는 '밖에', 'sistere'는 '나타나다 또는 드러나다'의 의미를 뜻한다(양원영, 2018). 실존 existentia을 본질 essentia과 대비되는 개념으로 사용한 스콜라 철학은 실존을 본질 우위의 사고를 반영한다. 본질은 한 종류의 개체를 형성하는 일반적, 관념적, 불변적 특성을 나타내고, 실존은 '지금-여기'에 존재하는 개체의 현실을 강조한다(Cooper, 2014).

실존의 개념은 한 개인이 인간의 보편적인 본질을 공유하면서도 구체적이고 특별한 존재로서 던져진 세상 안에서 그 개인이 생성해 나가는 구체적이고 독특한 방식을 의미한다(유현주, 2015).

실존철학자인 키에르케고르는 실존을 자기 자신과 맺는 관계라 정의하며, 현상학자인 하이데거는 인간이 존재하는 데 문제가 되고, 인간이 그것을 통해서 존재자가 되는 그 존재관계라고 정의한다. 실존철학에서 인간을 바라보는 공통점은 인간은 무엇(was)으로 설명될 수 있는 성질의 것이 아니라 어떻게(wie) 구조화되어있는지를 통해서 설명되는 존재이며(최상민, 2006), 그 구조적 특수성을 자기 반성적 관계에서 찾고자 한다.

2. 실존주의 철학자

1) 키에르케고르

개인의 내면세계를 철학적 사색의 근본문제로 등장시킨 최초의 철학자 키에르케고르(Sören Kierkegaard)는 형이상학적 전통에 의문을 던졌던 사상가이며 인간의 실존을 강조한 실존철학의 선구자이다. 그에 따르면, 실존이란 인간을 가장 신적인 것으로 연결시켜주는 인간 내면의 핵심을 의미한다. 실존은 객관화될 수 없고 대상화될 수 없는 내면성 그리고 주체성을 지니고 있는 존재이다. 실존은 진실로 불안한 존재이며 불안 속에서 살아가는 존재이고 언젠가 한 번은 죽음에 이르는 유한한 존재이다.

키에르케고르는 객관적이고 현실 초월적인 동시에 영원불변하는 진리에 대해 단지 개체로서 존재하고 있는 인간이 어떻게 다가설 수 있는가에 대해 방법론적 의문을 제기하며, 사유하는 인간을 강조하는 체계적 학문으로서의 철학에서는 현실적으로 존재하는 인간에 대해 피상적인 이론만 제공해 줄 뿐이라고 비판한다(최상민, 2005). 그리고 인간에 대해서는 오직 실존을 통해서만 설명이 가능하다고 강조한다(유현주, 2015).

2) 야스퍼스

야스퍼스(Karl Jaspers)는 "실존은 자기 자신에 관계하며 이 관계 속에서 자신의 초월자에 관계하는 그 무엇이다"라고 말한다. 야스퍼스(1965)는 인간의 상황을 대상에 대한 지식만 가지는 단계, 자신의 내부에서 실존의 기초를 발견하는 단계, 그리고 자신의 순수한 자아를 향하는 노력을 가지는 단계로 구분한다. 그는 인간의 유한성과 한계상황을 강조하면서 인간은 죽음, 고통, 질병과 같은 피할 수 없는 한계상황을 지속적으로 만나며 이러한 한계상황을 직면하여야만 문제의 해결방법을 선택하는 자유를 경험할 수 있다고 설명한다.

3) 하이데거

하이데거(Martin Heidegger)(1927)는 현상학적 관점에서 인간에 대한 이해를 추구하면서 인간을 현존재(Dasein), 즉 '세계–내–존재(being-in-the-world)'로 보면서 존재의 인식을 강조한다(양원영, 2022). '세계–내–존재를 풀이하면 '나는 …에 몰입해서, 즉 이러저러하게 친숙한 세계에 몰입해서 머무르고 있다'는 뜻이다(이선일, 2003). 그는 인간을 관습적으로 생각하거나 단순 반복적으로 삶을 살아가는 것을 의미하는 일상인(Das Man)과 자기 존재를 세계 속에서 인식하는 현존재(Dasein)로 구별한다. 인간은 자신의 존재가 선택에서 비롯된 것이 아니라 본인의 의사와는 상관없이 세상에 던져진 존재임을 깨닫게 되었을 때, 두려움과 고통을 경험하지만 이러한 한계를 받아들이고 진실한 존재로 나아갈 때 현존재로 살게 된다. 즉 인간은 전자의 피투(geworfenheit, thrownness, 彼投)된 존재에서 후자의 기투(entwurf, projection, 企投)된 존재로 삶을 살아 나간다.

하이데거는(1930/2012)는 '피투적 기투'라는 표현을 통해 현존재는 세상에 던져진 존재이지만 실현 가능성을 가지고 자신을 그 가능성에 미리 던짐으로써 자신의 고유한 방식대로 삶을 살아가는 존재임을 밝히면서(이선일, 2003) 실존주의의 토대를 마련한다.

4) 사르트르

"실존이 본질에 앞선다"라는 사르트르(Jean Paul Sartre)의 명제는 실존에 대립하는 개념인 본질이 나를 침해할 수 없다는 의미를 내포하고 있다. 여기서 본질은 나를 이루고 있는 내용적인 규정들을 의미하는데 폭넓게는 사회적 규범, 도덕적 판단기준, 지식 체계 등을 의미한다(박진영, 2017). 말하자면 '본질'은 한 종류의 개체를 형성하는 일반적, 관념적, 불변적 특성을 말한다. 그에 비해 '실존'은 추상적이고, 본질적인 인간특성의 조합을 넘어 지금-여기에 실제로 존재하는 인간을 의미한다.

즉, '실존은 본질에 앞선다'라는 사르트르(1943)의 명제에서 보여주듯이 인간은 본질적으로 규정된 보편적 존재가 아니라 실제적이며 특별한 존재로서 역동적이며 독특한 방식을 가지고 자기가치를 생성해 나가는 실체다(Cooper, 2012). 그는 인간은 선택을 통하여 자기 실존을 적극적으로 수용하고 한계를 초월하여 미래를 계획하면서 적극적 참여를 하는 것이 인간의 본래적 삶이라고 말한다.

3. 실존적 자기인식

인간은 자기인식(self-consciousness)이라는 고유한 능력을 가지고 자신에 대해 반성하고 선택할 수 있는 존재다. 그러므로 실존적 인간은 진정한 자기 자신이 되는 것이며, 그 본질은 자기 이해이다(하이데거, 1927/1998). 인간은 죽음, 고통, 투쟁, 죄책감과 같은 상황을 지속적으로 만나지만, 그 상황을 초월하여 자기를 만들어 갈 수 있으며 상호교제 속에서 참된 자기를 발견한다(야스퍼스, 1965/1989). 따라서 인간은 세계-내-존재(being-in-the-world)로서 자신의 내면적, 물리적, 사회적, 영적 세계와의 역동적 관계 안에서 자기인식을 통해 진정한 자신이 될 수 있다(Deurzen, 2012).

실존적 자기인식은 유한한 인간이 세계-내-존재로서 자신의 한계와 가능성을 토대로 선택과 책임을 다하는 주체적 존재로 진정한 삶을 영위하도록 본래적 자기와 만나는 존재의 각성(mindfulness of being)을 의미한다. 존재의 각성상태는 인간이 자기 존재를 인식하고, 진정한 삶을 영위하며, 자신의 가능성과 한계를 포용하고, 인생에 대한 책임감을 자각하게 한다. 이렇듯 실존적 자기인식은 타인에 의해 자신의 삶이 규정된다는 잘못된 신념에서 파생되는 자기기만에서 벗어나 스스로 가치 있다고 생각한 삶을 선택하는 참여와 그에 대한 책임을 수용하는 것이다.

실존적 자기인식은 존재적 불안을 가지고 타인지향적인 삶을 사는 현대인들에게 진정한 자신의 사고와 감정, 행동에 집중하여 본래적 자기를 찾도록 안내한다.

실존적 자기인식은 한계 안에서 자신의 삶을 자유롭게 선택하고 책임지는 주체적 존재로서 삶의 의미와 목적을 추구하는 존재의 확장으로 나아가게 한다(박진영, 2017). 진정한 존재인식은 자기 창의성과 접촉할 수 있어서 인간에게 변화할 수 있는 힘을 제공한다(Yalom, 2007).

제2절 주요개념

1. 인간관

실존주의에서 인간은 끊임없는 선택을 통해 자기 자신을 만들어가는 자이며, 자신이 추구하는 삶의 의미를 구체화시켜 나가는 존재이다. 죽을 때까지 인간은 계속해서 선택할 수밖에 없기 때문에 실존주의자들은 내가 아닌 외부에 의한 선택이 아니라 자유로운 주체로서 자신의 선택을 촉구한다(박진영, 2017). 인간은 자기인식 능력이 있어서 자기 삶을 반성하고 자신의 삶을 만들어 나가는 존재다(Sartre, 1943/2013). 즉 한계적 존재이지만 다양한 가능성을 가지고 자기 삶을 변화시킬 수 있는 자기 초월적 존재이다.

사르트르(1943)는 인간 조건을 선택과 책임감의 관점으로 바라보았다. 그는 인간은 고정된 정체적 존재가 아니라 무(無)로부터 갑자기 생겨난 존재이며 동시에 선택을 통하여 자신을 만들어 나가는 자유로운 존재임을 강조한다(박수연, 2017).

실존주의에서 인간의 최종 목표는 본래적 실존이며 이 목표는 진정한 인간의 본질, 삶의 태도, 삶의 의미를 아우르기 때문에 모든 인간에게 동일하지 않은 개인의 고유한 목표이다. 그리고 이 목표는 인간의 조건 속에서 매 순간의 선택에 의해 이루어지기 때문에 인간에게 가장 중요한 지식은 인간의 조건과 각자가 해야 할 선택에 대한 것이다.

실존주의에서 바라보는 인간관을 요약하면 다음과 같다.

첫째, 인간은 자기인식 능력을 가진 존재이다. 둘째, 인간은 실존적 불안을 지니고 살아가는 존재이다. 셋째, 인간은 선택의 자유와 책임을 지니 존재이다. 넷째, 개인은 그만의 주관적 세계 속에서 이해되어야 한다. 다섯째, 인간은 삶의 의미와 목적을 추구하는 존재이다.

2. 주요개념

실존철학의 신념을 기반으로 한 실존주의 상담은 정신분석과 행동주의에 대한 반발로 생겨났다. 실존주의 상담은 인간이 무의식과 성적 충동의 지배를 받고, 사회문화적 조건에 통제된다는 것에 반대하여 인간의 주관성과 자유를 중시하는 인간관을 바탕으로 한다. 실존주의 상담은 개인의 존재에 깊게 뿌리 내리고 있는 실존적 관심에 대하여 초점을 맞추고 있는 역동적인 접근이다(Yalom, 1980).

실존주의 상담은 인간의 근본적인 갈등에 대하여 본능적인 것을 억압하는 데서 오는 갈등도 아니고 내재화된 중요한 어른에서 오는 갈등이 아니라 인간 존재에게 주어진 것과 개인이 직면하는 것에서 흐르는 갈등이다. 인간 존재에 주어진 것이란 어떤 궁극적인 관심, 어떤 본질적인 고유성이 한 부분이 되고 인간이 벗어날 수 없는 이 세상에서의 존재를 의미한다(Yalom, 2007). 실존주의 상담은 개인의 현재 상태에 집중하여 진실하고 열린 관계를 형성함으로써 내면세계를 탐구하고 가치관과 신념 체계를 이해하도록 돕는다. 내담자는 자신의 한계와 불확실성에 직면하게 되며, 이를 통해 삶에 대한 통제력과 만족감이 높아질 수 있다(Cooper, 2012/2014).

실존주의에서 불안은 인간 존재의 기본특성으로 본다. 따라서 병리적이지 않고 역으로 성장을 위한 강한 동기가 될 수 있다. 우리가 성장하기 위해서 친근하고 안전한 생활방식을 새롭고 미지의 것으로 변화시켜야 한다는 것 그 자체가 불안의 원천이다. 다음은 실존주의 상담에서 강조하는 실존 방식과 궁극적인 관심사와 관련된 주요개념을 살펴본다.

1) 실존의 방식

인간세계는 한 사람이 그 안에 존재하며 일반적으로 알지 못하는 사이에 그것의 설계에 참여하는 의미 있는 관계구조다. 세계는 개인의 실존조건을 결정하는 과거의 사건과 그 사람에게 작용하는 매우 다양한 결정론적 영향을 모두 포함한다. 실존 상담의 관점에서 바라보는 실존방식 네 가지 양식의 세계가 있다 (노안영, 2009).

(1) 주변 세계

주변 세계는 인간이 접하며 살아가는 환경 혹은 생물학적 세계를 말한다. 모든 유기체는 주변 세계를 갖는다는 의미이다. 동물과 인간에게 주변 세계는 생물학적 욕구, 추동, 그리고 본능을 포함한다. 즉, 자연의 현실을 받아들이는 것이다.

(2) 공존세계

공존세계는 인간이 사회적 존재로서 더불어 살아간다는 의미로, 인간관계 영역에 관심을 두는 것이다. 개인은 타인과의 관계로서 이루어지는 공동체의 세계에 존재한다.

(3) 고유세계

고유세계는 자신의 세계이며 개인이 자신에게 가지는 관계이다. 고유세계는 자각, 즉 자기 관계성을 전제하고 오로지 인간에게만 나타나는 세계이다.

(4) 영적 세계

실존적 존재로서 인간 각자가 갖는 믿음이나 신념세계로 영적 혹은 종교적 가치와의 관계를 의미한다. 이것은 세계에 대한 믿음의 중요성을 강조하는 함과 동시에 영적세계는 이상적 세계이며 개인이 세계가 되기를 희망하는 방식이다.

2) 실존적 네 가지 조건

(1) 죽음

모든 인간은 언젠가는 죽음을 맞이한다. 즉 인간이 피할 수 없는 확실한 미래이다. 그러하기에 죽음은 인간에게 격렬한 실존적 불안을 야기한다. 많은 현대인들이 죽음의 자각을 회피한 채로, 과도하게 돈과 일, 쾌락에 집착하는 것은 죽음에 대한 방어일 수 있다. 대부분의 정신병리는 죽음에 대해 적절하게 대처하지 못한 결과이다. 하이데거는 인간은 존재를 망각한 채로 살아간다고 말한다.

크루거와 한나(Krueger & Hanna, 1997)는 죽음에 대한 공포는 죽음을 회피하는 사람에게는 무력감을 초래하지만, 죽음의 불가피성을 수용하는 사람은 죽음을 회피하려고만 하는 진부한 삶으로부터 해방될 수 있다는 점에서 죽음은 역설적 특성을 지니고 있다고 한다. 이렇듯 실존철학자들은 죽음을 부정적인 것으로 보지 않고 삶에 긍정적 기여를 하며 삶의 의미를 부여하는 인간의 기본조건으로 본다. 영원히 살 수 있다면 우리의 삶은 어떠할 것인가? 유한한 삶이기 때문에 현재의 삶이 소중한 것임을 절감해야 한다.

(2) 자유

어떠한 결과를 초래할지는 모르지만 매 순간 삶을 위한 선택을 하며 한 치 앞을 알 수 없듯이 살아가는 것이 인간의 삶이다. 이러한 불확실성은 실존적 불안의 근원이 된다. 자신의 의지로 선택한 것에 대해서는 책임을 져야 한다. 자유의 불안을 직면하지 못하는 사람은 의존적인 인간관계나 독선적 이념이나 종교에 빠져들 수 있다. 자유와 책임은 동전의 양면과 같다. 이것은 자신의 의지로 선택한 것에 대해서 책임을 져야 함을 강조한다. 인간은 선택의 자유가 있어서 자신의 운명을 스스로 결정할 수 있다. 인간 실존의 중요한 특성은 자유이다. 그러하기에 인간은 자신의 삶을 이끌어야 할 책임이 있는 것이고 그것을 받아들여야 한다.

인간은 자신의 의지와 상관없이 이 세상에 던져졌지만 인간이 살아가는 방식과 변화되는 모습은 스스로 선택할 수 있다. 이 말의 의미는 인간은 자신의 삶을 이끌어야 할 책임을 스스로 받아들여야 한다는 것이다. 이것을 실존주의 철학자들에 따르면, 인간은 피투(被投)된 존재에서 기투(起投)된 존재로 살아가는 존재인 것이다.

(3) 고독

인간은 타인과 분리된 존재로 근본적으로는 고독한 존재다. 즉 인간은 각자 실존적으로 혼자이다. 그리고 어떤 관계에서도 소외를 제거할 수 없다. 소외는 인간의 근원적인 고독으로서 대인관계의 고립을 넘어선다. 하지만 인간은 관계적 소외에 대한 불안을 피하기 위해 사랑을 한다. 사랑을 통해 고통을 경감함으로써 다른 사람과 소외를 공유할 수 있다. 진정한 고독한 자만이 참된 관계를 맺게 된다. 인간 존재의 고립된 상황을 인식하고 그것에 단호하게 직면하는 사람은 비소유적 사랑으로 타인과 관계를 맺을 수 있다.

인간관계와 관련된 정신병리는 실존적 소외에 대한 두려움에 그 뿌리를 둔다. 부적응적인 대인관계는 고독과 소외에 대한 방어이거나 타인과 진정한 관계를 맺기보다 상대방을 이용하려는 관계패턴을 보인다. 실존적 소외에 직면하지 못하고 두려움에 압도되면 타인을 고독에 대한 방패로 사용하여 지배적이거나 소유적인 관계에 집착할 수 있다.

(4) 무의미

무의미성은 실존적 불안과 우울의 근원이다. 무의미한 세계에서 의미를 발견하는 것은 인간의 중요한 과제이다. 의미는 세계에 그냥 존재하는 것이 아니라 인간이 부여하고 발견하며 창조하는 것이다. 이러한 의미는 최선을 다해 일하고 사랑하며 창조할 때 생겨나는 부산물이다. 따라서 의미는 추구하는 것이 아니라 발생하는 것이다. 빅터 플랭클(Viktor Frankl, 1905~1997)은 삶에서 의미의 부재는 실존적 스트레스의 가장 큰 원인으로 보았으며, 그는 내담자의 삶의 의미를 발견하는 것에 목표를 둔 의미치료를 개발했다.

3) 삶의 의미

의미와 목적은 다른 함축적 의미를 가진다. 의미는 뜻(Sense) 혹은 연관성(coherence)을 말한다. 의미를 찾는 것은 연관성을 찾는 것을 포함한다. 목적은 의미, 목적, 기능을 말한다. 하지만 삶의 목적과 삶의 의미는 서로 교체되며 사용되고 있다. 삶의 의미를 소유하고 있는 사람은 인생의 어떤 목적이나 혹은 완성되어야 하는 기능, 어떤 최우선의 목적 혹은 자신을 전념할 수 있는 목적을 가진 인생으로 경험하는 것이다(Yalom, 1980).

빅터 플랭클은 삶의 의미의 세 가지 범주에 대해 다음과 같이 말한다. 첫째, 개인이 완성하는 것 혹은 개인의 창조성에 따라서 세상에 주는 것, 둘째는 만남과 경험을 통해서 세상에서 개인이 취하는 것, 세 번째는 개인이 변화시킬 수 없는 고통과 운명을 향하여 서는 것이다. 이것은 창조적, 경험적, 태도적인 이 세 가지 의미구조로 설명하는 것이다.

제3절 상담 구성

1. 실존주의 접근의 사례개념화

실존주의적 접근을 하는 상담자는 내담자와의 만남을 통해 그가 두려워하고 있는 죽음의 불가피성을 직면하고 자유로운 선택과 의지를 가지고 어떻게 살아가야 할 것인지에 초점을 둔다. 삶의 경험 속에서 마주한 궁극적으로 누구나 죽는다는 사실을 직면하고 살아가는 동안 어떻게 자신이 삶의 방식을 자유로이 선택하고 자신의 선택에 대해 책임지며 살아갈 것인가, 스스로 의지를 가지고 자신의 소망을 확인하며 삶의 방식을 선택할 수 있도록 촉진한다(최윤미, 2019).

2. 상담목표

실존주의 상담은 개인이 죽음, 자유, 고독 및 의미 상실 등의 실존적 문제에 직면할 때의 내적 경험과 대처 방식을 중점적으로 다루기 시작했으며, 이를 통해 개인이 자신의 실존 의미를 발견하고 자기 성장을 이루도록 돕는 것을 목표로 했다(Yalom, 1980). 또한 실존주의 상담자들은 내담자가 정상에서 이탈한 것에 초점을 맞추기보다는 내담자의 개인적인 세계를 이해하기 위하여 현상학적 접근을 하려고 노력한다. 내담자로 하여금 자신의 실존 상황을 인식하고 자신의 삶에 의미와 가치를 발견하여 선택과 행동에 책임을 지는 주체적인 삶을 살도록 하는 데 그 목적을 둔다.

실존주의적 상담의 핵심목표는 삶의 의미를 발견하는 것이다. 내담자로 하여금 자신의 실존적 조건에 대한 인식을 증가시킴으로써 삶을 주체적으로 선택하고 책임지는 진실한 인간이 되도록 돕는 것이다. 내담자로 하여금 자신이 세상에 존재하는 방식을 스스로 발견하도록 촉진하고 과거에는 전혀 인지하지 못한 관점에서 문제의 해결방법을 발견하도록 돕는다. 따라서 실존적 인간의 특성을 나타내는 인간의 네 가지 존재방식, 죽음, 불안, 소외, 선택과 책임, 관계적 존재 등을 깊이 이해하는 것은 실존주의 상담을 접근하는 데 필수적이다.

3. 상담자 역할

실존적 관점에서 상담과 심리치료의 핵심은 상담자와 내담자 간의 필수적인 불확실하고 자발적 만남(encounter), 더 고통을 겪고 있는 내담자와의 관심 깊게 돌보는 인간적 만남이라고 본다.

상담자의 역할은 첫째, 상담자는 내담자에게 자기인식능력이 있기 때문에 자신의 삶에 대해서 반성하고 선택할 수 있다는 것을 믿고 내담자의 현실생활에 관심을 갖는다. 둘째, 내담자의 삶을 관찰하면서 또 동시에 참여하는 것인데 관찰자로서는 내담자에게 꼭 필요한 기초적 지침을 제공할 수 있을 만큼 충분히 객관적이어야 하고 참여자로서는 내담자의 삶 속으로 들어가 만남으로써 영향을 주고 때로는 변화를 불러일으켜야 한다. 셋째, 실존적 접근에서는 내담자가 자기 존재의 본질에 대하여 각성하고 나름의 주관을 가지고 능동적으로 삶의 방향을 선택하도록 돕는다(최윤미, 2019).

마지막으로 실존적 관점에서 내담자들이 죽음, 자유, 소외, 무의미라는 실존적 사실들을 직면하여 자신의 삶의 방향을 스스로 자유로이 선택하고 삶의 원동력인 의지를 갖도록 상담자는 이 사실에 대한 인식을 도우며 내담자의 삶의 여정을 함께할 수 있는 동반자가 되어야 한다.

4. 상담기법

실존주의 상담은 기술이나 방법을 처방하기보다는 삶의 주제에 대한 태도에 관한 접근이다. 따라서 실존주의 상담은 삶에 대한 문제해결 기법을 단순히 적용하는 것이 아니라 내담자가 스스로 지각하고 경험한 세상에서 실존적 질문들에 어떻게 응답했는지 알아보고 본래적 삶을 시작할 수 있도록 그 응답을 수정하는 것을 돕는다(Bugental, 1987). 따라서 실존철학의 관점을 실존주의 상담에 적용하여 다루어지는 실존적 주제들은 어떤 특별한 기술보다 중요하다.

20세기 중반에 이르러 실존주의 상담기법은 점차 그 형태를 갖추게 된다. 빅터 프랭클의 로고테라피(logotherapy)는 고통과 역경에 맞서 삶의 의미를 찾는 것을 강조하고, 루드비히 빈스방거가 제안한 실존 분석(Daseinsanalysis)은 세계 속에서의 개인의 실존 방식을 중점적으로 다룬다. 이후 롤로 메이(Rollo May)와 어빈 얄롬(Irvin D. Yalom)은 이 치료법들을 더욱 발전시킨다.

실존주의 상담에서 무엇보다도 중요한 것은 자기이해 증진이므로 내담자의 상황에서 마주하는 실존적 조건 네 가지를 다루는 것과 내담자 자기인식능력을 향상시키는 것에 초점화한다. 여기서는 내담자로 하여금 자기이해 증진과 실존적 조건에 직면하도록 돕는 상담기법에 대해 소개하고자 한다.

1) 한계상황으로서의 죽음을 직면시키기

죽음을 인정하고 직면하는 것은 인생을 커다란 시각에서 바라보며 자신의 삶을 충실하게 살도록 촉진할 수 있다. 마음속에 죽음에 대한 자각이 있으며 매 순간 접하는 모든 것이 감사한 축복으로 다가온다. 특히 얄롬(1980)은 내담자의 실존적 공허나 불안은 인간의 네 가지 실존적 조건(죽음, 자유, 고독, 무의미)과 관련이 있다는 것에 전제를 두고, 실존주의 상담의 접근은 실존의 주어진 현실에 대한 직면으로부터 시작된다고 본다.

2) 책임을 수용하고 수용하기

내담자로 하여금 자신의 문제가 스스로 초래한 것이며 자신의 삶은 자신의 선택에 달려있다는 책임감을 느끼도록 한다. 예로 내담자가 자신의 상황을 매번 한탄할 때마다 어떻게 이러한 상황이 초래되었는지를 내담자의 선택에 초점을 맞추어 구체적으로 바라보게 한다. 그리고 지금-여기에 집중하면서 현재의 삶이 내담자의 선택과 결정에 의해서 매 순간 이루어지고 있음을 자각하도록 이끈다.

3) 자신의 소망을 자각하고 선택하기

내담자가 주체적인 삶을 살아가기 위해서는 자신의 진정한 소망을 자각하는 것이 중요하다. 이를 위해 내담자는 자신의 욕구를 민감하게 자각하는 것에 초점화한다. 예를 들어 어떤 결정을 행동으로 옮기지 못하는 무기력한 내담자의 경우는 다음과 같은 진술을 통해 스스로 결심과 실행을 하도록 격려한다.

① 오직 나만이 내가 만들어낸 세계를 변화시킬 수 있다.
② 변화하는 것은 위협적인 것이 아니다.
③ 내가 원하는 것을 이루기 위해서는 내가 변해야 한다.
④ 나는 성정과 변화할 수 있는 잠재적 능력이 있다.

4) 삶의 의미 발견하기

내담자가 자신의 삶에 대한 의미를 발견하는 것, 즉 무의미한 삶에서 의미를 찾는 것이 실존주의 상담에서 궁극적인 목표이다. 빅터 플랭클(1963)은 의미치료에서 다음과 같은 방법을 제시하고 있다.

첫째, 창조와 행위를 통한 방법으로, 사소한 것이라도 창조적 행위를 해 나가는 것이다. 둘째, 체험과 관계 맺기로, 무언가를 경험하고 누군가와 관계를 맺음을 통해 의미를 발견하는 것이다. 셋째, 피할 수 없는 고통에 대해서 어떤 태도를 취하느냐이다.

5) 자유 경험하기

자유 경험하기는 현재, 지금-여기의 관점으로 내담자가 자유롭고 정직하게 현재의 순간에 경험하고 있는 것을 무엇이든지 표현하도록 격려하는 방법이다. 이 기법은 내담자가 실존에 대한 자기인식능력을 증가시키고 내면적 억압을 자각하며 행동의 자유로움을 얻도록 유도하기 위한 것이다.

6) 꿈 작업하기

일부 실존주의 상담자들은 꿈을 통해 개인의 실존적 세계가 반영된다고 본다. 말하자면 꿈이 실존에 대한 무의식적인 상태를 나타낸다고 본다. 상담자는 정신역동적 접근의 꿈 작업을 통해 내담자로 하여금 자기인식을 깊이 통찰할 수 있도록 도울 수 있어야 한다.

5. 내담자 효과

실존주의 상담 과정에서 내담자의 깨달음은 다음과 같다.

① 과거의 선택과 결정에 의해서 스스로 자신을 여러 방식으로 얽매어 두고 있었다.

② 타인의 기준과 판단에 따라 자신의 정체감을 구성했다.

③ 과거로부터 배울 수 있으며 이러한 배움을 통해 미래를 재구성할 수 있다.

④ 자신의 삶에 대한 선택을 할 때 불안을 회피하기 위해서 타인에게 의존적 삶을 살아왔다.
⑤ 죽음에 너무 집착하여 그동안 인생을 충분히 즐기지 못했다.
⑥ 선택의 책임은 나에게 있다. 특히 책임을 인정하는 것은 치료적 변화에 가장 중요한 조건이다.

제4절 상담 과정과 실제

1. 상담 과정

얄롬(1980)은 실존적 상담은 '개인의 실존에 뿌리를 둔 불안, 걱정에 초점을 둔 역동적 치료다'라고 정의한다. 상담자는 실존적 네 가지 조건에 대한 내담자의 자각이 어떻게 그의 심리적 문제와 관련되어 있는가를 파악하여 내담자를 조력한다. 즉 상담자는 당신을 번뇌, 고통, 걱정에 빠지게 하는 삶의 관심사는 무엇인가?에 관심을 두면서 상담을 진행해 나간다.

실존주의 상담자는 다른 상담자에 비해 정신과 약물의 사용에 대해 엄격한 입장을 보이는데, 이들은 내담자가 일시적으로 고통스럽더라도 약물을 복용하기보다는 그 순간을 진실하게 경험하기를 권장한다. 실존주의 상담 과정은 보통 세 단계로 초기, 중기, 종결 단계로 진행되고 구체적인 상담 진행과정은 다음과 같다.

1) 초기 단계

① 내담자의 문제를 탐색하고 상담 관계형성을 위해 노력한다.
② 내담자의 실존적 태도를 탐색하며 명료화한다.

2) 중기 단계

① 내담자가 처한 상황에 따라 실존적 조건에 직면하도록 격려한다.
② 자기인식이 증가하면서 새로운 관점에서 자신의 삶과 문제에 대해 살펴보게 한다.
③ 진정한 소망과 삶의 의미를 발견하도록 촉진한다.

3) 종결 단계

① 내담자 스스로 자신의 삶을 헤쳐 나갈 수 있는 자신감을 얻게 되면 내담자와 상담자가 함께 종결 단계 시기를 의논한다.
② 상담 과정에서 다루어진 내용들을 되돌아보며 정리한다.
③ 실존적 관점에서 이별에 대해 다룬다.

2. 상담 실제

1) 직면기법 사례

직면기법을 효과적으로 사용하기 위해서는 신뢰할 만한 작업동맹이 이루어져야 한다. 만약 그렇지 않은 경우에는 내담자는 상담자로부터 거부당한다고 느낄 수 있다. 직면기법은 일반적으로 4단계로 시행한다. ① 내담자의 진술의 부조화, 이중 메시지 또는 경험적 불일치를 관찰한다. ② 요약하고 명료화한다. ③ 공감적으로 직면한다. ④ 관찰하고 평가한다. 이 과정 속에서 상담자는 내담자의 생각, 감정, 욕구를 이해하기 위해 존중, 적극적인 경청, 감정반영, 재진술의 기법을 함께 사용한다(Erford, 2021).

다음 사례는 중년여성 내담자로 그녀는 쌍둥이 자녀를 대학에 보내고 남편이 은근히 자신이 일을 구해서 집안 경제적으로 도와주기를 바라는 것에 왠지 모를 슬픔과 상실감을 호소한다.

상담자: 정애(가명) 씨는 지난주에 쌍둥이가 떠난 후에 어떻게 지내고 있는지를 말하셨어요. 자녀들이 떠나서 빨랫감이 줄어 좋긴 하지만 남편이 일하러 나가면 외롭다고요. 이 문제에 대해 좀 더 이야기를 나누면 어떨까 합니다.
내담자: 네. 지난주는 정말 최악이었어요. 정말 우울증에 걸릴 수도 있겠다고 생각했어요. 힘이 전혀 없었어요. 거의 매일 낮잠만 잤어요. 이해가 안 돼요. 저는 늘 활기가 넘쳤던 사람인데. 수영도 하고 공원에서 조깅도 하고. 아이들이 집에 없어서 다행이에요. 집에 있었으면 좋은 영향을 미치지 못했을 거예요.
상담자: 이렇게 피곤하고 외롭고 슬픈 게 당신에게 새로운 일인가요?
내담자: 네. 이 전에는 한 번도 이런 적이 없었어요. 요새 너무 지루해요.
상담자: 정애씨 그러면 당신의 기분이 어때야 한다고 생각하시는 건가요?
내담자: 음. 홀가분해야죠. 아이들이 독립했고, 집에서 별로 할 일이 없으니깐요.
상담자: 얼마나 자주 자녀들에 대해 생각하나요?
내담자: 당연히 매일 하죠.
상담자: 쌍둥이가 그리우세요?
내담자: 네 당연하죠. 하지만 이게 인생이잖아요. 이제 아이들이 다 컸고, 아이들을 생각하면 행복하고 자랑스러워요
상담자: (공감적 직면으로 불일치를 지적하려고 함) 음. 당신은 행복하고 자녀들이 자랑스럽다고 말했어요. 그리고 자녀들이 떠나서 집안일이 훨씬 줄어서 좋다고 말했고요, 그런데 조금 전에 자녀들에 관해 얘기할 때 별로 행복해 보이지 않았어요.
내담자: 당연히 행복해요. 모든 부모가 자녀가 자라서 성공하기를 바라잖아요. 좋은 학에 가는 것이 성공으로 가는 첫걸음이고요. 이보다 더 행복할 수가 없어요.
상담자: 자녀들을 생각하면 행복하지만 자신을 생각하면 어때요?
내담자: 자랑스러워요.
상담자: 자녀들이 대학 간 후 달라진 자신의 일상생활에 대해서는 어떻게 느끼세요? 일을 바라는 남편에 대해서는 어떻게 생각이 드세요?
내담자: 음. 다시 일하는 것은 되게 부담스러워요. 어디서부터 시작해야 할지 전혀 모르겠어요. 해야 할 집안일은 많지만 새로운 일을 하고 싶지 않아요.
상담자: 그럼 최근 변화들이 부담스러운 거네요.
내담자: 네. 그리고 집에서 뭘 해야 할지 모르겠어요.
상담자: 전보다 엄마로서 할 일이 줄어든 거네요.
내담자: 네 맞아요. 정말 그래요. 좀 슬프지 않나요?
상담자: 당신은 아이들을 위해 최선을 다했고, 이제는 아이들을 위해 그 전보다 해야 할 일이 별로 없어요.
내담자: 네. 아이들은 예전만큼 저를 필요로 하지 않아요. 제가 아이들을 챙겨야 할 필요가 없어졌어요.

상담자: 자녀들이 대학에 들어가서 기쁘긴 하지만 예전만큼 자녀들에게 필요한 존재가 아니라는 생각 때문에 슬프고 외로울 수 있어요.
내담자: 아이들을 위해 뭔가를 했었던 때가 그리워요.

2) 상담구조화 사례

다음 사례는 통해 실존주의 상담을 진행하기 위한 상담구조화는 어떤 형식으로 구성되어야 하는지를 소개한다. 70대 노인 내담자로 일찍이 남편과 사별하고 1남 1녀 자녀를 홀로 키우면서 열심히 살아왔는데 요즘 들어 자식들은 본인한테 관심도 없고 귀찮아하는 것 같아서 외롭고 허전함으로 힘들고, 뭘 해도 즐겁지 않아서 삶의 의미가 없다고 호소한다.

(1) 내담자 자원

① 강점: 상담에 우호적이다. 건강 상태는 좋다. 경제력이 있다.
② 약점: 주변의 지지적 자원이 부족하다. 가족 관계가 소원하다.

(2) 심리검사

① 그림검사: 빗속의 사람 그림검사(person in the rain: PITR)는 내담자의 스트레스와 스트레스 대처능력 정도 그리고 우울 정도를 파악하기 위한 투사그림 검사이다.
② 노인 우울 검사(GDS-K): 11점
③ 삶의 의미 척도(MLQ-K): 35점

(3) 사례개념화

사례개념화(상담자가 바라본 내담자 문제 이해)는 다음과 같다.
일찍이 남편과 사별하고 오랫동안 1남 1녀 자식들을 홀로 키우면서 대학까지 보낼 정도로 갖은 고생을 하면서 살아왔다. 하지만 자식들은 현재 왕래가 뜸할 정도로 가족과의 관계는 소원한 상태이다. 자식들 하나만 바라보면서 살아온 세

월에 야속함과 배신감 마저 들고 있다. 평생 일만 하다 보니 주변에 친구도 없고 노인복지관에 다녔던 것도 요즘 들어 잘 가지도 않아 외로움과 쓸쓸함을 호소하고 있는 상태이다. 신체적 질병으로는 위장장애와 편두통이 있는 것으로 보아 심리적 억압, 예를 들면 PITR 검사와 MLQ-K 검사 결과 솔직한 감정표현 부족, 자기주장 부족 등으로 인한 스트레스가 높은 편으로 판단된다. 반면 GDS-K가 높지 않은 편이라 현재 스트레스가 높고 스트레스 대처능력이 부족한 상태로 인해 우울적 성향이 높은 것으로 사료된다.

(4) 상담목표

① 삶의 의미를 되찾을 수 있도록 한다.
② 남은 인생은 진정한 자신으로 살아가기를 선택하도록 한다.

(5) 상담 전략

① 내담자가 편하게 진솔하게 이야기를 할 수 있도록 상담 분위기를 조성한다.
② 내담자의 감정표현능력 증진을 위해 경청과 공감적 반영을 적극적으로 한다.
③ 실존주의적 상담접근법을 적용하여 실존적 조건에 직면하도록 한다.
④ 일상생활 사건에 대해 구체적으로 활용 가능한 자기표현을 하도록 촉진한다.
⑤ 회상기법을 통해 진취적 삶을 살아왔던 과거력을 회복시켜 현실에 적용하도록 한다.

(6) 상담 성과

내담자는 상담을 통해 자기 생각과 감정을 언어적으로 표현하는 데 자신감을 가지게 되었으며, 틈틈이 취미 시간을 가져 주변인들과의 만남도 자연스러워졌고, 적절한 상황에서 타인에게 도움을 요청할 수 있게 되었다. 그리고 현재의 삶에서 스스로에게 격려하고 앞으로의 삶에도 작지만 희망을 잃지 않으며 살아가겠다는 태도를 가지게 되었다.

3) 삶의 의미 척도(MLQ: Meaning in Life Questionnaire)

(1) 청소년 · 성인대상

이 척도는 일반적으로 청소년, 성인 대상으로 사용 가능한 척도로, 삶의 의미 추구와 의미발견을 측정하기 위해 스테거 등(Steger et al., 2006)이 개발한 것을 원두리 등(2005)이 번안하고, 타당화한 삶의 의미 척도이다. 삶의 의미 척도는 의미발견과 의미추구, 두 하위요인으로 이루어져 있다.

(1: 전혀 아니다, 2: 아니다, 3: 약간 아니다, 4: 중간이다, 5: 약간 그렇다, 6: 그렇다, 7: 아주 그렇다)

번호	문항내용	1	2	3	4	5	6	7
1	나는 내 삶의 의미를 이해하고 있다.							
2	나는 내 삶을 의미 있게 만드는 무언가를 찾고 있다.							
3	나는 항상 내 삶의 목적을 찾기 위해 노력하고 있다.							
4	나는 분명한 삶의 목적의식을 가지고 있다.							
5	나는 내 삶을 의미 있게 해주는 것이 무엇인지를 알고 있다.							
6	나는 만족할 만한 삶의 목적을 발견하였다.							
7	나는 내 삶의 중요성을 느끼도록 해주는 것을 늘 찾고 있다.							
8	나는 내 삶의 목적 혹은 소명을 찾고 있다.							
9	내 삶에는 뚜렷한 목적이 없다.							
10	나는 내 삶의 의미를 찾고 있다.							

(2) 중년기 성인 대상

이 척도는 중년기 이후 성인 대상 삶의 의미 척도로, 중년기에서 삶의 의미를 측정하기 위해 박정미(2018)가 개발한 중년기 삶의 의미 척도이다.

(1: 전혀 아니다, 2: 아니다, 3: 보통이다, 4: 그렇다, 5: 아주 그렇다)

		1	2	3	4	5
1	나는 건강을 지키기 위해 규칙적인 운동을 하고 있다.					
2	나는 건강한 식생활을 유지하고 있다.					
3	나는 심신의 건강을 위해 시간과 돈을 투자한다.					
4	나는 삶의 우선순위를 건강에 둔다.					
5	나는 원하는 것을 사거나 가질 수 있을 만큼의 경제적 능력이 있다.					
6	나는 여가 생활을 즐길 만큼의 경제적 여유가 있다.					
7	나는 나의 소득 수준에 만족한다.					
8	나는 나의 노후를 위해 나만의 방법으로 재무관리를 하고 있다.					
9	나는 일을 하면서 보람과 행복을 느낀다.					
10	나는 내가 하는 일에 성취감을 느낀다.					
11	나는 내가 하는 일이 가치 있다고 생각한다.					
12	나는 내가 하고 있는 일을 즐긴다.					
13	나는 현재 하고 싶은 일을 하며 살고 있다.					
14	나는 일과 여가 활동의 균형을 이루고자 노력한다.					
15	나는 일과 여가 활동은 새로운 것을 시도해 볼 수 있는 기회가 된다.					
16	나는 여가활동을 통해 나에 대한 이해를 넓히고자 노력한다.					
17	나는 여가활동을 통해 다른 사람을 이해하는 폭이 넓어짐을 느낀다.					
18	나는 여가 활동을 통해 행복감을 느낀다.					

		1	2	3	4	5
19	나의 가족은 화목하다.					
20	나의 가족은 서로를 신뢰한다.					
21	나의 가족은 서로를 존중한다.					
22	나의 가족은 서로의 부족한 부분을 감싸준다.					
23	나의 가족은 세심하게 배려해준다.					
24	나는 변함없이 내 편인 친구가 있다.					
25	나는 마음을 터놓고 이야기할 수 있는 친구가 있다.					
26	나는 주변 사람들과의 관계 속에서 즐거움을 느낀다.					
27	나는 친구들과 친밀한 대화를 나눈다.					
28	나는 주변 사람들과의 만남을 통해 에너지를 얻는다.					
29	나는 나에 대한 타인의 부정적인 평가를 수용한다.					
30	나는 다른 사람을 위해 나눔을 실천한다.					
31	나는 타인에게 유익한 일을 함으로써 사회에 기여하고자 한다.					
32	나는 다른 삶을 돕는 것에 가치를 둔다.					
33	나는 나와 다른 의견을 가진 타인도 배려한다.					
34	나는 나의 삶에서 일어나는 사건이나 상황들을 서로 의미 있게 연결할 수 있다.					
35	나는 내 삶의 긍정적인 의미를 찾기 위해 노력한다.					
36	나는 내 삶에 의미를 부여하는 것이 중요하다.					
37	나는 인생의 가치와 목표에 대해 진지하게 생각한다.					
38	나는 어떤 일을 경험할 때 그 상황으로부터 배울 점이 있다고 생각한다.					
39	나는 타인의 죽음을 경험하면서 매 순간 충실한 삶을 살고자 노력한다.					
40	나는 어려움을 경험한 후 삶에 강한 의지를 느낀다.					

참고문헌

권석만(2018). 현대 심리치료와 상담이론. 서울: 학지사.

김국희(2018). 게슈탈트 상담자의 알아차림과 접촉 경험에 대한 현상학적 연구. 한국교원대학교 대학원. 석사학위논문.

노안영(2009). 상담심리학의 이론과 실제. 서울: 학지사.

박수연(2017). 실존주의 관점에서 바라본 유아 교사 경험의 의미탐구. 부산대학교 대학원 석사학위논문.

박정미(2018). 중년기 삶의 의미 척도 개발 및 타당화. 경성대학교 대학원 박사학위논문.

박진영(2017). 실존주의에서 무(無)의 교육적 함의. 고려대학교 대학원 석사학위논문.

원두리, 김교헌, 권선중(2005). 한국판 삶의 의미 척도 타당화 연구: 대학생을 대상으로. 한국심리학회지: 건강, 10, 211-225.

양원영(2018). 에곤 쉴레의 인물화 작품을 통한 감상자의 자기성찰 영향에 관한 연구-실존주의적 관점을 중심으로. 전시디자인연구, 12(1), 19-29.

양원영(2021). 하이데거의 예술사상에서 바라본 창의적 노화를 위한 Creative Art가 갖는 평생학습의 의미. 숭실대학교 대학원 박사학위논문.

유현주(2015). 실존주의 집단상담에서의 실존적 자기인식 경험. 백석대학교 대학원 박사학위논문.

이선일(2003). 하이데거의 존재와 시간. 철학사상, 2(12), 서울대학교 철학사상연구소.

이장호, 이동귀(2023). 상담심리학. 박영story.

최윤미(2019). 상담 이론에 기반한 상담사례의 사례개념화 - 대상관계이론, 인지치료이론, 실존 역동적 접근 방식의 사례개념화. 상담학연구, 4(2), 27-41.

최상민(2005). 실존주의적 관점에서 본 패터 한트케의 소설 '긴 이별을 위한 짧은 편지'. 이화여자대학교 대학원 석사학위논문.

Bradley T. Erford, (2015). 상담자가 알아야 할 40가지 상담기법. 김은하 역 (2021). 서울: 학지사.

Bugental, J. F. T. (1987). *The art of the psychotherapist*. W W Norton & Co.

Cooper, M. (2003). *Existential therapies.* 신성만 역(2014). 실존치료. 서울: 학지사.

Frankl, V. E. (1963). *Man's Search for Meaning: An Introduction to Logotherapy*. New York: Washington Square Press.

Heidegger, M. (1962). *Being and time*. San Francisco: Harper Collins. (Original work published 1927).

Heidegger, M, (1957 /1962), *Sein und Zeit*, Tübingen: M. Niemeyer. Translated as Being and Time, John Macquarrie and Edward Robinson (trans), London: SCM Press.

Irvin D. Yalom, (1980). *Existential Psychotherapy*. 임경수 역(2007). 실존주의 심리치료. 서울: 학지사.

Mary J. J. Krueger, Fred J. Hanna.(1997). Why Adoptees Search: An Existential Treatment Perspective. *Journal of Counseling & Development: 75*(3). 177-240.

May, Rollo (1953). *Man's Search for Himself.* 백상창 역(1990). 자아를 잃어버린 현대인. 서울: 문예출판사.

Steger, M. F., Frazier, P., Oishi, S., & Kaler, M. (2006). The meaning in life questionnaire: Assessing the presence of and search for meaning in life. *Journal of Counseling Psychology*, *53*(1), 80–93. https://doi.org/10.1037/0022-0167.53.1.80

PART IV

성인학습상담의 이해와 전망

Chapter 14

성인학습상담의 이해와 전망

이석진 박사

개요

성인학습 상담은 성인 학습자가 학습 목표를 달성하고 개인적·전문적 성장을 이루도록 돕는 활동으로, 학습자의 배경과 요구에 맞춘 맞춤형 지원을 제공한다. 이를 통해 학습 경로 설계, 문제 해결 지원, 동기 부여, 심리적 안정 및 학습 전략 개발을 지원하며 학습 효과를 극대화한다.

성인학습 상담은 시간과 자원의 부족, 상담에 대한 부정적 인식, 전문성 부족 등의 한계를 극복하기 위해 인공지능과 빅데이터를 활용한 맞춤형 상담 시스템 도입, 평생학습 사회 구현을 위한 상담 역할 강화, 전문 상담가 양성과 교육 프로그램 개발이 필요하다. 디지털 기술의 발전과 학습 공동체의 활성화를 통해 성인학습 상담은 개인과 사회의 지속적인 성장을 지원할 중요한 역할을 수행 할 것이다.

본 장에서는 성인학습 상담의 개념, 태도와 자질, 주요 원칙 및 역할, 또한, 성인학습 상담의 한계, 그리고 이를 극복하기 위한 발전 방향을 논의한다.

학습목표

1. 성인학습 상담의 개념과 필요성을 이해하고 설명할 수 있다.
2. 성인학습 상담자의 태도와 자질을 이해하고 실천 방안을 제시할 수 있다.
3. 성인학습 상담에서 개인화된 접근, 동기 부여, 심리적 지원, 학습 전략 개발의 중요성을 설명할 수 있다.
4. 성인학습 상담의 한계를 인식하고 이를 극복하기 위한 발전 방향을 제안할 수 있다.

주요단어

상담자 태도, 상담자 자질, 개인화된 접근, 동기 부여, 심리적 지원, 학습 전략 개발, 평생학습

제1절 상담관점에서의 성인학습

성인학습 상담은 성인의 학습을 지원하는 활동으로, 학습자가 학습 목표를 설정하고 효과적인 학습 전략을 개발하며 학습 과정에서의 어려움을 극복하도록 돕는 것을 목표로 한다. 넓은 관점에서 보면, 성인학습 상담은 성인이 자아를 발견하고 환경에 적응하는 모든 과정을 지원하는 것으로 간주될 수 있다. Malcolm Knowles(1973)는 1950년대 후반부터 성인 학습을 제공하는 기관에서 성인 학습자에게 전문적인 상담을 제공하는 것의 중요성이 강조되었다고 지적하였다.

따라서, 성인학습 상담은 성인 학습자의 특성과 필요에 맞춘 맞춤형 지원을 제공함으로써, 평생교육의 효과성을 높이고 성인의 지속적인 학습 참여를 촉진하는 데 중요한 역할을 한다.

(1) 개인화된 접근 : 성인 학습자의 독특한 요구 충족

성인 학습자는 다양한 배경과 경험을 통해 형성된 고유한 학습 요구를 지닌다. 따라서 상담자는 성인 학습자의 교육 경험, 직업 경력, 개인적 목표 등 개별적 요소를 깊이 있게 이해하고, 그들의 고유성을 존중해야 한다. 개인화된 접근에서는 학습자의 목표와 필요에 부합하는 학습 계획 수립이 가장 중요하다. 이때 각자의 학습 스타일을 고려해 이에 맞는 학습 자료와 방법을 추천해야 한다.

직장인 학습자에게는 주말이나 저녁 시간대의 학습 기회 제공 또는 온라인 학습 플랫폼 활용 등 유연한 학습 환경을 조성해야 한다. 또한, 학습 과정 중 지속적인 평가와 피드백을 제공해 학습자의 진행 상황을 정기적으로 평가하고, 필요한 경우 학습 계획을 수정하며, 긍정적 피드백으로 학습 동기를 유지하도록 지원해야 한다. 심리적 지원과 자원 연계·활용 역시 필수적이다. 학습자가 필요로 하는 자원을 알맞게 연계·활용하는 것이 중요하며, 상담자는 학습자가 이용 가능한 여러 학습 자원을 추천하고, 이를 효율적으로 활용하도록 도와야 한다.

결론적으로, 개인화된 접근은 성인 학습자가 자신의 학습 목표를 달성하고 지속적으로 발전하도록 돕는 중요한 요소로, 이를 통해 성인 학습자는 자신의 학습 여정을 더욱 의미 있고 효과적으로 이끌 수 있다.

(2) 동기 부여: 성인 학습 성공의 핵심 요소

성인은 다양한 이유로 학습을 시작하며, 지속적인 동기 부여는 학습 성공의 핵심이다. 내적 동기는 개인적 만족, 성장, 자아실현을 위해 학습하는 경우이고, 외적 동기는 외부 보상이나 인정을 바라는 경우이다. 상담사는 성인 학습자가 명확하고 달성 가능한 목표를 설정하도록 도와야 한다. 목표는 구체적이고 측정 가능하며, 기한 내에 달성할 수 있어야 한다. 성인 학습자는 자신의 학습 진척에 대해 정기적인 피드백을 받아야 하며, 상담사는 학습자의 성과를 인정하고 성취감을 느끼도록 도와야 한다. 성인 학습자는 학습 과정에서 어려움을 겪을 수 있으므로, 상담사는 학습자가 이러한 어려움을 극복하도록 정서적 지원과 격려를 제공해야 한다. 또한, 성인 학습자가 스스로 학습 과정을 관리하도록 하는 것이 중요하며, 상담사는 학습자가 스스로 학습 계획을 수립·실행하도록 도와야 한다. 편안하고 집중할 수 있는 학습 환경 조성도 중요하다. 상담사는 학습자가 적절한 학습 환경을 갖추도록 도와야 한다. 마지막으로, 학습자는 자신의 학습 과정을 지속해서 되돌아보고 평가하는 것이 중요하며, 상담사는 학습자가 학습 도중 느끼는 감정과 생각을 공유하도록 권장하고, 이를 통해 학습 방식을 수정하도록 도와야 한다.

이러한 동기 부여 전략을 통해 성인 학습자는 자신의 학습 목표를 효율적으로 달성하고, 학습 과정에서 지속적인 만족감을 느낀다.

(3) 심리적 지원: 성인 학습자의 심리적 안정과 성장 촉진

성인 학습자는 다양한 배경과 경험, 삶의 스트레스 요인으로 인해 학습 과정에서 심리적 어려움을 겪을 수 있다. 상담사는 이러한 어려움을 극복하도록 심리적 지원을 제공해야 한다. 스트레스 관리는 직장, 가정, 학업 등 여러 역할을 동시에 수행하면서 경험하는 심한 수준의 스트레스를 효과적으로 관리할 수 있는 전략을 제공하고, 스트레스 해소법을 찾는 것을 의미한다.

자존감 증진은 학습 과정에서 자신감 부족을 겪는 성인 학습자에게 성과를 인정하고 칭찬함으로써 자존감을 높여주는 것을 말한다. 동기 부여는 학습자의 심리적 지원에서 핵심 요소로, 목표를 정하고 이를 이루기 위해 꾸준히 노력하도록 격려하는 것이 중요하다. 불안과 우울증 관리는 학습 과정에서 불안과 우울증을 겪는 성인 학습자에게 필요한 지원을 제공하는 것을 의미하며, 필요한 경우 전문적인 정신 건강 지원을 받도록 안내할 수 있다.

감정 표현과 소통은 학습자가 자신의 감정을 자유롭게 표현하고 소통할 수 있는 환경을 조성하고, 이를 통해 감정을 다루는 데 도움을 주는 것을 의미한다. 목표 설정과 성공 경험은 학습자가 현실적이고 달성 가능한 목표를 설정하고, 작은 목표부터 차근차근 이루어 성취감을 느낄 수 있도록 돕는 것을 의미한다. 지속적인 지원과 관심은 학습자가 학습 과정에서 꾸준한 지원과 관심을 받도록 정기적으로 학습자의 진행 상황을 확인하고, 필요할 때마다 조언과 격려를 제공하는 것을 의미한다.

이러한 심리적 지원을 통해 성인 학습자는 학습 과정에서 겪는 여러 심리적 어려움을 극복하고, 자신의 학습 목표를 더 효과적으로 달성할 수 있으며, 심리적 지원은 성인 학습자가 자신의 잠재력을 최대한 발휘하도록 돕는 중요한 요소이다.

(4) 학습 전략 개발: 성인 학습자의 효율적인 목표 달성을 위한 필수 요소

학습 전략 개발은 성인 학습자가 학습 과정 중 효율적으로 목표를 달성하도록 여러 방법과 기술을 습득하는 것을 의미한다. 성인 학습자는 학습할 여유가 적고, 여러 역할과 책임을 동시에 맡고 있기 때문에 효과적인 학습 전략이 매우 중요하다. 상담사는 학습자가 자신의 학습 스타일과 필요에 맞는 학습 전략을 수립할 수 있도록 도와준다. 예를 들어, 시간 관리 기술, 메타인지 전략, 문제 해결 능력 등을 습득하는 데 도움을 줄 수 있다.

첫 번째 단계는 명확하고 구체적인 학습 목표를 설정하는 것이다. 상담사는 학습자가 현실적이고 측정 가능한 목표를 설정할 수 있도록 도와준다. 예를 들어, '3개월 안에 특정 자격증 취득하기'와 같은 구체적인 목표를 세우는 것이 중요하다.

두 번째 단계는 시간 관리 기술이다. 성인 학습자는 학업, 직장, 가정 등 여러 역할을 동시에 수행해야 하므로 시간을 효율적으로 관리하는 것이 매우 중요하다. 상담사는 학습자가 학습 일정표를 작성하고, 학습과 다른 활동 사이의 균형을 맞출 수 있도록 도와준다. 우선순위를 정하고, 중요한 일부터 먼저 처리하는 기술을 가르친다.

세 번째 단계는 능동적 학습 기술이다. 성인 학습자는 자기 학습 과정에 적극적으로 참여해야 한다. 상담사는 필기, 요약, 자가 시험, 집단 토론 등을 통해 학습 내용을 적극적으로 이해하고 기억하는 방법을 배울 수 있도록 도와준다.

네 번째 단계는 메타인지 전략이다. 메타인지는 자기 학습 과정을 관찰하고 조절하는 능력이다. 상담사는 학습자가 자신의 학습 방식을 평가하고, 필요한 경우 학습 방법을 수정할 수 있도록 도와준다.

다섯 번째 단계는 학습 환경 조성이다. 성인 학습자는 집중할 수 있는 학습 환경을 만들어야 한다. 상담사는 학습자가 조용하고 방해받지 않는 곳에서 공부하도록 권장하고, 학습 도구나 자료를 적절하게 사용할 수 있도록 도와준다.

여섯 번째 단계는 동기 부여와 지속적인 지원 제공이다. 학습 동기를 유지하는 것은 성인 학습에서 중요한 요소이다. 상담사는 학습자가 학습 과정에서 겪는 어려움을 극복하도록 정서적 지원과 격려를 제공하고, 정기적인 평가와 성과 인정을 통해 학습자가 성취감을 느끼고 지속적으로 동기를 얻도록 도와준다.

일곱 번째 단계는 자원 활용 능력이다. 성인 학습자는 다양한 자원을 활용하여 학습할 수 있다. 상담사는 학습자가 온라인 강의, 도서관 자료, 스터디 그룹 등 다양한 학습 자원을 효율적으로 활용할 수 있도록 안내하고, 필요한 경우 특정 자원에 접근하는 방법을 알려주며, 학습자가 목표를 달성할 수 있도록 도와준다.

마지막으로 성과 평가와 피드백이다. 학습 전략 개발의 중요한 부분은 성과 평가와 피드백이다. 상담사는 학습자의 학습 진행 상황을 정기적으로 평가하고, 필요한 경우 학습 계획을 수정하고, 긍정적인 피드백을 제공하여 학습자가 지속적으로 발전할 수 있도록 도와준다.

이러한 학습 전략 개발을 통해 성인 학습자는 자신의 학습 목표를 효율적으로 달성할 수 있으며, 상담사는 학습자가 적절한 학습 전략을 수립하고 실천할 수 있도록 지속적으로 돕고 인도해야 한다.

(5) 지속적인 피드백과 평가: 성인 학습자의 성과 향상을 위한 필수 요소

학습 과정 중 지속적인 피드백과 평가는 성인 학습자의 성과를 높이는 데 중요하다. 상담사는 학습자의 진행 상황을 지켜보고, 필요한 경우 학습 계획을 변경하며, 학습자에게 적절한 피드백을 제공하여 학습 효과를 높인다.

첫 번째로, 학습 진행 상황 모니터링은 학습자가 현재 학습 목표를 얼마나 잘 달성하고 있는지 파악하는 데 도움이 된다. 상담사는 학습자가 설정한 목표와 실제 성과를 비교하여 학습 진행 상황을 모니터링한다. 이를 통해 학습자는 자신의 학습 속도와 방향을 확인할 수 있다.

두 번째로, 피드백 제공은 학습자가 학습 과정에서 올바른 방향으로 나아가고 있는지 확인하고, 개선점을 명확하게 파악하는 데 도움이 된다. 긍정적인 피드백은 학습자의 동기 부여와 자신감을 높이는 데 중요한 역할을 한다. 예를 들어, "이번 과제를 잘 완료했습니다. 특히 문제 해결 과정에서의 창의적인 접근이 돋보였습니다."와 같은 구체적인 피드백을 제공할 수 있다.

세 번째로, 학습 전략 조정은 학습자가 효과적으로 학습하기 위해 필요한 경우 학습 전략을 변경하는 데 도움이 된다. 상담사는 학습자가 특정 학습 방법이나 전략이 효과적이지 않은 경우 다른 대안을 제시하고, 더 나은 학습 방법을 찾을 수 있도록 도와준다.

네 번째로, 동기 부여 유지는 학습자의 동기 부여를 유지하는 데 중요한 역할을 한다. 상담사는 학습자가 달성한 작은 목표들을 인정하고, 이를 통해 학습자가 계속해서 노력하도록 격려한다. 성취감은 학습자의 학습 동기를 유지하고 높이는 데 필수적이다.

다섯 번째로, 자기 평가 능력 향상은 학습자의 자기 평가 능력을 키우는 데 도움을 준다. 학습자는 상담사의 피드백을 바탕으로 자신의 학습 과정을 되돌아보고, 무엇이 잘되고 있는지, 무엇을 개선해야 하는지에 대한 통찰력을 얻는다. 이는 학습자가 독립적으로 학습할 수 있는 능력을 키우는 데 중요한 역할을 한다.

여섯 번째로, 학습 목표 재조정은 학습 과정에서 목표가 변경되거나 수정될 필요가 있는 경우에 유용하다. 지속적인 피드백과 평가는 학습자가 새로운 목표를 설정하고, 이를 달성하기 위한 구체적인 계획을 세우는 데 도움을 준다. 예를 들어, 처음 설정한 목표가 너무 어렵거나 달성하기 어렵다면 목표를 현실적으로 조정하는 것이 필요할 수 있다.

이러한 지속적인 피드백과 평가를 통해 성인 학습자는 자신의 학습 목표를 효율적으로 달성하고, 자신의 학습 과정을 효과적으로 관리할 수 있으며, 이를 통해 자신의 학습 성과를 높일 수 있다.

(6) 자원 연계: 성인 학습자의 학습 목표 달성을 위한 필수 요소

자원 연계란 성인 학습자가 학습 목표를 달성하기 위해 필요한 자원과 도구를 연결하는 과정을 의미한다. 상담사는 학습자가 필요한 자원에 접근할 수 있도록 돕고, 온라인 학습 플랫폼, 도서관, 지역 교육 기관 등 다양한 학습 자원을 추천할 수 있다.

첫 번째로, 자원 식별은 상담사가 학습자가 목표를 달성하는 데 도움이 되는 다양한 자원을 찾아내는 것을 의미한다. 이러한 자원은 책, 온라인 강의, 학습 플랫폼, 도서관 자료, 학습 커뮤니티 등 다양한 형태가 될 수 있다. 상담사는 학습자의 요구에 맞는 자원을 추천하고, 이를 통해 학습자가 적절한 도구와 자료를 찾을 수 있도록 돕는다.

두 번째로, 접근성 보장은 학습자가 필요한 자원에 쉽게 접근할 수 있도록 지원하는 것을 의미한다. 상담사는 학습자가 특정 자원에 접근하는 방법을 안내하고, 필요한 경우 접근성을 높이기 위한 대안을 제공한다. 예를 들어, 인터넷 연결이 어려운 학습자에게는 오프라인 자료를 추천하거나 무료 또는 저렴한 자원을 알려줄 수 있다.

세 번째로, 자원 활용 능력 향상은 단순히 자원을 제공하는 것만으로는 충분하지 않다는 것을 의미한다. 학습자가 주어진 자원을 효과적으로 활용할 수 있도록 돕는 것이 중요하다. 상담사는 자원 활용 방법에 대한 구체적인 지침을 제공하고, 학습자가 자원을 사용하는 방법을 익힐 수 있도록 돕는다.

네 번째로, 학습 네트워크 구축은 학습자가 동료 학습자나 전문가와 네트워크를 형성하여 학습 효과를 높일 수 있다는 것을 의미한다. 상담사는 학습자가 학습 커뮤니티나 그룹 스터디에 참여하도록 권장하고, 적절한 네트워크를 구축할 수 있도록 돕는다. 이를 통해 학습자는 다양한 관점에서 학습 내용을 이해하고,

상호 작용하며 학습 성과를 높일 수 있다.

다섯 번째로, 맞춤형 자원 제공은 상담사가 학습자의 개인적인 요구와 목표에 맞는 맞춤형 자원을 제공해야 한다는 것을 의미한다. 학습자는 각기 다른 학습 스타일과 목표를 가지고 있기 때문에 이를 고려한 자원 연계가 필요하다. 예를 들어, 시각적 학습을 선호하는 학습자에게는 인포그래픽이나 영상 강의를 추천하고, 독서를 좋아하는 학습자에게는 관련 서적을 추천할 수 있다.

여섯 번째로, 자원 평가와 갱신은 상담사가 제공된 자원이 학습자에게 얼마나 효과적인지 평가하고, 필요한 경우 자원을 업데이트해야 한다는 것을 의미한다. 학습자가 특정 자원을 사용하면서 느낀 소감이나 개선점을 피드백으로 받아 더 나은 자원을 제공하도록 한다. 이를 통해 학습자가 최신 정보를 바탕으로 학습할 수 있도록 한다.

일곱 번째로, 지속적인 지원은 자원 연계 과정이 한 번에 끝나는 것이 아니라 지속적으로 이루어져야 한다는 것을 의미한다. 상담사는 학습자가 목표를 달성할 때까지 지속적으로 지원하고, 필요한 경우 새로운 자원을 제공하거나 기존 자원을 재평가한다. 지속적인 지원을 통해 학습자는 학습 과정에서 겪는 어려움을 극복하고, 목표를 달성할 수 있다.

이러한 자원 연계 과정을 통해 성인 학습자는 학습 목표를 효율적으로 달성하고, 자신의 학습 여정을 더욱 의미 있게 이어갈 수 있다. 상담사의 역할은 이러한 자원 연계 과정을 지원하고, 학습자가 필요한 자원을 적절하게 활용할 수 있도록 돕는 것이다.

제2절 성인학습 상담의 한계

성인 학습자는 개인적, 사회적, 경제적 상황이 다양해 상담의 효과가 일정하지 않다. 또한, 자신의 문제를 모르거나 상담에 부정적이어서 기회를 잃기도 한다. 성인 학습 상담의 전문성 부족으로 인해 인력난이나 상담자의 역량 미달 시

성인 학습자의 학습을 제대로 지원하지 못하고, 일상생활로 인해 지속적인 상담 참여가 어려워 효과 감소나 중단이 발생하기도 한다. 아울러 성인 학습 상담의 평가와 피드백이 어려워 상담의 질을 개선하기 힘들다는 점도 한계다. 그러므로 성인 학습 상담의 전문성을 높이고, 성인 학습자 맞춤형 상담을 제공하며, 상담의 지속성을 확보하고, 평가 및 피드백을 강화하는 등의 노력이 요구된다.

(1) 제한된 시간 및 자원

성인 학습자는 바쁜 일상생활로 인해 학습에 들일 수 있는 시간이 부족하거나, 경제적 사정으로 학습에 필요한 자원을 충분히 갖추지 못하는 경우가 많다. 예를 들어, 성인 학습자가 직장에서 일하는 경우 업무 시간과 학습 시간을 병행하기 어려울 수 있다. 또한, 경제적 여유가 부족하면 학습에 필요한 교재나 강의료 등을 마련하기 어려울 수 있다. 이러한 상황에서는 학습 계획을 세우고 실행하는 데 어려움을 겪을 수 있으며, 학습 성과에도 부정적인 영향을 미칠 수 있다.

이러한 문제를 해결하기 위해서는 시간 관리와 자원 활용 능력을 키우는 것이 중요하다. 예를 들어, 시간을 효율적으로 관리하기 위해 시간표를 작성하고, 우선순위를 정해 일정을 조정하는 것이 좋다. 또한, 자원을 최대한 활용하기 위해 주변 사람들의 도움을 받거나, 온라인 학습 플랫폼 등을 활용하는 것도 유용하다.

또한, 학습에 대한 동기를 부여하고 꾸준히 학습을 이어나갈 수 있도록 지원하는 것이 중요하다. 이를 위해 학습 목표를 설정하고 이를 달성할 계획을 세우는 것을 도와주며, 학습에 대한 피드백을 제공하고 개선 방안을 제시하는 것도 도움이 된다. 마지막으로, 학습에 관한 정보를 제공하고 필요한 지원을 받을 수 있는 곳을 안내하는 것도 중요하다. 이를 위해 교육 기관이나 온라인 커뮤니티 등을 소개하고, 적극적인 참여를 유도하는 것이 좋다.

(2) 낙인

성인 학습자가 상담받는 것에 대해 부정적 인식을 갖거나, 상담이 자기 이미

지나 경력에 나쁜 영향을 줄 것이라 여기는 상황이 있을 수 있다. 예컨대, 성인 학습자가 직장에서 승진을 앞둔 상황에서 상담받는 것이 동료들에게 업무 능력이나 역량이 부족하다는 신호로 보일 수 있다고 생각할 수 있다. 이러한 인식은 성인 학습자가 상담을 받는 것을 망설이게 하고, 필요한 지원을 받지 못하게 할 수 있다.

또한, 성인 학습자가 개인적인 문제나 약점을 드러내는 데 두려움을 느끼면, 상담받는 것이 사생활이나 자존심을 해친다고 느낄 수 있다. 이는 성인 학습자가 상담을 꺼리게 만들어 상담 효과를 낮출 수 있다.

이러한 문제를 해결하기 위해서는 성인 학습자들에게 상담이 부끄러운 일이 아니며 누구나 도움을 받을 수 있다는 점을 알리는 것이 중요하다. 또한 상담 과정에서 성인 학습자의 개인정보를 철저히 보호하고, 상담 결과가 외부로 유출되지 않도록 관리하는 것이 필요하다.

마지막으로, 성인 학습자가 상담이 자신의 성장과 발전에 도움이 된다는 것을 깨닫고 적극적으로 참여할 수 있도록 이끄는 것이 중요하다. 이를 위해 성인 학습자에게 상담의 목적과 효과를 명확히 설명하고, 상담 과정에서 자신의 의견을 자유롭게 표현할 수 있는 환경을 조성하는 것이 필요하다.

(3) 모든 것에 적용되는 단일 접근 방식

성인 학습 상담의 한계 중 하나는 모든 상황에 적용되는 획일적 접근법이 없다는 점이다. 성인은 각기 다른 경험, 성격, 가치관을 가지고 있어 상담법 역시 개인별로 맞춰져야 한다. 하지만 일부 상담사들은 모든 성인에게 똑같은 상담법을 적용하려 한다. 이는 성인 학습자의 특성을 고려하지 않은 것이기에 상담 효과가 줄어들 수 있다.

예를 들어, 어떤 성인은 스스로 학습하는 것을 좋아하는 반면, 다른 성인은 남의 도움을 필요로 한다. 또한, 어떤 성인은 빠른 결과를 원하지만, 다른 성인은 천천히 배우기를 원할 수도 있다. 이러한 차이를 무시하고 모든 성인에게 똑같은 상담법을 적용하면 학습자의 만족도와 상담 효과가 떨어질 수 있다.

따라서 성인 학습 상담에서는 개인별 특성을 고려한 맞춤형 상담이 필요하다. 상담사는 학습자의 특성을 이해하고, 그에 맞는 방법을 선택해야 한다. 상담사는 학습자와 소통하며 의견을 듣고, 상담법을 조정하거나 보완해야 한다. 유연한 대처 능력도 필요하다. 학습자는 예기치 못한 상황에 직면할 수 있으며, 이때 상담사는 빠르게 대응하고 적절한 해결책을 제시해야 한다. 이를 위해 상담사는 다양한 경험과 지식을 쌓고, 상황에 맞는 대처법을 선택해야 한다.

마지막으로, 성인 학습 상담에서는 꾸준한 관심과 지원이 필요하다. 성인 학습자는 목표를 이루기 위해 오랜 시간 노력해야 하며, 상담사는 지속적으로 관심을 가지며 지원해야 한다. 상담사는 학습자와 긴밀한 관계를 유지하고, 변화와 성장을 지켜보며 필요한 조언과 격려를 제공해야 한다.

(4) 전문성 부족

성인 학습 상담은 성인의 복잡한 요구와 상황을 헤아려 적절한 지원을 하는 것이 중요하다. 하지만 일부 상담사들은 성인 학습에 관한 충분한 지식과 경험이 부족해 효과적인 상담을 제공하지 못할 수 있다. 예컨대, 상담사가 성인 학습의 이론과 실제에 대한 지식이 부족하면 성인 학습자의 요구를 정확히 파악하지 못하고 부적절한 조언을 할 수 있다. 이는 성인 학습자의 학습 성과를 저해하고 상담에 대한 신뢰를 떨어뜨릴 수 있다. 또한, 상담사가 성인의 심리적, 사회적, 경제적 요인 등을 고려하지 않으면 성인 학습자의 전반적인 상황을 이해하지 못하고 적절한 지원을 제공하지 못할 수 있다. 이는 성인 학습자의 학습 동기를 약화시키고 상담에 대한 만족도를 낮출 수 있다.

상담사의 전문성 부족 문제를 해결하려면 상담 교육과 훈련을 강화하고 지속적인 연구와 개발을 통해 상담 기술을 향상시켜야 한다. 또한, 상담사는 성인 학습자와 소통해 그들의 요구와 상황을 이해하고 이에 맞는 적절한 지원을 제공해야 한다. 이렇게 하면 성인 학습자의 학습 성과를 향상시키고 상담에 대한 신뢰와 만족도를 높일 수 있다.

(5) 문화적, 언어적 장벽

성인 학습자는 다양한 문화적, 언어적 배경을 지니고 있어, 이는 상담 과정에서 의사소통의 어려움을 일으킬 수 있다. 예를 들어, 상담사가 특정 문화나 언어에 대한 이해가 부족하면 성인 학습자의 배경을 충분히 고려하지 않고 상담을 진행할 수 있다. 이러면 학습자가 상담 내용을 올바르게 이해하지 못해 상담 효과가 낮아질 수 있다. 또한, 성인 학습자가 자신의 문화적, 언어적 배경을 숨김없이 드러내지 않으면 상담사가 학습자의 상황을 정확히 파악하지 못해 상담 효과가 떨어질 수 있다.

문화적, 언어적 장벽을 극복하려면 상담사가 다양한 문화적, 언어적 배경을 이해하고, 그에 맞는 상담법을 사용하는 것이 중요하다. 예를 들어, 상담사는 학습자의 언어 수준을 고려해 쉬운 표현을 사용하고, 문화적 배경을 반영한 사례를 들어야 한다. 또한, 상담사는 성인 학습자가 자신의 배경을 자유롭게 드러낼 수 있는 분위기를 조성하고, 그들의 의견을 존중해야 한다.

또한, 상담사는 성인 학습자에게 문화적, 언어적 지원을 제공할 수 있는 자원을 안내해야 한다. 예를 들어, 다문화 센터나 통역 서비스를 추천하고, 필요한 경우 통역을 제공할 수 있다. 이렇게 함으로써 학습자는 상담에 더 활발히 참여하고, 상담 효과를 높일 수 있다.

(6) 변화에 대한 저항

성인은 어린이나 청소년과 달리, 이미 자신의 삶에 대한 일정한 틀과 습관을 갖추고 있다. 그러므로 새로운 학습법이나 습관을 받아들이기 쉽지 않을 수 있다. 예를 들어, 성인 학습자가 새로운 학습법을 시도하려 할 때, 기존의 습관이나 방식에 익숙해져 새로운 방법을 받아들이기 어려울 수 있다. 이는 성인 학습자의 학습 동기를 줄이고, 학습 성과를 낮출 수 있다. 또한, 성인 학습자가 변화에 대한 두려움을 가질 수도 있다. 이는 새로운 학습법이나 습관을 들이는 것이 자신의 능력이나 경력에 부정적인 영향을 미칠 것이라고 생각하기 때문이다. 이는 성인 학습자의 학습 열의를 저하시킬 수 있다.

변화에 대한 저항을 극복하려면 성인 학습자에게 변화의 필요성과 이점을 알리고, 그들의 불안감을 해소하는 것이 중요하다. 또한, 성인 학습자에게 작은 변화부터 시작하여 점차 큰 변화를 이루도록 격려하고, 그들의 성공 경험을 칭찬하고 인정하는 것이 필요하다. 상담사는 성인 학습자의 변화를 돕고, 그들의 학습을 지원하는 역할을 해야 한다. 이를 위해 상담사는 성인 학습자의 요구와 상황을 이해하고, 그에 맞는 적절한 지원을 제공해야 한다. 이를 통해 성인 학습자는 자신의 학습 성과를 높이고, 삶을 더욱 풍요롭게 만들 수 있다.

(7) 개인 정보 보호 문제

성인 학습 상담에서는 개인의 민감한 정보가 다루어질 수 있기 때문에, 개인 정보 보호가 매우 중요하다. 그러나 일부 상담사들은 개인정보 보호에 대한 인식이 부족하거나, 개인정보를 부주의하게 다루는 경우가 있다. 예를 들어, 상담사가 성인 학습자의 개인정보를 다른 사람에게 유출하거나, 무단으로 수집하거나, 부적절하게 사용하는 경우가 있을 수 있다. 이는 성인 학습자의 사생활을 침해하고, 상담에 대한 신뢰를 떨어뜨릴 수 있다.

개인정보 보호 문제를 해결하기 위해서는 상담사가 개인정보 보호에 대한 인식을 높이고, 개인정보 보호법을 준수해야 한다. 또한, 상담사는 성인 학습자의 개인정보를 안전하게 보관하고, 필요한 경우에만 사용해야 한다. 상담사는 성인 학습자에게 개인정보 보호에 대한 동의를 받아야 하며, 개인정보 보호에 대한 교육을 제공해야 한다.

또한, 성인 학습자도 자신의 개인정보를 보호하기 위해 적극적으로 노력해야 한다. 자신의 개인정보를 상담사에게 제공할 때 신중하게 판단하고, 개인정보 보호에 대한 동의를 확인해야 한다. 상담사와의 대화 내용을 녹음하거나 기록하는 것은 법적인 문제가 될 수 있으므로, 상담사의 동의 없이는 하지 않는 것이 좋다.

(8) 제한된 가용성과 재정적 장벽

성인 학습자가 상담 서비스를 이용할 기회가 한정되어 있다는 의미이다. 예를 들어, 성인 학습자가 상담 서비스를 받으려 해도, 지역이나 시간 등의 제약으로 인해 서비스를 이용하기 어려운 경우가 있다. 또한 상담 서비스 비용이 비싸서 성인 학습자가 이용하기 어려운 경우도 있다. 이러한 상황에서는 성인 학습자가 자신의 문제를 해결하고, 학습을 이어나가는 데 어려움을 겪을 수 있다.

이러한 접근성 문제를 해결하기 위해서는 상담 서비스의 접근성을 높여야 한다. 이를 위해 지역별로 서비스를 확장하고, 이용 시간을 늘리는 등의 노력이 필요하다. 또한 서비스 비용을 낮추거나 무료로 제공하는 방법도 고려할 수 있다. 성인 학습자가 상담 서비스를 편리하게 이용할 수 있도록 온라인 상담 서비스나 모바일 앱 등을 도입하는 것도 좋은 방법이다. 이를 통해 성인 학습자는 언제든지 쉽게 서비스를 이용할 수 있다.

마지막으로, 성인 학습자가 상담 서비스를 이용할 때, 상담사의 전문성과 자격을 확인하는 것이 중요하다. 이를 통해 성인 학습자는 자신의 문제를 해결하고, 학습을 이어나가는 데 필요한 도움을 받을 수 있다.

(9) 후속 조치 부족

성인학습 상담에서는 초기 상담 후 지속적인 모니터링이 중요하다. 하지만 후속 조치가 미흡하면 학습자가 정해 놓은 목표를 제대로 따르고 있는지, 학습 과정에서 생기는 문제를 제때 해결할 수 있는지 알기 어렵다. 이는 학습자가 자신이 옳은 방향으로 가고 있는지 확신하지 못하게 만들고, 쉽게 동기를 잃을 수 있다. 후속 조치를 통해 학습자의 개별적인 요구와 상황에 맞는 지원이 이뤄져야 한다. 하지만 후속 조치가 미흡하면 학습자가 필요로 하는 구체적인 도움을 받기 어렵다. 이는 학습자가 자신의 학습 경험을 최적화하는 데 걸림돌이 될 수 있다.

학습 과정에서 정기적인 성과 평가와 피드백은 매우 중요하다. 후속 조치가 없으면 학습자는 자신의 학습 성과를 객관적으로 평가받지 못하고, 개선점을 찾기 어렵다. 이는 학습 효율성을 떨어뜨릴 수 있다. 지속적인 후속 조치는 학습자가 장기적으로 학습을 이어가게끔 동기를 부여하는 데 중요한 역할을 한다. 후속 조치가 없으면 학습자는 상담사가 자신의 학습에 관심이 없다고 느낄 수 있다. 이는 상담사와 학습자 간의 신뢰 관계를 낮추고, 학습자는 상담사의 지도를 따르는 데 수동적이 될 수 있다.

이러한 한계를 극복하려면 성인학습 상담사가 학습자와 꾸준히 소통하고, 정기적인 점검과 피드백을 제공하며, 개인 맞춤형 지원을 강화하는 노력이 필요하다. 이를 통해 성인학습자가 자신의 목표를 더 효과적으로 달성할 수 있도록 도울 수 있다.

(10) 의존성 위험

상담받는 성인학습자가 상담사에게 지나치게 의존하게 되어 자율적 학습 능력이 떨어질 위험이 있다. 성인학습자가 자신의 학습 과정과 목표 설정에서 자주성을 잃으면, 계속해서 자기 주도적 학습 능력을 기르기 어렵다. 이는 학습자가 문제 해결 능력을 키우는 데 장애가 될 수 있다. 상담사가 지속적으로 지침과 방향을 제공하면, 학습자는 내면의 동기를 찾고 유지하는 데 어려움을 겪을 수 있다. 이는 학습자가 스스로 공부할 때보다 더 빨리 포기하거나 지루함을 느끼게 만들 수 있다.

또한, 학습자가 상담사에게 지나치게 의존하면, 상담이 끝난 뒤에도 독립적으로 학습을 이어가기 어려울 수 있다. 이는 학습자가 자기 주도적 학습으로 더 큰 성과를 이루는 데 필요한 능력을 갖추지 못하게 할 수 있다. 상담 과정에서 학습자가 문제를 해결하고 목표를 이루는 능력에 대한 신뢰를 쌓지 못하면, 자기 효능감이 떨어진다. 이는 학습자가 새로운 도전 과제에 직면했을 때 자신감을 가지고 대처하는 능력을 저하시킬 수 있다. 의존성 위험이 커지면 단기적으로는 성과를 낼 수 있지만, 장기적으로는 학습자가 독립적으로 학습할 수 있는 능력을 키우는 데 한계가 생긴다.

이러한 한계를 극복하려면 상담사가 학습자에게 자주성과 책임감을 부여하고, 스스로 목표를 설정하고 달성할 수 있도록 격려하는 것이 중요하다. 또한, 학습자의 내재적 동기를 북돋우고, 자율적 문제 해결 능력을 키우는 데 주력해야 한다.

제3절 외국의 성인학습 상담

성인학습 상담은 성인들이 새로운 기술을 배우고 자기계발을 위해 다양한 방법을 제공하는 것을 목표로 한다. 여러 나라에서는 성인학습을 장려하기 위해 다양한 프로그램과 상담을 제공하고 있다.

예를 들어, 미국에서는 성인학습을 위한 다양한 온라인 코스와 워크숍이 있으며, 독일에서는 성인학습을 지원하기 위한 공공 기관과 비영리 단체가 활발히 활동하고 있다. 일본에서는 성인학습을 위한 다양한 교육 프로그램과 자기계발 관련 서비스가 제공되고 있다.

이 외에도 캐나다, 영국, 오스트레일리아 등에서도 성인학습 상담과 관련된 다양한 프로그램이 운영되고 있다.

(1) 미국

미국에서는 성인학습 상담을 통해 성인들이 새로운 기술을 배우거나 진로를 변경하며, 자신의 경력을 개발할 수 있도록 다양한 지원을 제공하고 있다. 이 상담은 주로 직업 전환이나 진로 탐색을 고려하는 성인들에게 매우 유용하다. 상담을 통해 자기 분석, 진로 탐색, 기술 습득 등 개인의 발전을 위한 맞춤형 지원이 이루어진다.

미국에서는 대학, 커뮤니티 칼리지, 고용 지원 기관, 민간 기업 등 여러 기관에서 성인학습 상담 서비스를 제공하고 있다. 대표적으로 미국 국민연금(National Career Service)과 미국 교육부(US Department of Education)와 같은 정부 기관도 성인 대상 상담과 교육 프로그램을 운영한다.

① CareerOneStop(https://www.careeronestop.org/)

CareerOneStop은 미국 내 성인을 대상으로 직업 탐색, 교육, 훈련 정보를 제공하는 종합적인 웹사이트이다. 이 플랫폼은 무료로 사용할 수 있는 다양한 도구를 제공하여 개인의 직업 계획 및 경로 설정을 돕는다. 또한, 직업 정보, 훈련 프로그램, 경력 개발 자료 등을 통해 성인 학습자들이 취업 목표를 달성할 수 있도록 지원한다.

② American Job Center Network (https://www.dol.gov/general/topic/training/onestop)

American Job Centers는 미국 전역에 걸쳐 직업 상담, 교육, 훈련 프로그램 등을 제공하는 종합적인 직업 지원 시스템이다. 이 시스템은 Workforce Innovation and Opportunity Act(WIOA)에 따라 설립되었으며, Employment and Training Administration(ETA)에 의해 조정된다. 직업 탐색, 훈련 프로그램, 경력 개발 정보를 제공하며, 이를 통해 성인 학습자의 직업 및 경력 목표 달성을 돕는다.

③ Goodwill Industries International(https://www.goodwill.org/)

Goodwill Industries는 직업 상담, 교육, 훈련 프로그램을 제공하는 비영리 기관으로, 사람들의 삶의 질 향상과 경력 개발을 목표로 한다. 기부받은 물품의 판매를 통해 운영 자금을 조달하며, 이를 바탕으로 직업 훈련과 경력 개발 프로그램을 운영한다. 또한, 온라인 학습 플랫폼과 직업 자료를 통해 사람들이 새로운 기술을 익히고 고용 가능성을 높일 수 있도록 지원한다.

(2) 캐나다

캐나다에서는 성인들이 새로운 기술을 배우거나 진로를 탐색하고 변경하며, 개인 경력을 개발할 수 있도록 다양한 성인학습 상담 프로그램과 서비스를 운영하고 있다. 이러한 상담은 성인의 교육적 및 직업적 목표를 지원하기 위해 설계되었으며, 정부, 지역 사회 기관, 비영리 단체 등이 이를 주도하고 있다.

캐나다에서 대표적인 성인학습 상담 서비스로는 Career Cruising과 같은 디지털 플랫폼이 있다. 이 플랫폼은 사용자가 자신의 적성과 관심사를 평가하고, 이를 기반으로 적합한 진로를 탐색할 수 있는 도구를 제공한다. 이러한 자원은 직업 전환을 고려하거나 교육 경로를 설정하고자 하는 성인들에게 유용하다.

지역적으로는 온타리오 성인학습센터와 같은 기관들이 성인을 대상으로 진로 변경, 교육 계획 수립, 기술 향상 등을 지원하는 다양한 프로그램을 운영한다. 이러한 센터들은 개별화된 상담을 통해 학습자의 필요에 맞춘 교육 및 훈련 기회를 제공하며, 성인의 교육 참여를 촉진한다.

캐나다 정부도 성인학습 상담에 대한 지원을 제공하고 있다. 캐나다 교육부는 성인들이 더 나은 교육 및 직업 기회를 탐색할 수 있도록 다양한 프로그램과 자원을 마련하고, 성인학습 상담을 통해 경력 개발과 직업 전환을 지원한다.

① 캐나다교육연구소(The Canadian Education and Research Institute, CERIC. https://ceric.ca/about/)

캐나다교육연구소(CERIC)는 교육, 연구, 진로 상담 및 개발을 증진하는 데 초점을 맞추고 있다. 혁신적인 프로젝트에 자금을 지원하며, 캐나다 최대의 진로 개발 컨퍼런스인 Cannexus를 주최하고, 캐나다 진로 개발 저널을 발행하여 관련 지식을 공유한다.

CERIC이라는 이름의 유래는 Canadian Education and Research Institute for Counselling의 약자입니다. 그러나 경력 개발의 범위가 상담 등을 포함한다는 것을 인식하고, 이 기관은 CERIC을 이름으로 채택하고 목적과 영향을 전달하기 위해 “Advancing Career Development in Canada”라는 설명어를 추가했습니다.

② 캐나다 성인교육협회(Canadian Association for the Study of Adult Education, https://www.casae-aceea.ca/)

캐나다 성인교육협회는 성인 교육과 연구를 촉진하며, 성인학습 상담을 포함한 다양한 프로그램을 제공한다. 특히, 성인 교육에 관심 있는 학생, 교수, 연구자, 실무자, 정책 입안자들에게 지원 네트워크를 제공하고, 온라인 워크숍과 커뮤니티 이벤트를 통해 성인 교육 관련 지식과 정보를 공유한다.

③ 캐나다 교육훈련개발협회(CSTD, https://www.cstd.ca/)

캐나다 교육훈련개발협회(CSTD)는 교육훈련 및 인적자원개발 분야에 전념하는 캐나다 최대의 비영리 회원 협회이다.

캐나다 교육훈련개발협회(CSTD)는 성인 학습 및 교육 훈련 개발을 전문으로 하는 기관이다. 이 협회는 성인 학습자들이 직업적 목표를 달성하고, 개인적 성장과 발전을 이루도록 돕기 위해 다양한 교육 프로그램과 상담 서비스를 제공한다. CSTD는 교육 전문가와 협력하여 최신 교육 방법론과 기술을 적용한 맞춤형 학습 솔루션을 제공하며, 성인 학습자들이 효과적으로 학습할 수 있도록 지원한다.

캐나다의 성인학습 상담 프로그램은 단순한 정보 제공에 그치지 않고, 직업

상담, 교육 및 훈련 프로그램을 포괄한다. 이를 통해 성인들은 자신의 경력을 발전시키고, 삶의 질을 향상시킬 수 있는 실질적인 도움을 받을 수 있다.

(3) 독일

독일에서는 성인학습 상담이 주로 성인들이 새로운 기술을 배우거나, 진로를 변경하며, 전문성을 강화할 수 있도록 지원하는 데 초점을 맞추고 있다. 이러한 상담은 직업적 성장과 평생 학습을 지원하기 위한 체계적인 접근 방식으로 이루어진다.

Berufliche Weiterbildung(직업적 성장) 프로그램은 성인들이 새로운 직업 기술을 익히거나 기존 역할에서의 역량을 강화하도록 돕는다. 직업적 성장을 위한 다양한 훈련 과정을 통해 성인 학습자들이 직업 전환이나 경력 개발 목표를 달성할 수 있다.

① Bildungszentrum für Berufliche Bildung(BBZ, https://www.bbzsl.de/)

BBZ는 직업 교육 및 훈련의 중심지로, 다양한 직업 교육 프로그램과 전문 지식 강화를 위한 훈련 과정을 제공한다. 예비 직업인을 위한 기본 훈련과 기존 직업인의 역량 강화를 위한 전문 교육을 포함한다. 현대적인 시설과 장비를 갖춘 학습 환경이 특징이다.

② Volkshochschulen(VHS, https://www.volkshochschule.de/)

독일 전역에 분포한 이 기관은 성인 학습자를 위한 공공 교육 기관이다. VHS는 언어, 기술, 예술, 건강 등 다양한 분야의 프로그램을 제공하며, 평생 학습을 촉진하기 위해 온라인 및 오프라인 학습을 모두 지원한다. 무료 혹은 저렴한 비용으로 코스를 제공하며, 개인의 경력 개발과 자기 계발을 돕는다.

③ Berufsinformationszentrum(BiZ, https://www.arbeitsagentur.de/bildung/berufsinformationszentrum-biz)

독일의 Berufsinformationszentrum(BIZ)은 직업 정보 센터로, 독일연방공화국 내의 다양한 지역에 약 400여 개의 센터가 운영되고 있다. 이 기관은 구직자와 기업에게 다양한 서비스를 제공한다. 구직자는 직업 상담, 이력서 작성 지원, 취업 알선, 직업 훈련 정보 제공 등의 도움을 받을 수 있고, 기업은 인재 발굴, 채용 공고 게시, 직업 훈련 프로그램 안내 등의 혜택을 얻는다.

BIZ는 노동 시장의 변화에 맞춰 지속적으로 직업 정보를 수집하고 분석하여 구직자와 기업에게 유용한 정보를 제공함으로써 독일의 경제 발전과 사회 안정에 기여하고 있다.

독일의 성인학습 상담 시스템은 체계적이고 통합적인 접근 방식을 통해 성인 학습자들에게 교육과 경력 개발 기회를 제공한다. 이를 통해 학습자들은 지속적인 기술 향상과 개인의 목표 달성을 이루는 데 필요한 자원을 효과적으로 활용할 수 있다.

(4) 일본

일본에서는 성인학습 상담을 통해 성인들이 필요로 하는 지식과 기술을 습득하여 개인적 목표를 달성할 수 있도록 지원하고 있다. 이 상담은 고령자, 재취업 희망자, 새로운 직업을 찾고 있는 사람들에게 특히 유용하며, 지역사회와의 협력을 통해 다양한 교육 자원과 프로그램을 제공한다. 이를 통해 성인의 학습 및 경력 개발을 촉진하고 사회적 참여를 장려한다.

① 코민칸(Kominkan, 公民館 또는 시민 공회당은 일종의 일본 문화센터 https://kominkan.or.jp)

코민칸(Kominkan)은 일본의 지역사회 교육 센터로, 성인학습과 평생교육을 지원하는 중요한 역할을 한다. 코민칸에서는 다양한 성인 학습 프로그램과 상담 서비스를 제공하여 지역 주민들이 지속적으로 학습하고 성장할 수 있도록 돕는다. 주요 활동으로는 취미 활동, 문화 활동, 건강 관리, 직업 훈련 등이 포함된다.

코민칸의 성인학습 상담은 개인의 학습 목표와 필요에 맞춘 맞춤형 상담을 제공하여, 학습자가 자신의 학습 계획을 세우고 실천할 수 있도록 지원한다. 이를 통해 학습자는 자신의 능력을 개발하고, 사회적 참여를 증진하며, 개인적인 성취감을 얻을 수 있다. (https://unesdoc.unesco.org/ ark:/48223/pf0000206381)

② 시민 대학(Citizens' Universities)

시민 대학(Citizens' Universities)은 일본 전역에 약 150개가 있으며, 비공식 교육 기관으로 다양한 강좌를 정기적으로 제공한다. 시민 대학은 모든 연령대의 시민들이 참여할 수 있는 여러 장르의 강의 중심 프로그램을 제공한다. 이들의 이름은 시립 대학, 커뮤니티 칼리지, 시민 아카데미, 시민 학원, 퀴즈 대학, 커뮤니티 대학, 자유 대학 등 다양하다. 일부는 지방 정부에 의해 조직되지만, 많은 경우 시민들이 직접 운영한다.

③ 노인 대학(Senior Citizens' Colleges)

노인 대학(Senior Citizens' Colleges)은 주로 고령자를 대상으로 한 교육 기관으로, 다양한 학습 기회와 사회적 참여를 촉진하는 프로그램을 제공한다. 이 대학들은 고령자들이 새로운 기술을 배우고, 사회적 네트워크를 확장하며, 건강한 생활을 유지할 수 있도록 돕는다. 주요 활동으로는 취미 활동, 문화 활동, 건강 관리, 직업 훈련 등이 포함된다. (일본 오사카부고령자대학교, 일본 오사카 노인클럽 노인대학)

④ 일본 평생학습협회(Japan Lifelong Learning Association)

일본 평생학습협회(JLLA)는 일본에서 평생 학습을 촉진하고 지원하는 주요 단체 중 하나이다. 이 협회는 다양한 평생 학습 프로그램을 개발하고, 성인 학습자들에게 학습 기회를 제공하며, 지역 사회와 협력하여 학습 문화를 확산시키는 역할을 한다. JLLA는 교육, 문화, 스포츠, 취미, 자원봉사 활동 등 다양한 분야에서 학습 기회를 제공하며, 이를 통해 개인의 성장과 사회적 참여를 촉진한다.

JLLA의 주요 활동은 평생 학습 프로그램 개발 및 제공, 성인 학습자들을 위한 학습 상담 및 지원, 지역 사회와의 협력 및 네트워크 구축, 학습 성과 평가 및 인증 등이 있다.

⑤ 일본 성인교육협회(Japan Association for Adult Education)

일본 성인교육협회(JAAE)는 일본에서 성인 교육의 발전과 보급을 위해 활동하는 주요 단체 중 하나이다. 이 협회는 성인 학습자들에게 다양한 학습 기회를 제공하고, 성인 교육의 중요성을 알리며, 관련 연구와 정책 개발을 지원한다.

JAAE는 교육자, 연구자, 정책 입안자, 그리고 성인 학습자들 간의 네트워크를 구축하여 성인 교육의 질을 향상시키고, 평생 학습 문화를 확산시키는 데 기여하고 있다.

JAAE의 주요 활동은 성인 교육 프로그램 개발 및 제공, 성인 학습자들을 위한 학습 상담 및 지원, 성인 교육 관련 연구 및 출판, 성인 교육 정책 개발 및 제안, 성인 교육자와 학습자 간의 네트워크 구축 및 협력 등이 있다. 일본의 성인학습 상담은 지역사회 기반의 학습 지원 체계와 공공 및 민간 협력 네트워크를 통해 성인의 학습과 경력 개발을 촉진한다. 이처럼 다양한 프로그램과 기관의 활동은 일본의 성인들이 평생 학습의 기회를 활용하고, 사회적 및 개인적 발전을 이루는 데 기여하고 있다.

(5) 스웨덴

스웨덴에서는 성인학습 상담을 통해 성인들이 지속적으로 교육과 훈련을 받을 수 있도록 지원하고 있다. 이 상담은 주로 직업 전환, 새로운 역할 탐색, 자기계발 및 경력 개발을 목적으로 한다. 성인학습 상담은 다양한 공공기관, 대학, 고등학교 등에서 제공되며, 대부분 무료이거나 저렴한 비용으로 이용할 수 있어 접근성이 높다. 이를 통해 성인들은 새로운 기술을 익히고, 경력을 발전시키며, 삶의 질을 향상시키는 기회를 얻고 있다.

① Arbetsförmedlingen(Swedish Public Employment Service, https://arbetsformedlingen.se/other-languages/english-engelska/find-your-new-job-in-sweden)

Arbetsförmedlingen은 스웨덴의 주요 공공 고용 서비스 기관으로, 직업 상담, 교육 및 훈련 프로그램, 경력 개발 지원을 제공한다. 이 기관은 구직자들이 직업을 찾거나 경력을 전환하는 데 필요한 자원과 조언을 제공하며, 개인의 강점과 목표에 맞춘 맞춤형 상담을 통해 성공적인 취업을 돕는다.

② Komvux(Municipal Adult Education, https://utbildningsguiden.skolverket.se/languages/english-engelska/komvux)

Komvux는 스웨덴의 성인들을 위한 대표적인 교육 기관으로, 다양한 학습 프로그램과 직업 훈련을 제공한다. 고등학교 수준의 재교육을 포함해 기술 개발과 새로운 지식 습득을 지원하며, 학업 목표 달성과 직업 시장 경쟁력을 높이기 위해 설계된 프로그램을 운영한다.

③ Folkuniversitetet(https://www.folkuniversitetet.se/)

Folkuniversitetet은 성인교육을 전문으로 하는 비영리 교육 기관으로, 예술, 언어, 과학, 기술 등 다양한 분야의 학습 프로그램을 제공한다. 이 기관은 학습자들에게 실용적인 지식과 기술을 제공하여 학업 및 직업 목표를 달성하도록 돕는다. 또한, 평생학습 철학을 바탕으로 폭넓은 주제의 교육을 지원한다.

스웨덴의 성인학습 상담은 개인의 학습 및 경력 개발에 중점을 두며, 공공 기관과 지역 커뮤니티를 통해 접근성을 높이고 있다. 이를 통해 성인들이 변화하는 사회와 직업 환경에 대응할 수 있는 지식과 기술을 습득할 수 있도록 돕는다.

(6) 영국

영국의 성인학습 상담은 성인들이 지속적으로 교육과 훈련을 받으며 경력을 개발할 수 있도록 돕는다. 이 상담은 직업 전환, 진로 탐색, 자기계발 등을 주요 목적으로 하며, 성격 검사, 직업 적합성 분석, 기술 평가 등의 과정을 포함한다. 성인학습 상담은 주요 공공기관, 커리어 센터, 대학의 성인학습 부서 등을 통해 이루어지며, 개인 맞춤형 상담과 실용적 자원을 제공한다.

① National Careers Service
(NCS, https://nationalcareers.service.gov.uk/)

NCS는 영국 전역에서 성인들에게 진로 상담과 교육 기회를 제공하는 대표적인 기관이다. 이 기관은 온라인, 전화, 대면 상담을 포함한 다양한 방식을 통해 성인 학습자들을 지원한다. 주요 서비스는 다음과 같다.

• 직업 조언: 경력 전환 및 목표 설정을 위한 개인 맞춤형 가이드
• 기술 평가: 개인의 강점과 직업 적합성을 분석하여 알맞은 직업 옵션 제안
• 과정 검색: 기술 개발을 위한 교육 및 훈련 프로그램 안내
• 직업 프로필 제공: 다양한 직업의 세부 정보 제공을 통해 진로 탐색 지원
• 상담사 연결: 전문 직업 상담사를 통한 맞춤형 지원 제공

② Careers Wales(https://careerswales.gov.wales/)

Careers Wales는 웨일스 지역에서 성인들에게 진로 상담과 직업 정보를 제공하는 공공 기관이다. 개인의 필요에 맞춘 상담 서비스와 교육 정보를 제공하며, 주요 서비스는 다음과 같다.

• 직업 계획: 경력 설계 및 다양한 직업 옵션 탐색 지원
• 직업 준비: 면접 준비, 신청서 작성 및 자기소개서 작성 지원
• 직업 정보 제공: 다양한 직업 관련 정보(급여, 진로, 수요 등)를 제공
• 직업 매칭 퀴즈: 기술과 관심사에 맞는 직업을 추천
• 교육 및 훈련 정보: 코스 검색 및 기술 개발 지원

③ Skills Development Scotland
(SDS, https://www.skillsdevelopmentscotland.co.uk/)

SDS는 스코틀랜드에서 성인 학습자들에게 직업 상담과 기술 훈련 프로그램을 제공하는 기관이다. 주요 서비스는 다음과 같다.

• 직업 관리 기술 개발: 경력 관리 및 목표 설정 교육
• 직업 훈련 및 연수 프로그램: 직업 관련 기술 개발 지원
• 기업 지원: 기업과 협력하여 기술 향상과 고용 기회 창출
• 직업 정보 및 상담: 직업 선택과 관련된 조언 제공

④ The Careers & Enterprise Company
(CEC, https://www.careersandenterprise.co.uk/)

CEC는 영국의 교육 기관과 기업을 연결하여 성인 및 청소년들에게 직업 교육과 진로 경험을 제공하는 국가 기관이다. 주요 활동은 다음과 같다.

- 직업 교육 질 향상: 개츠비 벤치마크(Gatsby Benchmark) 체계를 기반으로 직업 교육 개선
- 고용 기회 창출: 청소년 및 성인을 위한 고용 기회 제공
- 기업 협력 프로그램: 기업과 협력하여 진로 탐색 및 경력 개발 기회 제공
- 지역 경제 연결: 지역 경제 요구를 반영한 직업 교육 제공

영국의 성인학습 상담은 국가적 차원에서 체계적으로 운영되며, 다양한 공공 및 민간 기관이 협력하여 성인 학습자들에게 폭넓은 지원을 제공하고 있다. 이러한 상담은 경력 개발, 기술 향상, 새로운 진로 탐색 등 성인들의 삶의 질 향상에 중요한 역할을 한다.

(7) 오스트레일리아

오스트레일리아에서는 성인학습 상담을 제공하는 여러 기관과 프로그램이 있다. 이런 상담은 성인들이 새 기술을 배우고, 진로를 바꾸거나, 자기 계발을 하려고 할 때 필요한 지원을 받을 수 있게 돕는다.

예를 들어, TAFE(Technical and Further Education) 같은 기관은 다양한 직업 교육과 기술 훈련 프로그램을 제공한다. 또 Adult Learning Austraila(ALA) 같은 단체는 성인 학습을 촉진하는 활동을 지원한다.

TAFE(Technical and Further Education, https://en.wikipedia.org/wiki/Technical_and_further_education)는 오스트레일리아에서 전문적이고 추가 교육을 제공하는 기관이다. TAFE는 다양한 직업 교육 프로그램과 고급 교육 프로그램을 제공해서 학생들이 직업을 위한 기술과 기쁨을 키울 수 있게 돕는다. TAFE는 전문 교육과 기술 교육을 중심으로 다양한 분야에서 교육을 제공하며, 학생들이 실제 업무 환경에서 필요한 기술을 배울 수 있게 한다.

ALA(Adult Learning Austraila, https://ala.asn.au/)는 오스트레일리아의 성인 교육을 촉진하고 지원하는 비영리 단체다. ALA는 성인 교육의 중요성을 인식하고, 성인들이 학습 기회를 통해 자신의 능력을 키우고 삶의 질을 높일 수 있게 지원한다. ALA는 다양한 교육 프로그램과 자료를 제공해서 성인들이 꾸준히 학습할 수 있게 돕는다.

제4절 성인학습 상담의 발전 방향

(1) 성인학습 상담의 중점분야

성인 학습자는 아동·청소년과 달리, 자신의 경험과 지식을 토대로 학습하므로 자기 주도적 학습 능력 향상이 중요하다. 이에 따라 상담자는 학습자의 학습 목표·계획 수립과 학습 방법·전략 제시를 담당한다. 또한, 성인 학습자는 직업적 요구와 개인적 성장을 동시에 충족해야 하므로 맞춤형 학습 지원을 제공받는다.

코로나19 이후 성인 학습자의 비대면 학습 선호 경향이 커짐에 따라 화상, 전화, 이메일 상담 등 여러 비대면 상담 기법이 도입됐다. 문화 예술 분야 성인 학습자는 일반 성인 학습자와 다른 요구와 특성을 지니므로, 그에 적합한 상담 기법과 프로그램이 요구된다. 이에 따라 문화 예술 분야 성인 학습 상담 연구가 활발하다.

디지털 기술의 발달로 성인 학습자의 디지털 리터러시 중요성이 커지며, 이에 대한 교육 강화 연구가 진행 중이다. 코로나19 이후 원격 교육의 확대로 성인 학습 상담의 중요성이 부각되었으며, 원격 교육 환경에서의 성인 학습 상담 전략과 효과성 분석 연구가 수행되고 있다.

고령자와 장애인을 위한 성인 학습 상담에서는 신체적, 인지적, 사회적 제약을 고려한 학습 동기 부여와 학습 방법 안내 등의 전략이 연구되고 있다. 이러한 분야들은 성인 학습자의 요구와 특성을 고려한 맞춤형 학습 지원 제공에 큰 도움이 된다.

(2) 인공지능과 빅데이터 기반의 성인학습 상담 시스템 구축

정보통신 기술의 발전으로 인터넷에 대한 접근성과 활용성이 높아지면서 사람들은 다양한 분야에서 인터넷을 활용하기 시작했다. 이러한 움직임은 상담 및 심리치료 분야에서도 나타나기 시작했으며, 이 시기부터 인터넷을 기반으로 하는 온라인 심리치료가 본격적으로 개발되고 활용되기 시작했다. 국내에서도 비슷한 시기에 사이버 상담이라는 프로그램들이 개발되었고 그 효과가 검증되기 시작했다(이재영, 정영윤, 2001; 심혜숙, 이현진, 2003).

원격상담은 오래 전부터 제공되던 서비스로 최근에는 모바일 앱 기반 채팅상담과 화상상담이 새로운 상담 형태로 자리잡고 있다. AI 기능을 가진 로봇이 상담을 대신하는 상담 로봇은 아직 초기 단계로 여러 연구들이 시도되고 있다. 상담 매체로는 명상과 모의면접 프로그램이 대표적이며, 특수교육, PTSD 치료, 공포치료, 재활치료 등에 적용되는 VR을 어떻게 활용하고 접목할 것인가에 대한 검토가 필요하다(황매향, 황희산, 2020).

성인 학습 상담의 미래 발전 방향 중 하나로 주목받는 것이 인공지능(AI)과 빅데이터 기반의 성인 학습 상담 시스템 구축이다. 이 시스템은 기존의 인간 중심 상담에서 벗어나 기계가 학습자의 데이터를 분석하고 예측하여 보다 효율적이고 개인화된 상담을 제공하는 것을 목적으로 한다. 성인 학습자들은 각기 다른 배경과 학습 목표를 가지고 있어 맞춤형 상담이 필요하다. AI와 빅데이터 기반 상담 시스템은 학습자의 데이터를 분석하여 개인화된 학습 경로를 제시하고, 학습 성과를 예측함으로써 보다 효과적인 학습 지원을 제공한다. 이러한 시스템은 다음과 같은 장점을 지닌다.

- AI가 대량의 데이터를 처리해 빠르고 정확한 상담을 제공한다.
- 각 학습자의 특성에 맞춘 맞춤형 피드백을 제공한다.
- 언제 어디서든 접근 가능하며 지속적인 학습 지원이 가능하다.

사례

- 마이크로소프트의 'Learn Personalized': 마이크로소프트는 성인 학습자의 학습 패턴과 선호도를 분석해 개인화된 학습 경험을 제공하는 'Learn Personalized' 시스템을 개발했다. 이 시스템은 머신러닝 알고리즘을 사용하여 학습자의 학습 성과를 예측하고, 맞춤형 학습 콘텐츠와 코칭을 제공한다.
- 구글의 'Google Classroom': 구글은 'Google Classroom'이라는 플랫폼을 통해 교사와 학생들이 온라인으로 수업을 진행하고 과제를 관리할 수 있도록 지원한다. 이 플랫폼은 학습자의 학습 진행 상황을 추적하고, 학습자의

학습 패턴을 분석하여 맞춤형 피드백을 제공한다.

- 칸 아카데미의 'AI Personalized Learning Assistant': 칸 아카데미는 'AI Personalized Learning Assistant'를 통해 학습자의 학습 패턴과 선호도를 분석하여 개인화된 학습 경험을 제공한다. 이 시스템은 학습자의 학습 성과를 예측하고, 학습자의 학습 패턴을 분석하여 맞춤형 피드백을 제공한다.

AI와 빅데이터 기반 성인 학습 상담 시스템의 효과

- 개인화된 학습 지원: 학습자의 개별 요구에 맞춘 맞춤형 학습 경로와 피드백 제공
- 학습 성과 향상: 학습자의 학습 성과를 예측하고 개선할 수 있는 전략 제공
- 접근성 향상: 시간과 장소에 관계없이 학습 지원 제공
- 지속적인 피드백: 실시간으로 학습 진행 상황을 모니터링하고 피드백 제공

따라서 인공지능과 빅데이터 기반 성인 학습 상담 시스템 구축은 미래 성인 학습의 패러다임을 변화시키는 중요한 요소로 작용할 것이다. 이러한 시스템을 통해 학습자들은 보다 개인화되고 효율적인 학습 지원을 받아 학습 성과와 만족도를 크게 향상시킬 것이다. 주요 기업과 기관들의 사례를 통해 이러한 기술의 실질적인 효과를 이미 확인할 수 있으며, 앞으로 더욱 발전할 것으로 기대된다.

(3) 평생학습 사회 구현을 위한 성인학습 상담의 역할 강화

평생학습 사회란 개인이 생애 전반에 걸쳐 지속해서 학습하고 성장할 수 있는 환경을 뜻한다. 이런 사회를 구현하려면 성인 학습자들의 지속적인 학습과 성장을 지원하는 체계적인 상담이 필요하다. 성인 학습자들은 다양한 배경, 경험, 요구를 지닌다. 그러므로 개별 학습자의 특성에 맞춘 개인 맞춤형 학습 지원이 필요하다. 성인 학습 상담자는 학습자의 강점과 약점을 파악하고, 이에 기반을 둔 맞춤형 학습 계획을 수립해야 한다. 이를 통해 학습자들이 자신에게 맞는 학습 경로를 따라갈 수 있도록 돕는다.

성인 학습자들은 학습 과정에서 여러 도전과 어려움을 겪을 수 있다. 성인 학

습 상담자는 학습자들이 지속해서 학습 동기를 유지하도록 지원해야 한다. 정기적인 상담과 피드백을 통해 학습자들이 자신감을 잃지 않고 목표를 달성하도록 격려한다.

디지털 기술의 발전은 성인 학습 상담에도 큰 변화를 가져왔다. 온라인 상담, 모바일 애플리케이션, 가상현실(VR) 및 증강현실(AR) 기술 등을 활용해 학습자들이 언제 어디서든 상담받을 수 있도록 지원한다. 이는 학습자들의 접근성을 높이고, 더 효과적인 학습 환경을 제공한다.

평생학습 사회에서 성인 학습 상담의 중요한 역할 중 하나는 학습과 직업을 연계하는 일이다. 학습자들이 자신의 경력을 발전시키고 새 직업 기회를 찾도록 직업 연계 학습을 지원해야 한다. 이는 학습자들이 실질적인 혜택을 느끼게 해 학습 동기를 높인다.

성인 학습 상담에서는 학습자의 문화적 배경을 존중하고 이해하는 것이 중요하다. 다양한 문화적 배경을 지닌 학습자들이 자기 경험과 가치를 반영한 학습을 하도록 상담자는 문화적 다양성을 고려한 접근 방식을 사용해야 한다.

성인 학습자들이 서로의 경험과 지식을 공유하고 지지할 수 있는 평생학습 공동체를 구축하는 것 또한 중요하다. 이를 위해 성인 학습 상담자는 학습자 간의 네트워킹을 촉진하고, 공동체 활동을 지원해야 한다. 이런 공동체는 학습자들이 지속해서 학습에 참여하고 성장할 수 있는 기반이 된다.

평생학습 사회를 구현하기 위해 성인 학습 상담의 역할을 강화하는 것은 매우 중요하다. 개인 맞춤형 학습 지원, 지속적인 동기 부여, 디지털 기술 활용, 직업 연계 학습, 문화적 다양성 존중, 평생학습 공동체 구축 등의 방안을 통해 성인 학습자들이 지속해서 학습하고 성장하도록 지원해야 한다. 이런 노력은 개인의 발전뿐만 아니라 사회 전체의 발전에도 이바지할 것이다.

(4) 성인학습 상담 전문가 양성과 교육 프로그램 개발

성인학습 상담 전문가의 역할은 성인 학습자들이 학습 목표를 달성하고, 경력을 발전시키며, 개인적인 성장과 발전을 이룰 수 있도록 지원하는 데 매우 중요하다. 이를 위해서는 높은 수준의 전문성을 갖춘 상담자가 필요하며, 이를 위한 교육 프로그램의 개발이 필수적이다.

성인학습자의 평생학습상담 수준을 높이는 것은 성인학습자의 학습몰입과 학습만족도를 높이고, 결과적으로 평생학습 참여성과를 향상시키는 효과적인 방법이다(김윤아 등, 2022). 성인 학습 상담 전문가는 학습자의 현재 능력, 목표 및 학습 필요를 평가하고 맞춤형 학습 계획을 수립하며, 학습자가 학습 과정을 성공적으로 수행하도록 지속적인 피드백과 지도를 제공한다. 또한, 학습 동기를 유지하고 목표를 달성하도록 격려하고 지원하며, 학습자에게 필요한 학습 자원과 기회를 제공하고 연결한다.

성인 학습 상담 전문가 양성이 필요한 이유는 성인 학습 상담이 학습자들의 다양한 필요와 목표를 충족시키기 위해 높은 수준의 전문성을 요구하고, 전문성을 갖춘 상담자가 학습자들에게 효과적이고 맞춤형 학습 지원을 제공할 수 있기 때문이다. 또한, 평생학습 사회로의 전환에 따라 성인 학습 상담에 대한 수요가 증가하고 있어 전문 인력의 양성이 필요하다.

성인 학습 상담 전문가를 양성하기 위한 교육 프로그램 개발 전략은 다음과 같다.

- 상담 이론, 성인 학습 이론, 상담 기술 등 기본적인 이론과 기술을 교육하는 기본 교육 과정 제공
- 실제 상담 상황에서 실습을 통해 경험을 쌓도록 하는 실습 기회 제공
- 최신 상담 기술과 이론을 지속해서 배우고 적용하도록 정기적인 전문 개발 프로그램 제공
- 교육 과정 중에 학습자들의 성과를 평가하고 이를 바탕으로 피드백을 제공해 개선하도록 하는 평가 및 피드백 체계 구축
- 온라인 학습 플랫폼, 가상현실(VR), 증강현실(AR) 등 디지털 기술을 활용한 교육 프로그램 개발을 통해 접근성을 높이고, 다양한 학습 경험 제공

성인 학습 상담 전문가 양성 교육 프로그램의 주요 내용은 다음과 같다.

- 상담의 기본 이론과 다양한 상담기법을 배우는 상담이론 및 방법론
- 성인의 학습 특성과 요구를 이해하고 이를 반영한 학습 계획을 수립하는 방법을 익히는 성인 학습 이론

- 실제 상담 상황에서 실습을 통해 경험을 쌓고 상담 기술을 향상하는 상담 실습
- 상담 과정에서 고려해야 할 윤리적 문제와 법적 요구 사항을 학습하는 전문 윤리 및 법적 문제
- 디지털 도구와 플랫폼을 활용한 상담 기술을 배우고 적용하는 디지털 기술 활용

성인학습 상담 전문가 양성과 교육 프로그램 개발은 평생학습 사회를 구현하는 데 필수 불가결한 요소이다. 전문성을 갖춘 상담자를 양성하고, 이를 위한 효과적인 교육 프로그램을 개발함으로써 성인학습자들이 자신의 학습 목표를 달성하고 개인적 성장을 이루도록 지원할 수 있으며, 사회 전체의 학습 역량과 경쟁력을 향상할 수 있다.

참고문헌

권두승, 조아미(2016). **성인학습 및 상담**. 교육과학사.

김동일, 이미나, 임형택(2022). **성인교육을 위한 성인학습 및 상담**. 동문사.

김수진(2024). 상담 분야의 질적연구 동향분석(2013년~2022년): 국내 학술지를 중심으로. **한국심리학회지**, 36(1), 1-19.

김윤아, 이복희(2022). 성인 학습자의 평생학습 상담 수준이 평생학습 참여성과에 미치는 영향: 학습몰입과 학습만족도 매개효과. **평생교육 인적자원개발연구**, 1(1), 93-126.

김현숙(2021). 평생교육 현장의 성인 학습 상담에 관한 연구: 평생학습 도시 평생교육 기관을 중심으로. 석사학위논문, 서강대학교 교육대학원.

송재홍(2016). 평생학습 사회에서 학습 조력자로서 상담자의 역할과 과제. **한국 방송 통신대학교 원격교육연구소. 평생학습사회**, 12(2), 25-47.

심혜숙, 이현진(2003). 사이버상담에서 상담자의 경력에 따른 자기대화 및 가설형성 차이 분석. **한국심리학회지: 상담 및 심리치료**, 15(1), 95-112.

이재영, 정영윤(2001). 사이버집단상담 효과에 관한 연구: 공업계 고교생을 위한 프로그램을 중심으로. **한국상담학회지**, 2(1), 45-60.

조외현, 서희정, 안영식(2013). 평생교육사의 평생학습상담 역량에 관한 요구분석. **평생학습사회**, 9(3), 93-113.

조은산, 윤명희, 구경희(2016). 평생교육 담당자의 평생학습상담 직무 탐색 및 요구도 분석. **직업교육연구**, 35(6), 65-84.

황매향, 황희산(2020). 테크놀리지기방 상담실제의 도전과 과제. **상담학연구**, 21(4), 219-245.

황성민, 이제경(2022). 대학원 성인학습자의 진로문제에 관한 국내 연구동향 및 시사점. **평생학습사회**, 18(1), 218-247.

Dana Heller Levitt, Holly J. Hartwig Moorhead(2013). Values and Ethics in Counseling: Real-Life Ethical Decision Making (1st Edition).

Mark Tennant(2020). Psychology and Adult Learning: The Role of Theory in Informing Practice (4th Edition).

Neil Selwyn, Stephen Gorard, John Furlong(2006). Adult Learning in the Digital Age: Information Technology and the Learning Society.

Peter Jarvis(2009). The Routledge International Handbook of Lifelong Learning, Edited by Peter Jarvis.

AUTHORS

저자소개

양원영

숭실대학교 교육학 박사(평생교육 전공)

현) 숭실대학교 글로벌미래교육원 심리학과 주임교수
서울불교대학원대학교 상담심리학 박사
임상미술심리상담전문가
뇌교육전문가
학습치료전문가
한국정신치료학회 회원
한국공간디자인학회 논문심사위원
한국청소년시설환경학회 이사

배철우

숭실대학교 교육학 박사(평생교육 전공)

현) 한국평생교육박사연구회 감사
숭실대학교 평생교육학과 겸임교수
배움사이버평생교육원 교수
서울사이버평생교육원 교수
와이제이평생교육원 교수
서강독서교육연구소 소장

전) 협성대학교, 백석예술대학교, 동양대학교 외래교수

이석진

숭실대학교 평생교육학 박사

전) 국민권익위원회 과장

현) 한국평생교육박사연구회 수석연구원
숭실대학교 부설 글로벌HRD 연구소 연구위원
한국평생교육학회, 평생교육·HRD학회, 한국지방자치학회 회원
한국노인학회, 한국성인교육학회, 한국과학교육학회 회원
경북 경산시 서울사무소장

김정희

숭실대학교 평생교육학 박사
현) 온누리다문화평생교육원 원장(대표)
　　서울 사이버대학교 대우교수
　　건국대학교 강사
　　서초구 가족센타 운영위원
　　경기화성교육도서관 평가위원
전) 웨스트민스터신학대학원대학교 조교수
　　강남대, 성신여대, 숭실대 강사

김미자

숭실대학교 교육학 박사(평생교육 전공)
평택대학교 사회복지학 박사(사회복지 전공)
현) TV조선 캠퍼스 평생교육원 운영 교수
　　구로구시설관리공단
　　혁신성과, 사회공헌 평가 위원회 위원
　　양천구 장기요양기관 지정 심사위원회 위원
　　에이플러스교육원 운영교수
전) 숭실대학교 대학원 평생교육학과 초빙교수
　　숭실대학교 사회복지대학원 초빙교수
　　숭실대학교 교육대학원 초빙교수
　　평택대학교 사회복지대학원 외래교수

성인학습 및 상담

초판 1쇄 인쇄 / 2025년 2월 20일
초판 1쇄 발행 / 2025년 2월 25일

•

공저자 / 양원영 · 배철우 · 이석진
김정희 · 김미자
발행인 / 이 중 수
발행처 / **동 문 사**

•

서울특별시 서대문구 홍제원 1길 12
(홍제동 137-8)
Tel: 02)736-3718(대), 736-3710, 3720
Fax: 02)736-3719
등록번호: 1974.04.27. 제9-17호
가격: 26,000원

•

ISBN: 979-11-6328-623-3 (93370)
E-mail: dong736@naver.com
www.dongmunsa.com